中國歷代墨客

[台湾商务印书馆学术经典]

中国历代思想家

宋明

（一）

主编：
台湾中华文化总会
王寿南

九州出版社 JIUZHOUPRESS | 全国百佳图书出版单位

出版说明

《中国历代思想家》系由台湾中华文化总会（原名“中华文化复兴运动推行委员会”、“中华文化复兴运动总会”等）与王寿南教授共同担任主编，两岸学者联袂撰写，台湾商务印书馆出版。这套著作对于读者具有很好的参考意义。作为海峡两岸出版交流中心重点引进项目，此次以简体字出版，对文中的古今地名对照、注文体例和文字错误等作了必要的订正，并将原25分册按历史年代合并为先秦、汉、魏晋南北朝、隋唐、宋明、清和现代等凡7种14册。

原版本的卷头语和三篇序言，从不同角度介绍了该书系的出版缘起和有关情况，简体版将其主要内容附于书前。

该书关于中国历代思想家的选取立意及某些作者的观点，我们并不完全认同。但为便于参考研究，仍保留其原貌，在书中加编者注予以说明；个别之处，有所节略，但不改动原书之观点。

九州出版社

卷頭語

三年前舊同學王壽南博士來訪，出示其所擬中國思想家百人計劃；時壽南任教於政大文學院歷史系，兼中國史學會長之職，同時兼任文化復興推行委員會及該會出版研究委員會秘書，兼商務總經理，勤勞，我甚為之。而其年復兼副總編，兼主持出版研究等事，以年老病，許為提倡民族精神，增輝教育而相助。盼我既不棄計劃，謂我負責任務，因係發起，不能謝究，迭有請問，並允編撰歷代思想家中之學術文

纪垂定名为语法稿，结果称为语词分册目
，是否已数易其稿，未及详依。因启功前词文
改为辞书长期，以先生意见，对以上分了楚
同，竟将中华书局辅助之款，另加数，资以谈为
纵有言语定出助，但底于失。先生负托于此也
。此年高龄已，来对程先生意见。因启功第一年
主持，凡集组定年，其书东了记先也。
二年以来，向于目，与继承专家意见，为
稿聊拟草学出，可至催稿栈里，其家图书局第一
为任之，不胜荣幸。启功顿首，并已笺稿茶敬

我们之意，并不主张之商量，以书信，专此奉

復，顺颂台安不详。

本班思想家，系自然科学与社会人文科学

应予提倡，专书为外，尤须搜集之各人意见

社会与人文科学，尤赖融通各方相通，并就其手

以西方思想发展探索中国哲学思想史每，并掌

思想与每，各路二万字之篇，每字之编撰方法，以

哲学思想家例，首先就其思想家之主要著作通

读一遍，摘取其中关于哲学思想之原文，次须深究

其真意，再参对其在哲学史上之影响，然后加

以一己之論斷。却是就前人的批評，按時代先後分冊，冊中各冊按時期敘述，每冊之前都列以為綜合概說，以為相當於每章之以人為綱，而此又較略也。至於哲學思想史，先論為學，次論哲學，亦按時代，以人為綱，都為若冊，而每冊之前為綜合概說，亦以為綱，又皆與理論思想史同。至於一人之時力所限，僅能就思想家之主要代表作敘述，其主要代表作為一卷，除此以外其他著作之理論思想，則屬於之書所應蒐集資料不遠

藝，自撰簡傳，詩書擬以信，並於其政治心
理解甚微，然其思想傳之一，為今天研究思想家
治理也，如澤之利世利國，善之傳世，惠之無
垠也，歸德則之厚元化，惟惠可求，大學理論
、教育思想之改革是。從其研究中國歷代思想
家之為以一方家未獲之文，學說時局均遺稿
年，尚在壯歲以來。
　　我們研究手不擇取治思想家共九十三人，又
中國歷代思想家共四十九人，係在中國，
至於各學思想家共收六十七人，另與歷代思想家

相识的四十一人，占百分之六十八，已足见
而近书画家书法界一斑，而历代书学可通
其趣味之分野，亦时代之风气所关之因也。

王[illegible]

《中国历代思想家》更新版序

王寿南

《中国历代思想家》一书于一九七八年六月初版问世，颇受社会各界的好评，并获得一九七九年“金鼎奖”，在各大学中的文、史、哲各系师生常以本书作为教学与研究的重要参考书。

《中国历代思想家》原本包含自古至今的重要思想家一百人，出版后，即有学界友人询问何以仍遗漏一些在中国思想史上占有一席之地的人物，其实，在最初选录的思想家名单不止一百人，但约稿之时，苦于难觅适当撰稿人，有些重要的思想家，只好从缺，当然我心中一直感到遗憾，总想加以增补。同时，自一九七八年以后的十几年间，若干当代大师级的思想家（如牟宗三、冯友兰、钱穆、陈大齐等）先后逝世，自应将他们纳入本书之内。基于上述两个因素，近十年来在我内心中一直盘算着如何对本书进行增订。

一九九五年七月，我向中华文化复兴运动总会秘书长黄石城先生表示希望该会能支持本书的增订工作，我也提出了一份增订《中国历代思想家》计划草案，黄秘书长回函同意，愿支付增补部分的稿费和审查费。本书的出版发行者是台湾商务印书馆，如果增补，则原来的版本必要废弃，重新排印，费用亦甚可观，幸蒙该馆总经理张连生先生慨然应允重排更新版书稿。在黄秘书长和张总经理的支持下，我开始进行增补工作，感谢海峡两岸学术文化交流的开放，让我能邀约到几位大陆的学者参与撰稿，使本书的增补工作进行顺利。

本书增订工作从一九九六年一月开始，九七年三月完成集稿，计增加思想家十九人：吕不韦、寇谦之、杜光庭、陈献章、李贽、刘宗周、惠栋、阮元、包世臣、胡礼垣、欧阳竟无、马一浮、陈大齐、梁漱溟、钱穆、冯友兰、方东美、唐君毅、牟宗三。

本书更新版能够问世，更感谢中华文化复兴运动总会和台湾商务印书馆的支持，也更感谢新增十九篇文章的作者们。

王寿南谨识

一九九八年七月二十日

于政治大学历史系

《中国历代思想家》序

谷风翔

自周公、老子、孔子以还，二三千年间，中国之学术思想成为一股巨流，思想家辈出，无代无之，成为中华文化发展之指导，亦蔚为中国文化史中奇观景象之一。中华文化能长流不竭，久而弥新，历代思想家为文化而奉献之智慧与心力，乃为一重要之因素。近年来，出版界日趋繁荣，坊间虽有二三种中国思想史之专书，然似嫌偏于艰深，作为大学专门参考书则可，一般人却未必有阅读之兴趣，时下青年学生往往熟读尼采、罗索之言，对董仲舒、王船山之学说则懵然无知，往往高谈存在主义、社会主义，对老庄哲学、知行学说则毫未涉猎，此种现象极可忧虑，盖不能了解中国学术思想之演变，则容易对传统文化产生误解，由误解容易进而为盲目之反对，因此，为使人们对中国学术思想之演变有较深入之认识以坚固其对中国文化之信心，本会遂着手编撰本书，选择历代重要之思想家一百人，介绍其生平、思想、著作与影响。中国历史悠久，思想家之人数何止一百，本书由于篇幅所限，仅能选择一百人，然则何人应该入选，见仁见智，常有不同，本书一百位思想家之名单系本会与数位学者专家一再研究而后确定者，读者先生如对本书所选之思想家名单有异议，尚请赐教为幸。

本书编撰之目的，在向广大之社会人士提供一套可读性较高之中国思想史，同时，亦提供有志研究中国学术思想之中外学者一项入门导引，因此，本书文体采用语体文，以深入浅出之叙述使读者易于接受。

本书之编撰工作始于一九七四年九月，历时三年余而完成，本书系由本会主编，然实负其责者乃本会学术研究出版促进委员会兼任执行秘书王寿南教授，本书之作者多达七十九人，集稿工作，殊非易事，三年而成三百余万言之巨构，在文化复兴运动之历程中，当能留下一笔光彩之痕迹。

本书由于字数庞大，负担之稿费甚巨，本会经费拮据，实有不胜负荷之感，幸蒙中山文化基金会董事长兼本会副会长王云五先生慷慨应允由中山文化基金会拨款新台币六十万元，以为支持，遂使本书得以完成，本人谨代表本会向中山基金会暨王云五先生致深挚之谢意。

文化复兴工作千头万绪，决非本会所能独任，愿人人以复兴中华文化为己任，则我民族文化之前途必光明灿烂也。

谷凤翔谨识

一九七七年十二月二十三日

于中华文化复兴运动推行委员会

《中国历代思想家》序

王寿南

中国是一个文化源流久远的古国，中国文化的能久能远，其基本的原因是中国学术思想的发达，给予中国人在政治、社会及人生观各方面极大的启示和引导。中国文化能够历久而弥新，便是历代的思想家不断有创新与发明，给中国文化不断地注入活力的缘故。

梁启超先生在《中国学术思想变迁之大势》中把中国学术思想的发展划分为七个时期："一、胚胎时代，春秋以前是也；二、全盛时代，春秋末及战国是也；三、儒学统一时代，两汉是也；四、老学时代，魏晋是也；五、佛学时代，南北朝唐是也；六、儒佛混合时代，宋元明是也；七、衰落时代，近二百五十年是也；八、复兴时代，今日是也。"梁任公的分期大致能为一般人所接受，梁任公所说的衰落时代即指清代，而复兴时代便指清末以至今日。

纵观中国学术思想发展的大势，春秋战国、宋明、清末以后为三个兴盛的高峰，这三个高峰的造成有其共同的因素，便是中国人的生存环境（物质的与精神的）受到了严重的威胁而产生自救性的觉醒，这种自救性的觉醒使中国文化增加活力而得以继续生存下去，所表现出来的便是思想界结出了许多光辉灿烂的花朵。

本书编撰的目的是要介绍历代有重要贡献的思想家的生平、思想和影响，希望这份"整理"传统文化的工作，对目前正在推行的中华文化复兴运动有所帮助。

本书的编撰构想和策划从一九七四年夏开始，我首先向前辈学者王云五先生、钱穆先生、屈万里先生、萨孟武先生、沈刚伯先生等请教，诸位前辈先生对编撰方针、思想家人选、撰写体例，都提供了不少宝贵的意见，使本书得以顺利开始拟订体例。

本书要求以浅显的白话文撰写，都是希望本书成为一部人人能读、愿读的思想史。我从许多年前便提倡“学术通俗化”，呼吁学术走出古代士大夫的象牙之塔，应该对社会大众作更多的影响。中国是一个文明古国，学术思想一向受到世人的重视，可是，我们一般民众和学生却很少对我国的学术思想有较深入的了解，中学课程里虽然选读《论语》、《孟子》，但却很少学生能够畅述孔孟的思想，这是因为教科书所选的是文言文，学生背诵的目的在应付考试，其中思想的精义并没有溶入脑海，所以，背诵古人的名著虽多，却只当作文学作品去欣赏，不能影响观念，本书的力求通俗化，便是希望以通俗的方式，将中国的学术思想介绍给社会大众，使社会大众易于接受。

本书的约稿工作从一九七四年九月开始。每篇文稿交来以后，都要另请一位专家学者予以审阅，应邀担任本书审阅工作的有屈万里先生、萨孟武先生、陶希圣先生、林尹先生、严灵峰先生、陈立夫先生、高明先生、胡秋原先生、程文熙先生、沈云龙先生、何佑森先生、魏汝霖先生、龙宇纯先生、杨树藩先生、周何先生、贺凌虚先生、王尔敏先生、张朋园先生、陆宝千先生、张曼涛先生、陈鼓应先生、何启民先生、吕实强先生、陈新雄先生、李云汉先生、蒋永敬先生、黄锦鋐先生、张玉法先生、黄清连先生、李世杰先生、洪金富先生和印顺、慧岳、晓云三位法师，我在此特别向各位审阅先生致谢。

本书是由中华文化复兴运动推行委员会主编，文复会副会长王云五先生和秘书长谷凤翔先生对本书的编写给予全力的支持，才使本书得以出版。文复会副会长王岫庐（云五）先生是中国出版界的拓垦者，数十年来，一直都是中国文化园地中辛勤工作的园丁，岫庐先生是我最敬爱的老师，他兼任中山学术文化基金会的董事长和商务印书馆的董事长，为了支持本书的编写和出版，岫庐师特别指示中山学术文化基金会拨付六十万元作为本书的稿费，不足之数由文复会负担，本书的出版工作则由商务印书馆负责。本书的能够出版，可说是岫庐师和岐山先生的支助所赐，我愿意在此向岫庐师和谷先生致最高的敬意和谢意。

本书的作者都是饱学之士，他们在学术上的成就毋庸详介，他们肯为本书撰写通俗化的文章，我十分感激，本书如果能得到社会的重视，实在是他们的心血所换来的。

本书的出版是学术通俗化的一项尝试，也是为文化复兴工作尽知识分子的力量。本书的缺点在所难免，我诚恳地希望读者先生们给予指教。

王寿南谨识

一九七七年十一月二十日

于政治大学历史系

目　录

范仲淹

王德毅　著

目　录

一、传略

范仲淹字希文，唐宰相履冰之后。其先邠州人，后徙江南，遂为苏州吴县人。宋太宗端拱二年（公元九八九年）八月二日生于徐州，当时他父亲范墉方为武宁军（徐州）节度掌书记。明年，父卒，母亲谢氏，以家贫没有依靠，改嫁给淄州长山朱氏，遂随后父姓朱，名说。年二十一举学究为秀才，为谏议大夫姜遵所礼遇，赞为奇士，将来一定威名盖世，遵的眼力果然不错。

仲淹出身寒素，从小便养成勤俭的好习惯，中学究后，便到长白山醴泉寺的僧舍里读书。每天做一器粥，俟其凝固，分为四块，早晚各吃两块，只用十几根虀菜切成碎末，和少许的盐，作为菜肴佐餐，如此者两三年，学业的基础奠定了。仲淹看到朱家兄弟浪费不节，常加劝告，他们大为不快，愤愤地说："我们自用朱家的钱，关你什么事？"仲淹听了非常骇疑，乃向母亲叩询得悉家世，决心要靠自己树立门户，乃只身往南京（应天府）入睢阳学舍就读。情况比以前还要贫乏，生活的刻苦，不是别人所能忍受的。他的《学舍书怀》诗就有"瓢思颜子心还乐，琴遇钟君恨即消"，（《范文正公集》卷三）完全道出安贫乐道的心境。他日以继夜地苦读了四五年，终于贯通了六经的要旨，写文章谈问题，必以孝悌忠信仁义为依归。这些年来，他历尽艰难困苦，如孟子说："天将降大任到这个人身上，就要让他先尝受苦难，以坚定其心志，养成不怕劳苦能耐饥寒的体魄。”仲淹在过衣不蔽体食不果腹的生活岁月里，从心灵的深处激发出一种精神力量，产生新的意识，感觉到身处和平安定的时代，对国家社会应担当些许责任，奉献一己力量，以造福人群。①他常说：“士当先天下之忧而忧，后天下之乐而乐。”这是他一生奋斗的总指标。

真宗大中祥符八年考中进士乙科，被派为广德军司理参军，这是一个幕职，责在佐理首长处理刑狱案件。他不以地位低微而谦默，为审理讼案常与长官争是非论曲直，必使狱得其情而后止。长官常以盛怒对待他，他并不随便迁就。他把这些争辩的话记在屏风上，离职的时候，屏风上已无处可写了。这时他穷得无法生活，把仅剩的一匹马也卖掉了，如非有相当的素养，如何能有这样高的情操呢！②

仲淹在仕途上虽有若干波折，还算是差强人意的。天禧元年上表请复范姓，调集庆军节度推官。二年，改亳州从事。三年，除秘书省校书郎。五年，以举荐监泰州西溪盐仓。仁宗天圣元年（一〇二二年），以劳绩晋大理寺丞，又被保举知兴化县，三年，改监楚州粮料院，次年丁母忧辞官。他虽然在守丧期间，也“不敢以一身

---

① 钱穆《国史大纲》第三十二章《士大夫的自觉与政治革新运动》第一节《学术思想的新曙光》中指出：“范仲淹并不是一个贵族，亦未经国家有意识的教养，他只在和尚寺里自己读书，在断齑画粥的苦况下，而感到一种应以天下为己任的意识，这显然是一种精神上的自觉。然而这并不是范仲淹个人的精神，无端感觉到此。这已是一种时代的精神，早已隐藏在同时人的心中，而为范仲淹正式呼唤出来。”自注云：“此即是范仲淹之伟大处。”当时讲学家如胡瑗等同样地在心灵的深处有一种新的觉醒，苦学成名后即以其所自得的转以教人，其精神意境可以说师法孔子。

② 赵善璙的《自警篇》记载范仲淹年少时曾到庙里许下两个愿：(1)为相愿为良相。若不能如愿以偿，则退而求其次。(2)习医愿为良医。良相治国除弊兴利，为全国人民谋幸福。良医精于病理，对症下药，立刻解除病人的痛苦，而且不以赚钱为目的，对贫困病家更有惠。仲淹以新进士为广德军司理参军，初入仕途表现即不凡，汪藻《浮溪集》卷十八《范文正公祠堂记》中言之甚详。

之戚而忘天下之忧”，乃上书宰相王曾、张知白请求政府留意“固邦本、厚民力、重名器、备戎狄、杜奸雄、明国听”。洋洋近万言，完全是忧国忧民的赤诚流露。他提出固邦本的办法是举县令择郡守，澄清吏治，以救斯民。厚民力的办法是复游散去冗僭，人人从事生产，以充实家国财富。重名器的办法是慎选举敦教育，网罗培植人才，增加新陈代谢。备戎狄的办法是育将材实边郡，加强国防守卫，阻止敌人入侵。杜奸雄的办法是革新政治，使百姓无怨，以绝乱源。明国听的办法则在于亲近忠直之士而远斥佞幸。(《范文正公集》卷八《上执政书》) 这都是最根本的。

仲淹免丧后，以南京留守晏殊的推荐，召试秘阁校理。天圣七年冬至，上疏谏阻仁宗率文武百官朝贺章献明肃皇太后上寿，有云：“天子有事亲之道，无为臣之礼，有南面之位，无北面之仪。”纯从尊君重统的大法立言。晏殊是推荐他的人，闻之大为恐惧，马上告诫说：“不要以狂率邀名，这样会连累我这位推荐人的。”仲淹很郑重正色的抗辩说：“谬承我公荐举，常怕不称职为知己蒙羞，所以才慷慨论事，奋不顾身，不料今日反以忠直获罪于门下。”殊被说得哑口无言。仁宗十三岁即位，由章献垂帘权同听政，处分军国重事，太后宣谕说：“候上春秋长即当还政。”到这时帝已二十岁了，不再是青少年，而太后并没有还政的意思，仲淹又上疏请还政，不报。遂自请外放，有诏出为河中府通判。九年，迁太常博士，移调通判陈州。虽居倅贰之职，仍极关心国家政治利病，遇到应兴应革的事情和朝中不正当的举措，必附驿奏疏直言之，辞甚恳挚。

明道二年，章献皇太后逝世了，仁宗亲政，一反太后垂帘时代的政令。首先外放一批太后任用的大臣，而拔擢不阿附的奇士填补之，四方称颂，人心大悦。仲淹自陈州召还。除右司谏。仲淹也像唐代的魏征一样：“耻君不如尧舜，每以进谏为心。”这年冬，宰相吕夷简劝仁宗废郭后，仲淹谏阻，不听。乃联合御史中丞孔道辅、知谏院孙祖德、侍御史蒋堂、殿中侍御史段少连、左正言宋祁、右正言刘涣等伏阙请求道：皇后不当废。因此与吕夷简发生正面冲突，终于遭到放逐，出知睦州。台谏官又上书申理。将作监丞富弼也上疏营救，皆留中不发。仲淹到睦州任后，所上谢表仍历陈历代废后招祸之事以为谏，而自己则是“乐道忘忧，含忠履洁，金石不移。”(《范文正公集》卷十五《睦州谢上表》)

仲淹在睦州不到半年，就被调到苏州。苏州是他的故乡，也是稻米产量最丰的地区之一，但以靠近太湖，每年夏天常有水患。乃招募游手疏浚五条河，导积水入海。水利大兴。景祐二年，仁宗以他兴修水利之功，除尚书礼部员外郎天章阁待制，召回京师，判国子监。不久，除吏部员外郎权知开封府。他一向是知无不言言无不尽的，现在论事更急切，无所避惮。论及建都，则以洛阳险固而汴为四战之地。仁宗曾以迁都的问题向宰相吕夷简征询意见，夷简指为“迂阔，务名无实”，好像不屑一顾似的。仲淹因而又上四论，一曰帝王好尚，二曰选贤任能，三曰近名，四曰推委臣下。大抵讥讽时政。又献了一幅百官图，说明迁进迟速的次序，某人迁某官为超迁，某人除某官为左迁，如何做是公，又如何做为私，隐约的批评吕夷简，以是在仁宗前引起大的争论，夷简大怒，指仲淹“越职言事，荐引朋党，离间君臣”，遂遭罢黜，落职，出知饶州。集贤校理余靖上疏辩论说：“刺讥大臣算不得罪过，臣下所言如协圣虑则听之，否则不听，怎么可以加罪呢？”靖被冠以朋党的罪名，被贬为监均州酒税。馆阁校勘尹洙心怀不平，也跟着请求从坐，洙说：“臣常以范仲淹直谅不回，一向义兼师友，朝臣都说臣也是被荐论的，今范某既以朋党得罪，那么就与余靖一同坐罪吧！”洙遂被贬为监郢州酒税。欧阳修非常气愤，与右司谏高若讷书，直指其诋斥仲淹的不当，并言：“足下犹能以面目见士大夫，出入朝中，称谏官，是足下不复知人间有羞耻事尔！”若讷得书大怒，上疏辩论，斥仲淹及修是“这等狂言，自取谴辱。”修因坐贬为夷陵县令。西京留守推官蔡襄有感于当时朝臣缺乏正义，以致是非不分，乃写了一首《四贤一不肖》诗，四贤指仲淹、余靖、尹洙和欧阳修，一不肖指高若讷，都城人士争相传写，一时洛阳纸贵，就连恰巧来聘的契丹使臣闻之也买了一份带回国。（王辟之《渑水燕谈录》卷二）

仲淹抵达饶州任所后，谢上表中还坦然地说：“有犯无隐，惟上则知；许国忘家，亦臣自信。此时为郡，陈优优布政之方。必也立朝，增蹇蹇匪躬之节。”这正是他的怀抱。他不管担任什么公职，都是一本赤诚，认真做事。由饶州改润州，再徙越州，所在推行惠民利物之政。

仁宗宝元元年（一〇三八年）冬十月，西夏国主赵元昊僭号称帝，建国号曰大夏，一反乃父德明的亲宋政策，而发动侵略战争。宋朝在长期和平之后，士卒的训练不够，将领的储备不足，边疆防卫相当脆弱，军需物资亦极贫乏，故言战毫无胜算，言守则士卒无固志。康定元年正月，元昊寇略延州，知州事范雍早先为元昊所愚，未作守备之计，及突然大敌压境，被迫得手足无措，仓皇间召鄜延副总管刘平、石元孙来援，二人力战而死。幸而遇到大雪，夏兵不敢久留，才算解了延州之围。这时候陕西的形势非常危殆，范雍不足以担当重任，非起用畅晓军事有干略的重臣不足以扭转颓势。仁宗乃命韩琦安抚陕西，并复仲淹天章阁待制移知永兴军。仲淹还未到永兴，又改陕西转运使，宰相吕夷简奏言：转运使不预军事，请超迁以宠之。乃改除龙图阁直学士陕西经略安抚副使，但他自请知延州。仁宗知道夷简同仲淹有些不愉快，谕令他们尽释前嫌，仲淹上前奏道：“臣往日所争论的无非为了国事，对夷简有何憾恨呢！”不失为光明磊落的胸襟。而且国难当前，为了国家都应当有郭子仪、李光弼的风范，不念旧怨，通力合作，救亡图存。夷简首先表示了宽宏大量，仲淹报以书说：“唐时郭汾阳（子仪）与李临淮（光弼）

素有怨隙，见了面互不讲话，等到安禄山作乱，子仪奉命讨贼，两人即化敌为友，握手泣别，以忠义互勉，终于敉平大盗，实两人戮力同心之功。今相公有郭汾阳之心之言，惜仲淹乏李临淮之才之力。”（《皇宋文鉴》卷一一三）这封信写得不亢不卑，情理兼顾，是相当感人的。而且把吕夷简比拟郭子仪，也是极高的推崇，而自己则以李光弼自期，意味着讨平西夏的叛乱是指日可待的。果然在夷简的立意补过和仲淹的推诚相与之下，替国家了了一件大事。所以欧阳修撰《仲淹神道碑》就写下“欢然相约，戮力破贼”的兴奋语，在当日也传为美谈，这种高风雅量确是后来的政治家所没有的。

《孙子兵法》上说：“知己知彼，百战不殆。”仲淹到了延州，面对强敌，曾下了一番研究工夫。他深知人强我弱，人有战马，我则城郭不完。像近边的城寨仅有五六分的防卫，而关中地区之备亦不过二三分而已，如何可以主动的与敌人决战！所以目前首要的工作是采取坚壁清野的防守策略，在关中充实粮饷和武器，加强各边城的防卫力量，城与城间构成犄角之势，使敌进无可乘之隙，退无可掠之物，士气自然消沉。宋朝军队往昔没有经过战斗，所以敌人来了就惊慌畏怯，故当先固守以加强心理防线，以求慢慢适应。将来且训且守且战，军队越磨练越壮大。这种持久战消耗战的战略是针对西夏速战速决战略拟定的。当时韩琦不以为然，认为战争胜败乃兵家常事，大将用兵尤应置胜负于度外。因主张深入敌国，大张挞伐，苟能恢拓区宇，也好安固后世，振大汉的天声。岂料在庆历元年发动的一次春季攻势中，于好水川之役，竟遭遇西夏埋伏，而全军覆没，使宋军丧失不少元气。此后，宋军再也不敢主动攻击了。那么亡羊补牢的办法便是韩琦和仲淹同心协谋，严守边疆，选择险要的地方筑城，修复废寨，大开屯田，联络属羌，练兵积谷，增强战力，培养斗志，敌来则与之战，敌退也不深追，稳扎稳打，积小胜为大胜，三年后，遂使西方藩篱固若金汤。边上百姓为之谣歌以纪其实，说："军中有一韩，西贼闻之心骨寒，军中有一范，西贼闻之惊破胆。"以宋朝的人员物资和不断更新的攻守武器，实具有充沛的潜力。西夏民贫国乏，靠打仗掠夺以助国用而裕民生，如果战争不能给他们带来好处，反而不如通和称臣可以年年得赏赐为愈了。这就是庆历四年元昊上表称臣接受宋朝封号的重要因素。试想如无仲淹坐镇西陲，支撑危局，设若关中不守，河南、河东震惊，契丹必在河北借故生衅，如是两面受敌，恐怕不必待"靖康之难"，宋室早已南渡了！这一假设是有相当的理由根据的。

宋朝在辽和西夏两强的欺凌下如何自处？想来别无他道，只有变法图强，这是当时仁宗最敏捷的反应。庆历三年，仲淹自枢密副使进拜参知政事，仁宗求治心切，常责以致太平，乃开天章阁访以时政得失，赐纸笔，使条述应兴应革的事项，仲淹退而与韩琦、富弼联合草拟万言书奏上，提出十项纲领，作为革新的指标，都是最急切而关系国家生存发展的。他们共同体认当时"官壅于下，民困于外，夷狄骄盛，寇盗横炽"，不能坐视不救，再不革新就可能动摇国本了。这十项纲领是：一明黜陟，二抑侥幸，三精贡举，四择官长，五均公田，六厚农桑，七修武备，八减徭役，九覃恩信，十重命令。仁宗都开怀听纳，当著于令者，皆使画一次第颁下。不过由于因循日久，积重难返，而裁抑侥幸，均定公田，尤损害到某些官吏的既得利益，所以反对的浪潮很汹涌；而且更张的范围太广，规模太大，缺乏次第，论者以为难行，交相批评，终使仲淹和富弼不安于位。庆历四年六月，仲淹出为陕西河东路宣抚使，不久，富弼出使河北，这项革新运动无形中停顿了！

宋朝是文人政治，士大夫最喜欢批评人事，蜚短流长，煞有介事。其最终目的是贬抑与自己意见相反的人，指为小人；而标榜自己和一切与自己意见一致的同道，称作君子。很自然地就形成对立，党派的分界越鲜明，则敌对的态势越严重。夏竦罢枢密使后，杜衍、韩琦、富弼和仲淹同在二府，欧阳修、余靖、蔡襄等并为谏官，石介说：这是盛德之事，不可以不用诗歌加以颂扬。乃作《庆历盛德颂》四言古诗一首，有云："众贤之进，如茅斯拔；大奸之去，如距斯脱。"既直指夏竦为大奸，当然是会得罪人的。(《续资治通鉴长编纪事本末》卷三十七《夏竦事迹》）于是朋党之论遂一发而不可休止。仁宗日闻谗言，听得多了，对仲淹的信心难免产生动摇，庆历五年正月罢任，知邠州，兼陕西四路沿边安抚使。于是磨勘法和保任法相继遭到监察御史刘元瑜的批评而被废止了。

仲淹主持"庆历革新"，是他政治生涯的巅峰，再使陕西以后，便没有重回到京都来。猜忌怨恨的朝中新贵，如夏竦等人，正无中生有地攻击富弼和仲淹，最狠毒的手法便是告发不忠，竟说握兵在外，将有异谋。乃分别夺其抚边的兵权，改治内郡，仲淹得知邓州。庆历八年（一〇四八年），徙知荆南府，邓州百姓遮道请留，乃上表请求仍旧留治。次年正月，以资政殿大学士加给事中，移知杭州，七月，加尚书礼部侍郎，皇祐二年冬，加户部侍郎，徙知青州，兼京都路安抚使。所至推行惠民的仁政，父老感德，皆立生祠以祀之。四年春，以疾请求改知颍州，五月二十日行至徐州，病加剧，遂卒，年六十四。仲淹生于徐州，卒于徐州，也是很巧合的了。

二、思想

仲淹以穷秀才起家，致位宰辅，是完全凭借个人的才能学识和品德循序上进，终至赢得朝廷重任的，毫无背景可依，亦无侥幸可言，故在宋朝的政治环境里，这本是很正常的。宋代是用儒术治国的时代，以仁厚为政治的最高指标，传统的儒家思想，在整个社会里都散播着存留着，对每位受这种思想陶铸的士大夫，无时不在或多或少的影响着。仲淹自幼苦读五经，在醴泉寺和应天书院中，专心研究，而有一些新的体认。当时宋朝的官学并不普及，尚没有人注意到教育的重要性。① 仲淹是过来人，面对着新生的下一代青少年，有义务替他们安排一个读书的好环境，使他们真正的享受到受教育的均等权利。他认为学校是作育人才的地方，青襟学子尤当勤学乃能期望陶铸成为人才；所以政府必先设学校以劝学，然后方能培养出治国平天下的人才。因而他提出宗经劝学的主张，盖经中存着圣贤相传的道，重视经，以经中所述的大道至理熏陶学子，其所获越多，其才就越大；才越大，其能成就的事功也越大。《书经》中记载了先圣创法立制的言论，可以回观圣人之心。《易经》中隐含着安危治乱的微妙至理，值得深思熟虑。《诗经》中指示一些可以鉴戒的政治得失，发人深省。《春秋》中记载了一些破家亡国的历史，对乱臣贼子的口诛笔伐，正可以加强一个人邪正是非的观念。《礼经》中规定着万物之灵的人类所应守的大节细目，先圣制礼的精神实可以放之四海而皆准，人之所以为人而能立于天地之间者在此，否则便与禽兽几稀了。《乐经》虽不存在，但中庸和平的音乐，可以陶冶人的淳美情操，移风易俗，顺乎自然，使万物各得其情。仲淹的意思是：借着对

① 马端临《文献通考》卷四十六《郡国乡党之学》条论道："宋朝初年没有州县官学，但先有了私人讲学的书堂或书院，因为官学是地方官奉到诏旨后才设立的，没有得到命令便不敢设，而书院则是乡里的贤士大夫留意文化学术者所兴建，能够前规后随，继续发扬。"成为宋初文化复兴的摇篮，但毕竟财力有限，热心的人士也不是所在都有，所以没有达到普及的程度。

六经的精深研究，透悉圣人“删《诗》《书》，定《礼》《乐》，赞《周易》，修《春秋》”的心境，然后以圣贤之心为心，小则个人立身处世之所本，大则国家治乱安危之所系，无不想达其极致，庶几近乎王道。这是他的教育思想，完全是儒家的。

仲淹要实现他的教育理想，在庆历四年就任参知政事后所条陈的十项改革方案中，第三项精贡举，就痛陈科举以辞赋取进士的弊病，无异舍大而趋小，忘本而务末，虽然每届大比录取两三百名进士，但想求有才有识的，则十不一二。所以他请求在各路州县普遍设立学校，推荐通经有道的硕学宏儒专任教授，教以经世济民之业，平日注意品行的考察，一旦入仕，国家择人任使，不致毫无所知。方向既明，青年学子便知所劝勉了。②

仲淹不单纯是教育理论家，而且是实行家，他莅官所至，无不留心兴学校，荐人才。如在天圣元年知兴化县时就创建县学，五年丁母忧寓居应天府（宋州）城下，又受南京留守晏殊之托，出掌府学内之事。他晚上留宿在斋舍中，与学生生活在一起，他不专重言教，而尤以身作则，在短短两年多中，学风为之大变，后来宋州地区人士在政界学术界有名的，多半是他教诲过的。

在政治上，仲淹思想是急进的，他反对守故蹈常的积习，而主张制度要随时代的演进作合理的改革，以求顺应时代潮流。要想改革政治积弊，当然须先储备和造就人才，尽为国家之用。他的名言是：“王者（君主）得贤杰而天下治，失贤杰而天下乱。”（《范文正公集》卷五《选任贤能论》）如汉高得三杰而用之此所以兴，项羽有一范增而不能用故及于败。他认为政治家应以网罗人才为急，用人

---

② 《宋会要辑稿·选举三·科举条制类》中载庆历四年三月十三日翰林学士宋祁等的审议报告，说：“人才不在学校里培育，不在乡里里察举，怎能名实相符呢！主持考试的机关不知改进，始终以声律合否为取舍的标准，应举者为投上之所好，专事记诵，把读书人的智慧都闭塞了。”以学校代替科举实为进步的办法。

要大公无私，惟才能为取舍，不可任用私人。景祐二年吕夷简为参知政事，起用新进多是自己的门下士，唯唯诺诺而已，对于豪俊倜傥之士和才德俱高的伟人皆弃而不用。仲淹认为不当，乃评论说：“依据制度，委命官员应由君主简拔，皇上应知道迟速升迁的次序，宰相职在荐才，备顾问，像中央六部九寺和侍从台谏等负实际重任的官员任免，尤不宜完全委之于宰相。”遂画了一幅百官图奏上，如在第一节中所述的：“怎么样是序迁，怎么样是不次之擢，又怎么样做是公，怎么样做是私。”希望皇帝明察。这样就把夷简得罪了。仲淹的门下中确实有不少人才，如梅尧臣、石延年、苏舜钦等，在仲淹为参政时，均聚在储才备用的馆阁中，等待国家需要用人的时候逐一推荐替国家担重任。但有才的人不免有点恃才傲物，不留意小节，所谓轻薄有余，持重不足，易为政敌乘隙攻讦，终不为在上的人所喜欢。政敌旨在一网打尽，跟着攻击推荐人，使仲淹受到连累，只好引咎退位，宰相杜衍也不安了。朱熹认为吕夷简最是个无能的人，今人却说他有相业，会处置事，实令人不解。换言之，熹的意思是批评吕夷简贪恋权位，妒嫉贤才，怕有才的人不易驾驭，影响到他自己的权势，所以一味的施展高压手段，形成两大壁垒，朋党之论遂一发而不可收。夷简当政十多年，因循苟且，把国事弄得日入于昏乱，因而引起西方的边患。康定元年正月，夏主元昊的大举入侵，有如午夜钟声，惊醒了宋仁宗和吕夷简等大臣，在无可奈何的情况下，才起用仲淹独当一面，好在仲淹是以天下为己任的，并不计较过去的不愉快，还推崇夷简有郭子仪的德量，而深愧自己没有李光弼的才力。这已是够有风度的了。仲淹既被重用，显见人才是压不住的。仲淹志同道合的朋友富弼、韩琦、欧阳修、尹洙等皆被召用，因而更援引了一些贤俊，共济时艰，终于使西夏俯首称臣，仁宗成就了庆历之盛。宋朝以儒术平治天下，养士八十年，也有了收获。仲淹在《选任贤能论》中所说的“得人才的就兴盛，失人才的就衰败”，实为颠扑不破的至理名言。这是儒家的贤人政治主张。

仲淹对当前的政治和历代兴亡治乱得失的看法，完全是儒家的，他在《帝王好尚论》中首先引孔子说："在上的人如能好礼，则老百姓没有敢不谦恭的，在上的人如能好义，则老百姓没有敢不悦服的，在上的人如能好信，则老百姓没有敢不爱戴的。”接着提出事例来证明这一真理。如桀纣好利欲，不喜欢听逆耳的诤言，终于亡国。秦朝好用兵好用刑罚，却厌恶仁义道德，结果被汉朝取代了。隋炀帝好逸乐，不力行恭俭，国家也就归唐朝所有了。假若桀纣能从谏如流，秦朝能推行仁政，隋炀帝能恭行俭约，那么，何至有丧乱败亡呢？帝王的好尚，实与国家的兴亡治乱息息相关。是以为人君者，务必谨其所好恶，基于这一点，帝王必须常常接近贤臣儒者，不断的议论治道，兢兢业业，惟恐匹夫匹妇得不到实惠。这是儒家“民有饥若己饥之，民有溺若己溺之”的思想的发扬，于是构成有宋一代帝王学的基本精神。他希望能把宋仁宗辅佐成为小尧舜，这种高洁的情怀、伟大的抱负，完全受孔孟救世精神的影响。

仲淹喜欢批评时政，敢做敢当，当时晏殊和吕夷简等人都曾批评过他“未免好名”。其实好名是人之常情，如果人都不畏名教，不计较荣辱，则赏罚对他发生不了效用，教育也就无所施之了。唯有人人知道爱护名誉，希望流芳百世，不愿遗臭万年，所以才能“见贤思齐”，见到不贤的引以为戒。许多忠臣烈士为国家民族抛头颅，洒热血，或慷慨成仁，或从容就义，无非想流下千秋的英名，这是透过教育，不管是家庭的、学校的或社会的而达成的。仲淹的《近名论》，严正地批评道家老子爱名不如爱身重要和庄子为善近名遭忌不能全身的说法，而以《春秋》褒善、贬不善、敬贤、不齿不肖之教为立言，如果没有名节相劝，哪有忠臣义士为国家尽力呢？仲淹未免近名，批评的也不错，但仲淹的名言是："一切事情均应从自己做起，尽心竭力，至于成败利钝，即使圣贤也没有一定的把握，我又何必患得患失呢？”有这种心胸也实属伟大。如果用好名二字概说之，未免是以管窥天，所见太小了。

三、著作

朱熹说：“范文正杰出之才。”北宋以后的学者皆赞誉仲淹为宋代第一人。仲淹出身寒微，读圣贤书，对于儒家所倡导的仁爱有极深刻的体认。他生活一向俭约，并以此表率子孙，虽然做到参知政事，也不改本来面目。平日除非宴客，绝不吃两种荤菜。每晚在就寝以前，先盘算一下今日的生活开支有没有浪费的，和所做的事情相不相称，反省的结果如觉得相称，就好好睡下，如觉得不相称，便不安起来，无法睡下去，次日必想法做一件对民众有利的事来抵补它。这种自反精神，实不下于克己复礼的颜渊和一日三省其身的曾参二大贤。他能推天地之爱以爱人，平生救济贫困，一向是不遗余力。当他任参政时，便把节省下来的俸禄，在故乡苏州买到良田四十顷，创设义庄，以其租米的收入，从远祖以下诸房宗族，按照人口多寡，平日都一一周济，宗人如婚嫁丧葬或有意外灾难，都得到补助。规模宏远，子孙又能守之不替，直到南宋宁宗时仍未衰，等于替国家担负了恤灾救荒的责任，在宋代社会实有深远的影响和意义。古圣先贤的理想，仲淹实行到了，后人闻风而兴起，慕义而感动的又不止在宋代而已！

在宋代初年，士大夫仍残留着五代时的积习，萎靡不振，委委琐琐没有丝毫大丈夫气概，到仲淹走入仕途，始登高一呼，使士大夫晓然于以名节相高，以廉耻相尚。朱熹说："自太祖太宗以来，名相如李沆、王旦诸公，够得上修谨厚重了，但还不能转移士风，至范文正公便大厉名节，振作士气。故振作士大夫之功最多。"（《朱子语类》卷一二九）真是一语道破。士大夫要有大志，不为个人利益作打算，显达了要为全民及后世子孙谋幸福。所以说：大政治家为国家百年大计深忧虑，而小政客则为个人未来的权位穷钻营。仲淹一生立身、处世、行道，不仅表现了"富贵不能淫，贫贱不能移，威武不能屈"的大丈夫气概，而且一言一行一举一动也为政治家树立典范。

仲淹虽不以学术研究见长，但明究经术，独得奥旨，写文章，则以传道为任务。他的著作在《宋史·艺文志》中列有《丹阳编》八卷，文集二十卷，别集四卷，尺牍二卷，奏议十五卷。《四库全书总目》卷一五二《文正集提要》说："是编本名《丹阳集》"，从晁公武的《郡斋读书志》也可得到证明。现在传世的文集二十卷，别集四卷与《宋史·艺文志》合，而奏议今传本仅二卷，与《宋志》不合，富弼所撰《文正公墓志铭》则称奏议十七卷，其间出入更大，不过陈振孙《书录解题》卷二十二中已著录《范文正公奏议》二卷，想是南宋时代所传世的就是现今流传下来的本子。至于尺牍，现存则为三卷，陈氏《解题》却著录五卷，五为三之讹亦未可知。《四部丛刊》集部已将这四种书合印在一起，并附年谱、言行拾遗事录、褒贤集等文献约十卷，对研究范仲淹的学者方便不少。《四库全书提要》对仲淹是极赞誉的，大要说："仲淹的人品事业卓绝一时，本来不用借文章以传名后世。他不尚空言，不重词藻，纯用诚心，心之所至即文之所行。所论皆能贯通经术，明达治道，有本有原，有体有用。他的行为只求无愧于圣贤，学问则必对天下国家有用，真不愧为一代大儒。”他在宋代学术史上是有其极崇高的学术地位的。黄宗羲编的《宋元学案》，排名仅次于安定（胡瑗）和泰山（孙复），胡瑗、孙复二人固然是宋学的开山，但胡瑗是仲淹的朋友，仲淹知苏州时，曾约聘瑗为州学教授，及仲淹还朝为礼部员外郎天章阁待制，又荐瑗以布衣召对崇政殿，授以校书郎，瑗的大名遂满朝野。孙复更是经仲淹扶持提携才能专心研究《春秋》，有名于时，后又蒙仲淹推荐除国子监直讲。所以说，若没有仲淹奖励学术爱护人才，则胡、孙的成就恐未必如是。仲淹的门下尹洙、石介、欧阳修、李觏并皆一时大儒，而理学的宗师张载，也是经仲淹启导。① 则仲淹实在是宋代学术史上的中坚人物，没有他宋学就失掉光芒了。②

---

① 《朱熹语类》卷一二九中论及宋代道学之盛由来有渐，不是突然就盛的。“自范文正以来已有好议论，如泰山有孙明复（孙复），徂徕有石守道（介），湖州有胡安定（瑗），到后来遂有周敦颐、张载、程颢、程颐相继而出，所以程颐平生不敢忘此数公。”这已说明仲淹对宋学实有开创之功。

② 刘季洪撰《范仲淹对于宋代学术之影响》（收入《宋史研究集》第一辑中，一九五八年中华丛书委员会印）一文，对仲淹倡导兴学、奖掖儒士、改进科举、激励士风诸事言之甚详，可参考。结论云：“而先生于议论之外，更能对于儒家正心、诚意、修身、齐家、治国、平天下之道，躬践力行，粹然无间，乃使儒学之真正价值，得又深切明著于世人。此后数十年间，儒学重振，并能致广大，尽精微，发展而为理学之盛，为宋代学术大放异采，先生导致之功，当不可没也。”斯言得之。

参考书目

《范文正公集》二十卷别集四卷奏议二卷尺牍三卷，宋范仲淹著，《四部丛刊初编》本。

《范文正公年谱》一卷补遗一卷，宋楼钥撰，《四明丛书》本，《四部丛刊初编》，《范文正公集附刊》本。

《范文正公言行拾遗事录》四卷，不著撰人，《范文正公集》附录。

《宋会要辑稿》二〇〇册，清徐松辑，新文丰出版公司影印。

《续资治通鉴长编新定本》六〇〇卷，宋李焘撰，世界书局。

《续资治通鉴长编纪事本末》一五〇卷，宋杨仲良撰，文海出版社影印本。

《宋宰辅编年录》二十卷，宋徐自明撰，文海出版社影印本。

《五朝名臣言行录》十卷，宋朱熹撰，《四部丛刊初编》本。

《名臣碑传琬琰集三集》一〇一卷，宋杜大珪撰，文海出版社影印本。

《宋史》四九六卷，元脱脱撰，商务百衲本。

《东都事略》一三〇卷，宋王偁撰，宋绍熙间刊本。

《宋史质》一〇〇卷，明王洙撰，大化书局影印本。

《文献通考》三四八卷，元马端临撰，新兴书局印本。

《宋大诏令集》二四〇卷，宋不著撰人，鼎文书局本。

《皇朝事实类苑》七十八卷，宋江少虞撰，武进董氏重刊本。

《皇朝仕学规范》四十卷，宋张镃撰，《四库珍本》三集。
《朱子语类》一四〇卷，宋朱熹撰，正中书局印本。
《吴郡志》五十卷，宋范成大撰，《守山阁丛书》本。
《苏州府志》五十卷，明卢熊撰，明洪武间刊本。
《宋元学案》一〇〇卷，清黄宗羲原辑，全祖望增订，《四部备要》本。
《宋元学案补遗》一〇〇卷别附三卷，清王梓材等辑，《四明丛书》本。
《宋人轶事汇编》二十卷，清丁传靖辑，商务印书馆排印本。
《皇朝文鉴》一五〇卷，宋吕祖谦编，《四部丛刊》本。
《欧阳文忠公集》一五三卷，宋欧阳修撰，《四部丛刊》本。
《苏学士文集》十六卷，宋苏舜钦撰，《四部丛刊》本。
《河南先生文集》二十八卷，宋尹洙撰，《四部丛刊》本。
《李直讲先生文集》三十七卷年谱一卷，宋李觏撰，《四部丛刊》本。
《安阳集》五十卷，宋韩琦撰，清刊本。
《蔡忠惠公集》三十六卷，宋蔡襄撰，清光绪间刊本。
《范仲淹研究》，汤承业著，中华丛书委员会印，一九七七年。
刘季洪：《范仲淹对于宋代学术之影响》，《政治大学三十周年论文集》，《宋史研究论集》第一辑收。
王德毅：《吕夷简与范仲淹》，《宋史研究论集》第二辑收。

孙复

蔡仁厚　著

中國歷代思想家

目　录

一、传略

孙复，字明复，因为他在泰山读书讲学，学者便尊称他为泰山先生，后世也就称他为孙泰山。他是晋州平阳人（山西平阳），生于北宋太宗淳化三年（公元九九二年），卒于仁宗嘉祐二年（一〇五七年），六十六岁。

他参加科举考试，一连四次都没考中进士，于是便回到他早年读书的地方——山东泰山，聚徒著书讲学。那时当地有一位负有盛名的学者，姓石名介，是一个心高气傲的人，但对孙复却非常钦慕，特来执弟子之礼。有一次，朝臣孔道辅来拜访孙复，石介很恭敬地陪侍左右，孙复坐，石介便站立在旁边恭侍，孙复行礼下拜，石介便扶持着。孙复回拜孔道辅时，石介也跟随左右，同样地恭侍扶持，表现出弟子对老师的恭敬。在唐末五代之后，礼义崩坏，一般士人对于师弟子之礼，都已淡忘而无所知了。如今看到石介的行为，不由得由衷嗟叹，而庆幸已重见尊师重道的风范。孙复在泰山和弟子讲学，生活非常俭苦，独居一室，形容枯槁。有一位退职宰相李迪看到这种情形，特地要把自己的侄女嫁给孙复，以便照顾他的生活，孙复再三推辞，李迪说：我这位侄女很贤慧，嫁给别人，不过做个官太太而已，如果有幸能嫁给你，才是我们李家莫大的荣贵。孙复听了，慨叹地说：宰相家的女儿，不嫁给公侯贵戚，反而以嫁给像我这么一个三餐不继的山野之民为荣，这事也足风世，我不该力辞了。这位李氏夫人过门之后，果然甘于淡泊，生活起居之间，都能尽礼，得到当时士大夫一致的称美。从以上两件事情，可以想见孙复的为人，以及当时人对他的尊崇。

由于石介的推尊颂扬，当时的政要，对孙复的贤德与学术，也渐有所知。石介做学官的时候，还写了一篇叫做《明隐》篇的文章，极力说明孙复有得于周公孔子之道，志在兼利天下，绝不是一个独善一身的避世隐者。于是，范仲淹、富弼等人，便推荐他到京师国子监做直讲。后来又升为殿中丞。在他病危的时候，大臣韩琦特别奏请仁宗皇帝，选派书吏，会同孙复的门人祖无择，把孙复所著的书十五篇，抄录下来，送到秘书阁保藏。

二、时代背景

要了解孙复的学术思想，必须先谈谈他所处的时代，以及当时文教学术的情形。

三代以后，中国历史上的大朝代，要数汉、唐、宋、明。而其中宋代开国的形势和立国的基础是最弱的。无论社会政教，人才学术，以及国防形势，没有一样不是贫弱而衰弊的。

唐代的藩镇割据，形成兵变拥立、时时改朝换代的五代——梁、唐、晋、汉、周，以及五代皇帝管不到的十国之分立对峙。宋太祖逐步统一天下之后，采取了重文轻武的政策，但他的政府完全没有文治的基础，朝廷大臣中根本找不出一个像样的人才。开始他用周世宗的旧臣范质做宰相，宋太祖虽说他循规矩、持廉节，但范质身为周世宗的托孤大臣，国亡不死节，所以太祖实在看不起他，只为天下无才可用，才勉强拉他备位而已。后来用赵普为相，仍然觉得赵普才能学识不够，常劝他多读书。由此可知，五代宋初的人才是如何的凋零了。宋代的王室虽然特别尊重读书人，但却没有教育指导的能力，只能优容涵育，让他们自己发荣滋长。

朝廷没有人才，社会文教学术，亦同样非常荒凉。因为宋代承受下来的社会底子太贫薄，社会风教太衰弊了。史家批评五代是廉耻道丧，几乎没有生人之气的时代，礼义教化，根本就说不上。宋代兴起，虽然想要振衰起弊，但急切之间，哪能有什么成效？当时的文学，只是西昆体和几首小词，只是上承晚唐五代而来的软塌无力的小文艺。而社会推重的人品，又不过是几位隐士，像陈抟，种放、林逋之流。至于师道、学术，连影子都没有。而稍稍带有教育和思想意味的，仍然逃不出和尚们的“出世”，乃至于道士们的“长生”。

所以，宋代初期的中国，表面上似乎是一片太平景况，但时代社会和政教学术上的问题，实在是一天天严重起来。这种情形，促使读书人从内心深处渐渐涌现出一种感觉，觉得自己应该起来担负天下的责任，而范仲淹就是第一个自觉地要担当天下事的人。他做秀才时便以天下为己任，后来并提出两句最有名的口号：士当先天下之忧而忧，后天下之乐而乐。范仲淹这种以天下为己任的意识，显然是一种精神上的自觉。但这不是他个人的精神，而是一种时代的精神，早已隐藏在同时代的士人心中，而终于为范仲淹呼唤出来。

和范仲淹同时，还有一位有名的学者胡瑗，他是江苏如皋人，和孙复同在泰山一座道士观里读书，专心致志，苦学十年，终于得到了精神心灵上的信念。孙复留在北方，胡瑗则回到南方，先后担任苏州、湖州的府学教授。他分经义、治事两斋教人，经义斋培养通才，治事斋培养专才。他这苏湖教法，后来为朝廷采取，他也终于应聘到国子监做直讲，小程子伊川，便是他在国子监的得意门生。

在范、胡、孙的时代，由周濂溪、张横渠、程明道、程伊川所代表的宋代理学，虽然还没有正式出台，但新思想新精神，业已蓬勃四起：他们高唱华夷之辨，又号召拥戴中央，他们重新抬出古代来矫正现实，所以辟佛老、尊儒学、尊六经。他们在政治上几乎全体一致地要求革新，他们甚至看不起唐代，说唐代乱日多而治日少，而要以三代为法。他们在日常生活方面，也表现出一种严肃的制节谨度，而又带有宗教性的热忱。他们一方面要求把理想实现到政治社会上，同时也致力于倡明圣道，所以特别注重经术，并开始作思想义理上的发挥。总括一句话，“尊王”和“明道”，是宋代初期学术的两大骨干。稍后的理学，可以说就是从明道这个骨干开发出来的灿烂花果。

三、孙复在宋学中的地位

孙复在宋学中的地位，第一是他代表了师道的尊严，第二是文化意识的觉醒，第三是导转了学术思想的方向。

关于第一点，在前面的传略里已经说到过，欧阳修为孙复做墓志，也特别提到他著的书虽然不可尽见，但从石介事师之严，便可以知道孙复之道的尊高。师道的尊严，是要通过人来表现的。在唐代韩愈的《师说》和柳宗元的《答韦中立论师道书》里，早已慨叹师道大衰，再经过唐末五代的昏乱，更已落到举世师道无存的地步。如今孙复石介严师弟子之礼，正是自觉地要表现师道的尊严，这是对于文教学术极有意义而且极为重要的事。所谓师严而后道尊，道尊而后才会有学问的向往和学术的开发。所以师道尊严的重建，正是宋学昌盛的先声。

第二点文化意识的觉醒，和第三点学术思想方向的导转，有着密切的关系。魏晋隋唐以来，佛老思想风行天下，而儒家学术则暗然而不彰，这对中华民族的文化生命而言，是歧出而脱轨的。自从五胡侵扰中国，割据分立之局延续了将近三百年。隋唐一统天下，文治武功称盛，民族生命有高度的发扬，但唐代是尽才、尽情、尽气的时代，民族生命与文化生命不能合一，缺少理性力量的维系涵润，所以虽然国力富强于一时，却只成了一种强度的抛物线式的发展。安史之乱以后，社会政教骤然衰降，文化理想又开不出来，终于落到五代那种不堪的局面。到了宋代，历史运会的归趋，文化心灵的苏醒，促成了儒家学术思想的弘扬，这才使民族生命与文化生命重新合一。（但宋代民族生命弱，故国力不振，其中因素很多，兹不及论。）

在宋学初起之时，首先表现为文化意识的觉醒。而孙复是最早发出呼号的一个。他大声疾呼，以为圣人的仁义礼乐之道不行于世，是儒者之大辱。在他所作的《儒辱》篇里，指出儒者之辱，始于战国，杨墨的学说乱之于前，申韩的法术杂之于后，汉魏以下，佛老之徒更横行于中国。他认为这是夷狄诸子之法，乱我圣人之教；而一千多年来，人不知辱，反而加以尊从，照孙复看来，这是非常重大的错误。由于他表现出强烈的文化意识，自然便有一股凛然的正气，令人对他起敬畏钦慕之心，因而引发出一种重建道统的呼声，要把千余年来为人所已淡忘的儒圣之道重新发扬光大。这种不忍民族文化之统断灭，而力求加以继述光大的仁心宏愿，就是文化意识。

而文化意识一旦觉醒，民族文化生命自然顺适条畅，学术思想的方向也就导转而回归正途了。

所谓文化意识，是综括地说：分开来就是儒家三辨所表现的价值意识、道德意识、民族意识。（1）人禽之辨，表示价值意识。人自觉地要和禽兽划清界线，乃是人性自觉的第一步。这一步自觉，也就是价值意识的萌发。有了价值意识，然后才有人文世界各种价值的创发和建立。（2）义利之辨，表示道德意识。自从孔子说："君子喻于义，小人喻于利"，孟子说："何必曰利，亦有仁义而已矣"，以后的儒者，便都特别注重义利之辨。义与利的分辨，也就是公与私的分辨。而政治上王道与霸道的分辨，也仍然是义利之辨的引申：王道以德为本，以义为先；霸道以力为本，以利为先。在中国人的观念里，无论人品、功业，都是以义利之辨作为最基本的评判之准据的。（3）夷夏之辨，表示民族意识。《左传》有句话说："非我族类，其心必异。"这是本乎对民族对同胞的热爱，而说出的谋国以忠的话，也是保卫华夏文明价值的警策之言。——价值意识、道德意识、民族意识三者统合而为一，便是文化意识。这强烈深厚的文化意识，凝结成为中华民族的民族精神，是即不为势劫，不为利诱，服仁不服暴，服德不服力的义理之勇和浩然正气。唯有具有这种精神的中华民族，才有"殷忧启圣，多难兴邦"的智慧和毅力；也唯有含蕴这种深厚文化意识的中华民族，才有"处变不惊"的定力和"庄敬自强"的气概。但我们不可忘记，这种文化意识和民族精神的积极培养和坚固凝成，乃是宋代儒者心血的结晶。而阐述《春秋》大义的孙复，更是一个率先倡导的先驱者。

四、孙复的学术思想

阐发《春秋》“尊王”的大义，同时又“夷夏之辨”，这二点要算是孙复学术思想的两大骨干了。尊王，是“大一统”（以一统为大、为贵）的精神，这是政治上的理想主义。攘夷，是保民族、保文化的精神，这是文化上的民族主义。

从政治上说，自从唐末藩镇割据，黄巢作乱，接着又是五代十国分立的局面。宋代的王室，只能在政制上作中央集权的努力，而思想的阐述和理论的建立，则必须靠知识分子，所以政治上的尊王——尊王室、尊中央，必然通于文化思想上的尊王——大一统，尊王道（不只是尊王制、王权而已）。

从文化上说，自从魏晋老庄思想盛行，接着南北朝隋唐佛家思想又风靡中国，数百年中，不但以孔孟为代表的儒家思想黯然失色，就是中华民族的礼乐教化和家庭社会的伦常之道，也受到侵蚀而不能保持它的纯一性和完整性了。在宋代儒者的心目之中，佛教来自外夷印度，老氏虽是土产，但却是异端；老庄思想通过魏晋士人而表现的虚无主义的情调，以及佛徒弃绝父子夫妻之大伦，改祖宗之姓氏而出家的思想行为，皆为宋初学者所痛斥。这种要求民族生命回归康庄坦途，和要求文化生命正本清源的精神意识，原本是文化上的民族主义；但民族主义的精神一定会关连到政治，何况当时北方的契丹（辽）和西北方的西夏，又构成了宋代夷狄侵逼的形势。

所以，文化上的攘夷——辟佛（兼含辟老），必然通于政治上的攘夷——抗拒辽与西夏。这也是孙复一辈学者着重讲《春秋》的一大外缘因素。

无论尊王或攘夷，都是《春秋》的基本大义。孙复的思想便是集中在阐述《春秋》大义这个重点上。他自著《春秋尊王发微》十二篇，按照《春秋》所记载的鲁隐公、桓公、庄公、闵公、僖公、文公、宣公、成公、襄公、昭公、定公、哀公十二世的顺序，依据《春秋》的经文，择要的阐明孔子作《春秋》的微言大义。书中发挥的尊王思想，可以简括为四点，略作说明：

（一）天下无王的慨叹。孔子作《春秋》，虽然是依据鲁国的史文删削而成，但书中所评断的人物和事迹，实际上包括了整个周王朝。《春秋经》既然申张周王之义，何以却用鲁君纪年，而不用周王纪年？照孙复的说法，是周平王之后，周室有王之名，无王之实。在平王生时，还有行王道的希望，等到平王一死，周王室便不能有所作为了。所以《春秋》一书，便依照历史的实情，不以徒具虚名的周王纪年，而就便地以平王死前二年即位的鲁隐公为春秋之始。孙复指出“天下无复有王”，故春秋始于隐公，这个意思，和孟子所谓“王者之迹息而《诗》亡，《诗》亡然后《春秋》作”，同样都是对王道衰微而发出的慨叹之言。

（二）尊王以端本。事实上有王，只因为周王有名无实，王政不行，所以孔子作《春秋》不以周王纪年。这是一层意思。周室虽不能行王政，但尊王大义不可不讲。这又是一层意思。《春秋》尊王，不是尊任何一个身居王位的个人，而是尊王政、王道，尊王制、王权。因此，《春秋》开宗明义，便在隐公元年，大书“春王正月”。《公羊传》以为，《春秋》用鲁公纪年，而首书春王正月，是为了表示天下以一统为大、为贵的意思，这就是所谓“大一统”。孙复以为，在元年之春写下一个“王”字，是为了端其本，接着又写下

“正月”二字，是为了正其始。孔子有感于王道不行，特意作《春秋》以代行天子之权，当然必须端本正始，然后才能以大中之法，贬责诸侯大夫僭越专行之罪。孙复还指出“王无十年不书”的《春秋》笔法，凡某公元年、十年、二十年等逢十之年，几乎没有例外都要写下“春王”的字样，以揭示尊王之义。照他的统计，《春秋》一书，正月书王者九十二，二月书王者二十七，三月书王者十七。可见“尊王”确实是《春秋》的大义所在。

（三）严辨爵等位分以尊王制。公、侯、伯、子、男，是周王分封诸侯时所定的爵位，它代表尊卑上下的分位等级，是王制中很重要的部分。依周朝的礼制，诸侯有罪，方伯请命于天子，奉了天子的命令，才可以拘执论罪。如果强大的诸侯，没有奉到王命，便拘执一个较弱小的诸侯，纵然那个小诸侯确实有罪，也是不容许的。至于擅自拘执一个无罪的诸侯，更是重大的恶行。对于这种僭越专擅的诸侯，《春秋》便要削夺他的爵位，代天子伸张诛责之权。例如僖公五年，《春秋》写道：“冬，晋人执虞公”，这就是表示，晋君未奉王命，而专擅拘执无罪的虞君，犯了重大的过错，所以《春秋》以严正的史笔，削夺晋侯的爵位，而贬称“晋人”以示诛责。孙复又指出，虽然没有天子之命，如果对方确实罪有应得，这时，专擅拘执的过错就比较轻。像僖公二十八年，《春秋》写道：“晋侯入曹，执曹伯”，晋君未奉王命而侵入曹国拘执其君，是不对的，所以明载其侵入之事以示讥贬；但曹君获罪乃是自取其辱，所以不削夺晋君之爵，仍称他为“晋侯”。此外，像楚国之君，早已僭称王号，但《春秋》不予承认，所以只记载他的本爵，而称“楚子”。这些地方，都是严辨爵等以尊王制的意思。

（四）责斥诸侯大夫专擅之罪。孔子曾说：“天下有道，礼乐征伐自天子出。”五霸之世，诸侯专擅征伐会盟之事，所以孟子说五霸是三王的罪人。后来，各国的大夫竟也专擅政柄，而主持国际会盟、执掌征伐之权了。对于这种僭越专擅的行为，《春秋》一律加以严正的诛贬，所以孙复以为，孔子作《春秋》，只有贬而无褒。凡经文上用“侵、入、伐、围、取、灭”诸字，以及用“盟”字“会”字，都是贬责之辞。因为那全是诸侯大夫专擅僭越的非礼的行为。孙复还指出凡言杀大夫、杀世子、公子，也是表示讥责。像庄公二十二年“陈人杀其公子御寇”，襄公二十六年“宋公杀其世子痤”，襄公二十七年“卫杀其大夫宁喜”，无论称人以杀、称君以杀、称国以杀，都是诛恶的贬辞。因为古时候的礼制，诸侯之国的大夫，都要请求天子任命；大夫有罪，也要请命于天子，诸侯不可以专擅杀害本国的大夫。自己的大夫尚且不可专杀，更何况国家的世子以及同为父祖所生的兄弟？春秋之世，诸侯目无天子，卿士大夫都由自己专命，无论有罪无罪，也由自己专杀。在春秋二百四十二年中，记载诸侯杀大夫的事，有四十七件之多。而且，较小的诸侯被强大的诸侯所吞灭的，也有好几十国，破坏王制王道，莫此为甚。所以孔子作《春秋》，便以正直的史笔，记下他们的罪恶。

以上四点，是孙复阐述《春秋》尊王大义的简括。孟子说，孔子作《春秋》，而乱臣贼子惧。后人也说，《春秋》一字之贬，严于斧钺。可见文字的权威，比刑法的惩罚，更能发挥正义的力量。在天下无王之时，孔子以《春秋》史笔代行天子褒贬之权，无王者之位而立王者之法，行王者之道，所以后世称他为“素王”。孙复以他强烈的文化意识，阐扬王道思想，他也是效法孔子的精神，想要过问天下事以担当天下的责任的。

孙复以明经为教，《宋史》说他治经术胜过胡瑗。我们知道，胡瑗是北宋的大教育家，他的经术甚得学者的推重，而孙复又超过他，可见孙复对于经学的造诣之深了。关于孙复的学术思想，我们将进一步从他的著作以及他对当时和后世的影响上，再加探讨。

五、孙复的著作

孙复的著作，流传至今的，只有一部《春秋尊王发微》。这部书现在汇印在清人纳兰性德所编辑的《通志堂经解》第十九册里面，一九七二年，台北大通书局依据康熙十九年的刻本加以影印。在《宋元学案》的附录里，曾引述欧阳修和朱子的话，欧阳修说孙复治《春秋》，“得于经之本义为多”，朱子虽有微辞，但也说孙复“推言治道，凛凛无可畏，终得圣人意思”。孙复这部书，以阐发尊王之义为主，已见上节所述。

除了《春秋尊王发微》，孙复还有其他的著作，可惜在当时就已经多半散失。现在我们只能依据他的大弟子石介作的《泰山书院记》，约略知道一些。

孙复认为《易》和《春秋》是二部最重要的经典，《易》能尽孔子之心，《春秋》能尽孔子之用，都是治理天下的大经大法。所以孙复除了发挥《春秋》大义，又据《易经》六十四卦，作《易说》六十四篇，可惜这部书早已散失了。石介还提到孙复曾怀疑尧帝在位时，何以四凶不去，十六相不举；而要等到舜帝即位以后，才来除去四凶，举用十六贤臣？为了申述他的意见，特地写了一篇名叫《尧权》的文章。他又陈述他对于防止后世篡夺和诸侯僭越侵逼的意见，作过一篇《舜制》。还有一篇《正名解》，是为了正世子之名而作的。另外，又作《四皓论》，以称美汉初商山四皓，说他们知出处进退之义。但这四篇文章都已散佚，我们只能根据石介的叙述，略知大意。不过有一点是确定的，那就是这四篇文章，都是有关天下政教治道的。宋初学者反对西昆体的文章，而主张文以载道，孙复是能躬行实践的一个。

此外，还有一部《睢阳子集》，收录了孙复一些书信文章，像前面第三节我们提到的《儒辱》，便是里面的一篇。《宋元学案·泰山学案》中，曾选录该书一部分文章，其余的我们无法详尽而知了。

六、孙复在学术思想上的影响

一个人对于学术思想的影响，就当时而言，是靠讲学和教育人才；对后世而言，则靠弟子后学代代相传，以发挥广大的影响力。

先说他对当时学术的影响。

《宋元学案》列胡瑗为孙复的学侣，列士建中和刘颜二人为孙复的同调，而列为弟子的，则有石介、文彦博、刘牧、范纯仁、吕希哲、朱光庭、张洞、姜潜、祖无择、饶子仪、李缊、莫说、朱长文，共计十三人。

胡瑗，字翼之，学者称安定先生。他和孙复十年同学，二人声气相应，都是宋初的大学者。胡瑗著有《易传》、《周易口义》、《洪范口义》、《中庸义》、《景祐乐议》等。他和孙复都讲经学，以弘扬儒家学术为己任。如果就二人作一分别，我们可以说，胡瑗的著述比较着重于内圣义理方面的讲论，而孙复则比较着重于外王方面的

《春秋》大义之伸张。和孙复同时起于北方的，有士建中，字熙道，孙复和石介很推重他。著有《道论》、《原福》、《原鬼》、《随时解》等文，《宋元学案》说这些文章都是醇儒之言。石介在上孙复的书信中，曾有二句诗："攘臂欲操万丈戈，力与熙道攻浮讹。"所谓浮讹，是指佛老和时文而言。可见士建中也是文化意识极其强烈的人。在靠近山东的彭城（江苏徐州），有刘颜，字子望，著有《儒术通要》、《经济枢言》数十篇。石介看到他的书，非常叹服，还说：恨不在弟子列。由此也可想见，刘颜的学术，和孙复、石介是同一路向，同一立场的。

而真正传述孙复《春秋》之学的，是他几个高第弟子，而其中最有力的当然要数石介。

石介，字守道，学者称徂徕先生。他先以易学教授生徒，著有《易解》五卷。后来从孙复学，又著《春秋说》，伸张师门之义。另有《徂徕集》三十卷行于世。南宋学者黄东发说他学正识卓，辟邪说而卫正道，上继韩愈以上达孟子，可说是百世之师。石介是北宋儒学复兴运动初期的急先锋，他顺着唐代韩愈提出的道统意识，为宋学开启先路，后世将他和胡瑗、孙复一同视为宋学初起的代表人物，合称为：宋初三先生。朱子就曾说过"伊川不敢忘三先生"的话，可见石介不但是能光大师门学术的第一高第，而且还能与师齐名，同垂不朽。

其余学有所成的，还有：(1) 张洞，字明远，石介称他对春秋学所得最精，撰论数十篇，矫正三传的异同，而独有会于经文的义旨。(2) 姜潜，字至之，先后从孙复、石介学《春秋》。他的门下有刘挚，精于三《礼》，亦好《春秋》，考证诸儒的异同得失，多能通达经文的本意。姜潜不做诗，说做诗"损心气，招悔吝"，刘挚也常说：士当以器识为先，一旦被称为文人，便不足观了。(3) 刘牧，号长民，著有《卦德通论》一卷，《钩隐图》一卷。他对春秋学的造诣如何，无从确实知晓，他的易学和邵康节同出一源，似乎和孙复的路径不同。（4）饶子仪同时学于孙复和胡瑗，著有《编年史要》和《周易》、《论语解》以及诗文集。（5）文彦博、祖无择二人，以政教治术表现所学。文彦博历仕仁宗、英宗、神宗、哲宗四朝，是北宋有名的元老重臣。祖无择做到龙图阁学士，无论言论、政事，都可以算是北宋的名卿。（6）朱长文，学者称乐圃先生。从孙复学《春秋》，颇能阐发微旨，作《通志》二十卷。对其他各经，《书》有赞，《诗》有说，《易》有意，《礼》有《中庸解》，《乐》有《琴台志》。孙复的春秋学，通过他而传于胡安国，便有了进一步的发挥。

以下再就孙复对后世学术思想的影响，作一说明。

孙复的春秋学，在北宋的儒学复兴运动中，可以说是开风气之先。但要使春秋学成为学术的重镇，并在政治上，社会上发挥广大深远的影响，却要到胡安国以后，才算逐步完成了这个使命。

胡安国，字康侯，谥号文定。他以二十多年的功力完成《春秋传》，而也终于以这部书显名于世。元明两代，胡安国的《春秋传》有着很高的地位，《春秋胡氏传》几乎与《公》《谷》《左》三传并而为四。胡氏这部书当然是他深造自得的结晶。但渊源所自以及书中的基本旨趣，却是上承孙复的精神而来。胡安国亲身经历金人侵扰中原的祸乱，宋朝退守江淮以南，支撑一个偏安的局面，尊王攘夷之义的发挥，比孙复的时代更为需要，更为迫切了。所以胡安国讲《春秋》就特别提倡“大复仇”之义。

终南宋之世，“誓复国仇，还我河山”，一直是忠贞臣民的共同意识。而这种意识，和《春秋》大义正是精神一贯、气脉相通的。岳飞抗金，文天祥抗元，乃至明太祖等一辈豪杰在宋亡九十年（若以宋帝昺之死至方国珍起岳抗元，实不满七十年）之后，终于能驱元复明，也仍然是保民族、保文化、保衣冠的文化意识，和大复仇的民族精神的发扬。这和孙复首倡《春秋》尊王攘夷大义，都有着思想观念上的直接间接之关连。学术思想和国脉民命的紧密关系，也可以在此“举一隅而以三隅反”了。

参考书目

《读经示要》精装一册，平装二册，熊十力著，一九四五年初版于重庆，一九六〇年由广文书局重印。

《复性书院讲录》上下二册，马浮撰，抗战期间由重庆复性书院刻印，一九六四年广文书局影印。

凡义理思想方面的研究，解悟和识度，最为重要。否则，望文生义，随意比附，徒然增加观念的混乱。这其中的学养工夫，不是选定一个论题之后，便能一下子具备的。一方面要靠长时期的蕴蓄积累，一方面要得到适当的指点和启发。如今良师难求，笔者愿意介绍上列二书，借以恢弘器识，开启慧悟。《示要》下册讲述六经大义，《易经》和《春秋》的讲说，尤其精详。《讲录》上册卷一开列通治群经必读书目举要，可供参考。

《春秋尊王发微》十二卷，宋孙复撰，编入清纳兰性德所辑的《通志堂经解》第十九册，一九七二年由大通书局影印。

《春秋传》十五卷，宋刘敞撰，编入《通志堂经解》第十九册。

《春秋权衡》十七卷，宋刘敞撰，编入《通志堂经解》第十九册。

《春秋胡氏传》，宋胡安国撰，现坊间无刊本。“国家图书馆”藏有旧抄本十二卷，朝鲜旧刊本三十卷，限在馆内阅览。

《春秋集传》十五卷，元赵汸撰，编入《通志堂经解》第二十五册。

《春秋属辞》十五卷，元赵汸撰，编入《通志堂经解》第二十六册。

孙复的学术思想，以春秋学为主。要了解孙复的春秋学，一须对孔子的《春秋经》和《春秋》公谷左三家之学有基本的知识，二须了解宋初春秋学兴起的时代背景和以后的发展。关于这方面的参考书，除了《十三经注疏》中（1）汉何休解诂、唐徐彦疏的《春秋公羊传注疏》，（2）晋范宁集解、唐杨士勋疏的《春秋谷梁传注疏》，（3）晋杜预集解、唐孔颖达疏的《春秋左传正义》，是春秋学的基本文献以外，自孙复以下，刘敞、胡安国、赵汸的书，都能在《公》《谷》《左》三传之外，发挥《春秋经》的义旨。

《宋元学案》一百卷，明黄宗羲原编，清全祖望增补成书。台湾中华书局、世界书局皆有印行，坊间亦多有影印本。

※ 关于研究孙复思想的专门著作和论文，笔者还没有见到过，特此附识。

胡瑗

封思毅　著

我国历来思想，随着时代的变动，内容不断翻新。到了宋代，理学成为主流，努力于儒家义理心性的发挥。相沿下来，由元到明，继续探求和拓展孔孟的精义，先后大约七百年，成就极为可观；在学术上所呈现的价值，更不寻常。讲起来都会知道，宋儒高谈义理心性，与汉儒专心经书的考据训诂，方向上大有不同。理学精神活泼有力，远为一味从故纸堆中讨生活的汉学所不如。因有这点差异，近来有人改称理学为新儒学。再就是，理学在于继承和维护孔孟道统，对魏晋以后，佛学东来所造成的积势，自然产生澄清作用，完全扬弃了出世观念，重新建立了自己，以"为往圣继绝学"。对这样思想上的大扭转，也有人将它形容为儒学的复兴。

理学以新儒学为内容，儒学复兴为形式，突破了传统汉学与外来佛学的双重阻碍，独自开辟境界，在我国文化上来说，确是一件大事。如要从这当中，找出早期大有功于理学的人物，一般均会想到北宋五子——邵雍、周敦颐、张载和程颢、程颐兄弟。但是计算这五家学说的兴起，已是晚到宋代开国八十年以后了。比他们稍前，那一段转型初期，尚出现过一位，在教育界终生尽力，完成了开创风气，维护学术，培养人才多种使命的胡瑗先生。他眼看当时青年，偏好辞赋，专以华丽为美，空语不切实际；遂趁着朝廷重用文臣和提倡学风的大好机会，凭他个人以老师的清高身份，首先讲授儒家经术，传播孔孟思想。原来胡瑗的儒学，与后来的理学，都以讲求修身做人的道理，作为同一的目标，精神可以相通。经他长期心力的灌注，知识分子圈中，气氛开始转变，理学终能顺利茁芽滋长，贡献实不下于北宋五子。故一谈到宋代思想，先应认识这位大教育家。

胡瑗字翼之，祖先最早家住安定（甘肃泾川县北五里），后来迁居长安（陕西西安），他的远祖胡询，在唐代官拜过兵部尚书。曾祖胡韬因战乱，掳了全家，流亡南走，入蜀中，一度为陵州（今四川仁寿县治）刺史。承平后，仍回长安，改任卫尉卿的职务。祖父胡修才奉命到泰州（原江苏泰县，今江苏姜堰市），作司寇参军，死后葬在海陵（在泰县东面），再经他父亲胡讷，仍在附近宁海（旧治在江苏泰县东南一百里），当节度推官，其后定居下来，故成为泰州海陵人。宋太宗淳化四年（公元九九三年），胡瑗出生于父亲的宁海任所，在家中是长子。由于他从小天资聪明，读书很早，七岁时已经能够写出相当好的文章。十三岁读完五经，立志希望自己的将来，能达到圣贤的境界。这和他的家庭教育，也很有关系。他父亲本来学识渊博，文章就很出色，曾著有《孝行录》三卷、《贤惠录》一卷。吕夷简当朝时，便推荐过这两部书，作为国史资料。有心写这类书的人，当然会留意家中子弟志趣的培养。

正由于他父亲是这样的一位好官，一到离职后，家境在短期内，变得很贫穷；使胡瑗青少年期间，常碰上无以为生的惨况。环境尽管如此困难，一过十六七岁，他仍然决心北上，到泰山继续读书。在那儿，得与孙复、石介二人同学，大家寄居在山下南面的栖真观内自修，生活饮食苦不堪言。但因向学心切，常常整夜不睡，念到天明。这样不断的苦读，十年竟没有回过家。每次接到家书，只要看到信上有平安二字，便不再拆开，随手丢入溪中，以免扰乱了求学的决心。经过长时间的埋头奋斗，终于学成回乡，然后到湖州南面二十五里的乌程县，选定县城近郊东南一里的霅水旁边，停留下来。霅水由余不溪、苎溪两水合流，那一带景色，被诗人描绘为

“柳色秾垂岸，山光冷照衣”，美丽极了。于是便以拓荒的精神，在那幽静的乡野，招收学生，讲授儒家的经术。这当是在真宗天禧年间（一〇一七—二一年），从此开始了他的私人教学生涯。那时他的生活，仍然和去泰山求学前差不多，很少改善。通常吃的多是藜藿一类的野菜，住的也仅是蒿莱搭盖的茅屋。可是他能安贫乐道，坚持下去，长达十余年。

直到胡瑗四十岁以后，仁宗景祐元年（一〇三四年），范仲淹到苏州当太守，对这位邻近乡居老师的品格学识，极表敬佩，先命几个儿子拜他为师，请求教导。第二年，州中人士朱公绰等，提议设立郡学，范仲淹同意，上奏朝廷，得赐学田五顷。当即动工在城南约一里地方的旧日钱氏南园，兴建校舍，礼聘胡瑗为郡学教授。这是他从私学转向官学的第一步。他到职后，继续过去办理私学的抱负和经验，订立出学规，相当的详细完备，管教部分尤其严格。故实行时，郡学的几百个学生，都觉得拘束，不能适应，常有违规的情事发生，胡瑗不为所动，但使范仲淹颇感困扰，幸好这位太守的大儿子纯佑，小小年纪，很懂大体，自愿入学，谨守规定。其余的学生看在眼里，违规的行为也就不再出现。苏州学规实行初期，曾经有过这样短暂的波折，正是说明胡瑗办学的严格认真；所以到后来，演变为湖州学规，大见成效，闻名于天下。在苏州教学这段期间，特别值得一提的是：胡瑗讲授儒家经术和他的良好修养，很受敬重。恰巧苏子美以大文学家，年老退隐；陈之奇以品格高尚，辞官回乡，都住在附近，合起来被尊称为吴下三贤人。

苏州教学一年多，即有了变化。朝廷在这时，已经享受长期安定的日子，颇为留意制礼作乐。旧藏的大乐制器，年月太久，钟律不调，各方提出的修整意见，议论不一。景祐二年（一〇三五年），仁宗皇帝计划重新定立雅乐，下诏到天下各郡县，凡有通晓音律的人才，可以随时呈奏。苏州太守范仲淹遂荐举胡瑗，纯以平民身份，

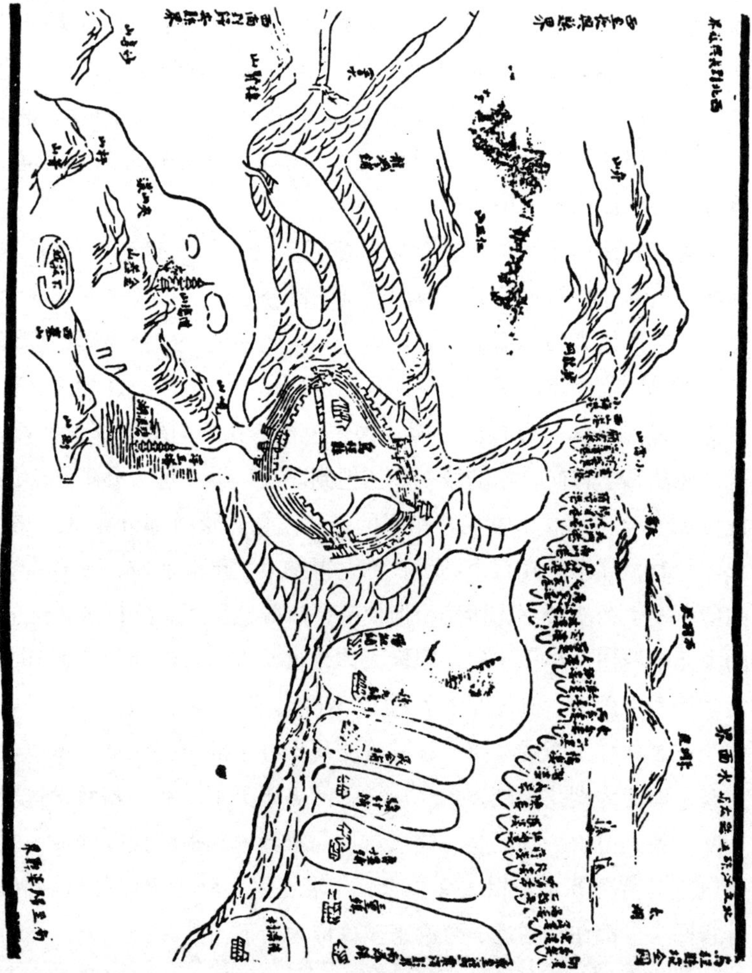

水　湖学发源地

（本图采自清同治十三年刻印《湖州府志》）

应诏命前往，参加雅乐的讨论，胡瑗随即结束在苏州的教学，动身到京师汴梁（河南开封）去。

在皇帝召对前，按例，应召的人须到阁门，讲习进见的各种礼节。胡瑗认为没有必要，理由是：自信生平所读的书，事君的礼仪，已经包括在内，不须多此一举。阁门的官员依照他的意思上奏，而且都认为，一个平民突然面对皇帝，定会张皇失措，闹出笑话。但到了召对的那一天，当胡瑗上得崇政殿，果能从容进退，一切合乎规矩，连皇帝都大为称赞，夸奖他的举动，完全合乎古礼。可见青年时期，胡瑗的泰山苦学，并不是在读死书，早已留心到学以致用。

临到议乐，他主张先定律尺，司马光赞成他提出的理论。但在完成后，律的围径与旧制不合，这是他有意要改变古法。可是另一部分人不表同意，各执一词。论争扩大，朝廷的高级官员，也卷入了漩涡。同胡瑗一道参加议乐的阮逸，又认为《周礼》的嘉量法最正确，意见更为纷乱。事实上，钟律这门学问，到宋时久已失传，原无法得出定论，经过这一番激辩，胡瑗将议乐时，自己所想到的许多道理，汇集起来，写成《景祐乐府奏议》一卷。第一次议乐，至此告一段落，随后参加召试，被派为秘书省的校书郎。

宝元二年（一〇三九年），是胡瑗在教育事业上的转捩时期。湖州太守滕宗谅跟范仲淹为同年进士，交情不错，为人豪爽，对钱财看得很淡，到任后，与当地人士共同献金兴学。上书朝廷，请求允许。第二年四月，诏书先到，赐名州学，亦给田五顷。经两个月时间，新学舍建造全部完工，共有房屋一百二十间。从新学舍的大门，向右边进去，为学官办公处。另向大门左边入内，则为学生宿舍。正中央为大讲堂和藏书阁，由东西两翼延伸的建筑，各有十八斋，作为学生的共同研究室。登楼远望，可以欣赏邻近的山水景物。更在东南角上，设立小学，初级生便在那儿上课。整个构想，相当周到。筹备就绪，终远道约聘胡瑗，担任州学教授。胡瑗也欣然辞官接受，回到他最初私人教学的老地方，不过由近郊的雪水，移入城内的郡学校舍罢了。

远自隋唐以来，国家凭文章取士，不太看重经术实学。宋代对这种制度，最初也没有改变。青年们为了求取功名利禄，集中心智于浮华辞藻的琢磨，连儒家《中庸》一书，所讲的知天尽性的理论，皆指为陈腐不堪，无意研究，风俗自然日渐败坏。胡瑗看清这种时代病，首先即与学生们约定：读书在求得学问，不完全是为了做官，并愿从本身做起。所以他订立的教育目标，在明“体”（道德仁义）达“用”（政事文学）。他的教学方法是：设立经义、治事两斋，分别探讨实际的学问。经义斋则选择性情开朗、有抱负、可以担任大事的青年，使他们研究六经中治国平天下的基本学理。治事斋则随学生各自才能的不同，一人主修一科，再又选修一科，科目有政治、军事、边防、水利、算数等，任由本身兴趣来决定。

同时他考虑到实际考察，把眼光从传统的书本智识，放大到外界各种事象的观察和了解。这种教育观念，算是相当的新颖。有这么一次，他同滕太守谈起，学生只在本乡，见闻不广，胸襟狭隘，必须旅行四方，熟悉南北风俗，人物情态，山川气象，方能够扩充眼界。刚好滕太守要调赴泾州（今甘肃泾川县），便同师生数人，一道北行，同游关中。至潼关时，大家离车登上关门四望，黄河绕抱奔流，波涛汹涌；太华、中条诸山，回环前后，形势雄伟，同行的人一致赞美。然后继续行程，直到泾州，告别而回。

平常在校中，胡瑗以身作则，虽当大热天，必定穿着公家规定的服装，高坐堂上督课，严守师生间的礼节，一丝不苟。私下却把学生当做自己的子弟看待，同样，学生也能像对父兄一般敬爱他。真如春风化雨，相处甚为融洽。每逢讲解经书至重要处，他一定提醒学生，必须先要用来修养自己，而后方可期望改变他人的道理。学生受了他热诚的教导，懂得圣学体用为政教的根本。所作文章都能发明经义，说理透彻。行动也乐于自动实践，规规矩矩做人。完成学业散向四方，更会各以所得，辗转传授。于是东南学风大变，青年莫不转移志趣于仁义礼乐的讲求。欧阳修曾经赠他的诗中说："吴兴先生富道德，诜诜子弟皆贤才"，正是写实。并且更再迅速和直接的影响到人心风气，也随着变好了。由于这些成就引起敬意，人们便把胡瑗在那里的教学内容和方式，特称为湖学。在湖学兴盛的时候，所感美中不足的，物质条件受了限制。朝廷赐给的学田，已嫌不够；又因靠近太湖，常闹水灾，收获量更少，无法帮助络绎前来的清寒学生。有的青年到了郡学，吃的问题不能解决，无法留下。有的留了一段期间，同样也只好忍痛离去，临行依依不舍，都有学业未成的遗憾。不因这一原由，绩效和影响将会更大。显然湖州郡学已成为吴中青年向往的圣地。

庆历二年（一〇四二年），范仲淹出任陕西方面的经略使，领军驻扎在庆州（今陕西泾阳县），特荐举胡瑗作丹州（陕西宜川县治）军事推官。感于知遇的盛情，胡瑗不得不离开湖州，前往赴任。到丹州后，待深入分析了当地的实际利弊，他提出一连串的建议：变更旧法、制造兵器。开辟荒地，作为营田。募集土人当兵，给钱任由他们自己去选买好的坐马，代替关东不能作战的兵士，以加强部队的战力。平常不论是高级的军官、归顺的蕃酋、看守亭障的基层人员和杂役士兵，因事前来拜访或有所报告时，他一定用酒食款待，借机探问防备边境的方法，再综合整理，呈供范仲淹的帅府参考。帅府中多是武人，最初以为他只通古书，彼此不甚交往。随后见他喜欢研究军事，而且乐意与大家打成一片，才又改变态度，对他表示敬佩。这段边疆军旅生活，在胡瑗的观念中，有了新的触发。后来写成《武学规矩》一书和提倡武学教育的动机，当是这个时候引起的。第二年范仲淹调为副枢密使，离开陕西，胡瑗也改到密州（今属山东诸城市）作观察推官。在任内，他父亲去世，辞官

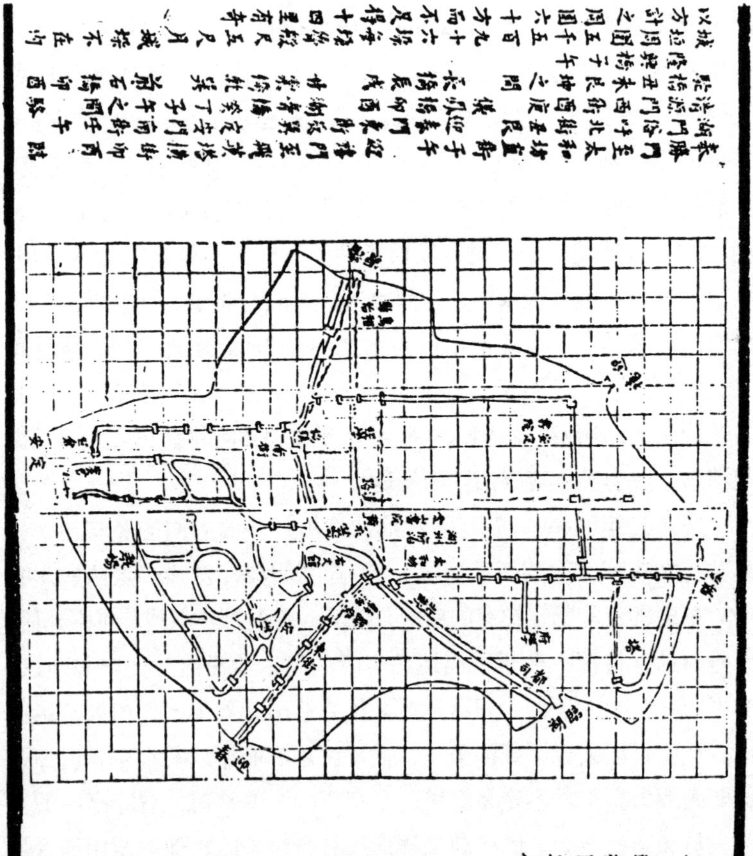

湖州府学　胡瑗在宝元二年讲学处

（本图采自清同治十三年刻印《湖州府志》）

回乡奔丧，朝廷追念这位已故宁海节度推官的学养和旧绩，适时特赠给太子中允的荣衔。丧期过后，胡瑗勉强去保宁（陕西旧榆林府境内），作了一阵节度推官。时间所以短暂，因为不是他真正的兴趣所在。

庆历四年（一〇四四年）四月，仁宗皇帝开天章阁，与大臣们讨论天下事，听取意见，决定下诏所有州县皆要兴办学校，这就是历史上所称的庆历兴学。同月的二十一日，开始建太学于京师，把招待外来使节的锡庆院西北角廊下房屋数十间，改为学舍，设置内舍生二百人。特命官员到湖州去，取胡瑗的教学方法，作为太学的制度，正式明令施行。当时讲学风气已开，与最早仅有胡瑗在南，孙复、石介在北，及稍后古灵四先生在闽中，情况不同。四方私学纷纷兴起，如像山东有士建中、刘颜。浙东分别有明州的杨适、杜醇、王致、楼郁、王说五人。永嘉有王儒志、丁经行二人。浙西亦有杭州的吴师仁。闽中又有章望之、黄晞。关中有申颜、侯可。蜀中有宇文之部。但是朝廷却独采用湖州的教学规，不仅是湖学的成就声名远播，一定有其与众不同真正价值。也由于这一层因缘，范仲淹趁机向皇帝上书，大意是说："胡瑗长期研究学问，努力倡导仁义，在湖州郡学担任教授，对于该校学生数百人，不只讲书作文，更常训勉他们，要遵行孝弟礼法。因此人人都能向善，乡里一致赞美。这对陛下教化天下，极有帮助。希望圣上特别加以奖励，提升他到太学任职，一定可以作为青年们的楷模。"结果，胡瑗被召为王宫教授，指导皇族子弟。

在前一年，朝廷曾一度诏令开办武学，以京都武成王庙，作为校址，由阮逸任教授。但大臣中有的表示反对，认为太不切实际，跟着在八月，又解散了。胡瑗担任王宫教授时，那件事情未过多久，他仍觉得有其必要，独自鼓起勇气，考虑变通方式，重行提出兴办武学的建议。上奏朝廷，内容为："近年来，兴办武学，但因主持官员，未得适当人选，不久停办。现在国子监直讲内，梅尧臣曾经注释过《孙子》这本书，对其中意义，了解极为透彻。其余孙复等人，亦皆有相当研究，臣曾任丹州军事推官，也颇知道武事。若在每日课程内，一方面传授《论语》，使学生认识忠孝仁义的基本道德，另又讲解孙吴兵法，让他们也懂得御敌求胜的原理。学生的来源，可以从武臣的子孙中，挑选智慧较高的青年二三百人，加以长期教导，则一二十年内，必能收到成效。而且臣已写成《武学规矩》一书，一并进呈。”这等于说，即在国子监内附加武学教育，不必另聘教师，增设学校，简单易行。终于仍因朝臣意见不一，未被接受。不过在那国势积弱，而又重文轻武的矛盾大环境中，胡瑗明知其不可为而为，这不仅表示出他的眼光和怀抱，而且热诚尤为一般所不及。

第二年，他再度遇上一件与朝廷礼乐有关的事：贾昌朝任经选官，讲《易经》。皇帝由鼎卦："圣人亨以享上帝"这句话，谈到现行郊祀礼的时候，何以不见有鼎？当即下诏胡瑗、阮逸，共同监制铜鼎和鸾刀。两人奉诏后，到了九月，铜鼎（十二座）和鸾刀铸成复命。其时胡瑗已升任太子中丞，因病呈请辞职，特改为殿中丞，准他离任家居。

回乡后，他的生活颇为悠闲，吴兴太守马寻为了敬老，宴请退休的工部侍郎郎简（七十九岁）、司封员外郎范记（八十六岁）、卫尉寺丞张维（九十一岁），和乡绅刘维庆（九十二岁）、周守中（九十五岁）、吴琰（七十二岁）六位老人于南园，邀了胡瑗作陪，席间饮酒赋诗，兴致极高。胡瑗当筵写了一篇文章，记叙欢宴的情境，这次所有的诗文，大家决定刻石，留在园中，作为纪念。胡瑗闲居，颇能自得其乐，可是古灵四先生之一的陈襄，却为他抱屈，上书给两浙的陈安抚，极力推荐说："由殿中丞辞官家居的胡瑗，读书多，学问好，能文能武，经常留心实务，毫不迂腐，虽说年岁略高，但对于品德学识，仍在不断力求进步，值得重用。”这封信送出去，没有下文。但胡瑗在渐近晚年的修养如何，由这短短几行介绍，可以想象出来。

在朝廷中，皇祐二年（一〇五〇年）冬闰月，皇帝亲临明堂，举行大典，召集近臣一同观赏雅乐，发现镈钟、特磬的音律不调协，下诏太常详细检查，另行铸造。太常又邀胡瑗至京师，任命为大理寺评事，兼太常寺的主簿，皇帝更令中书门下集合太常官，在秘阁内专设一机构，研讨制定国家大乐，胡瑗、阮逸也共同参预其事。制乐完成，定名为大安之乐，一般则称为阮逸胡瑗乐，当然是由于两人出力最多的关系。（附记：三年后朝廷更重新接受景祐二年胡瑗的黍尺法，铸成了大吕、应钟、钟磬各一件），同景祐时一样，胡瑗把这次制定大安之乐的意见，汇集为《皇祐乐府奏议》一卷，还同阮逸合作，撰成《皇祐新乐图记》三卷。各种事情处理完毕，又因病辞职。

辞职不过一年左右，到了皇祐四年（一〇五二年）十月，胡瑗终于走向他一生教育事业的巅峰。先是奉命为光禄寺丞，随又调职作大理寺丞兼任国子监直讲。由皇帝赐给绯衣银鱼袋，这时他的年纪已经过六十岁了。最初到太学，一般人对他不了解，采取观望的态度。他懂得那种心理是怎样发生的，便找了过去在朝廷作过官，并且颇有名气的学生，像盛侨、顾临、吴孜等人来分担太学的职务，特以盛侨为堂长，又命孙觉开讲《孟子》。京师青年见他能排出这样的教师阵容，才改变过去疏远为尊敬。

然后由胡瑗亲自升堂讲解《易经》，音韵高朗，意义明白，从此听众更为心服；在他讲座下执经接受指导的学生，极为踊跃。比如安焘当时任枢密，也杂在听众中；但这个人有黄痫病，仍旧自愿聚立在人群中，随着进入堂中听讲，但受不住拥挤，常常发病，由人扶持着离席回去。这只是胡瑗在太学受学生欢迎的一个例子，他

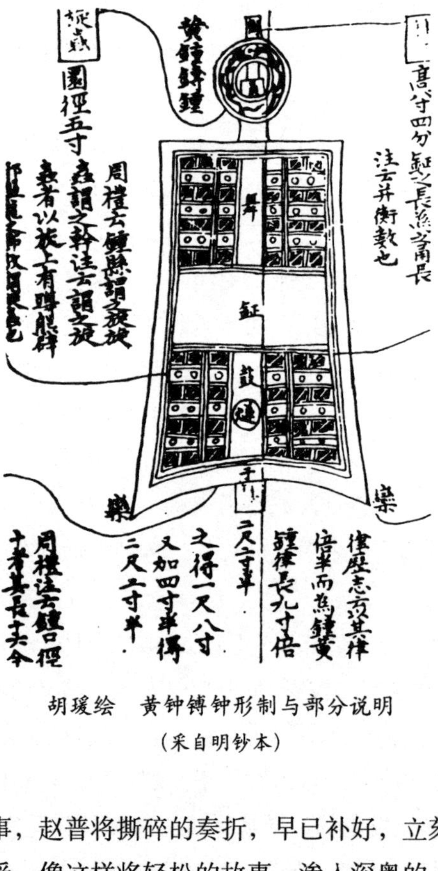

胡瑗绘　黄钟镈钟形制与部分说明

（采自明钞本）

每次讲经，不管过去旧有的注解怎样，喜爱引申，提出自己新的观点，或举当代的故事作证。某一次，讲《易经》到小畜一卦，即补充说：“畜，止也。臣止君也”，便引证：当年宋太祖令赵普挑选一位可以担任诤谏的大臣，赵普应命，将举荐的奏折呈上。太祖不同意，命另外选人，赵普再三坚持原议，那份奏折当下被太祖撕碎，愤怒地掷在地上，赵普从容捡起退出。过了几天，太祖又问起荐人的事，赵普将撕碎的奏折，早已补好，立刻进呈。太祖大悟，终于接受。像这样将轻松的故事，渗入深奥的《易经》中，讲来自会趣味盎然。当时同任国子监直讲的共有八人，每人专门负责一经，教授学生。可是胡瑗却曾独自讲五经异论，这些讲辞由学生记录汇集，名为《胡氏口义》。

早在七、八年前，太学已采用湖州学规。现由胡瑗参与执行，可说是驾轻就熟。太学的学习情形，大体同湖州一样，完全听由学生的兴趣，自行选科，有经术、兵战、文艺、节义等，先使分组研究，并随时召集各生发表心得，由胡瑗作最后的评定。或是由他出

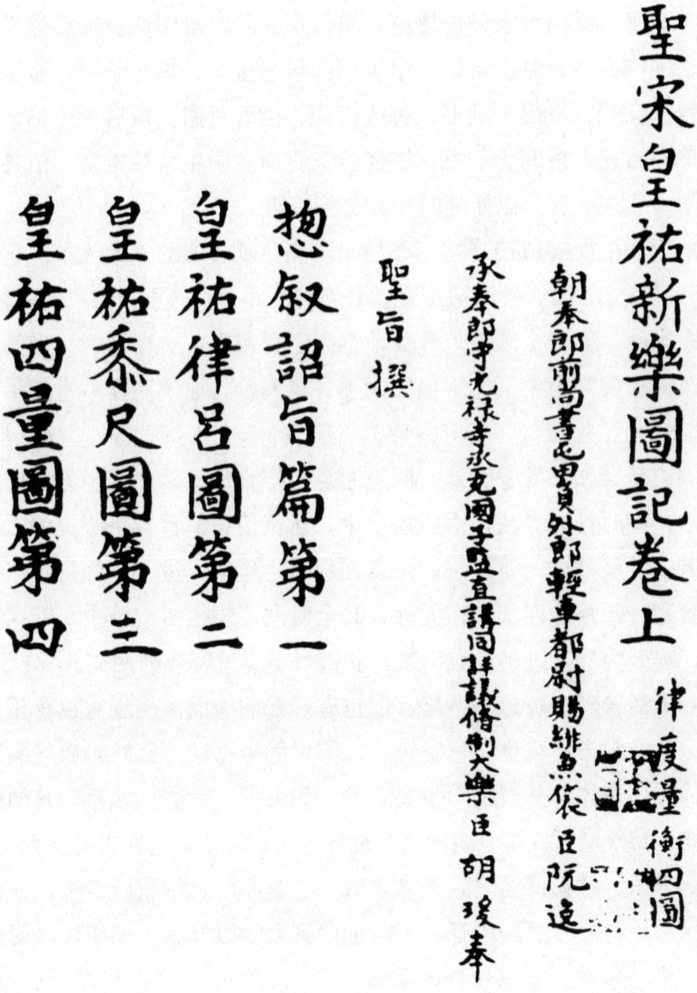
聖宋皇祐新樂圖記卷上　律度量衡四圖

朝奉郎前尚書屯田員外郎輕車都尉賜緋魚袋臣阮逸

承奉郎守光祿寺丞充國子監直講同詳議修制大樂臣胡瑗奉

聖旨撰

摠敘詔旨篇第一

皇祐律呂圖第二

皇祐黍尺圖第三

皇祐四量圖第四

胡瑗撰　《皇祐新乐图记》首页

（采自明钞本）

一专题，让参加讨论的人就题发挥，亦由他判别是非优劣。或是将当时政事，交由大家分析评论，类似现在的时事座谈。这些教学方式，不拘一格，讲求实效，学生们都乐于接受，热心学习。至于一般性的课程，早晨为经书，每次讲完，读五百遍。饭后为史书，讲完读一百遍。夜间为子书，讲完读三百遍。学生留校寄宿，依各人所学，住在一起，以便随时相互交换心得。

太学生能够留校寄宿，亦是胡瑗和孙复合力的一大改革。自宋代开国以来，因太学西边房舍，紧邻御书阁，一向重视火灾的防范。到夜半时，斋内全须熄灭灯烛，学生不得留宿，一律通学。虽然后来改锡庆院为太学，学生仍然天黑各自离校，通学制度一直相沿下来。到嘉祐初年（一〇五六年），胡、孙二人主持教务，共同请求放宽火禁，如果发生意外，两人愿意负担责任。从此学生方得留宿在内，同时订立办法，由内宿学生，轮流值宿，督导小心火烛，以防万一。经过这一番改进，用意在对学生生活，进一步施行较严格的管理。每月除四次外宿假外，其余时间，学生留宿校中，起床就寝，鸣鼓为号。进出设有门禁，非假日不得见客或随便离开学校。

生活管理虽较过去严格，但也有轻松的一面。胡瑗重视育乐活动，他常常告诉学生，每餐饭后，不可静坐不动，会妨碍血气的运行，有伤身体。并鼓励学生去运动，如习射、投壶，或是作其他的游戏。每次考试完毕，胡瑗命令训导人员，率领学生在首善堂聚会，演奏雅乐，歌唱诗篇，到天晚才散。各斋亦可自行歌诗奏乐，任由兴尽为止，故琴瑟的声音，不时远传到太学以外。由于胡瑗深通乐理，热心乐教，能够这样提倡青年正当的娱乐，在古代颇为少见。他前后曾亲手考订了雅乐音谱，有《周南》、《召南》、《小雅》共数十篇。欧阳修的大儿子，十五岁的欧阳发，也在太学读书。胡瑗的古乐钟学理，便是由这个最守规矩的青年，后来得到他的真传。

对胡瑗，司马光答谢的诗中，曾有“先生喜奖掖”的句子。一位惯常喜欢奖掖青年的老师，加上教导有方，当然容易受到学生们的敬爱。因此，太学中的同事，在强烈的对比下，都不愿意合作，甚至使胡瑗受到一些莫名的攻讦。但胡瑗不顾外来的种种困扰，毫未泄气，努力到底，最后使得太学规模，在他手中建立起来。这种新气象一经传开，学生慕名，远道闻风而至。并且这些青年都是为了要真心求学，不在乎功名利禄，对胡瑗的教导，更能心悦诚服。人数愈来愈多，旧有的房舍容纳不下，再请划拨旁边公家房屋，改建为学舍，复又扩充了原有的范围。据说，远从唐太宗建立太学算起，经过四百年长时间，能有嘉祐当时的盛况，那还是第一次。更可贵的，胡瑗首创的各种办法，到三十年以后，仍然照用，继续保存下去。这位大教育家眼光的深远，心思的细密，和对本身职责的忠诚，在在都经得上时间的考验，所以他对太学的贡献，在宋代没有人能比得上。

在太学四年下来，风气、规模、名声各方面反应不错，胡瑗在嘉祐元年十一月，被调为太子中允，充天章阁侍讲，即是作仁宗皇帝的老师。那时欧阳修在翰苑，向皇帝上书说："自胡瑗主持太学，学生敬佩他的道德，都能遵守规矩，勤奋学习，德业大有进步。请留他兼任国子监直讲或专管太学，使学生们能追随他，不致离校分散。"皇帝答复是，准予兼任。

在太学这段期间，胡瑗教导的学生中，有两位与稍后理学的发展，极有关系，一位就是大名鼎鼎的程颐。程颐以二十三四的青年，初入太学，适逢胡瑗以"颜子所好何学论"为题，考试学生。阅卷时，看到程颐的文章，要点是：颜子所好学问，为圣人的大道，圣人可由学习而成。这是胡瑗意中的境，心中的话，被一青年说了出来，大为欣赏，认为奇才，立刻派了程颐一个太学的职务。往后胡瑗给他的启发颇多，如在程颐所著的《易传》中，即采有胡老师的意见，一再提到："予闻之胡先生"，或"安定胡公"如何说。这是胡瑗的学生中，在理学方面，能够自立宗派的大师，而且“青出于蓝，而胜于蓝”了。另一位叫做徐积，他常说：“我在胡先生门下，得到的益处很多，只要听了老师的教导，一个字也不敢违背。”更重要的，他承袭了胡瑗的易、礼（指《中庸义》）为体，所揭示的心性学说，放在他所著的《荀子辩》和《辩习》中，以孔孟理论，指正先天性恶的错误，以及养成后天习气的不可不小心谨慎。这涉及心性问题，比一般理学家的讨论要早。再则他的学问，以至诚为根本，治心养气为优先，这些多少都影响到理学。不过他最受人称道的，在于节孝品格的保持、思想的发展还是留在胡先生的儒学范围内，成就与程颐不同。

程、徐二人以外，自苏、湖到太学，由胡瑗教导过的学生，约计有一千七百余人。虽然他们共同曾有约定，读书不是为了做官，但学以致用，实也难免。每年礼部考试，录取的名额中，常常占十之四五。有的考取优等，在官场极为得意，高居显要的职位；有的甚至很快便名满天下。而且都能做到“稽古爱民”。还有一个特点，所有的学生的言谈举止，无形中带有一种与众不同的气质，自成一个类型；一遇见就会感觉得到，不要问便知道是出自胡瑗的门下，用现代的话来说，已经形成“胡瑗型”。那些学生对于老师，更有一股出自内心的恭敬诚意，不管毕业多久，地位多高，互相谈话时，如果在称先生，一定是讲的这位胡老师，谁也不敢直呼其名，就是程颐也不例外。程颐后来也受过周敦颐的教导，但到他自己学问好了，名气大了，他便改叫周的字：茂叔。但对胡老师则一味尊称安定先生，终生不变。正因胡瑗陶冶学生，有这样深入持久的感人力量，虽然当时讲学风气渐开，从事教育工作的人渐多，仍以他所享有的声誉最盛，评价最高。

到了晚年，胡瑗体弱多病，平常跟皇帝讲学的迩英殿，无法再去了。仁宗屡次派遣使臣慰问，病情毫无起色。最后准他以太常博士退休，回乡休养。由京师起程的时候，太学的学生，朝中的人士，大家聚集在东门外，以弟子的身份，为他送行。饯别的筵席，沿途摆了好几百里，使得当时的人，同声赞美和羡慕，认为这位老师，可真光彩极了。回到江南后，嘉祐四年（一〇五九年）六月六日，在杭州因衰病去世，享年六十七岁。第二年十月五日，由他的儿子志康扶灵，回到他最初在湖州教学的地方，葬于乌程县南方十四里的何山（亦名金盖山）下。追谥文昭，墓志铭是由欧阳修撰写的。根据他的祖籍，以后的人都称他为安定先生。国子监并为他设有牌位，一直供奉；到绍圣初年（一〇九四年），因朋党纷争才撤销。

胡瑗的一生，几乎全在读书和教书，但他可能态度太慎重，主要的应有著作，多未动手撰写。除了事实必要，在景祐和皇祐年间，两次议乐结束，前后完成《奏议》三卷，《图记》一卷，属于他的手笔；另有《吉凶书仪》二卷，《学政条约》一卷，《资圣集》十五卷，《武学规矩》一卷，算是他的专著。其余留下的，都是讲义一类性质，在他教学时候，由学生们记录保存，称为口义。如：《周易口义》十二卷（或名《易解》十卷，包括《系辞上下》和《说卦》三卷），由倪天隐记录。《中庸义》一卷，由盛侨记录。《洪范口义》一卷，不知何人记录。《春秋辨要》（《宋史·艺文志》载有胡瑗著《春秋口义》五卷，可能为同一作品），由朱临记录。在《宋元学案》中，录存了《春秋说》七条（《学案补遗》，又增加了十四条），以及《论语说》八条。

宋代学者们有一种风气，所著属于经部的书籍，以《春秋经》最多，《易经》则在其次。胡瑗讲《春秋》，不像孙复那样的有名，但在发挥尊王的意义上（以《学案》所见部分为根据），两人却是一致的。朱子认为："《春秋》，胡安定……说，虽有疏略，推明治道，直凛可畏"，可见其内容，正气磅礴。据传欧阳修所写的《五代史》，全书合乎《春秋》的褒贬笔法，正由于向胡瑗请教过的缘故。学生中最能传授他的《春秋》这门学问的，一为孙觉，著有《春秋经解》。另为程颐，著有《春秋传》。

再为他所讲授的《易经》，一致认为文义明晰，解释详尽，特别是扫清了汉代象数的迷惘，内容立论正确，乃用义理来阐明《易经》的典型讲法。在《宋史·艺文志》中，所载入的谈《易》书籍，计算到程颐时为止，将近一百家之多。但这位小程夫子告诉学生，要研究《易经》，先当看王辅嗣、胡安定、王介甫三家解说。胡、程有师弟这一层渊源，基本观点相近，前后唱和，极为自然。其后朱熹在答复林学蒙的问题时，亦谈到要讨论诸经注疏，在《易经》部分，可以同时采取的，不过九人，首先所提到，便是胡氏《口义》。直至清代，汇编《四库全书》，所开列《易经》一类的书目，从古到今，达一百五十八部。在序目中，郑重介绍的，亦仅王弼、胡瑗、程颐、李光、杨万里五人的成就罢了。那篇文内说："王弼尽黜象数，说以老庄。一变而为胡瑗、程颐，始阐明儒理。再变而为李光、杨万里，参证史事。"意思是，从汉到宋，胡瑗、程颐师生，以纯粹儒家理论讲解《易经》，在思想学术史上，实有划时代的重大意义。

在《四库全书》书目里，胡瑗的著作，还列有《洪范口义》，共分为二卷。全部文字原分散在《永乐大典》中。现行的本子，是经后人整理，编辑成书的。这部《口义》主要在说明天人合一的道理。照他一贯的讲经方式，许多地方仍然改正了旧有不合理的注解，写出自已新的心得。文辞看来很平易，可是真能传达圣人的重要意见。这不是过去汉代学者，专以谶纬附会其辞，和其后宋代各家喜欢用象数来分析这本书，把经义愈弄愈糊涂，可以相比。这就显出胡瑗做学问的实在处。

上面许多讲义的纪录，最能代表胡瑗思想的，当为《周易口义》；还有一本《中庸义》，也值得注意。本来，《易经》在谈天道、人事的变化和配合，《中庸》乃对人性、天命的关系，加以分析。自经胡瑗讲解以后，实即开创了天人性命的学风，使后来的心性学说，逐渐萌芽滋长。虽然他未像稍晚的理学家们，深入探讨，仅能算是一位鼓动风气的人物，但仍如黄百家所说："（胡）先生之学，实与孙明复开伊洛之先。"有了伊洛派的建立，宋代理学方算根深柢固。风气鼓动的重要性，自当不在话下。也可以这样说，胡瑗借了讲授诸经的机会，摆脱古人的旧说，推出自己的创见，大胆开辟了前所未有的讲学途径。所以宋代的经学，与汉、唐大不相同，不重视章句注疏的零碎说明；立志要救世救人，各就自己的观点，专心从体用兼备的理论去发挥，这正可见胡瑗在思想上的领先时代，不只限于某一方面。

如果把胡瑗所留下的《周易口义》、《洪范口义》，以及零星的《论语说》、《中庸说》、《春秋说》这些文字，综合来看他的思想，可能尚不十分完整；但至少足以了解它的着眼点，不外三方面，即就是性、命的思想，天、人的思想和政、教的思想。三种思想又互有关联，最后总结到政教上，这与儒家对人生社会的终极目标，治国平天下，完全一致。

胡瑗谈性、命（或心性），没有后来宋儒讲得那样多，但纯是根据儒家传统说法来的。两相比较，性又重于命。性是什么？万物皆有性，不过胡瑗所重视的为人之性。一般的情况，有的性刚，有的性柔，有的性急，有的性缓。特殊的情况，则有仁、义、礼、智、信的不同，总称为五常之道。这些全由天所生。命是什么？乃指一个人的贵贱、长短、凶折、夭亡，这类个别的遭遇，同样早已由天决定。故胡瑗对命的态度很简单，主张顺应，说得雅一点叫做任命，说得俗一点叫做认命。至于对性，意向则积极得多，虽由天所生，但可经人为，加以改善。人为的努力方式，对自己则为"修"，对别人则为"教"。

他以为只有圣人才能承受天的全性，普通人所得于天的，不免有厚有薄，于是便分别有正、邪两性的不同。所谓修，意即以正性制邪性。人都有善性，但情欲一发，那便要靠“治心明性”，以“复性”，“守己之性”。如在《周易口义》中一再有：“惟大贤君子，为能治心明性，知其不善而速改之，不能形于外。”“君子之人既能先复其性，邪恶不萌于心，而善道充积于内，以发于外，无有非妄之事矣。”以及“盖性者，皆天之所禀受之善性者也。若能守己之性，不陷于邪妄，则其命可知矣。”这类的话。进一步，他认定天的善性最清明、最正直、最公道，人要“观天之性，而成就己之性”，不可因困苦、贫贱等等不幸，有所改变；而要乐于“观天”，以达到自己的志向为止。所谓教，那是修的自然结果。因为君子由内修，所得正性，遂“能执中庸之道”；流露于外，则成为中和之教，而使天下得到好处。

把这性命之说的一部分道理，移用到政治上，胡瑗看出贤人才智各有所偏，大才则宜给予高位。小才则宜给予小位。若无德行，则终身不录用。这便成他的行政用人的标准。

用修和教的方式，是否也可对命作一番努力？胡瑗讲法，不像和性那样确定。在《洪范口义》中则说：“圣人言教不言命”，表明教和命，两不相关，毫无办法可想。但在《周易口义》中又说：“若能守己之性，不陷于邪佞，则其命可知矣。”似复从修到命，露出一线希望。

这些有关心性的理论，对于后来的理学，曾否有影响，其影响或大或小，暂且不论；但在宋代，以胡瑗谈得最早当是事实。

在性命思想中，所讲到的：人之善性是天所生，和观天之性以成就己之性，已经接触到了胡瑗的天人思想核心。只是他的天人思想，并非这样简单。现看他对天的观念，《周易口义》中说：“以形言之谓之天，以气言之谓之阴阳，以主宰言之谓之帝。”还说：“天

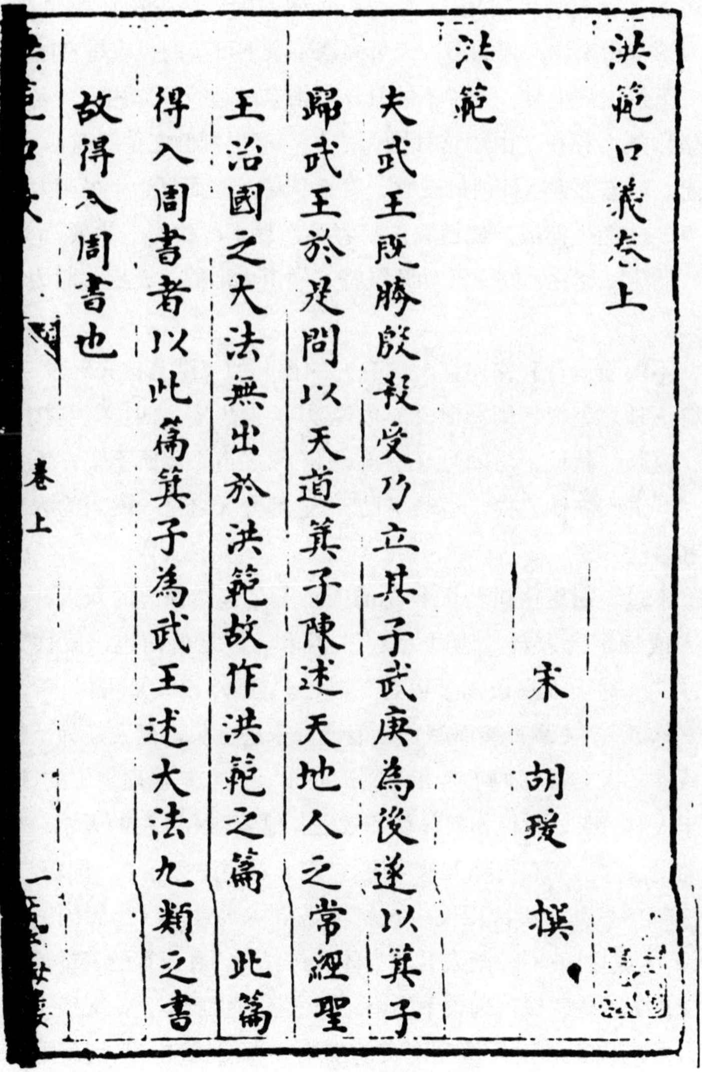
洪範口義卷上

宋 胡瑗 撰

洪範

夫武王旣勝殷殺受乃立其子武庚為後遂以箕子歸武王於是問以天道箕子陳述天地人之常經聖王治國之大法無出於洪範故作洪範之篇 此篇得入周書者以此篇箕子為武王述大法九類之書故得入周書也

卷上

胡瑗撰 《洪范口义》首页

（采自清元和顾氏艺海楼钞本）

者乾之形，乾者天之用。”则他心目中的天，甚少特别神秘意味。再拿形与用来说，天的形，无可多谈；余下可谈的，应是它的用。

天道虚静幽渺，人皆不能具体看清它的运行和作用。可是，它积诸阳气而存在，由于这种刚阳之气，产生刚健之德（乾），运行不息。一方面遂有四时的变化，春夏秋冬，周而复始；另则万物得其气，才能生能成。如植物的“春英、夏华、秋实、冬藏”；动物的“胎生、卵化、蠕飞、动跃”都是同由无形的气，变化而为有形的物。

不限于运行和作用，天再有它的德。如《洪范口义》说：“五行陈天地之德”。《周易口义》也说：“天地生成之四德”。（按指春生、夏长、秋成、冬固）又一再说：“天之道，无所不正，无所不信。”“夫天之体之德，运动不已。”这部分天之德，便当为人所体认和效法。

不过，胡瑗所讲与天相对的人，不是包括普通的众人，乃指圣人或特定的人君。他以为：“夫君者，天之所命也，故代天理物。”“故称天以皇极锡于民者，君也。”虽然说人君可以“代天”和“称天”，关系直接而密切，但他并未进一步，夸大其神圣性或权威性。人君最好如圣人和有德的君子，这才是他理想中的领袖。至于人君对天，应该如何体认和效法？他分别由各种的天德，有不同的说法。由“五行陈天地之德”，则人君要注意五事，即貌、言、视、听、思，以接待臣民；这就算是上体天意，以统御国家。由“天地生成之四德”，则人君便当体认仁、义、礼、智的善性，并用仁义作为教化，以治理天下。由“天之道，无所不正，无所不信。”则人君应以正和信，作为刑赏的准则：当赏就赏，当刑就刑。由“天之体之德，运动不已”，则人君宜求变求新。即是事情久了，必须注意改正缺点；落伍的东西，一定淘汰换新，要求进步。

人君观天之德作为法则，是直接法天。天下的人如能观人君之德以为法则，亦可说是间接的法天。一经这样推演，天人思想就可包罗了一切人和事。天与人的道理，在《周易口义》和《中庸义》中讲得不少。所以前一部书曾说："大易之作，专取变易之义，盖变易之道，天人之理也。"后一部书也说："兼天人之道，而中庸著也。"但拿胡瑗的全部思想比较，还是以政教方面所占的分量最重。

他的政教思想，实以君主为其中心。故在《春秋说》中，高唱尊王，如"王者无敌于天下"，"王者至尊，非诸侯可抗也。"便是；《周易口义》中，高倡尊君，如"夫君者，天之所命也。""夫以天下之尊，莫尊于君。"便是。尊王与尊君，意在巩固领导的力量。必须此一先决条件成立，而后在政教上，才可以谈到其他。

前面提过，胡瑗理想中的君主，应该像圣人和有德君子一样。这便显示他要以道德来推动政教。因此对君主的品德的要求，在《周易口义》以为"必有四德之备"，即仁、义、礼、智；在《洪范口义》以为，当"用三德"，即正直、刚、柔。以这些君德对待群臣，在朝廷内，必能以中正之道相回报，做到天下的贤人，都来追随左右，共同帮助君主完成类似尧舜三代那样的政绩。在四海之内，亦必能借以推行仁义之教，以感化天下的百姓。

君对民的态度，偏重教化，不完全在乎治理，这颇能与儒家的德治论点，遥相衔接。如胡瑗说："先圣曰：子帅以正，孰敢不正，言必以正道开发于人也。"这便是他的理论本原。他对教化的期望，在于人民受教以后，能有中和的心性，都会知道向善避恶，各可安居乐业，那么，天下的人都将高兴的自动拥护朝廷。这些便不是单凭治理的手段，所能圆满达到。

超越上述君德的"四德"和"三德"，更有被胡瑗不断反复讲授的"大中至正之德"。"中"与"正"，可说是他意念中政治伦理化的最高基本原则。简单解释是，中，就是行为的适中；正，就是内心的正直。行为适中必当内心正直，内心正直自会行为适中，原为二而一的，不可分的。如《洪范口义》说："正直，则为大中之道矣。"《周易口义》又说："行不失中，是君子得其为正之道。"可以作为证明。只有这中与正，才是常道；四德和三德，仅属权宜性质，明白它们的轻重关系，方可运用自如。

将大中至正之道（德），在政教行为上，发挥到极点，可以演变成下面的境界。如《周易口义》所说："处不失正，是能正一心以正朝廷；正朝廷以正百官；正百官以正万民；正万民以正四方；正四方则远近莫不一于正。"再如《洪范口义》所说："故一门之中得其中，则父义、母慈、兄友、弟恭；朝廷之内得其中，则君义、臣忠，四海无淫朋之人，一乡一党，则无遗亲，此皇极之道大行也。"所以胡瑗以为，政治的关系很单纯，只要君臣、上下、贵贱、尊卑相处，各以正道交往，天下事莫不可为。

体会出孔子的"政者，正也"其中的深义，而后加以扩大引申，正，成了胡瑗所讲授政治学理的命脉和骨干，他的学生徐积曾说：平生向胡先生学得的，仅是一个正字。无疑便是指的这个正道，当然也包括了中道在内。胡瑗的学术思想，大略就是前面各节所讲的这些内容。后来，朱熹概括评断说："论安定，规模虽稍疏，然却广大着实。"这个话相当合乎事实。

这方面的思想，由他的学生们，辗转传授了几十年，中间因朋党纷争，一度衰微；到了南宋绍兴年间（一一三一—一一六二年）朝廷重又想到胡瑗在太学的贡献，访得他的孙儿胡涤，给予官职，因得与湖州教授关注，合作印行安定遗书，选了影响理学的《易解》和《中庸义》两种，所以大行其道，流传天下，人人重得读到胡瑗旧日的《口义》。同时关注还著有《胡先生言行录》一种，以表达敬佩的意思。

胡瑗是一位长期献身教育的人，故除了学术思想外，还有他的教育思想，应该谈到。固然，他并未想用语言文字，有意形成一套教育理论，但曾把教育看作圣贤事业，这一观念极为突出。从《周易口义》中，细察这一观念的发展，依次是："君子之人，则当求圣贤之道，学圣贤之事业。"——"为学既久，则道业可成，圣贤可到。"——"圣贤设为学校，教育天下之贤材。"他毕生的努力过程，也正与这一观念配合进行。而且在担任教育工作时，许多富有创意的措施，也是他内在若干心志的具体外露。只要对那些规划，略作剖析，另可找出他的教学思想轮廓来。

首先可以发现，他对教育制度，随时顾及整体的配合。当最早讲学苏、湖，关于学校的一切，均订有详尽的办法，内容的细节，现在虽然无法得知，但就他将学习的重点，区分为经义、治事两斋看，对经义斋的学生，在传授经书的基本高深理论，目的为造就领袖人才；治事斋的学生，在传授技术，则有意造成干部人才。领袖人才和干部人才，便是准备未来政治上，可以作最好的整体配合运用。又如：师生间讲学时，端庄严肃，必注重礼；课余以后，转为轻松活泼，又注重乐。礼与乐，便是任何社会生活内，最需要的圆满调协。显然，更将学校制度，在明体达用的大原则下，也变成一种有组织的机体，才使教育与政治、社会，不致脱节。这样教导出来的学生，无论言行、工作，当然会有良好的表现。所以他讲学所到之处，成效最好，这是最大的原因。

再即为，他对教育对象，十分留心性情和品格的陶冶，而且实行身教。胡瑗在泰山的早年学养，被形容为温煦的冬日。程颐也说，从胡老师的风采中，可以见到透露出一种醇厚和易的气度。凭他这样的学养风采，再去经常对学生教学，并参加他们的各种活动，不知不觉中，会产生示范的作用，在人格上作了榜样，在行为上作了熏陶，日后学生流露的言谈举止，自会不约而同成了胡瑗型。所谓胡瑗型，应该是指经过他潜移默化，而带有那种温煦以及醇厚和易的气度来说的。不过，在某些时候，胡瑗也是不惜以严厉态度，来贯彻他的要求；这完全看情形而定，并非一成不变。他的德行教育，对当时的士风，一致转向良好性格的培养，极有帮助。经他教过学生中，如像钱藻的宽弘厚重，孙觉的纯良爽朗，范纯仁的正直温和，钱公辅的简朴大度，朝野上下，无人不知，徐积的节孝，尤为特出。所以他能得到“高冠大带满门下，奋如百蛰惊春雷。恶人沮服善者起，昔时跻跖今骞回”这样的赞美，并非出于偶然，必有不寻常的成功处。

最后则是，他对教育内容，超越传统士大夫的观念，加入了实用才能的传授。自从汉代以后，所施行的教育，全部将读书人的精力，集中在经书的讲解，和文词的琢磨上；此外，凡与生活有关的实用智识，一律认为庸俗，置之不理。胡瑗办学，成立治事斋的想法，便是要矫正过去观念的错误。而且教学方法，也打破陈规，讲究实学实用，富有创造性。因此他的学生毕业离校，都能适合政府的需要，办起事来，非常老练，可以将自己学得的才能，各展所长。

扼要说来，胡瑗的教育思想，原在端正社会青年风气，为国家培育人才。一方面活用旧的经义，一方面实行新的教法；同时注重品德的砥砺，复又着眼实务的指导。传统与世俗、理想与现实，各所偏向，面面顾到。这完全由于他头脑新、信心强，方能一手形成良好的学术气氛和趋向。如果将他的教育思想与学术思想相比较，同等的重要。不可因无系统的文字留存，轻易忽略掉。

回头看看这位大教育家胡瑗的整个生活，从小以达到圣贤境界为志向，成为思想的起点。六十几年中，不因时空的变换，一直忠于自己高尚的意念，始终是孔孟思想的热心信奉和传播者。正如宋神宗题他的画像，赞语中说：“先生之道，得孔孟之宗”，王安石赠他的诗也说：“文章事业望孔孟”。由于他在这方面不断付出心力，不但振兴了儒学，同时也带动了理学，这在我国历史文化所具有的意义和价值既崇高，又深远。到了南宋端平年间（一二三四—三六年）和明代嘉靖年间（一五二二—六七年），先后两度将他列入孔庙供奉和祭祀，并且尊称为先儒胡子，正符合了胡瑗早年的抱负以及毕生的努力。

参考书目

《周易口义》，胡瑗，《四库全书珍本》三集，台湾商务印书馆影印，一九七二年。

《洪范口义》，胡瑗，《四库全书珍本》别辑，台湾商务印书馆影印，一九七五年。

《宋元学案》，明黄宗羲撰，清全祖望补，台湾，世界书局印行，一九六一年初版。

《宋元学案补遗》，清王梓材、冯云濠撰，张寿镛校补，台湾，世界书局印行，一九六二年初版。

《胡瑗的义理易学》，林益胜撰，《人人文库》本，台湾商务印书馆印行，一九七四年初版。

邵雍

陈郁夫　著

目　录

一、传略

在北宋五子中，由于邵雍的为人行事与学术思想，使他成为一位十分特出的人物。他早年贫苦励学，三十七、八岁以后就隐居洛阳，终身未尝出仕。要不是司马光、张载、二程兄弟非常敬重他，深明他的“内圣外王”之道，他最多是个像陈抟般的隐士，《宋史·道学传》还没有份呢！而他的内圣外王之道，后世也未曾受到重视。反倒他的象数之学，成为算命卜卦的祖师。现在《铁板神数》一书，还托言是他著的。晚年他身着道装，又据说能知未来，外加上象数之学本身既难懂又带几分神秘色彩，使他看来更像个半仙似的人物。

邵雍，字尧夫。生于北宋真宗大中祥符四年（公元一〇一一年），卒于神宗熙宁十年（一〇七七年）。享年六十七岁。因为早年曾在河南共城（辉县）西北苏门山百源之地读书，所以后人就用“百源”二字称呼他这一派学术。

澶渊之盟（一〇〇四年），使宋与辽得到将近一百年的和平。邵雍即生于盟后七年，历真宗、仁宗、英宗、神宗四朝，恰是北宋最安定繁荣的时期。在他一生中，只有三十一岁时新兴的西夏入寇，但不久被范仲淹、韩琦等人有效地遏止。他四十二岁时，范仲淹卒，胡瑗为国子监直讲。五十九岁时，王安石执政。六十四岁，王安石免相。他大司马光八岁，大张载九岁。二程兄弟只能算他的晚辈。

他的诗集——《伊川击壤集》中，常有类似“生长太平无事日，又还身老太平时”的句子，固然像是对自己生长于太平日子十分庆幸，但弦外不免有无所用力的落寞。

邵雍祖籍河北范阳（今北京大兴区）。祖德新，父古，都有品学而不出仕。父亲邵古在声韵学上有相当深的造诣，邵雍声韵方面的学问，大部分得自家学。年幼的邵雍随父亲迁居共城。稍长，一面苦读一面耕田来奉养父母。他自负不凡，力慕高远，儒道释等各家典籍无所不读。冬天不生炉火，夏天不打扇子，夜晚也不上床睡眠，如此整整好几年。晚年有首《林下吟》回忆道：“长忆当年扫弊庐，未尝三径草荒芜。欲为天下屠龙手，肯读人间非圣书。”正表现年轻时的勤学与壮志。那时李之才恰好做共城县令，闻他勤学孝顺，就自动把先天易学传授给邵雍。对这一套学问，邵雍不仅研究有得，并且有许多发明创新，先天易学便成了邵雍学术上的特色。

后来自叹道：“从前的人尚友千古，我却未曾到各地方游历过。”于是渡过黄河，到齐、鲁、宋、郑旧墟观览一番。然后看上洛阳的人情淳朴与风物茂美，于是在天津桥附近定居下来，从此再也不曾外出。这时他大概是三十七、八岁的样子。

最初他在洛阳，住的是一所不能挡风避雨的破房子。自己采薪炊爨，奉养父母。生活虽然十分艰苦，但他恬然自乐。有一回，大名府（今北京）的进士王豫在下大雪的深夜去拜访他。看他庄严正坐，还不曾入睡。二人一谈学问，王豫不觉大为佩服，甘愿做邵雍的学生。从此他的名气才渐渐传开来。他曾对儿子伯温说：“程氏两兄弟家境宽裕，能从容修道，成就自然比较容易。我早年徒步游学，到了学能自立的这段过程，艰难极了。”后来富弼、司马光、吕公著等贤人也退居洛阳，都十分礼重邵雍，成为他的朋友。有一回司马光等人集资为他购买园宅，让他有个像样一点的住处。他自己耕田维持生活，称自己住的地方为“安乐窠”，自称“安乐先生”。

他极懂得生活，自己说人间之乐没有一个享受得比他多。每天早上，焚香安坐。到了中午，喝上三、四杯酒。酒到微醺即停，从不喝醉。兴致一来就吟诗自娱，有名的《伊川击壤集》就在这种情况下写成。每逢春秋佳日，往往乘着小车到城中游览。他叫人随意拉着车子前往，士大夫认得他的车声，争相迎候。小孩子以及仆人们都叫道："我们家的先生来了！"不再称他的姓名。有些好事的人，另外造间像邵雍住的房子，等他来，管那房子叫做"行窠"。六十岁以后，他穿上隐士的服装，头戴乌帽，身着粗布衣，虽会见公卿大人，也不更换衣服。司马光敬重他有如兄长，乡里人士非常崇慕他们二人，行事如有差错，常引二人的名字互相告诫。

从外表就可以看出，邵雍是个德行纯厚的人。他面色微紫，额头宽广，身体颀长，两颧隆起，颧下稍微消瘦，骨爽神清，气度非凡。照外貌，他应是十分有威严的人，但他从来不在仪容上下工夫。对待人不摆架子，又不设畛界，因此人人喜欢他。不贤的人爱他的真纯，受他的感化；贤明的人则景仰他的德行，乐意与他亲近。谈话间他喜欢称扬别人的善行，隐蔽别人的恶过。与大家一起宴饮时，他笑语终日。在平日举止上，跟常人并没有什么不同，但相处一久，个个都对他非常信服。他从不自动对人谈学问，有人请教他，他才肯讲。他的诗集中有几句最能代表他的处世原则："不为十分人，不责十分事"、"平生不作皱眉事，天下应无切齿人"。他就是这样圆到融通，难怪行事严谨的程颐，略带不满地批评他："尧夫放旷。"

四十五岁，他得了一个儿子。那时他高兴非常，写了一首诗道：

我本行年四十五，生男方始为人父。
鞠育教诲诚在我，寿夭贤愚系于汝。
我若寿命七十岁，眼前见汝二十五。

我欲愿汝成大贤，未知天意肯从否？

邵伯温倒没有完全让他父亲失望，只是天资不高，成就也就有限。《皇极经世》中的许多哲理，经伯温注释后而更明白。

仁宗嘉祐年间（一〇五六年——一〇六三年），朝廷下诏要地方推举遗逸，洛阳留守王拱辰推荐他，但他不愿出仕。到神宗熙宁年间（一〇六九年——一〇七七年），中丞吕诲等人又荐他，但这时他已穿上隐士服，怎肯做出岫之云呢？他似乎能预知未来。有一回，在天津桥边听到杜鹃啼声，黯然不乐道："再过不了二年，南方人将入朝为相了。天下从此事情多了。"有人问他什么道理，他说："天下将太平的时候，地气由北往南移；天下将变乱的时候，则地气由南往北窜。现在南方地气已到北方了！禽鸟先得知南方传来的地气，所以天津桥畔有杜鹃声。"后来王安石果然拜相，他的预言应验了。王安石罢相，吕惠卿执政。富弼等正人君子，害怕吕惠卿报复，都十分担心。邵雍说："王、吕二人本来就是以利势相结合，一旦利势相当，自相仇视还来不及，哪有工夫去陷害别人？"后来吕惠卿果然背叛王安石，与王安石为敌。

推知王安石当拜相及吕惠卿无暇害人，倒不是邵雍真能预知未来，而是根据时势作合理的推断。黄百家说得好，他说：

邵雍的心灵虚明，所以能推知天地万物之理。即使他能知未来，也不是术数之类的推算。

邵雍病重，对司马光说："你就要看到一场生死的变化了。"司马光道："不应这般严重吧！"邵雍笑道："死也不过是一件平常事吧了！"张横渠来探病，与邵雍说到命的问题，邵雍说："天命我早已晓得了！至于世俗所谓命，则我不知道。"小程子问他从此永别，不知还有什么话交代？他举起两手，向程颐比示一下。程颐不解，问道；“这是什么意思？”邵雍道：“面前的路途须叫它宽敞呀！路一窄，自己容身之地都没有，那能叫人走呢？”大概伊川太严毅了些，所以邵雍如此劝他。临死，他睡在内寝，众人在外议事，距内寝很远，但每句话，都被他听到。他召伯温进来，吩咐道：“前头各先生，商议将我就近安葬，这是不可以的！应当将我安葬在先祖的墓边。”宋神宗熙宁十年七月五日卒。元祐年间，赐谥“康节”。

程氏兄弟与邵雍既像师弟，又像朋友。大程子尤其礼敬邵雍。有一回侍父珦到天津桥家拜访邵雍。雍把酒食搬到月下的山坡上，谈饮得非常开心。雍大致谈了他学问的出处。第二天，明道对进士周纯明说：“昨天追随邵尧夫宴游，听他的言论，实在是个古代豪杰呀！可惜没有机会让他出来一展抱负。”周纯明问道：“他所谈的是些什么话呢？”明道答：“是些往内修养可以使人成圣，往外经世可以兴王天下的道理。”邵雍死后，伯温独请明道写墓志，是很有道理的。有一回天上打雷，邵雍问小程子道：“你知道雷从哪里来吗？”伊川道：“我知道，但你不知道。”邵雍很奇怪问道：“这是什么道理？”伊川答：“已经晓得雷的发生处，何必用数来推算呢？就因为你不知，所以才等待推算而后才知。”邵雍道：“你说你知道，那么雷生于何处？”伊川答：“产生于产生的地点上。”邵雍大笑。伊川对邵雍并不像他哥哥那样服膺，前面提及他批评邵雍放旷，就可看出。

据说伯温请大程子写墓志，大程子迟迟不能落笔。有一天，在院中徘徊，忽然有所领悟，于是以“语成德者，昔难其人。若先生之道，就所至而论之，可谓安且成矣”数句作结论。“安且成”三字断得真好！评论邵雍的文字很多，但没有一个能比得上。不过我们也要善于体会言中之意，“安且成”，大程子之意，到底是大成还是小成呢？

二、著作

邵雍的著作最重要的有《皇极经世》和《击壤集》二种。前书演先天卦象，以数理来推论天地万物以及人事的变化，用以阐明天人合一之旨。后书是他宣情寄意，吟哦性情之作。现大略介绍如下：

1.《皇极经世》

邵雍穷三十年之精神，观察天地自然的消长，推究宇宙万物的原理，深研人事的变化，运用伏羲先天易象，把自然与人生加以有系统的组织，形成一种根基于数理的哲学，这便是《皇极经世》一书。

为什么书名叫《皇极经世》呢？据邵伯温解释说："至大叫做皇，至中叫做极，至正叫做经，至变叫做世。大中至正、应变无便叫做道。"如此说来，"皇极经世"四个字，就是"道"的意思。

《皇极经世》又以"观物"为篇名，分十二卷，前十一卷叫做《观物》内篇，末一卷叫做《观物》外篇。邵雍把天地看成最大的物，而人是万物中最灵的一种。所以"观物"，就是观察天地万物及人世所得的道理。

据今所见道藏本《皇极经世》，共十二卷，一至十一卷为《观物》篇，共五十二篇，第一篇至第二十四篇为年表，第二十五篇至第四十篇为声音表，第四十一篇至第五十二篇为文字论述。第十二卷为《观物》外篇，分上下，亦系文字论说，类似语录，前后文气不甚连贯。

2.《伊川击壤集》

《击壤集》是邵雍“自乐并乐时与万物之自得”所成的诗。为什么诗集名叫“击壤”呢？邵雍自己解释说：“唉！也不想想天下为善的人少，而害善的人多，制造危局的人多，而支撑危局的人少。可是志士在田亩之中，则只好以田亩为言，所以把诗叫做《伊川击壤集》。”伊川是流经洛阳的一条河。

诗集中最早的一首在仁宗皇祐元年（一〇四九年），时邵雍年三十九岁。自序写在英宗治平三年（一〇六六年），时邵雍年五十六岁。相信此后十年，他一定又写了不少诗，集中就收有他六十七岁时写的《首尾吟》。

他主张“以物观物”，破除物我的界限，使万物不曾经“我”的矫作，而各呈本来面目。他以为人世之乐，一万分还不到一分。名教之乐，比起人世之乐，超过万万倍。而观物之乐，又万万倍于名教之乐。他说：“在观物之间，情累都忘却了。所未能忘的，只有诗在吧！”

他自言作诗不为名誉，不存爱恶，不限声律，不主固必，完全是观物之余，留下一点心影。他自称：“虽吟咏情性，何曾累于情性！”

这是一本理学家诗的代表作，其中有很多天趣昂然，颇堪玩味的作品。

3.《渔樵问答》

因为晁公武《读书志》认为这是张载的作品，所以有人怀疑不是邵雍所作。不过据朱熹的研究，认为是邵雍的作品。我们根据思想与内容加以分析，邵雍作的成分大。不过成于邵雍弟子或其子伯温的可能性要高些。

文中用问答的方式，谈天地鬼神运命之理。道理都谈得不深，所以后人并不重视它。

三、渊源

邵雍的学术，主要来自两个方面，其一是儒家，其二是道教。最初恐怕他受道教的影响较多，因为李之才传他先天易理，正在他三十岁左右。后来他才倾心儒学，在《击壤集》自序有“予自壮岁业于儒术”一句可证。终于他把道教方面的学说与儒学融合一起，形成色彩独特的学说。

邵伯温说：“先父对于书籍无所不读，而以六经为学术根本。他深得圣人的深意，平生不作训诂注释的学问。”从这几句话，可以看得出邵雍的学术思想中心为儒学，以及他研究儒学的态度。在《观物》内篇，他把《易》、《诗》、《书》、《春秋》看作圣人的“四府”，以与昊天春、夏、秋、冬四时相配。他曾说：

仲尼生在禹后一千五百年，现在又是仲尼生后的一千五百年。我虽不敢自比仲尼上赞尧舜禹，岂有不敢自比孟子上赞仲尼呢？

这几句话中，以孟子以后的道统自任的意思很清楚。

除了儒家思想之外，邵雍在学术传授上，很明显有来自道教的成分。《宋史·道学传》和程颢《邵尧夫先生墓志铭》，都说邵雍先天象数之学传自北海李之才。而李之才又传自穆修，穆修又渊源于宋初的华山道士陈抟。如此说来，邵雍的学术有来自道教的成分，十分明显而有迹可循。

远在西汉时，阴阳家的思想就渗入儒家，而演成以“天人合一”思想为中心，盛极一时的董仲舒今文学派。后来今文学派在古文学派与玄学的兴盛下，渐被压倒。但今文学派的阴阳思想，到东汉时，却夹杂在一部分儒家经典而附入新兴的道教，逐渐形成道教的中心思想，随道教经典的传授而流传不绝。

此种由儒家附入道教的经典以《周易》为最重要。道教即利用《周易》中阴阳思想作为其宇宙观，进而讲究其逆天而行，战胜死亡的修炼方法。据传为魏伯阳所著号称“丹经王”的《周易参同契》一书，即为其中最著名的一本。朱子曾指出它与邵雍的学术有关。

其次，佛家思想自然对邵雍也有影响。邵伯温曾说他父亲口未尝言佛老之学，而心知其旨。邵雍的诗亦说：“不佞禅伯，不谀方士。”由此可知他对佛家的态度。在《皇极经世》中，他认为天地虽大，也是形器的二种，终有毁灭的一天。这种论调，以前儒家未曾有过，很可能是受佛经中《俱舍论》天地也有成住坏空的影响。只是他进一步订出天地寿命十二万九千六百年吧！

理学家受佛学，特别是禅宗的影响，是无可置疑的事实。其间只可论成分的多少，不可道掺杂的有无。但比较起来，北宋五子中，邵雍受佛的影响还算较少。

总之，邵雍的学术思想渊源以儒学为主，但其间掺杂了不少道教的成分。他固然能融会贯通，发人所未发，但何尝不也是因为渊源不纯，被后人视为别派。

四、观物

《皇极经世》以“观物”为篇名，《击壤集》中《观物吟》或以《观X X》为题的诗，触目皆是，足以说明“观物”在邵雍心目中的重要性。

首先，我们必须了解，邵雍所谓物，比一般人所谓物的含义广大。一般人所谓物，往往指与人相对的器物而言。邵雍所谓物，除指器物之外，将天地与人都包含在内。天地是最大的物；人是最灵的物。据此对物的指谓，可知，“观物”即观察宇宙万有，人事自然在其中。

邵雍主张“以物观物”。什么叫做“以物观物”呢？他自己解释道：

我们称之为万物的，并不是用眼来观看；不用眼观看，而是用心来观看；也不是用心来观看，而是用理来观看。圣人所以能贯通万物之情，因为他能“反观”呀！所以称之为反观者，因为不以我观物呀！不以我观物，就称之为“以物观物”？既能以物观物，又安有我在其中呢？

由此可知，所谓“以物观物”，有两个要点，一是用理来观看万物，二是不以我观物。两者二而实一。邵雍认为天地与人物，都由“道”产生，也都遵循“道”而行。这个“道”，便是“一”，便是“太极”。有时邵雍也用“天”来称它。这“天”自然与对地而言的天不同。“道”赋予天地万物各有理和性，邵雍称之为“命”。理是什么呢？理是万物之所以成为万物的道理。我们读物理与化学，知道每种物质都有许多原理在；我们读生物学，知道生物也有许多原理在，这些原理，便是邵雍所谓“理”了。各物有各物的理，“性”便是道赋予万物殊别的理，特别是指各物的潜能而言。譬如说人性，即指人天生而来的一切潜能而言。“不以我观物”，是观物的一种态度，目的在使我在观物时，万物不染上我主观的色彩，而呈现本来面目。“以理观物”，是观物的方法，借此方法使万物的底蕴浮到眼前，进而会通万物之理，达到“尽物之性”的目的。

为什么邵雍说，圣人能“反观”就能贯通万物之情呢？《击壤集》有首诗，恰可作解释：“物有声色气味，人有耳目口鼻，万物于人一身，反观莫不全备。”人的眼能收万物之色，耳能听万物之声，鼻能闻万物之气，口能辨万物之味，这是人灵于万物的地方。而天地万物，无非是阴阳刚柔之分，人则兼备阴阳刚柔，所以“反观莫不全备”。这种说法，很显然与孟子“万物皆备于我，反身而诚，乐莫大焉”，同一理趣。只是邵雍更进一步，给予形上的解释。

《击壤集》对“以物观物”的道理，有更进一步的解释。他说：

性是道的形体，性如受伤，道势必跟着受伤；心是性的城郭，心若受伤，性势必跟着受伤；身是心的区宇，身若受伤，心也势必跟着受伤。由此可知，站在道的立场看性，站在性的立场看心，站在心的立场看身，站在身的立场看物，透彻是够透彻，但是不能远离灾害。不如以道观道，以性观性，以心观心，以身观身，以物观物，虽然想互相伤害，能办得到吗？

因为站在人的立场看万物，万物便不能不被区分成与人有利和与人有害等多种。有利于人者，我们要保育它们；不利于人者，我们要铲除它们，于是人与物产生了对立而互相伤害。站在个人的立场来看大众，众人也自然被区分为朋友与敌人等多种，于是我与别人对立起来，一切谄谗机变相谋相害的事情就产生了。现在假如退出人类与自我的立场，万物各赋予本位，便会发现“万物并育而不相害”。自己也可“虽死生荣辱转战于面前，而哀乐之情未曾入于心中，这何异于四时的风花雪月一一掠过眼前，未曾伤害到心性。”

以物观物，自能“以物喜物，以物悲物”，与天地万物融而为一，回复婴儿时期与自然谐和的泰然状况。这种泰然状况。有极大喜悦，类似于佛家禅定所得。这是仁者之心，深契物理，与造化生生之机相合的流露。所以邵雍说：“人世之乐，不及名教之乐的万分之一。而观物之乐，又万万倍于名教之乐。”

邵雍将人作物看，似乎主张唯物论。但实际上，他正如传统的中国哲人一般，有唯心的倾向。他说：“心为太极。”又说：“万事万化生乎心。”大有佛家唯识的意趣，只是在这方面他说得太简略，叫人易疏忽过去。

前文提到，邵雍认为天地是最大之物。对于天地万物的创生，他也有一套理论说明。

他认为天地生于动静。天生于动，而地生于静。动一开始，阳即产生；动到极点，却产生阴。静一开始，柔就产生，静到极点，则产生刚。天的道理，就全在阴阳相交之中；地的道理，就尽在刚柔相交之中。大动叫做太阳，小动叫做少阳；大静叫做太阴，小静叫做少阴。太阳为日，太阴为月，少阳为星，少阴为辰。大静叫做太柔，小静叫做少柔；大动叫做太刚，小动叫做少刚。太柔为水，太刚为火，少柔为土，少刚为石。

在天日月星辰的变化，产生寒暑昼夜；寒暑昼夜的变化，又生万物的性情形体。在地水火土石的变化，产生雨风露雷；雨风露雷的变化，又产生了走兽飞禽与草木。同时，地上的走兽飞禽与草木，会感受到上天寒暑昼夜之变，而成为走兽飞禽草木的各种性情形体。在地的雨风露雷，也会感染根于天的性情形体，而成为各种性情形体的兽禽草木。如此交互感应，遂万物各有专长。他拿出自天的性情草木和根于地的兽禽草木，各取其一，加以排列，得到三十二种动物植物大类，而每一类各有擅长。这三十二类是：性之走、性之飞、性之草、性之木、情之走，以及草之性、草之情、草之形、草之体等。它的擅长是：性之走善色、性之飞善色、情之走善味、草之体善口等。这样由天地到万物都得到解说了。只是这种解说，固然深具哲学趣味，却不合科学。邵雍学术的一大半，都是类似于这种不科学的推断，我们研究他的学术，不能不注意到这点，否则他作雾自迷，我们也会随之昏了头。

人在万物中是极为特出的。万物的长处，人都兼备。在价值上说，有值一物之物，有值十物之物，有值百物之物，推而言之，甚至有值兆物之物。人的价值，即可以一人当兆物之物。这样说来，人是物的极至。在人之中，有值一人之人，有值十人之人，有值百人之人，推而广之，有值兆人之人，圣人便是一人当兆人之人。圣人是人的极至。

圣人能以一心观万心，一身观万身，一世观万世。并能以心代天意，口代天言，手代天工，身代天事。他是个“弥纶天地，出入造化，进退古今，表里人物”的人。

更详细一点地说明，圣人是一个体悟道体而与天地万物融而为一的人。我们须知，万物无不是本体的显现，万物也莫不互相依持。譬如众沤之于大海，我们只见众沤翻腾、波浪起伏，而不见大海本身；正如我们只见万物森然，而不见本体清净一样。但由于众沤的翻腾，我们可推知大海的存在；由万物的森然，也可推知本体为实有。否则如何解释这种生生不已、新新相续的现象呢？即我们眼前所立的方寸之地而言，它依持于整个地球，地球又依持于整个太阳系。推而广之，若说我们所立方寸之地，依持整个宇宙，也是不容置疑。由此可知，人类在万物之中，本来与万物浑然同体。只是人类在三、四岁以后，理智日渐发达，于是将自我与万物分割，失去与天地万物为一的泰然。此后我们又习于向外追逐，把自我限制七尺之躯，认为自己生在天地万物之外，因而顿感人生的短促与渺小。杨慈湖说得好，他说：

自有生民以来，从没有过认识“全我”的人。人看到那在上苍苍清明的，称之为天；又看那在下隤然博厚的，称之为地。不知清明的，是我；博厚的，也是我。人们不知天地即是我，而互相说：“那是天，那是地。”正如不知我们手足为我们手足的人，而说：“那是手，那是足。”一样。这是何等大的迷惑呀！同样的，不以天地万物万化万理为我固有，只以耳目鼻口为自己所有，这等于剖析我们的身体，而欲从中抽取分寸的肌肤，以为那是“我”呀！这真是私于自己，而把自己看得太渺小了。

只有圣人能突破这种迷惑，体会“万物亦我也，我亦万物也；何物不我，何我不物”的真理，所以能消泯物我时空的分隔，而“以一心观万心，一身观万身，一物观万物，一世观万世”。邵雍认为天地万物，莫不有理在，莫不有性在，莫不有命在，假使能穷理、尽性，以至于命，才算具有“天下之真知”。圣人便是天下真知的人。

邵雍本人是否悟证道体而达天人合一的境界呢？这是一个叫人关心的问题。他《击壤集·序》曾说，死生荣辱转战于前，而未曾入于胸中，集中有首《观物吟》道：

一物原来有一身，一身还有一乾坤。
能知万物备于我，肯把三才别立根。
天向一中分造化，人于心上起经纶。
天人焉有两般义，道不虚行只在人。

再审他的为人行事，则知他证道恐怕很早，否则程明道也不会称他的学问为“内圣外王”之道。

人类在婴儿时期的浑同，是自然的恩惠。其后再度与万物为一，则须赖修养。为学便是上达天人合一的工夫。只是邵雍在这方面，并没有很突出的见解。除前文提及的“以物观物”外，不外使心虚静专一，顺性去情，无为任物等等方法，充分显出他受道家影响的色彩。

五、易图

易图是邵雍用来说明天地万物演化的原理。邵雍说：“图虽没有文字说明，但我终日言谈的未尝离开它。天地万物之理，尽在其中。”

易图分先天与后天两种。邵雍认为图一 A 的“伏羲八卦次序”与图一 C 的“伏羲八卦方位”二者是先天易图，用以说明自然演化，为伏羲所作。图二 A 的“文王八卦次序”与图二 B 的“文王八卦方位”二者为后天易图，用以阐明人文变化，为文王所作。先天易图不同于后天易图的地方，在于先天易图完全根据阴阳的自然消长，全不杂人力在内。邵雍说：“先天图，心法也。”又有诗云：“身在天地后，心在天地先。天地自我出，自余恶足言。”又说：“先天之学，心也；后天之学，迹也。”这些心字，应当都作道或太极解释。因为他曾说：“心为太极。”又说：“道为太极。”先天图即是用以明道。宇宙间唯人心最灵，能知道体，无心即无以明道，所以在谈先天易图时，邵雍就直接用心代道。

先看一 A 的“伏羲八卦次序”图，最低下为太极，亦即是道，邵雍又称之为“一动一静之间”。太极即本体，它俱备万理，含蓄万德，启肇万化，本来如此而无所待。它绝对独立，圆满无缺，没有时间性与空间性。第二行为阴阳二仪。两仪代表太极分化为二种相反的势力，它们的关系是这样：“阳不能独立，必得阴而后立，故阳以阴为基础。阴不能自现，必待阳而后现，故阴以阳为唱和。阳知其始而享其成；阴效其法而终其劳。”以种子来说，胚芽、胚乳、种皮等可见的形体为阳；播种后可成长为何种植物的一切潜能为阴。这些潜在的可能性，无法自己表现出来，必借胚芽等形体表现其可能。由种子生根出芽，逐渐到成长为大树，这些过程均知现在阳的方面，但阴在所有的过程中，提供一切指引，而一直到达生命终点为止。阳能被我们所知觉所看见，阴不能被我们所认知所察现。阳能知见，所以为有；阴不能知见，所以为无。阴普遍存在于万物，而阳却不普遍存在。普遍存在而常住为实，所以阳虚而阴实。邵雍又把由太极分化而成的两种不同势力称为“动”与“静”。落实地讲，动为天，静为地，因为古人以为天动而地静。再往上一层的图，代表两仪化分为四象。其演化的方式是：阳又分为阳与阴，称之为“太阳”、“少阴”，阴也分为阳与阴，称之为“少阳”、“太阴”。最上第四行，代表由四象衍化为八卦的情形。太阳演化成“干”“兑”，少阴演化成“离”“震”，少阳演化成“巽”“坎”，太阴演化成“艮”“坤”。

邵雍把“伏羲八卦次序”图稍微变更一下，用来说明天地创生的原理，这便是图一 B 的“经世演易”图。此图的动静分属天与地。这可能根据《易经》“立天之道，曰阴曰阳；立地之道，曰刚曰柔”而来。动分化为阳与阴，静分化为刚与柔，阴阳刚柔再演化而成“太阳”“太阴”“少阳”“少阴”“少刚”“少柔”“太刚”“太柔”，这些名称与八卦虽不同，但道理没什么不同。他说：

图一 A　伏羲八卦次序图

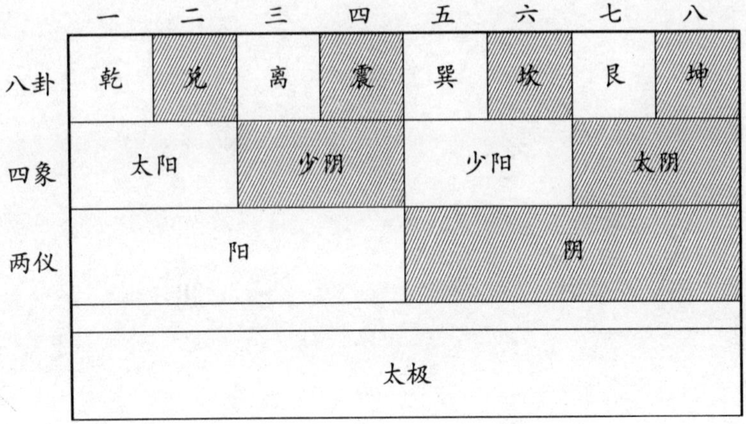

图一 B　经世演易图

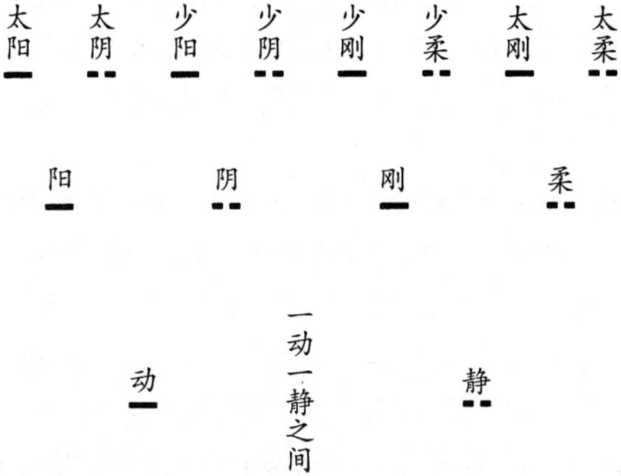

图一 C　伏羲八卦方位图

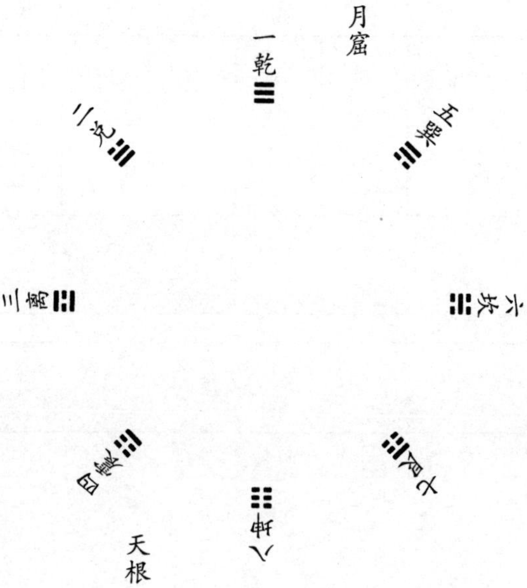

图二 A　文王八卦次序图

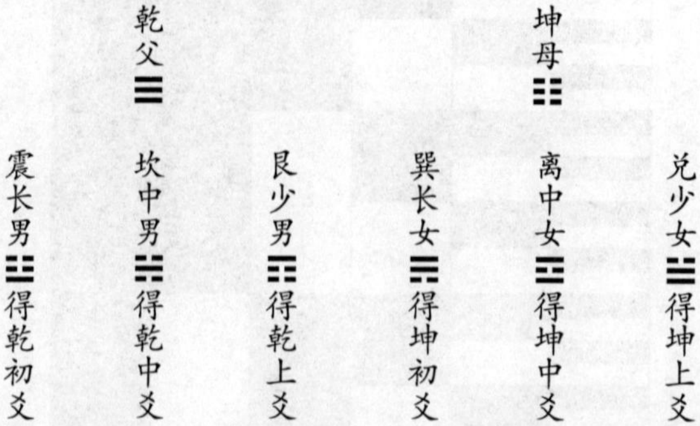

图二 B　文王八卦方位图

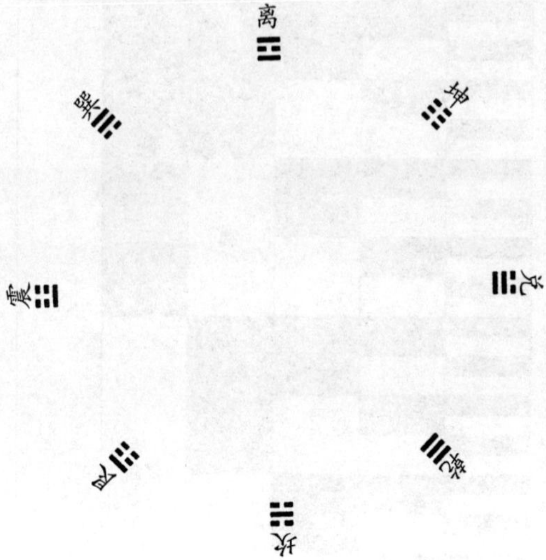

图三　六十四卦次序图

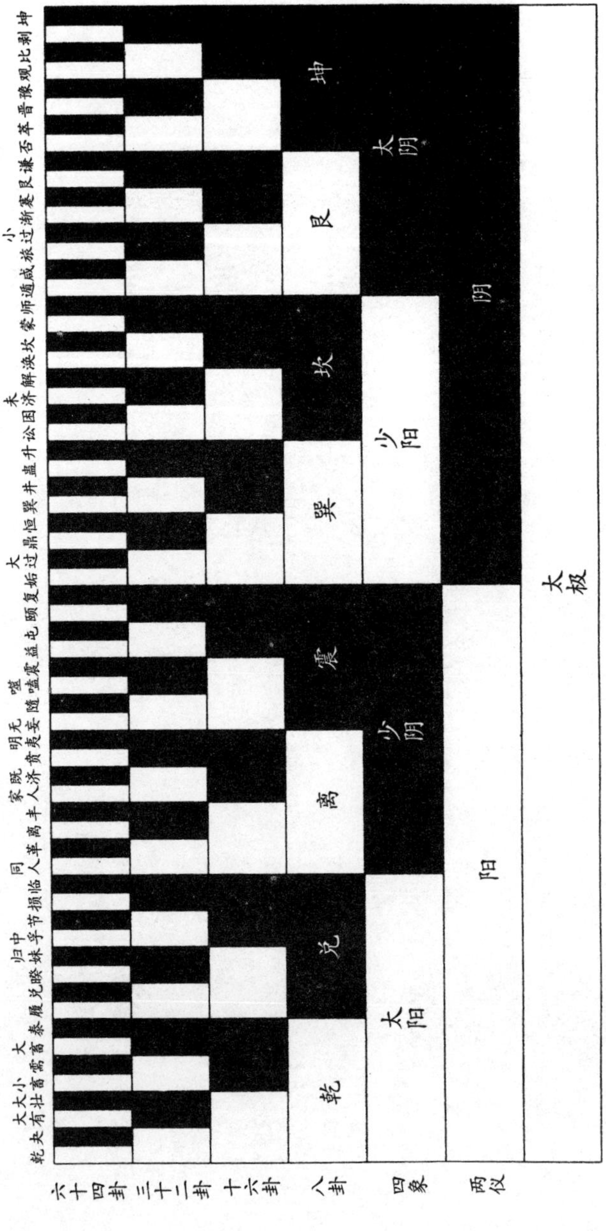

六十四卦
三十二卦
十六卦
八卦
四象
两仪
乾 夬 大有 大壮 小畜 需 大畜 泰 履 兑 睽 归妹 中孚 节 损 临 同人 革 离 丰 家人 既济 贲 明夷 无妄 随 噬嗑 震 益 屯 颐 复 姤 大过 鼎 恒 巽 井 蛊 升 讼 困 未济 解 涣 坎 蒙 师 遁 咸 旅 小过 渐 蹇 艮 谦 否 萃 晋 豫 观 比 剥 坤
乾 兑 离 震 巽 坎 艮 坤
太阳 少阴 少阳 太阴
阳 阴
太极

图四　六十四卦圆图

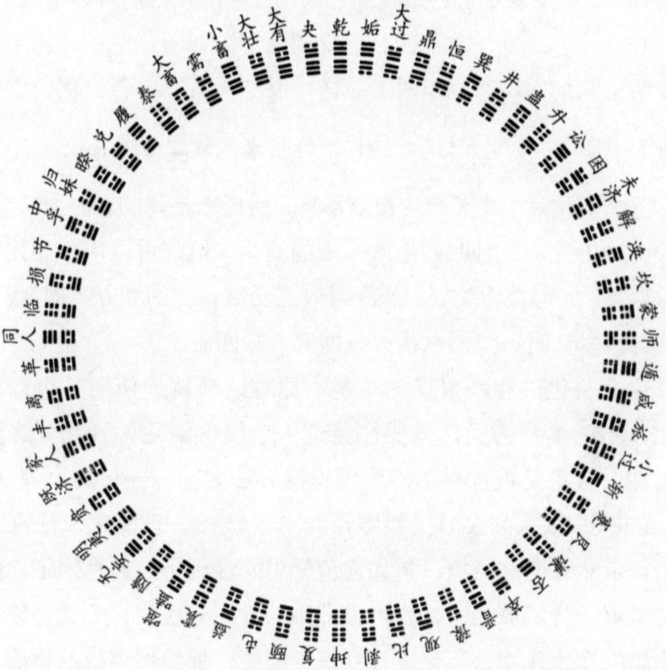

> 太极分离之后便创生两仪。阳（天）由上往下与阴（地）交，阴由下往上与阳交，四象于是产生。阳交于阴，阴交于阳；因而产生天之四象（太阳、少阳、太阴、少阴）；刚柔相交，因而产生地之四象（太刚、少刚、太柔、少柔）。八卦相交，然后生万物。

这是他在《观物》外篇对“经世演易”图的一段解释。

上述的两个图（伏羲八卦次序图与经世演易图）都须由下往上一并看，计算八卦时，最底下的太极或“一动一静之间”可略去不管。譬如“震”卦（经世演易图为“少阴”），在两仪部分为

“阳”，在四象部分为“阴”，在八卦部分为“阴”，三行合起来为“阴阴阳”，以象表示即得☳震卦之象。这种演化自然可以继续下去，十六卦、三十二卦、六十四卦，直到无穷。如图三所示。六十四卦的读法也与前面图一AB两图一样，以“同人”一卦为例，倒数第二行为“阴”，其他五行皆“阳”，合起来便成䷌卦的卦象。

万物演化是生生不已，新新不息，所以图是死的，但须活看它。这种由一生二,二生四,四生八……的演化，恰好可以用一等比数列表示如下。n可视为爻数，当一卦有三爻时，二的立方，即有八卦。当一卦有六爻时，二的六次方，即有六十四卦。

这个演化过程，根据一个基本原理，那就是任何一个程次的演化，不论本身为何，只要往更进一个层次演化，皆化分为阴阳二属性。这正是现代科学的重要思维方法之一——析离原理（The Principle of Segregation)。如磁铁，一根铁棒一旦磁化，任再怎样分割，依然有南北两极。再如遗传学中隐性因子与显性因子，酸碱中的氢离子与氢氧离子，皆可借邵雍的易图来说明。那就是说，任何物质的净化作用，不论进行到怎样程度，那经过离析的物质，虽然表面上呈现阳性或阴性占优势，但总还是阴阳共同组成。易图所蕴含的自然现象，远比上列数个例子为广，如果我们多一分体察，则多一分心得。

$P=2n$（$n \in M, M=\{o\} \cup N$）

当 $n=0, p=2^0=1$（太　极）

当 $n=1, p=2^1=2$（两　仪）

当 $n=2, p=2^2=4$（四　象）

当 $n=3, p=2^3=8$（八　卦）

当 $n=4, p=2^4=16$（十六卦）

当 $n=5, p=2^5=32$（三十二卦）

当 $n=6, p=2^6=64$（六十四卦）

如果把图一A伏羲八卦次序图由中央分开，将二半各折成一个半圆，令乾居上（南），坤居下（北），离居左（东），坎居右（西），即成图一C的伏羲八卦方位图。同样的，图三六十四卦次序图由中央分开，各折成半圆，便成为图四六十四卦圆图了。

图一C与图四两个圆图，都用来说明阴阳消长的原理。邵雍说："先天之学是心法，图皆从中起，万事万化生于心。"在图一C"伏羲八卦方位图"中，中是指以乾坤为坐标所连成的一纵轴而言。由坤卦顺时钟方向往左看，坤为三阴无阳，往左为震☳卦，一阳初起。再往左旋为离☲卦与兑☱卦，有二阳爻。最上为乾☰卦，三阳无阴，代表阳全盛。此后阴起而阳渐衰，巽☴卦有二阳，坎☵卦与艮☶卦各有一阳爻，其后又回来坤☷卦，三阴无阳，此时阴全盛，阳伏藏。反过来，如顺时钟，由乾☰卦看起，其下巽☴卦，一阴初起。往下坎☵卦与艮☶卦，均有二阴。到坤☷卦，阴极盛。此后，阴由盛而衰，经震☳卦、离☲卦、兑☱卦而到乾☰卦，阳极盛，阴伏藏。六十四卦阴阳消长的道理，与八卦相同。

邵雍这种八卦排列顺序，纯粹依照阴阳消长的自然过程，所以称之为先天易图。他这种排列，并非全无根据。《易经·说卦传》第二章说：

> 天地定位，山泽通气，雷风相薄，水火相射，八卦相错。数往者顺，知来者逆，是故易，逆数也。

阳表动表辟，阴表静表翕。乾☰为三阳，全动，表天体。坤☷为三阴，全静，表大地。先民天地观为"天动地静"。天在上而地在下。这便是"天地定位"了。

艮☶，上面部分小动，下面大部分静，为山之象。兑☱，上静而下大动，为雨之象。山气上腾，雨水下降，便是"山泽通气"了。泽即是雨，孟子所谓"膏泽下于民"即是。后人误泽为薮泽之泽，便与坎☵没有分别了。雨生于天，山出于地，故兑☱紧接干，艮☶

紧邻坤，一居东北，一在西南。

巽☴，上面大部分动，下面小部分静，为风之象。震☳，上大部分静而下动，为雷之象。古人以为雷从地中起，故也紧接在坤之旁。而风起天上，故邻接乾之旁。雷发地中而上腾，天风向下吹袭，这便是“雷风相博”了。

坎☵，边静而中动，为水之象。离☲，边动而中静，为火之象。水火二物相克，遇则共灭，故说“水火不相射”。火又为日之象，故列于东方，表示日出于东。剩下水，就放在西方的位置了。

邵雍解释“数往者顺，知来者逆”说：“数往者顺，就像顺天而行，是左旋，皆已生之卦。知来者逆，就像逆天而行，是右旋，皆未生之卦。”八卦的衍生顺序，乾一、兑二、离三、震四、巽五、坎六、艮七、坤八，由坤左旋，顺阳初起而至极盛的顺序，历震☳、离☲、兑☱，至乾☰，每卦之后，皆已生之卦，所以说“数往者顺”。若由乾起，右旋，顺阴初起而至极盛的顺序，历巽☴、坎☵、艮☶，至坤☷，每卦之后，皆未生之卦，所以说“知来者逆”。八卦以乾、兑、离、震、巽、坎、艮、坤为次序，在图上皆右旋，故说“是故易，逆数也”。六十四卦方位，与此相同。

在坤震之间，一阳初起之处，邵雍称之为“天根”，乾巽之间，一阴初起之处，邵雍称之为“月窟”。天根月窟之说，实在和《周易参同契》乾坤门户牝牡之论相同。不过《参同契》主修炼养生，邵雍换个名词，利用它来解释阴阳产生之处。邵雍有诗道：“乾遇巽时观月窟，地逢雷处见天根。”就是指明阴阳诞生的两处。以六十四卦言，天根指一阳初起的复䷗卦，月窟指一阴生处姤䷫卦。其实严格说起来，六十四卦的天根不在复卦，而在复卦与坤卦之间，地窟也不在姤卦，而在姤卦与乾卦之间。

“伏羲八卦次序”图与六十四卦圆图，都是用来说明宇宙万事万化的生灭过程，六十四卦自然比八卦要详细得多了。如以一年四季言之，复卦一阳初生，即是冬至夜晚十二时以后。此后阳渐盛，至乾卦而极盛，此时是夏至。其后姤卦，一阴初生，应是夏至夜晚十二时以后，此后阴渐盛，至坤极盛，时为冬至。

把六十四卦依演化顺序分成八等分，由坤卦起，依次排列，成为一个方阵，此即为六十四卦方图（图五）。这样排列出来的方图，产生许多奇妙的道理。

图五　六十四卦方图

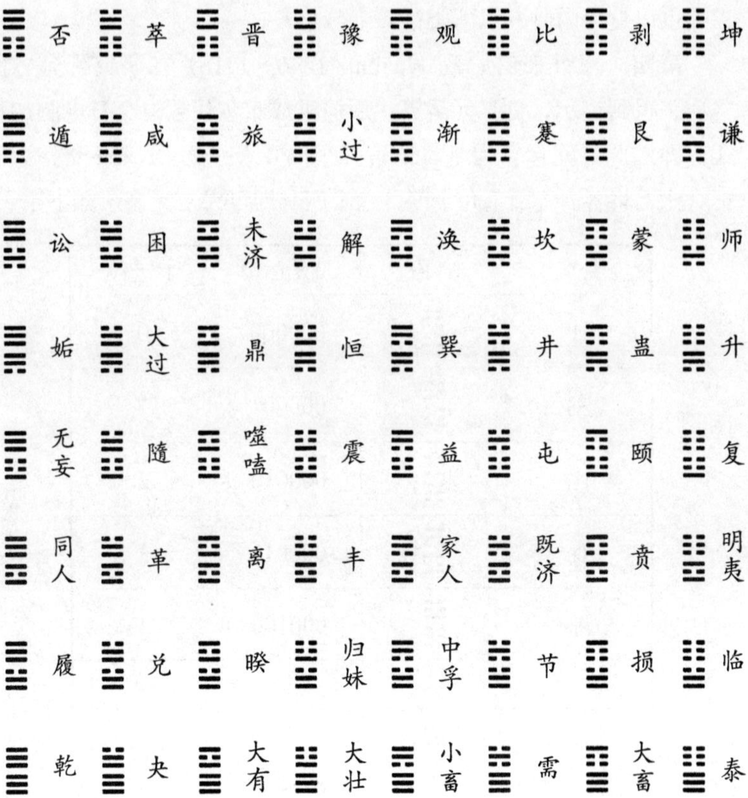

第一、若以图中心为准，恰成一个阴阳对称的图形。例如位于二三的睽䷥卦，与位于七六的蹇䷦卦恰如对应。睽中的阳爻到蹇全变成阴爻，阴爻全变成阳爻。

第二、这方图由内而外，恰可分为四层。最内层为巽益恒震四卦，围绕此四卦之外的为坎井屯等十二卦，又其外为艮蒙蛊颐等二十卦，又其外为坤谦师升等二十八卦。四、十二、二十、二十八恰好成一等差数列。

第三、一行以乾为外卦，一列也以乾为内卦。二行以兑为外卦，二列也以兑为内卦，以下类推，十分整齐。

第四、德哲来伯尼兹（Leibniz 1646—1716）在研究邵雍方图之后，得到启示，创二元运算，后演进成布尔代数，今日电脑的程式，即以此二元运算为基本语言。今以 0 表⚋爻、1 表⚊爻。为便于对比，将各卦左旋*九十度，六十四卦即可以二元表示如下：

卦名	卦象	二元运算	十进位
坤	䷁	000000	0
剥	䷖	000001	1
比	䷇	000010	2
观	䷓	000011	3
豫	䷏	000100	4
		⋮	

* 简体版编者注：原文为“左旋”，从对应看，应为右旋。

小畜	䷈	111011	59
夬	䷪	111110	62
乾	䷀	111111	63

将六十四卦方图每卦化成二元运算后，再换算成十进制，可成如下的一个方阵：

0	1	2	3	4	5	6	7
8	9	10	11	12	13	14	15
16	17	18	19	20	21	22	23
24	25	26	27	28	29	30	31
32	33	34	35	36	37	38	39
40	41	42	43	44	45	46	47
48	49	50	51	52	53	54	55
56	57	58	59	60	61	62	63

在这图中，凡是对称位置数目之和，都是六十三。

总之，邵雍这几个易图，除上述描述宇宙生化之理外，应该还有许多未被揭发的奥秘存在，等待我们去研究。

六、易数

易数起源甚早，恐怕孔子之前已有。《系辞传》中“天一，地二，天三，地四，天五，地六，天七，地八，天九，地十”等，就是易数之一；又每卦阳爻称为九，阴爻称为六，也是易数。这些数恐怕都与用蓍有关，但来源已无法征考，理由更无法可说。

邵雍易数并不全与古代相同，他有自己的一套，这套数理所根据的理由，以今日的眼光看来，虽然十分叫人难以心服，但在邵雍学术思想中，却占一个十分重要的地位。

邵雍认为“数起于万物的本质；天下之数根源于理”。这种看法，基本上是正确的。近代科学要描绘自然现象，常应用一些简单的公式。这些描摹自然的公式，便相当于邵雍所谓“理”了。公式中常有一些常数，这便相当于邵雍所谓“数”了。例如：自由落体的末速 V=gt，V 为自由落体末速，g 为每秒九百八十厘米的加速度，t 为时间，单位是秒。又如：求光子能量 E=nv，E 为光子能量，n 为蒲郎克常数，等于每秒 6.62×10^{-34} 焦耳，v 为光子频率。这两公式中的 980 与 6.62×10^{-34} 便是“数”了。只是邵雍的数，大多没有科学根据，仅为一人的玄想而已。

依经世演易图，邵雍认为照八卦创生顺序，太阳、少阳、少刚、太刚之体数为十，而太阴、少阴、少柔、太柔之体数为十二。为什么阳刚的体数为十而阴柔的体数为十二？邵雍并没有说明，可能根据“天干为十，地支为十二”立说，不过照邵雍自己的观念，刚柔属地，阴阳属天，与天干似又生冲突。像这种数目的分派，并没有客观根据，其后根据这数而推算出来的一切数，便近乎作雾自迷了。

前面谈到八卦的体数外，尚有所谓用数。太阳、少阳、太刚、少刚用数的求法是，把太阳、少阳、少刚、太刚的体数相加后乘以四，然后减去太阴、少阴、太柔、少柔四数之和，得一百十二。太阴、少阴、少柔、太柔的用数的求法是，太阴、少阴、少柔、太柔体数之和的四倍，减去太阳、少阳、太刚、少刚体数之和，得一百五十二。现用算式表示如下：

（1）太阳、少阳、太刚、少刚之体数：

10+10+10+10=40

（2）太阴、少阴、太柔、少柔之体数：

12+12+12+12=48

（3）太阳、少阳、太刚、少刚之用数：

$40\times4-48\times1=112$

（4）太阴、少阴、太柔、少柔之用数：

$48\times4-40\times1=152$

为什么要如此计算呢？《观物》外篇解释说：“天的体数四，使用其中三数，不用其中一数；地的体数四，使用其中三数，不用其中一数。”然则，如果有人问：“为什么只用其中三数，不全用呢？”恐怕很难有令人满意的回答，包括邵雍在内。

上述二种用数交互相乘，得一万七千零二十四，便是所谓“日月星辰之变数”与“水火土石之化数”了。日月星辰之变数是动物之数，水火土石之化数即植物之数。动、植二数再相乘，得二万八千九百八十一万六千五百七十五，此数称为动植之通数。现用算式表示于下：

（1）日月星辰之变数，即动数：

112 × 152=17,024

（2）水火土石之化数，即植数：

152 × 112=17,024

（3）动植之通数：

17,024 × 17,024=289,816,576

依照邵雍的意思，天地虽大，也是形器的二种。天地既为形器，自然也有毁坏的一天。天地始终之数，天以一元为极限，地以一岁为极限。一元、一岁尽时，旧天地毁灭而新天地复生，如此周而复始，直至无穷。

为计算天地始终之数，邵雍创元会运世与岁月星辰四数。他说："日经天之元，月经天之会，星经天之运，辰经天之世。"可知元会运世乃日月星辰经过天体而命名。由日月星辰互经，则元会运世各可得一个代表数，进而元会运世递相交构，天的一元之数，便依此演算开来。

其运算的方式如下：以日经日，为元之元，其数一；以日经月，为元之会，其数十二；以日经星，为元之运，其数三百六十；以日经辰，为元之世，其数四千三百二十。这便是《皇极经世》一元之数。一元象一年，十二会象十二月，三百六十运象三百六十日，四千三百二十世象四千三百二十时。因为一年有十二月、三百六十日、四千三百二十时。经世一元有十二会、三百六十运，四千三百二十世。但一世有三十年，所以一元应为十二万九千六百年。这便是《皇极经世》天地一始终的数目。

天地一始终十二万九千六百年，在大化之间就如一年一般。前面只由元之元算到元之世，天地一始终；其后新天地复起，则由会之元、会之会、会之运、会之世，天地又一始终。如此推算下去，最后到了"世之世"。到"世之世"时，数穷了。穷则变，变则生，再由"元之元"起。如此循环不已，直到无穷。

《皇极经世》以数推算天地始终的方法，大致是以十二与三十相乘。一元十二会，一会三十运，一运十二世，一世三十年，现用算式表示如下：

	元（日）	会（月）	运（星）	世（辰）
元（日）	1	12	360	4,320
会（月）	12	144	4,320	51,840
运（星）	360	4,320	129,600	1,555,200
世（辰）	4,320	51,840	1,555,200	18,662,400

天地由开辟至毁灭十二万九千六百年，《皇极经世》以元会运世与日月星辰相配，作成一元消长图。原图太繁，不能全引，现将邵伯温所作的简图记于下：

元	日甲					
会	月子一	月丑二	月寅三	月卯四	月辰五	月巳六
运	星三十	星六十	星九十	星一百二十	星一百五十	星一百八十
世	辰三百六十	辰七百二十	辰一千八十	辰一千四百四十	辰一千八百	辰二千一百六十
	年一万八百	年二万一千六百	年三万二千四百	年四万三千二百	年五万四千	年六万四千八百
	复 ䷗	临 ䷒	泰 ䷊	大壮 ䷡	夬 ䷪	乾 ䷀
			开物星之己七十六			唐尧始星之癸一百八十辰二千一百五十七

月午七	月未八	月申九	月酉十	月戌十一	月亥十二
星二百一十	星二百四十	星二百七十	星三百	星三百三十	星三百六十
辰二千五百二十	辰二千八百八十	辰三千二百四十	辰三千六百	辰三千九百六十	辰四千三百二十
年七万五千六百	年八万六千四百	年九万七千二百	年一十万八千	年一十一万八千八百	年一十二万九千六百
姤 ䷫	遁 ䷠	否 ䷋	观 ䷓	剥 ䷖	坤 ䷁
夏殷周秦两汉两晋十六国南北朝隋唐五代宋				闭物 星之戊三百一十五	

上表的“元”“日”及“运”“星”，用甲乙丙丁+天干计算，“会”“月”及“世”“辰”，用子丑寅卯十二地支计算。这图是“日甲”的一元消长图，自然还有“日乙”、“日丙”等，一直推算下去，直至无穷。

假定“日甲”这一元便是我们现在的天地。“天开于子，地辟于丑，人生于寅。”（朱子述《皇极经世》说）故第一会“月子”为天开，第二会“月丑”为地辟，第三会“月寅”为人生。“月寅”恰当在泰䷊卦，“天地交而万物通”。（泰卦彖辞）“星之己”为金元第七十六运，恰为“月寅”一会之中偏后一运，此时人物开创已成。此后经“月卯”、“月辰”，至“月巳”。“月巳”恰相当乾䷀卦，阳全盛，象征人类文明最繁荣的时候。尧舜的禅让政治，为盛世之极点，此时是“星之癸”，为“月巳”的最末一运。此运中之第九世，即辰申，为全元之第二千一百五十七世，便是唐尧时代。此后“月午”一会，相当于姤䷫卦，一阴初起，盛极渐衰，夏、殷、周、秦、两汉、两晋、十六国、南北朝、隋、唐、五代、宋，便在这一会中。宋仁宗嘉祐八年癸卯（一〇六三年），邵雍五十三岁，便是此会的第十运第二世辰丑第十年。例如一九七五年则相当于此会（月午）第十二运（星乙）第八世（辰未）第二十二年。依此推算下去，到第十一会（月戌），此时一阳不绝如缕，而万物皆灭，此为闭物之时，此时在“月戌”一会十五运之后，一元的第三百一十五运。至最后第十二会“月亥”，位当坤䷁，最后一世辰亥，此天地完全毁灭，而新的天地复起，日甲一元之数告终。

邵雍以复䷗、临䷒等十二卦代表天地生灭的十二个阶段，这自然是根据汉易的十二辟卦而来。十二辟卦又称十二消息卦，阳息坤谓之息，阴消乾谓之消。汉人把它配一年十二个月，复卦一阳初起，值十一月，以下类推。邵雍将它用来述天地成毁的十二阶段，自是十分恰当。

邵雍把天地生长成灭的次序，依先天卦数，制定出严密的次序，形成一种必然的宇宙论，在中国思想界，可说独具异彩。在还在封建时代的欧洲，亦无人可与伦比。

邵雍这一个天地生长成毁表的一个特色是，定唐尧为天下文明最盛的时候，这时候得天地的中数。在此之前，文明有所不及；在此之后，则文明日渐退化。他略论古今历史，认为三皇时代，好比一年的春季；五帝时代，好比一年的夏季；三王时代，好此一年的秋季；五伯时代好比一年的冬季；战国，好比冬季的余绪。汉朝称王则不足，晋朝为伯而有余。三国为伯之雄长，十六国为伯之丛杂，南五代为伯之借乘，北五朝为伯之传舍。隋朝为晋之子，唐朝为汉之弟。他以为自尧舜至宋代，上下三千余年，前后百余世，其间天下有合有离，立国有强有弱，政治有清明有废堕，但从没有能治满六十年而化一天下风俗的时候。因为要达到教化普及之境，必须一世（三十年）的时间。教化普及，民情才能一变。假如后继的帝王能继续前王之治，则三变民虽如夷狄也可完成帝道。可惜，世无百年之人，下一代的帝王，往往贤少而不肖多。于是人力终不能回天，只有日渐步向衰微一途。

《皇极经世》从第六会（会巳）第一百八十运（运癸）第二千一百五十六世（世未）起，以干支纪年。由此世之第十一年甲辰尧即位，下至第七会（会午）第一百八十九运（运壬）第二千二百六十六世（世酉）之二十六年，即后周显德六年己未（次年庚申赵匡胤受周禅为宋太祖建隆元年），以事系年，举凡历史上所有重大治乱事迹，都著于书，形成一部编年史。详细情形可看《皇极经世·观物》二十五至三十四。

除上述天地一元消长年表外，邵雍又将六十四卦数字化。其方法是这样，把六十四卦方图由乾起，从第二卦开始，依次以十二及三十乘前卦，即得本卦之数，现作表后。其中例如“归妹”一卦，位于“二四”，属“会之世、月之辰、兑之震”，其数为 $1\times12\times12\times30\times12=51840$。这样反复以十二与三十相乘所得的卦数，除了有些神秘外，恐怕没有什么意义。

八辰水坤	否 559,872,000	萃 6,718,464,000
七日火艮	遁 46,656,000	咸 559,872,000
六月土坎	讼 1,555,200	困 18,662,400
五岁石巽	姤 129,600	大过 1,555,200
四世辰震	无妄 4,320	随 51,840
三运星离	同人 360	革 4,320
二会月兑	履 12	兑 144
一元日乾	乾 1	夬 12
	一元日乾	二会月兑

晋 20,155,392 万	豫 241,864,704 万	观 7,255,941,120 万
旅 1,679,616 万	小过 20,155,392 万	渐 604,661,760 万
未济 559,872,000	解 6,718,464,000	涣 20,155,392 万
鼎 46,656,000	恒 559,872,000	巽 1,679,616 万
噬嗑 1,555,200	震 18,662,400	益 559,872,000
离 129,600	丰 1,555,200	家人 46,656,000
睽 4,320	归妹 51,840	中孚 1,555,200
大有 360	大壮 4,320	小畜 129,600
三 运 星 离	四 世 辰 震	五 岁 石 巽

比 87,071,293,440 万	剥 2,612,138,803,200 万	坤 31,345,665,638,400 万
蹇 7,255,941,120 万	艮 317,678,233,600 万	谦 2,612,138,803,200 万
坎 241,864,704 万	蒙 7,255,941,120 万	师 87,071,293,440 万
井 20,155,392 万	蛊 604,661,760 万	升 7,255,941,120 万
屯 6,718,464,000	颐 20,155,392 万	复 241,864,704 万
既济 559,872,000	贲 1,679,616 万	明夷 20,155,392 万
节 18,662,400	损 559,872,000	临 6,718,464,000
需 1,555,200	大畜 46,656,000	泰 559,872,000
六 月 土 坎	七 日 火 艮	八 辰 水 坤

七、经世

人在万物之中，地位至高无上，一人的价值，可抵千万种物。而圣人的地位，在人中又为至高无上，一个圣人的价值可当千万个普通人。在邵雍心目中，可以称得上圣人的，恐怕只有孔子一人。唯孔子可作全人类万世的指导者。他认为虽不能眼见仲尼，但“察其心，观其迹，探其体，潜其用”，虽身居万世之后，也可知圣人的心迹。

圣人的心迹存在哪里？即在他所参赞修订的五经。昊天有春夏秋冬四府，圣人有《易》《书》《诗》《春秋》四经，此四经为圣人四府，用以经世。“《易》为生民之府，《书》为长民之府，《诗》为牧民之府，《春秋》为藏书之府。”圣人以四府永远指导世人。

四经各有体用，皇帝王霸为《易》之体，意言象数为《易》之用；虞夏商周为《书》之体，仁义礼智为《书》之用；文武周召为《诗》之体，性情形体为《诗》之用；秦晋齐楚为《春秋》之体，圣贤才术为《春秋》之用。“体”为修习四经的人，“用”为所修习的东西。故体为迹而用为心。在心迹体用之间，所修与修者之间并没有一定的道路可循，唯在因时因地制其宜，这便是所谓“权”了。但无论体用或心迹，皆就内在而言。其表现于外，则体有道德功力四种不同的政绩，用也有化教劝率四种不同的行为。也因时因地而有不同，这便是所谓“变”了。

自古受命于天统治百姓的国君，有皇帝王霸之分。皇得天之正命，帝得天之受命，王得天之改命，霸得天之摄命。正命有千世之事业，受命有百世之事业，改命有十世之事业，摄命有一世之事业。皇以道德功力化天下，帝以道德功力教天下，王以道德功力劝天下，霸以道德功力率天下。这便是皇帝王霸的不同。

人君得天命，固然有正命、受命、改命、摄命的分别，但人君本身是否积修功德，实足以改变天命的长短，所谓“圣君艰难以成之，庸君暴虐以坏之”。禹、汤、武王，都因功德而有天下，桀、纣、幽王都因暴虐而失天下。此史实充分说明富贵虽得自天命，但是否能保持天命，则决定在人君是否修德。但周平王无功而复兴王室，周赧王无罪而丧失天下，所以在天人之间，尚有“幸不幸”在内，明白此点，始可与语命。

黄金时代尧舜时期已过，其后无可避免地，天地文明要日渐步入衰颓，一代不如一代，因为天地生成毁灭是一种必然之数。尧以舜之德而让舜天下，舜以禹之功而让禹天下，舜与禹虽同为帝，但在德与功之间就有高下之分。同样汤伐而逐桀，武王伐而杀纣，一逐一杀之间，同样为王，但杀就较逐低一等。舜禹汤武四君，用心虽一，但因时势不同，所以成事的方法也就有高低之异。因此，治国之道不可胶柱，要明时势与变通，然后尽人事努力，这样“羲轩尧舜虽难复，汤武桓文尚可循”，尚不致完全悲观。

八、结论

我国学术，至唐五代而极衰敝。汉儒注经，虽失之琐碎，但还恪守先圣遗言，用以立身处世。他们坚持经旨，冒犯帝王，虽死不悔。等到魏晋玄风一畅，名教大坏。王弼郭象之徒，崇尚玄虚，于大易生生刚健之理，无所领会，偷苟浮诞，于是人心一点主宰也无，一点气力也无。反映在政治则中原陷于北狄之手，反映于学术思想，则佛教乘虚而入，驯至上至帝王，下至士大夫庶民，无一不受佛法熏染，民族精神丧失殆尽，人几乎不自知为人。北宋五子，承此大敝，起而振之，立人极，传仲尼之旨，使生民复知为人，复知有圣，真是“为天地立心，为生民立命，为往圣继绝学，为万世开太平”的伟业。邵、周、程、张诸子的伟大处，便在这里。

邵雍在这之间的贡献，约有下列数端：

第一、儒家形上学的补充——夫子言性与天道，虽然子贡不闻，而实会归于大易之中。佛家唯识之论，刊落法相，而证涅槃寂静，其间极尽谈玄之能事。相反，儒门走中庸之道，于天人形上之际，比起佛家，实在淡薄难抗。邵雍先天易图，阐明生生之理，深探宇宙之原与天人之际，恰可补儒家形上学之不足，以与释氏相抗。所以朱子注《易》，首列先天四图，而对邵雍易图，时加赞叹，实因邵雍确能发前人所未发，而有大功于儒学。黄宗羲、胡朏明曾证明邵雍易图出自道教。由此而说明邵雍易学来处即可，由此遂鄙薄易图则大错。因为真理之开发，不论出自何人手中，只要能使真理昌明，我们都应鼓掌喝彩。易图出自道士，信而有征，又何损于它的价值？况邵雍踵事增华，创造的地方正是不少。大易生化之理，因易图而大明，其贡献应在周敦颐《太极图》之上。

第二、理学偏失的补救——在北宋五子中，邵雍的地位显得特殊，即使在整个宋明理学，邵雍也显得特殊。这种特殊处，不仅是邵雍的特色，同时也是理学偏失的一大补救。北宋理学之兴，实是针对佛家而发，尤其是佛家中之禅宗。北宋五子立人极，述仲尼之旨以与禅门枯寂出世相抗。正因他们一心抗佛，所以不免偏失。譬如他们于固有文化，只重儒学的阐扬，对于先秦诸子，也是固有文化的一环，则弃而不顾。邵雍于书无所不读，特别于道家方面，别有会心。理学有了邵雍这一系，才算全部承继了固有文化。所以说邵雍的学术，在理学中扮演一个不可缺少的地位。

第三、人格高洁足以感召兴起群伦——北宋五子，在人生境界都很高，所以能鼓舞群伦，化育天下。邵雍究悟道体，虽未莹彻，但是他的“以物观物”，确也真能涤除我执，达到与万物为一之境。他说：“能循天理动者，造化在我也。”又说：“学不际天人，不足以谓之学。”又说：“学不至于乐，不可谓之学。”又说：“人必有德器，然后喜怒皆不妄，为卿相，为匹夫，以至学问高天下，亦若无有也。”这些精言，都可以看出他学问有得，境界之高。我们读《击壤集》，常感到一股内蕴不发的济世之心，形诸于太平无用的嗟叹中。邵雍诗酒自娱，最善安排自家身，被认作隐逸，被误为放旷，并非无理，因为这些正是他的实际生活，是他的特色。理学家大多不免做作，即使程朱大儒，也不能免。至于邵雍，行事虽特异，倒没有不自然之迹，纯粹天趣外发，有如太和之羹，真是一代超拔流俗的人物。邵雍的人格，在天地之间亦是一种胜境，而不缺少。我们只要想想，一个能赢得司马光、程颢等如此敬重的人，他的人格之完美，也可想见了。

邵雍也有他蔽惑处。我们研读《皇极经世》，定会发现组织严密这一特色。他以经世四象，经纬万物，范围古今，天地万物因而秩序井然。但是他的学说的最大缺失，也在这里。组织愈严密，愈易僵化。他先拟就一个形式架构，然后将万事万物装入其中。实际上，万事万物绝非恰好四分可尽。以五行而言，他用水火土石而不取金木，因为金木出于土，尚有理可说。但仲尼五经，他只取《易》《书》《诗》《春秋》。儒家治国，首重礼治。独不取礼，就很难自圆其说了。其他如元会运世的经纬，天地始终之教的运算等等，都乏必然的道理可说。这样的形式架构所成的对万物的理解，固然可以达到一种内在的自足，但是这种酣然自足，难免出自专断，结果作雾自迷，甚是可惜。

纯就学术上说，邵雍对后世影响，似乎只有易图易数，远不如周、张、二程之领袖百代。这不仅是后继无人的问题，而是邵雍学术上的根本问题。试看后世理学家所重视的问题，诸如“理气”“性命”等，邵雍都只约略提及，而没有让他凸现出来。他在形上学有很大建树，经朱子用来阐明《易经》，对后世影响自然既深且远。但是他在修养论上并没有什么创见。“以物观物”不错，但苦无下手处，不如“敬以直内，义以方外”一类话，有把柄可拿。他有他的天人合一理想，有他的经世观，但都为图数之学淹没了。这过失不能全归咎于后人，的的确确，图数之学正是邵雍学术上的特色呀！

在广大的民众，邵雍的图数之学，有着无与伦比的影响。周、程诸子的学说，只流行于少数的士大夫。凡夫大众仍拜他们的菩萨，信轮回果报之说，未曾中绝。理学家的倡导，并没有很显著的影响到百姓生活。倒是邵雍图数之学，借着江湖术士传播，普遍深入民众内心。我们只要看现在算命卜卦者，推尊邵雍为祖师，命数所根据的《铁板神数》一书，伪托邵雍所著，就可知道他的影响深且广大了，只是这种影响，并不是好影响就是了。邵雍地下有知，对于他对后世影响，成为如此这般，恐怕不能不攒眉吧！

参考书目

《皇极经世书》十二卷，宋邵雍撰，此书有《道藏》本和通行本二种。《道藏》本有北京白云观藏本，一九二五年二月，上海涵芬楼（商务印书馆）影印。书在影印本太玄部第七〇五册至七七八册，共十四册。

《伊川击壤集》二十卷，宋邵雍撰，此书有《四部丛刊》本与《道藏》本二种。《道藏》本在太玄部第七二〇册至七二三册，共四册。为邵雍诗集。

《宋元学案》上下册，明黄宗羲撰，清全祖望补，世界书局印行。邵雍部分在卷九，二〇八页至卷十，二八二页。

《宋元学案补遗》，清王梓材、冯云濠撰，世界书局印行。邵雍部分在卷九与卷十。

《邵子易学》，吴康撰，商务印书馆印行，《人人文库》九〇〇。一九六九年一月出版。

《邵康节观物内篇的研究》，赵玲玲撰，嘉新水泥公司文化基金会研究论文第二五七种。一九七三年四月出版。

周世辅撰：《邵雍学说研评》，《革命思想》第五卷第一期。

周敦颐

董俊彦 著

目　录

一、传略

有宋一代的理学在中国学术思想史上占有极高的地位，除了先秦百家蜂起、诸子争鸣产生灿烂的哲学思想外，当以宋代的理学最具有哲学思想意味。宋代承继隋唐大一统之治，有鉴于唐代之亡，系亡于藩镇之乱，故宋太祖即位之后，即开始削夺兵权，采取中央集权，提倡文人政治，宋代的学术因之渐盛。但是其基本国策是重文轻武与集权中央，使得地方的防御力量一直是非常的薄弱，加上东北的辽人之患，西北的西夏之患，以及北方的金人之患，处于这种外患频仍的压迫下，就养成了一种苟且偷安的心理，对外则屈服忍辱，纳币称臣，以求和平；对内则专事敷衍，养兵虽多，毫无所用；设官虽多，亦无建树。这种由纳币而失地的政治环境，使学者对于政事治国失却了兴趣，他们所注重的是如何的修身养性，如何的阐发心性，这是造成理学产生的政治环境。

另从儒学本身的内涵来看，由于秦皇的焚禁诗书，儒家思想所寄托的经书，都残缺不全，学者传经，初只靠口授，受之者转相传授时，亦惟一本师说，不敢创立何种新义，等到古文经一出，学者更只注意于文字的训诂，名物的考据。由注重微言大义的今文经学，一变而为专重训诂考据的古文经学，儒学已因此变为琐屑呆板的“经学”。由两汉到唐代，更由笺注经传的“注”，再变而为为注作注的“疏”了，专门致力于章句的训诂，名物的考据，已有偏重书本的研究之嫌，去孔、孟、荀尊德性，论政治的学风日远。同时经生喜欢自炫博学，笺注日渐繁琐，注经文四字，几至数万言，刺刺不休。加上唐人作疏，例不破注，即注有谬误，亦必曲说而附会，愈说愈觉得糊涂，这种支离破碎专在书本里兜圈子的经学，实在不能满足当时读书人的欲望。本来研究先哲的经传，固须先了解其文字，考究其名物，但这只是手段，并非目的，目的还在探讨先哲经传中所含的义理，以及如何在经传中求得他们立身安命之所，现在经学家们把真正的目的抛弃了，于是不得不改变沿袭千余年的学风，由客观向外的书本研究，转而致力于主观的内在的身心修养。理学探讨心性的问题就因此而产生了。

还有造成理学产生的另外一个原因便是佛教的输入与固有黄老之学的影响。佛教从东汉明帝时传入中国，历经魏晋南北朝而大盛于隋唐，佛教主要是阐明心性，尤其是经过中国所独创的禅宗。北宋承隋唐而来，在北宋政治背景的影响下，阐明心性的佛教更易受当时儒生的喜爱，他们引用佛家的思想来解释儒家的经典，把儒学染上一层新的色彩，造成一种新的面貌。而固有的黄老道家之学，在汉初也颇具势力，至东汉顺帝时亦受着佛教的影响，与方士之说糅合，略采佛教的形式，而成立了道教；至唐，既宏佛教，也尊道教，儒、佛、道三者乃成鼎足而立的局面。当时学者，不满于经学，遂各以空谈佛老为清高，儒门弟子，出入于佛老之门，由唐而宋，其风甚盛。而道教虽以神仙丹药服饵导引为主，但既奉老庄为教主，而老庄之宇宙论又多虚无玄妙之言，适于援引之以为神仙家言的学理论据，宋代理学诸儒喜以宇宙论作为人生哲学的依据，实受此道教之说的影响。所以在政治环境与儒学本身的变化，及外来的学术相激相荡的影响下，就产生了有宋一代的理学，而理学的开宗大师就要数周敦颐了。

周敦颐，字茂叔，号濂溪，湖南道州营道人（道县），生于宋真宗天禧元年（公元一〇一七年），卒于宋神宗熙宁六年（一〇七三年），年五十七岁。他原名敦实，避英宗原名之讳，而改为敦颐。父亲名辅成，曾为贺州桂岭县令（今广西贺州市）。他是在营道县的营乐里出生的，在城西二十余里地有条如青罗带的水，叫做濂溪。在他十三岁那年，他常到濂溪桥边的小亭上垂钓，吟风弄月，志趣已非常的高远。在他十五岁的时候，父亲不幸去世了，他不得不随同母亲郑氏投奔在京师的舅父龙图阁直学士郑向的家，舅父看他器宇轩昂，必有远器，故爱他如同己子。他天资聪颖，又汲汲好学，在二十岁时行义之名已闻于当时，是年他娶陆氏为妻。郑向亦推荐他去试作主簿官。翌年，母亲郑氏卒，为母亲服丧三年。在他二十四岁服除时，即被调为洪州（江西南昌县）分宁县主簿。刚到分宁县时，当时有一案件诉讼很久，无法判决；他一到达，经一问讯，即刻能够明正的断狱，当地的乡民都惊叹着说："连老官吏都不如他。"当时他才二十五岁，即已崭露他在政事方面的才华。二十八岁时升任为南安军（江西省）司理参军。有位囚犯依法尚不至于被判死罪，但转运使王逵却要判他死罪，王逵是一位苛刻的官吏，大家都不敢与他争论，惟独周子不畏权势，据理力争，敢与王逵强辩，王逵不听，他就丢下手版，准备辞官不干，他还说："像这个样子怎么还能够为官呢？用杀人来献媚一个人，我才不干呢！"这时王逵受到他的感悟，这个囚犯才因此得免于死罪。三十岁时，二程子父亲程珦来到南安，见到他气貌非凡，跟他谈话，果然是一位博学知道的人，因此就与他做朋友，并令他两个儿子（明道、伊川）拜他为师。是年冬天，因转运使王逵的推荐，转任郴州（湖南省）郴县令，他到达郴县，第一件事就是修学校以教人，可知他对教育是多么的重视。他甚至还亲自讲学，当时掌郴州事职方员外郎李初平也天天听他讲学，亦颇有所得。在郴县三年多，在他三十四岁时，又改任为郴州桂阳令。三十八岁改为大理寺丞（犹今之法官），掌管洪州南昌县，南昌的县民看到他来了，都非常高兴地说：“这位就是刚到分宁县当官，就能断分宁县难断之狱的人，以后我们有投诉的对象了，也不怕会造成冤狱了。”于是转相传告，大家都不敢违背教令，不只深怕冒犯教令，而且还觉得污蔑善政是一件耻辱的行为。虽然他在政事上有良好的表现，深受百姓的爱戴，但是他为官非常清廉，他曾因公事的劳累而生一场病，经过一日一夜才苏醒过来，他的朋友潘兴嗣到他家探望，一看穿用的东西，只不过装一个破箱子而已，而且钱财也不满百，他这种廉正的行为有如他所写的《爱莲说》中的出淤泥而不染，濯清涟而不妖。随后（四十岁）他又迁为合州判官，凡事都要经过他的手，官员才敢判决，否则下达百姓，百姓也不肯听从。由此可知他深受百姓信任的程度。但却受当时的部使赵抃的误会，故每次巡守时，对他的要求特别的严格，他仍然处之泰然。其后（四十五岁）通判虔州（江西赣县），赵抃为虔州太守，才有机会仔细地观察他的所作所为，大受感悟，紧握着他的手说：“我几乎失去了你，从今而后才真正地认识周茂叔先生。”这就是他行为的磊落端正，难怪黄庭坚批评他人品甚高，胸怀洒落，有如光风霁月。英宗治平元年冬，即他四十八岁时，虔州民间失火，焚毁千余家，当时他有事出县，并未在场，但朝廷怪罪下来，将他移官为永州通判（湖南省零陵县），他也没有向朝廷辩明。一直到神宗熙宁初年他五十二岁时，因赵抃及吕公著的推荐，担任广南东路转运判官。五十四岁时，擢提点广南东路刑狱。为官尽责，即使是一个荒崖绝岛，人迹罕至的地方，他仍然冒着瘴疠之气前往，为的是替人洗刷冤情。后来因为身体患病，加上要移葬他母亲的坟墓，故请求主掌南康军（江西南康县），等到改葬完毕后，又辞官定居于庐山莲花峰下。因在他四十五岁通判虔州时，路经庐山，已深爱庐山的胜景，已有卜居之志了。因此就盖了一个书堂在庐山之下，在书堂前面有一条溪，洁清青寒，他非常喜欢，就取故乡营道的濂溪以命名，故他又号为周濂溪。这时他已是五十六岁的人了。他平常的俸禄，大都周济亲族朋友，毫无积蓄，现在辞官而回，三餐或为不继，但他仍然旷达，不以为忧。当时吕公著听他辞官而回，去信要挽留他，未几即疾发而卒了。时年五十七，被葬在江州德化县的清泉社他母亲的墓旁。他有两个儿子，也都做到太庙斋郎。南宋嘉定十三年赐谥曰元公，淳祐元年封汝南伯，从祀孔子庙庭，后改封道国公。明嘉靖中，祀称先儒周子。

二、学术思想

周子的思想，可谓博大精深，他的思想完全表现在他的《太极图说》与《通书》的两篇文字中。这两篇的文字很短，但却短小精干，在中国学术思想上永远放着灿烂的光辉。现在即以这两篇为依据，把它分为宇宙论、人性论、修养论、教育论、为政论等点，叙述于后：

（一）宇宙论。一种哲学都有它对于宇宙本体的看法，也可以说就是它的哲学理论基础，然而传统的儒家哲学对于宇宙的问题却很少涉及，如果有的话，儒家经典除了《易经》之外，根本就不谈论宇宙之事，所以《论语》中明白地记载孔子不谈天道的事情。中国真正有系统的谈论宇宙问题的，当以老庄的道家思想为最早，老庄的思想在魏晋时已影响到当时的学术界，而产生所谓魏晋的玄学，这种思想也多多少少影响到北宋时的学风，周子就是其中一个。道家是把宇宙本体看成一个“道”字，“道”这个东西是不能用理智及言语来讲明的，是一种恍惚抽象而又真实具体的，是一种无为而又无不为的东西，由道这个东西来生一，由一而生二，由二而生三，由三而生万物，宇宙万物的化生，就是靠这个“道”而产生。既然“道”这个东西能够化生万物，那么“道”是由何而产生呢？道家为了要解决产生宇宙本体的问题，所以就把它推溯到一个“无”，用“无”来解释这个“道”字，由无产生有，由有再产生万物，也就是所谓“天下万物生于有，有生于无”，“无”完全是不可知、不可见、不可闻、不可言的抽象东西，其实不可言为东西，东西是有形体，有产生这东西的东西，应该是一种抽象的代名词，故“无”即是道家所谓的“道”字，周子的宇宙论与道家的宇宙论相近似，也可说周子是受了道家的影响。表现周子的宇宙论的，是他的《太极图说》的前半段以及《通书》中的动静、顺化、理性命等章节。他认为太极是宇宙万事万物最初步的根源，由太极自身的变动——动静，而产生了阴阳。他说太极一动就产生了阳，动到了极点，自然而然就静了，静了就产生了阴，静到了极点，又开始动了，就在这一动一静之间而分出了阴阳，而立下了两仪。他又说动而无静，即一直在动者，与静而无动，即一直在静者，皆是属于物。而动而无动，静而无静，表面上看虽是动，但非完全在动；表面上虽是静，却非完全静止，就在这种动而无动、静而无静的如神状态下，而生出了阴阳，这阴阳就是万事万物第二步的根源。再由阴阳的变合，生出五行——水、火、木、金、土，这五行就是万物第三步的根源。所谓阳变阴合，就是阴阳自身所包含成分多寡的差异，有了差异，就形成五行。虽是五行，原不离阴阳两种元素，但因盛阴、盛阳、稚阴、稚阳的关系，才现出五种的不同。有了太极，有了阴阳，又有了五行，于是这些东西随着一种神妙的配合，由阴阳二气的交感——直接相配合或有形的配合叫做交，间接的或无形的配合叫做感——于是化生万物。这时所化生的万物是最原始的祖先。有了这些原始的万物以后，再一代一代嬗递下去，所谓万物生生不已，于是宇宙间的物，就变化无穷了。万物同为宇宙的一部分，各具其生存之理及一定的元素，从表面上看起来虽千差万别，但若追溯到它本源的地方，却只有一个，就是所谓的太极，也就是所谓的理，这太极就是宇宙本体中的永恒自然之理，也即是天地间的自然法则，这自然的法则是存在广大无垠的宇宙之中，这广大无垠的宇宙就是周子所谓的无极。虽然宇宙无垠，森罗万象，但四时的推移，成毁的更迭，万物的滋生化长，莫不遵行着一定的自然法则（即是理），有条不紊的运行着，在其运行当中，而有着阴阳刚柔动静的不同，而产生万物，而变化无穷。这是周子的宇宙论，与道家的宇宙论相近似，道家把宇宙本体看成道，似无又实有，既具体又属抽象，而周子把它分开，把有当成太极，把无看成无极，由无极而太极，由太极而阴阳而五行而化生万物，无穷无尽。

太极图

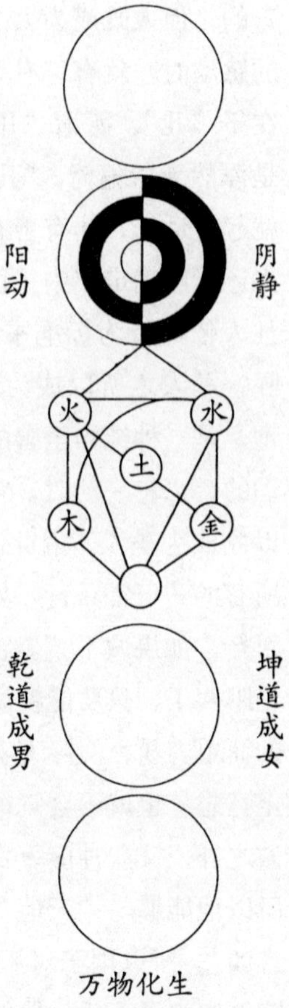

（二）人性论。周子的人性论是以他的宇宙论作为依据，在他的《太极图说》后半段即谈到此。他的宇宙论说到由无极而太极，由太极而生阴阳，由阴阳而生五行，由五行而化生万物，人类也是万物之一，但人类却得天独厚，为宇宙灵秀所钟，禀太极之理，具五行之性，居于万物之上。太极之理为“纯粹至善”，故人之性亦本来是善的，因此周子对于先天的人性看法是善的，但人既成为人之后，他便具有了思想和情感，当他受到外界的感动时，就有善有恶，而发生出各式各样的事来。而善恶的产生在于“几”，所谓“几”是指“动而未形、有无之间”的东西，它是浑然无所偏倚，“几”接触外物的时候，即变成欲望，于是内心就起了动摇，才有善有恶。这时只有圣人才不至陷入邪恶，同时圣人还能够确定“中正仁义”，立下了人类行为标准的“人极”，教导凡人依此行为标准来做，就能够避恶趋善。但是圣人是怎样的人呢？圣人之所以成为圣人，乃是因为圣人具备了诚。诚是太极之理，是一种纯粹至善的东西，蕴藏在宇宙太极之中。诚它是寂然不动的，当它一动时，它是“至正明达”的，圣人因为秉受了诚，所以才成为圣人。因此诚是圣人的根本，也是“五常百行”的本源，所有的“五常百行”如果没有了诚，也就不能成其为五常，成其为百行。如果诚不“至正明达”而呈邪暗，则五常百行也不能流畅而受阻塞了。只要能精诚，一切就无事了。故诚表面上看起来是非常的简单容易，实际上实行起来却是非常的困难。若能下定决心，坚定意志，也就不会觉得困难了。而圣人却能如此，圣人除了具有精诚之外，又能神应万物，安于五常之德，且又能确立“中正仁义”，所以他能够与“天地合其德，日月合其明，四时合其序，鬼神合其吉凶”。所以周子对于先天人性的看法是性善，但受后天欲望的影响而产生了善恶，然他却提出人类因为有了圣人至公无私，能够立下了做人的行为标准，导引着人类走向善的一面，才不致使人为恶。如此说来圣人是天生的，常人是不可学而至了。那又不然，圣人是可学而至的，如何才可以学做圣人，那便进入了修养及教育的问题了。

（三）修养论。圣人既然是可学而至，那么该如何的学呢？周子他自己回答学圣的要领，是该以一为要。一者就是无欲，无欲则静，所以修养最要紧的就是主静。静不是寂然不动的意思，而是使自己的心境平静澄清，不受外界物质的引诱干扰，要能如此，只有无欲才行。无欲是指没有欲望，没有私欲、物欲，而能够安贫乐道，就好像颜子一样，“一箪食，一瓢饮，在陋巷，人不堪其忧，而回也不改其乐。”何以颜子能不改其乐？主要是颜子没有物欲，不认为物质上的富贵是他所要追求的，他认为有比追求富贵更为可贵，更为可爱的东西，那就是道德的追求，所以他心里感到很舒泰，没有不足的感觉。因此富贵贫贱他都能处之泰然，这就是颜子他无欲，所以才能静。若只做到没有物质上的欲望，使心境澄清平静，那还不能成为圣人的，还需要能思，思是指精神上的活动，能思才能有智慧，有智慧才能通达一切，才能成为圣人。所以周子特别贵思，他认为思为圣功之本。但是宇宙是动静互为其根的，除了心境的平静澄清，仍然要有动表现在外的，这时周子他主张“慎动”，对于行为之动要非常的谨慎，一切的行动都要能够合乎正道，守着圣人所定的“中正仁义”之道，这样才不会有邪恶祸害产生，才不会做出“非仁”、“非义”、“非礼”、“非智”、“非信”的事来。而这些进德修业之事，并不是在口里说说、嘴巴讲讲就算了，而是要真正能够立志为圣，要能够真正学圣，更要能够孳孳不息，务求实际，有善要尽量去学，有不善甚至有过，都要尽量去改，这样才能日进为贤人为圣人。周子曾说像仲由（子路）这种人，就是喜闻过，所以到今令名无穷。因此在修养上要能立志向学，喜闻过、改过，都是必修的课程。除此之外，还需要知耻，一个人如果无耻，什么样的坏事他都能够干得出来，不知耻，如何能在修养上用功呢？所以周子特别强调不闻过是不幸，大不幸则是无耻。总之，周子的修养论最要紧的是主静，主静故要无欲，无欲则能安贫乐道。又要能思，有所动时要能慎动，所谓慎动就是依正道而行，坚守着中正仁义之道，立志学圣。除此之外，附带的功夫就是务求实胜，要能学善，要能喜闻过，又要能知耻，这样才能渐至于圣人的境界。

（四）教育论。自我修养，并不是人人都能做得到的，于是教育就产生了。教育的功用，就是在教人存善去恶，改过迁善，给人以进德修业的助力。但是掌握教育的枢机又是什么呢？那就是师道。为什么呢？因为人天生之性不能恰到好处，不偏不倚，不是过刚，就是过柔，过刚往善的方面所表现的为义气、正直、果断、严毅、坚固的个性。若是恶的方面则为凶猛、狭隘、强悍的个性。过柔若是善的方面则为慈爱、乖顺、巽婉的人；恶的方面则为懦弱、无断、邪佞的人，这些都是过与不及，皆不能臻于至善的境地。只有圣人知道如何使人发而中节，不偏不倚，无过与不及，故为之设立教育，使人能发现自己的缺点而加以改正，渐渐达到中和的境地。这便要以先知先觉的人去开导后知后觉的人。有如暗处要放着明灯一样，这就是师道的功用所在。周子还说人一生下来是童蒙无知，假如长大之后，没有师友的辅助教导，那么他仍是那样的愚昧无识，他如何能获得道义德操，如何能成为既尊且贵的人呢！所以在在都需要师友的陶铸，都是以教育为其源泉。同时他还一再的赞扬孔子，说孔子道德高厚，教化无穷，能与天地参而四时同，周子这样的推崇孔子，就是承认孔子为万世的师表，更可知道周子对教育是如何的重视，难怪他做郴县县令时，即修学校以教人，想借用教育的力量，来开导群蒙，以发扬圣学。至于如何来教育，除了前面修养论所提的之外，其他的方法，周子也没有更进一层的说明，但是从他强调师友的重要，就可知他对教育的重视了。

（五）为政论。圣人既定出“中正仁义”以为做人的标准，又立师道以教众人，使人都能成为至善的人，其目的又在什么地方呢？周子在前面师道曾说过，师道立了之后，那么善人就多，善人一多，则朝廷正而天下治了，可见其主要目的在求“朝廷正而天下治”，也就是在辅助为政而治天下，并不是在求个人的解脱。周子为政论的思想也受着他宇宙论的影响，主张要取法天道，而以仁义为其准则。他认为天以阳生万物，以阴成万物，生是仁也，成是义也，所以圣人在上，就应该以仁育万物，以义正万民。在领导者的个人修养上，周子认为修身为治天下的根本，诚心又为修身的基础；齐家为治天下的典则，和亲又为齐家的要件。这正与《大学》上的诚意、正心、修身、齐家、治国、平天下的程序相合，乃是儒家一贯的传统思想。何以修身为治天下的根本？周子说在十室的乡邑，要一个一个耳提而教都没有办法，何况是天下那么的广大，人口又那么的众多，所以主要的方法就是纯其心，此处所讲的纯心，就是前面所说的诚心。那么如何纯心呢？周子说就是以仁义礼智四者为质，加上动静言貌视听都无违，就叫做纯心了。领导者心纯了之后，自然而然贤才就来辅助，有了贤才的辅助，天下就容易治理。在为政论上，周子认为领导者个人要能修身纯心之外，他还提出了“用贤”，因为天下并不是一人就能得治的，而是要靠多人的力量，共同的合作，才能天下平。没有贤人的辅助，如何达到为治的地步呢！故起用贤能之士，周子认为也是相当重要的。至于为政的方法，在积极方面，周子主张应实施礼乐之治，在消极方面则应绳之以刑罚，才能使社会秩序维持安宁与和谐。他说礼就是理也，是人与人之间所应遵循的礼法，这种礼法是古时圣王所制定，圣王即以此来教化百姓，使得“三纲正，九畴叙”，故周子在为政论上亦主张用礼法来治，使君君、臣臣、父父、子子、兄兄、弟弟、夫夫、妇妇各得其理然后和，然后上上下下的秩序才能够井然不乱。礼是一种无形的约束力量，还需要有乐来宣畅人类的感情，因为乐是以政治为本，政治如果良善，百姓生活又能安乐，则天下之心必能平和，表现在乐声之上，必是一股淡和之气，淡则能使人的欲心平抑下来，和则能使人的躁心消释下去，这样子就能够收到移风易俗的功效，而达到至治的地步。若是“礼法不修”，“政刑繁苛”，“纵欲败度”，百姓生活困苦，则乐声必是“妖淫愁怨”，反而会使人“导欲增悲”，“轻生败伦”，因此乐声影响人也非常的重大，除了宣畅感情之外，还能使良风善俗得以养成。故周子把它与礼相提并论，同为为政的积极方面，也是儒家的传统方法。若是有人破坏这种社会秩序，或伤风败俗，周子在消极方面则提出纠之以刑罚。他说天以春生万物，成之于秋，若在秋不止，则太过了。故圣人法天，以政养万民，就像春生万物，以刑肃之，就像成之于秋。而且百姓情欲一动太甚，利害相攻，若不予以制止，则会“贼灭无伦”，故必须用刑才能得治。虽然消极方面周子主张用刑，但他又说任用主刑者不可不慎，因为百姓的“情伪微隐”，而又变化万端，若不是“中正明达果断”的人，根本就无法治理的，所以在选用主刑的人要更加的谨慎，不可滥用刑罚，以害苍生。由此可见，在为政方面，周子的主张仍然采用传统儒家的礼乐之治，但是他认为人性受后天的影响而有善有恶，当一个人的善性为情欲所蔽时，就会产生罪恶，所以在不得已的情况下，只好绳之以刑罚，使之复归于善。但周子又怕主刑的人专权擅势，滥用刑罚，故对于主刑的人选，主张要特别的慎重，以免滥刑无辜。刑罚如果不能收到成效的话，只好取法孔子修《春秋》，正王道，使乱臣贼子惧的辨法，笔之于史册，以资警戒，那就是假借舆论的力量了。这是他为政的方法。

以上所述是周子以其宇宙论为其学说的根本，然后由宇宙而人生，而引出他的人性论、修养论、教育论，最后到了为政论。但是在他的《通书》中也偶尔提到他关于文学上的主张，那就是他也受了唐代古文运动的影响，而主张文以载道之说。他认为文章是用来载道的，如果文章中没有载道的内容，就好像一部空车只在外部轮辕的装饰而不利用，那也是空装饰罢了。那么他所谓的道是什么呢？是指道德的道，也就是要有笃实的内容，要有含有道德性的内容，那些外在的修饰文辞，只不过像技艺一般，徒有文辞的优美而没有笃实的内容，那是不能够传之久远的，甚至周子还说那是非常鄙陋的，可见他的思想仍然深受传统儒家的影响，而且对于如孔子、颜子那样的圣人还赞不绝口，所要求人学圣的目标，也以他们二人为主，所以儒家的思想到了周子时给予发扬光大，并开创另外一个新面貌。

三、对后世影响

如上所述，周子的思想是以宇宙论为其学说的根本，有了宇宙论而后有他的人生论，人和其他万物一样都是宇宙的一部分，万物之性和人性一样也是宇宙之性的一部分，这就是“天人合一”“天地万物一体”的伟大思想。其后张载的《西铭》所谓的“乾称父，坤称母，予兹藐焉，乃浑然中处。故天地之塞吾其体，天地之帅吾其性，民吾同胞，物吾与也”，就是周子这一思想的继承与发挥。还有周子的《太极图说》在他以后还引起一次大的争议，那就是陆梭山陆象山兄弟所谓无极而太极是老氏之学，与周子《通书》不类。《通书》言太极，不言无极，《易大传》亦只言太极，不言无极，若于太极上加无极二字，乃蔽于老氏之学。而朱子则认为《太极图说》与《通书》的理论，实相互表里，完全一致。他们一共有两次书信的辩论，完全以周子的《太极图说》为主，反复辩难，各不相下，造成中国哲学史上的一大公案。何以朱陆会有这场的辩论呢？主要还在于他们的宇宙观不同，所以就造成他们整个思想的不同，而会有这一场的大争议。

四、结语

周子的思想，虽受道佛的影响，但是我们可肯定周子仍是一位纯粹的儒者。他的学说主要是阐发儒家经典的《易经》与《中庸》，他的《太极图说》中，也就是他的宇宙论，虽受道家的影响，但这只显现对于宇宙的看法。何况太极这个名称在儒家的经典——《易经》——就已经有了，周子只不过把太极推往前一个无极罢了。与道家的“无”虽相近似，但《太极图说》后半部却全是人生论，也是周子的精要所在，包括《通书》在内，周子全部的学说几乎以论修养为多，虽与佛家的修心养性同，却与佛家的逃避现实，求得个人解脱异。而他的修养，正心尽性，是在面对现实，是在求为政的国治天下平的目的，在为政的过程中仍以儒家的礼乐为其手段，这些在在都说周子是道地道地的儒者。而且最难能可贵的是他都能够身体力行，这种道德实践的精神的确是他超人的地方。所以我们检讨周子有关人性、修养、教育、为政的各种思想，其对人生及社会国家的态度，纯粹是个儒者，周子系融会贯通了儒家的经籍，并把孔孟的微言大义发掘出来，构成其整套的思想体系，使久已荒芜的儒家庭院，重新恢复其整洁华丽的面目，这就是他有功于儒学的地方。

参考书目

《周子全书》，清董榕辑，广学社印书馆。

《宋元学案》，黄宗羲撰，全祖望补，商务印书馆。

《宋明理学》，吴康著，华国出版社。

《中国哲学史纲要》，蒋维乔著，中华书局。

《宋明理学概述》，钱穆著，中华文化出版社。

《宋明清理学体系论史》，黄公伟著，幼狮书店。

《周濂溪思想探微》，黄朝琴，《中国学术史论集》（一），中华文化出版社。

司马光

王德毅　著

目　录

一、传略

司马光（公元一〇一九——〇八六年）字君实，自号迂夫，晚年又号迂叟，陕州夏县涑水乡人，所以时人尊称他涑水先生。他是晋朝安平献王孚的后裔，世代久远，谱系已不十分清楚了。宋真宗天禧三年十月十八日生于浮光，因以命名。

光的家世非常好，父亲名池（九八〇——〇四一年），字和中，孝友俭约出于天性，举进士，在真、仁二宗之世，曾做过利州路转运使，知谏院，侍御史知杂事，户部度支盐铁副使，历知凤翔、河中、同、杭、虢、晋六个州（府），以清直仁恕见称于当世，是一位好官。光的长兄名旦（一〇〇六——〇八七年），字伯康，以父任为秘书省校书郎，官至中大夫，年八十二而卒。与光最为友爱，晚年在洛阳相聚，光奉兄如严父，缙绅士大夫传为美谈。

司马光聪明天授，儿时即有不凡的表现，七岁时，听人讲《左氏春秋》，特别喜欢，听完后，回来同家里人讲说得头头是道，显然已了解了书中的大义。自后手不释卷，以至忘掉了饥渴，也不分炎夏和隆冬。到了十五岁，经史方面的重要典籍都读遍了。所写文章，辞意醇厚，有西汉的遗风。光读书主张精读背诵，读的遍数越多，背诵得越熟，仔细思索，越能体会书中的真义，以至终身不忘。光的学问就这样打下稳固的根基。

宝元元年，光以二十岁的青年考中进士甲科，在宋朝初年并不多见，当时确是十分荣耀的事。他初入仕途，做签书平江军判官厅公事，官职虽卑，却常以天下安危为念。到任不久，连丁母、父忧，他本来是天性至孝的人，经此大变，对他的打击自是很大。庆历四年免丧，改除签书武成军判官事。明年，改知韦城县事，又明年，改大理评事，补为国子监直讲，再迁大理寺丞。皇祐元年（一〇四九年），以枢密使庞籍的推荐，召试馆阁校勘，同知太常礼院。是春大比，为贡院点检试卷官，拔识筠州进士刘恕，成为光后日奉诏修《资治通鉴》的得力助手。

光正直敢言，不畏贵幸。张贵妃的伯父尧佐一日之间除宣徽、节度、景灵宫、群牧四使，台谏唐介、包拯等皆论之，仁宗不听。光虽不居言官之职，也上奏状请求留意：自今以往应如何“辟忠谠之路，塞侥幸之门”，如果有更重大的事情发生，朝臣皆噤若寒蝉，那就不是国家之福了。他的奏状虽没有被接纳，但也可以证明他的言论是以国家存亡为前提的。

至和元年（一〇五四年），除群牧司判官，与王安石为同官，二人的性行颇多相类，所以彼此相处得极为友善。他们两个人都是好学出于天性，于书几无所不读，又都能不好声色，不汲汲于仕进，不喜殖货利，自然互相景慕，彼此推重。安石的进用，还是光和吕公著推荐的。（《邵氏闻见前录》卷十一、二）

庞籍是最爱护司马光的，多方提挈，到那里带到那里，籍在出任京东西路安抚使兼知郓州及河东路安抚使兼知并州时，皆辟光通判州事，兼典州学。光感念知遇，任事不遗余力。籍以麟州兵败得罪去职，光回京，改任太常博士，祠部员外郎，直秘阁，判吏部南曹。嘉祐五年（一〇六〇年）除修起居注，凡五次上疏辞免，仍不蒙允许乃就任，这是他一生从事修史工作之始。嘉祐六年（一〇六一年）迁起居舍人，同知谏院，言事成了他的职掌，接连上了三个札子，一是论君德，君的德有三：仁、明、武，要了解仁不是姑息而是仁民爱物，明非苛察细事而是体念国家安危选贤任能，武不是强暴而是明断果决。三者缺一不可，这中间如何分别，如何切实掌握，要看君主如何去体会了。二是论御臣，提出任官，信赏和必罚三要点，强调任官要采实不要采名，并要看臣下的专长而予以适当的任用，使有德行的掌教育，有文学的做侍从，有政术的做地方首长，有勇略的去带兵，下至明于法的掌法，明于医的掌医。然后有功的增秩加赏，有过的降黜惩罚，虽亲信也不要宽贷，则国家必定大治。三是论拣兵，建议采精兵政策，国家的政策在兵精不在兵多，兵多只有耗财，没有多大好处。(《司马文正公传家集》卷二十)这三项问题，都是很切要的，第一札留中不发，第二札诏送中书参考，第三札送枢密院交拣兵臣僚研究。可以看出他关心国事。

自嘉祐元年以后，仁宗的健康有了障碍，帝的三个皇子都夭折了，后宫妃嫔未再诞育男儿，皇嗣的问题是朝臣所忧心的，但没有人敢正面地向仁宗提出这个问题，谏官范镇首先奏请早日选择皇侄中之贤者权立为皇子，以待皇嗣之生。光时为并州通判，不计个人官小职卑，亦闻而继之，凡三上书，毕见忠悫。及至除为谏官，又重提前奏，请仁宗果断而力行之。帝沉思良久说："此忠臣之言，非他人所敢及。"到嘉祐六年九月，光又直陈："陛下左右的小人没有远虑，不以宗庙大计为忧，而希望在仓促之间立一位容易控制的庸主。像唐代自文宗以后，嗣君都由左右近臣推举，他们有自称定策国老的，有称皇上为门生天子的，此唐代衰乱之渐，不可不察。"仁宗听了，大大感悟，乃诏以光所奏送中书省。宰相韩琦也很感动，与其他大臣合力奏请，仁宗说："宗子已有贤智可付托者"，后月余，乃诏秦州防御使宗实知宗正事，宗实就是后来的英宗，当时以明哲贤孝著闻，于是人心大安。足见光为国家万世大计思虑之情是如何的精诚。

嘉祐七年三月，除知制诰，辞了八九次，仁宗终于听从了，乃改为天章阁待制兼侍读，仍知谏院。当时朝政崇尚姑息，纲纪不振，如胥吏的气势很盛，胆敢驱除御使中丞，军人也很嚣张，竟骂起三司使来，这都是应该趁早矫正的。至于公私财用，极为困乏，朝廷徒有利民的虚名，而没利民的实质。他在洋洋六千言的《论财利疏》中，指出时政的得失，生民的困苦，而建议："随材用人而久任之"，"养财本原而徐取之"，"减损浮冗而省用之"。这都是原则性的，行起来当然不怎么简单，尤其仁宗晚年好像有点倦勤，面聆大臣的论奏，也只用点头或默然来表示可否，当然没有改革的精神了。

嘉祐八年三月仁宗崩殂，四月初一日，英宗即位。英宗的本生父是濮王允让，为了表示特别的尊礼，乃有濮议之争，宰相韩琦和参知政事欧阳修主张尊濮王为濮安懿皇，称皇考，这是儒家亲亲之义。光认为既已继嗣仁宗，亲为先帝之子，接受先帝之位，为人后者为之子，就应称濮王为皇伯，以表示与仁宗无二尊。这是儒家尊尊之义。光连上奏章，辞旨坚定，竟被免去谏职。治平三年正月，皇太后（仁宗后）以手书付中书门下同意英宗称濮王为亲，尊为濮安懿皇，濮王妃王氏、韩氏、任氏并称后。于是御史吕诲、范纯仁、吕大防、赵鼎、赵瞻及谏官傅尧俞先后展开对宰执的总攻击，均遭罢免言职，一同外放，诲知蕲州，纯仁通判安州，大防知休宁县，鼎通判淄州，瞻通判汾州，尧俞知和州。光激于公义，乃连上两疏请求留下这六位言官，以安朝野人心。他认为一同责降六位言官总不是朝廷美事，英宗不许。他又连上四奏，直言："臣和傅尧俞等七人一同评论这项尊崇典礼之事，今尧俞等六人尽已降责于外，臣希望和他们六人一同降黜。"也不从。濮议之争本来只是争典礼的末节，而双方都是君子人物，但却越言越激烈，几乎势不两立，遂开后日党争的端绪。

欧阳修毕竟是一位贤者，有大臣的风范，在治平四年（一〇六七年）三月神宗即位之初，便以参知政事的身份竭力保荐光"德性淳正，学术通明”，可以付以重任，神宗很快地便诏除光为翰林学士，再除御史中丞，他虽接连请辞，也没有被采纳。神宗英年即位，看到国家内有舒缓萎靡不振之忧，外有契丹西夏侵略之患，很想大有作为一番，曾与一群元老重臣谈论，都不能称快心意，遂怫然有不悦之色。① 到熙宁二年二月，王安石自翰林学士迁右谏议大夫除参知政事，所论与神宗完全相合，开始了“变风俗，立法度”的全面革新，于是青苗、免役、保甲、保马等法相继推行，而得君之专，尤前世所未有。光反对这些改革，更反对安石所讲的“天变不足畏，祖宗不足法，人言不足恤”，因而肯定安石执拗不晓事。光为了尽朋友劝善规过的责任，便写了一封辞意诚挚的信，劝安石不要“用心太过，自信太厚”。并指出安石侵官、生事、征利、拒谏，不是不贤，而是由“用心太过，自信太厚”所致。末后警告说：“谄谀的小人，在足下当政的时候，一一听从，诚然快意；如果一朝失势，必有出卖足下以自取荣禄的。”果然不幸言中了。

安石全不听光的忠告，并反驳说：“某承皇上明命，修明法度、兴利除弊、为天下理财、不随波逐流，并不是侵官、生事、征利、拒谏。士大夫安于固常，习于苟且，已非一日，而今皇上要改变现状，某乃不自量力之单寡，希望完成皇上的心愿，明知众人之言来势汹汹，那也是没有办法的事了。”这时神宗完全心向安石，不听

---

① 张荫麟撰《北宋的外患与变法》一文，指出神宗颇有汉武帝的雄心壮志，而隐隐以武帝为榜样，不过两人所处时代不同，又福寿有别，故一成一败，其论甚确。该文要点是：(1) 武帝承四十年的休养生息，府库充裕；神宗时财力困竭。(2) 武帝时君主威势强，还存有一些秦朝的深文酷法，故能令出必行。而宋自太祖有不杀大臣及言事官之家法，益以真仁两朝的宽柔政治，寖假造成政治上一种变态的离心力，以敌视当权派为勇敢，以反对法令为高超，以言事得罪为无上的光荣。谁要想有点作为，谁必被四面八方的围攻。神宗时这种政治上的变态离心力已积重难返了。(3) 汉初承战国及秦朝尚武精神之余，故将才易求，斗士易得，图强易效。而宋自太祖以来一意偃武修文，行之百年，士耻言兵，神宗想伸张国威，自然要事多与愿违了。(《张荫麟文集》，《中华丛书》本)

从任何反对意见，光从不贪恋官爵，深感无法与安石共事，便在熙宁三年辞官徙居洛阳，专门编修《资治通鉴》。如是者十五年，绝口不谈政治，而清望日隆，举天下皆以为真宰相，虽是田夫野老也都知道司马相公。到了元丰八年（一〇八五年）三月，神宗中道崩殂，哲宗以十岁之幼童即位，由神宗的母亲高皇太后被尊太皇太后同听政，有意复行英宗前的旧制度。光刚修成《通鉴》进呈后不久，有诏起知陈州，过阙奏事，首都的老百姓夹道欢迎，道路堵塞，马不能行，很多人爬在树梢上站在屋顶上，争着瞻仰司马相公的丰采，屋瓦被踏碎了，树枝被压折了，大家大声喊道："相公不要回洛阳了，留下来辅佐天子，救救我们老百姓吧！"真是千百年来所未有的历史盛况，光的深得人望，由此可见。光怕名声太盛反为不美，适好有诏不须辞谢，乃径返回洛阳。哲宗和太皇太后渴望以安靖为治，思与民共休息，因遣使持诏拜光为门下侍郎。接纳光的建议，一方面下诏广求直言，一方面蠲免民间的逋赋，使百姓耳目为之一新。然后次第废除一切新法。不过由于废得太快，行得太速，没有深思熟讲，如罢免役法行差役法，太急骤，范纯仁、苏轼、苏辙等故旧也不表赞同，所以难免留下一些后遗症。不幸在元祐元年（一〇八六年）正月，光积劳成疾，闰二月蔡确罢相，光拜左仆射兼门下侍郎，延至九月病逝，享年六十有八，居相位仅半年，虽没有卓著的政绩，但人情惊悲，哭之如哭其私亲，安葬的时候，四方来会者有数万人之多。苏轼曾经论及光所以能感人心动天地者，而蔽之以二字，那就是诚和一。（《宋宰辅编年录》卷九）世以为知言。

二、思想

司马光曾对朋友和门生说："我没有过人的地方，但平生所做的事没有不可以对人言的。这就是诚实不欺，光明坦荡。"正是儒家所倡导的基本道德。他在致知在格物论中，发挥孟子"仁是人的安宅，义是人的正路"之说法，明白指出：人如能依仁以为宅，遵义以为路，诚意以行道，正心以处事，修身以帅教，那么治国平天下何施而不可。幼学壮行，儒家思想在他心灵深处是有相当高的比重的。尤其退居洛阳十五年，与程颢、程颐等理学家交往甚密，在诚正修齐治平的道理看法上，多少受点影响。光自幼好学不倦，于学本已无所不通，但不喜欢佛学，也不欣赏道家，他说：释老之言怪诞不经不可信。但由于与邵雍很要好，而雍的先天易说，则源之于道家的方士。光在《易说》《潜虚》中，也主张"万物皆祖于虚，生于气。"老子说："天下万物生于有，有生于无"，意思大约相当。光在《迂书》中，颇取于释氏的空和老氏的无为与自然。他认为端拱无为不仅是一种政术，也是个人修身养性的极则，他说："治心以安，保躬以靖"，这是指个人修身养性的方法。"进退有义，得失有命"，这是指个人立身处世的原则。"守道在己，成功则天，夫复何为，莫非自然。"这是说凡事尽其在我，不必强求，一切顺乎人情，听其自然，不必患得患失，沮丧身心。他说："天地是不变的，日月是如故的，万物是自若的，人情是不易的，那么不论是天道或人道，甚至治道，当然是永恒的了。”国家政治与其变法改制，纷纷扰扰，还不如安常袭故，端拱无为。这是以因循为用的黄老政术。他赞扬萧规曹随，而反对王安石的速变全变，至少在思想上是如此。①

光既是无书不读，从他的奏议中，似乎对法家思想也有相当的体认。上节所述光上仁宗的三道札子，曾论及治国之要有三，曰官人，曰信赏，曰必罚。到英宗时再上，神宗时三上，并说：“平生力学所得，都在这上面。”他的择善固执自不用说，而为官择人和信赏必罚，则纯为汉儒的杂霸思想，这种思想中含有浓厚的法家成分。他赞扬守法的君主，如汉文帝的母舅薄昭，自恃国戚，有薄太后在可以倚仗，乃妄杀朝廷使臣，文帝不忍诛戮，乃迫令昭自杀。光在《资治通鉴》卷十四叙述此事后接着评论说：“臣愚以为法者天下之公器，惟有善于守法的，不论亲疏，一视同仁，法的效力才能无所不至，而任何人也就不敢有所倚仗干犯法条了。”这一个观念，正与法家所抱持的“君臣上下贵贱皆从法，虽中庸之主可以治”之精神一致。光虽是强调君主守法的重要性，但并不主张君主大小事必躬亲，如上节所述的人君的大德有三，曰仁，曰明，曰武。仁而不明，如同徒拥有良田而不能耕；明而不武，好比眼瞪瞪地看着禾苗荒芜而不能耘；武而不仁，则俨然是只知收获而不知耕耘了。

① 司马光反对王安石变法并非闹意气，其所以反对，要从两人思想上找答案。光所服膺的政术和哲学与安石根本不同，处处相反，故对现实政治看法做法也就各走极端了。程仰之撰《王安石与司马光》一文的结论说：“他们二人的对抗，不仅是社会政治方面的现实原因，同时还有个这样更纠缠的思想问题夹在里面。他们确是面对现实，而各提供一种应付现实的方略。但他们所提供的方略，不全是现实主义的，而是从他们不同的政治哲学出发。这种政治哲学乃是从一种玄学演生，且各有其古远的渊源。因此他们遂由思想上哲学上的对立而演为政治上的对抗，各有所据，各自言之成理。终而分党团，遂成水火，此兴彼起，累世而不能休。”思想的对抗是根本，政治的对抗是余波，观此可以了然了。拙文中有一二论点颇取于程氏此文，特为说明。

人君发政施仁，主要在务大体，不在亲细事，审慎的选举天下的大贤，诚心诚意的委以安社稷理百姓的大计，不要随便更换，不要任意掣肘，不听信任何谗言，不迷信任何邪说，则自然高枕而无忧了。这和魏征谏唐太宗的“何必劳神苦思，代下司职，逆聪明之耳目，愧无为之大道”之意旨毫无多大差别。

光是研究历史的，对历代兴亡治乱的因由有独到的认识。体验出治理国家要讲求实际，不可崇尚虚文，粉饰太平。他说：“安定国家、嘉惠百姓是仁之实；确保基业、传之子孙是孝之实；明辨贵贱、建立纲纪是礼之实；和睦上下、亲爱团结是乐之实；判决是非、区别善恶是政之实；审知奸邪、禁止暴乱是刑之实；考察言行、试以政事是求贤之实；度量材能、考课功状是审官之实；询问安危、访求治乱是纳谏之实；选择勇果、精习战斗是治兵之实。”这都是根本之图，至于那些“文采之饰，歌颂之声”，即使盛美豪壮，使人目不暇视，耳不暇听，又有什么益处呢！这一见解，万分正确，不仅切合于北宋的全盛时期，而且对任何时代、任何国家而言，都是极要紧的政治理论，值得政治家深思留意的。

在谈到治国平天下的实际问题上，儒家主张贤者在位，能者在职，这一点，光是心悦诚服的。如果国家内外得人，百官称职，自然政治清平，民生和乐。所以如何来取士，如何去用人，向来是宋廷所最关心的问题。而品评人物的好坏标准，光承儒家的传统，认为：德胜于才的谓之君子，才胜于德的谓之小人，才德全尽谓之圣人，才德相称谓之贤人，才德兼无谓之愚人。纯以存德的多寡而定。小人有智足以遂其奸，有勇足以逞其暴，如虎添翼，为害实多。最令人感叹的是：有德的人使人敬畏，却会产生疏远感；有才的人使人怜爱，反而容易亲善。才者得之于天，不是可以勉强而致的；德者存之于人，则端赖良好的教育以养成之。光在《通鉴》一书中曾一再强调历代的乱臣贼子，都是才有余而德不足的。一个国家，一个政府，在用人的先后上，如能审知才德之分，那就没有可忧患的了。光在嘉祐六年知谏院时曾上疏仁宗，谓取士当先德行，次及经术，再次政事，因乞仿汉察举孝廉，先树风声，以劝勉士行吏操。盖以“孝是士的尊行，廉是吏的首务，汉代的人才多由此途登进。”他请求朝廷下诏责成各知州府军监于任内察举孝廉一人，监司到任一年以上可于任内奏举三人，解送京师，试以经义及时务策，如有犯私罪的，举主须受连带处分（《诸臣奏议》卷八十）。这一建议并没有被接纳。熙宁二年五月光为翰林学士，在《上神宗答诏论学校贡举之法》中，再申前说，请求神宗自今在应解的举人内，令升朝官以上岁举有学术节行者一人，诸路提点刑狱等差遣以上，谏议大夫或待制以上，岁举二人，应举而不举，或举而不称所述者，均科以应得的惩罚。他们以职责所在，既不能不举，又不能妄举，这与汉武帝所实行的责成郡国守相察举孝廉一事相类，实为一项切实可行的办法。在同一奏疏中，光又请求重修学校之法，慎选府州学的教授，务必是真正的有学术节行者，并严格地考察在学生员，小过罚钱，中过降等，大过勒令退学，每月两次公试列入优等而又无过犯的，可以由初等升中等，中等升高等，外舍生皆令通学，升入内舍生后始令在学宿食。他强调说：“经术的深浅非一二次的考试所能知，行义的美恶非朝夕之间所能察，使之处于学校经二三年，累经选择，升到高等，奏明取解，参加省试，比之用糊名誊录法考其所试诗赋论策，定优劣于一日之间，要好得多了。”（《诸臣奏议》卷七十八）这一见解，与范仲淹、王安石所主张的以学校取代科举之法并无什么不同之处。到了元祐元年七月，光为宰相，又建议朝廷设十科以举士，一是行义纯固可为师表科，二是节操方正可备献纳科，三是智勇过人可备将帅科，四是公正廉明可备监司科，五是经术精通可备讲读科，六是学问赅博可备顾问科，七是文章典丽可备著述科，八是善听狱讼尽公得实科，九是善治财赋公私俱便科，十是练习法令能断狱谳科。其中一、五、六、七四项规定有官无官人皆可举，另外六项则限制文武有官人或具有知州以上资序者。诏从之。(《宋会要辑稿·选举二八·举官二》) 这是元祐恢复制科的前奏。上述十科，包含德行、经术、材勇、政事，而以德行居首，保举人于举状中并声明如后来被荐者不如所举，甘愿接受国家法律制裁，又加了一层含有公谊私情的道义责任。此种荐贤制度，是光一向所主张的。

前已提及光在做人方面完全本乎一个诚字，他在《迂书》中自述他事君事亲都是不欺，此外没有过人之处。他又强调吾人为学之道在学治心，立身之本在“回心”，而归本于诚。如果学者不求治心，学的虽多，又有什么用？博闻强记算不得学。换句话说，学者要学圣贤的修身内省之法，勉力把不正当的念头收回来，他称之曰“回心”，意思如同孟子所说的求放心。人的意志是很软弱的，所谓“人心惟危”，盖言人心易私而难公，如果不能收回来，加以克制，很容易去善而从恶，舍是而就非。至于如何才能“回心”，光认为要靠自我之力，不须求诸人；如同曾子的一日三省，颜子的克己复礼，能够把握住自我，就不会随波逐流，见异思迁了。理学大师程颐主张“涵养须用敬”，敬是专心的意思，端正严肃就是专一，持己待人接物之道皆不外此。这样看来，两人的见解也有些相通之处了。光不仅强调个人立身之本在求治心，更教人知道名分，安分守己，像颜子的箪食瓢饮，居于陋巷，不改其乐，这就是守分。如舍其应守的分而胡思乱想，胡作非为是极不对的。人间有富就有贫，有才智就有愚劣，这都是相对的，才而智的忧深思远所以富了，愚而劣的拿不出办法所以贫了。夫才情得之于天赋，如孟子说的“天之降才尔殊”，是勉强不来的。荀子也认为“物之不齐，物之情也”，强没有才能的而使之与有才能的负同样责任享同样权利，是不合乎

"礼"的。所以重名守分，是自然之理。光又不但教人守分，还教人安于命运。他认为即使两个人的才情不相上下，也有遇有不遇之别；遇者富贵，不遇者贫贱，遇是命，不遇亦是命，强求不得。孔子说："君子素其位而行"，那也只有安分以俟命了。如果反自然而逆行，背天命而妄为，只有给全国百姓带来灾殃，所谓"失人之分，必有人殃"，即指此。基于这个观点，当然要反对王安石的根本改变，因为此一改革，使和乐安静的社会掀起一阵骚动，这是违背自然的，他个人失败了事小，对国家的危害可就大了。前述光的守分安命说，根本意思并不是教人坐等命运的安排，而是要先尽人事。如一农民既已尽力于耕作播种施肥耘土等工作，面对突发的不可抗拒的灾变，致使减收，那也就只好认命啦；否则，徒然怨天尤人，不仅对自己无益，反而有害于"治心"了。这一见解是符合儒家之道的。

光虽是崇奉儒家，而于《孟子》一书中之说辞则不无怀疑。孟子说：尧舜之性得之于天而身行之，并肯定人人都有尧舜之性，无所谓不善，所以人皆可以为尧舜。光不以为然，他说：尧之子丹朱，舜之子商均，自幼及长，所听的是尧舜之言，所看的是尧舜之行，也不能把他们潜移默化好，这岂是人的性无不善吗！这是孟子失言。《孟子》书中也有些话不像出于孟子之口，而像委巷之言。如所载桃应问道："舜为天子，皋陶为士，假若瞽叟杀人怎么办？"孟子回答说："这是不可能的，以舜的大孝，和谐其亲，必能使瞽叟受感化而向善。"然则商均何以未能受感化而向善呢？假若不能防患于未然，而不幸瞽叟杀了人，被皋陶逮捕法办，那应该如之何？孟子答以"乃弃天下，窃之以逃至海滨"。这真是很荒谬的说法。试问瞽叟已经被逮捕如何可以劫出牢狱，逃到海滨又能够算完事了吗？舜为天子，诛治水无功的禹父鲧，百姓大悦，爱戴之如父母，而若私于自己的父亲，虽说是孝，又何以服天下？皋陶是公正守法的，如何可以枉法放走瞽叟永不追究？若然，不是君臣相为做伪以欺天下苍生了！何以为舜为皋陶呢？像这些前后矛盾的话，光一一提出疑问，《疑孟》篇就是这样写成的。

三、著作

司马光在政治上没有优越的表现，由于他过分的择善固执，也不免被苏轼气急败坏的批评为“司马牛，司马牛”。光于史学独步一时，一生最大的贡献还是在编修《资治通鉴》，诚如他《进〈通鉴〉表》中所说：“日力不足，继之以夜”，“臣之精力，尽于此书”。在十九年的搜讨历代典制文献岁月中，对于兴亡治乱的诸般原因，当然有独到的认识。任何一个时代的治乱，君主的好恶关键最大，所以必须转移君主心力，使之好学，接近有经术的士大夫，以启迪君德。要教导君主明了所以为君之道，所用教材除五经外，莫过于历代史。使其观往古君主以荒淫暴虐亡国之史实，则必有所警惕。心中常有如履薄冰之惧，则必知俭约忧勤。所以光在《通鉴》和《稽古录》中，于君德的培养，治道的阐明，不惮反复致意，无不洞中得失，确为有国有家者的炯鉴，为后世学者所重，被誉为六经以外不刊之典。宋代的帝王学发展至此，可说已完满而无遗憾了。

光认为政治之为用是大公至正的，政治家施政更应该开诚心布公道，尚权术只能收效一时，而无法持久。君臣之间除了庄严的名分外，还有一种可贵的情谊存在，所以君必须待臣以礼，臣乃事君以忠。诚信不欺，继之以死，自然是忠的最高表现。在《通鉴》中，光对于刑赏、王霸、义利、信诈、名实、才德、奢俭诸问题，辨之最切，持之最坚。一个时代的风俗教化社会人心之变虽至微至隐，光必予以阐明之，对于得罪名教之士，必著其罪而深责之。像战国时代的纵横家，以辩难相高，光直指他们是以利口覆人邦家者，此辈言行无益于国计民生，但对世道为害甚大。

光平生著作宏富，除上述《资治通鉴》二百九十四卷及《稽古录》二十卷外，尚有《通鉴目录》三十卷，《考异》三十卷，《历年图》七卷，《通历》八十卷，《皇宋百官公卿表》六卷，《翰林词草》三卷，《文正公集》八十卷，《注古文孝经》一卷，《易说》三卷，《注系辞》二卷，《注老子道德论》二卷，《集注太玄经》八卷，《大学中庸义》一卷，《集注扬子法言》十三卷，《文中子传》一卷，《河外谘目》三卷，《书仪》八卷，《家范》四卷，《续诗话》一卷，《游山行记》十二卷，《医问》七篇。苏轼称赞他的文章如金玉药石，有益于济世，从不写无用之文。而著录于《四库全书》流传至今的，尚有《涑水纪闻》十六卷，《潜虚》一卷，《微言》一卷。光说易，是象数义理兼重，认为易道始于天地万物之理，终于人事之制，知义而不知数，是难以探其本源的。

光在我国史学史上的地位是和汉代的司马迁相当的，有了《资治通鉴》，才有后世所谓之通鉴学。如张须著《通鉴学》中所说："《通鉴》为前古不曾有之书，又为后世不可无之书。"北宋后编年史体盛行，李焘的《续资治通鉴长编》，李心传的《建炎以来系年要录》，都是承袭光的义例而编纂的。朱熹的《资治通鉴纲目》，袁枢的《资治通鉴纪事本末》，是稍变光的义例而创的新史体。明清时代学者步《通鉴》之后而成的《宋元通鉴》或《通鉴后编》或《续通鉴》，则有薛应旗、王宗沐、徐乾学、毕沅诸家，宋朝以后的史学界，受《通鉴》的影响的确很大。我以为《通鉴》不仅是一部良好政治史专门著作，由于光能把政治理论与史实相结合，无疑的也可以视为政治学来研究，对于治国必有很大的帮助。

参考书目

《温国司马文正公集》八十卷，宋司马光著，《四部丛刊》本。

《温国司马文正公传家集》八十卷，宋司马光著，《万有文库》本。

《司马温公年谱》六卷，明司马露编，明万历间刊本。

《司马温公年谱》八卷遗事一卷，清顾栋高编，《求恕斋丛书》本。

《司马文正公年谱》一卷，清陈宏谋编，《传家集》附录。

《宋会要辑稿》二百册，清徐松辑，新文丰出版公司影印本。

《续资治通鉴长编》新定本六百卷，宋李焘撰，世界书局汇印。

《续资治通鉴长编纪事本末》一百五十卷，宋杨仲良撰，文海出版社影印本。

《宋宰辅编年录》二十卷，宋徐自明撰，文海出版社影印本。

《三朝名臣言行录》十四卷，宋朱熹撰，《四部丛刊》本。

《宋史全文续资治通鉴》三十六卷，不著撰人，文海出版社影印本。

《太平治迹通类》三十卷，宋彭百川撰，《适园丛书》本。

《皇朝编年纲目备要》三十卷，宋陈均撰，成文出版社影印本。

《名臣碑传琬琰集》三集一百一卷，宋杜大珪撰，文海出版社影印本。

《宋史》四百九十六卷，元脱脱撰，商务印书馆百衲本。
《东都事略》一百三十卷，宋王偁撰，宋绍熙间刊本。
《宋史质》一百卷，明王洙撰，大化书局影印本。
《文献通考》三百四十八卷，元马端临撰，新兴书局印本。
《宋大诏令集》二百四十卷，宋不著撰人，鼎文书局本。
《皇朝事实类苑》七十八卷，宋江少虞撰，武进董氏重刊本。
《皇朝仕学规范》四十卷，宋张镃撰，《四库珍本》三集。
《宋元学案》一百卷，清黄宗羲原辑，全祖望增订，《四部备要》本。
《宋元学案补遗》一百卷别附三卷，清王梓材等辑，《四明丛书》本。
《宋人轶事汇编》二十卷，清丁传靖辑，商务印书馆排印本。
《朱子语类》一百四十卷，宋朱熹撰，正中书局印本。
《范忠宣公集》二十卷，宋范纯仁撰，《四部丛刊三编》本。
《范太史集》五十五卷，宋范祖禹撰，《四库珍本》初集。
《苏东坡全集》一百一十卷，宋苏轼撰，世界书局印本。
《豫章先生文集》三十卷，宋黄庭坚撰，《四部丛刊初编》。
《嵩山文集》二十卷，宋晁说之撰，《四部丛刊二编》。
《栾城集》五十卷后集二十四卷三集十卷，宋苏辙撰，《四部丛刊初编》。
《罗豫章先生文集》十四卷，宋罗从彦撰，清光绪间刊本。
《通鉴学》，张须著，开明书店印行。
程仰之：《王安石与司马光》，《文史杂志》二卷一期。

张载

陈弘治　著

目 录

引言

在我国学术思潮的流变上，有两个思想特殊的时代：一个是罢黜百家、独尊儒术的汉朝；另一个却是融合儒道佛三家思想，兼谈天道性命，而成为一种新儒学的宋代。两宋的新儒学——性理之学，简称理学。其所研究的对象，是宇宙一切事物的道理，诸如宇宙形成的道理，人类生成的道理，怎样做人的道理，怎样治国的道理等；同时又是拿“理”当做宇宙万有形成的原质的，所以叫做理学。宋代的理学，以濂、洛、关、闽四派为其中坚；濂学的首倡为周敦颐，洛学的领袖为二程子，关学的开山为张载，闽学的宗师为朱熹，这就是历史上所称的“有宋五子”了。依照传统的说法，以这四派为理学的正宗。但周子与张子生于真宗时代，二程子生于仁宗时代，朱熹生于高宗时代；而且二程的父亲是周子的讲友、张子的表兄。所以在辈分上讲，后三子系属晚辈。在同属前辈的周子与张子之中，向来大家都以濂溪周子为宋代理学的开宗始祖。但濂溪的思想，却仍带有着浓厚的道家色彩。真正能够把儒家的精神从正面发挥出来，把思想的体系纳入正统轨道上来的，那要首推民胞物与的哲人张载了。

一、横渠先生传略

张载，字子厚，先世本居大梁（在河南省开封县黄河之南）。父亲名叫张迪，宋仁宗时，出知涪州（今重庆市涪陵区）。后来因父亲卒于官所，这时他们家中都是妇女幼子，没有能力东归大梁，便侨居在陕西凤翔郿县的横渠镇，所以后人尊称他为横渠先生。他生于宋真宗天禧四年（公元一〇二〇年），卒于神宗熙宁十年（一〇七七年），享年五十八岁。

他比邵康节小九岁，比周濂溪小三岁。少孤自立，志气不群，才气纵横，尤其喜欢谈兵。当时中国西北，正遭受西夏的侵害，他想聚众取回洮西失地（洮西即洮水以西，洮水源出甘肃省临潭县西北，流注黄河），以报效国家。于是上书给宰相范仲淹，诉说心中的抱负和壮志。这时，他才十八岁（《宋史》本传作二十一岁）。范仲淹是一位以天下为己任的人，有先天下之忧而忧、后天下之乐而乐的悲天悯人的伟大胸怀；在国家多事之秋，范公看到了比军事更为根本的是政治，比政治更为根本的是文化；他留意着天下的人，想物色个第一等人去解决那最根本的事。恰好这时收到了横渠先生的上书，一见之下，很赏识先生的才华，知道先生是一块大器，想要成就他，所以就带着怜才的口吻责备他说："儒者自有名教可乐，何事于兵？"并送给他一本《中庸》，劝他仔细研读。因为《中庸》是孔门传授心法，体会有得，则天地万物皆在我度内，而行止动静，触处洞然。起初先生不过泛泛浏览而已，后来渐渐觉得书中自有至理，便抛弃了从军的念头，而憣然志于圣贤之道，这是他从谈兵走向求道的一个转变。

先生在接受了范公所授的《中庸》以后，研读其书，尚且感觉不能满足自己的求知欲，又醉心于佛老好几年，曾在书本上对佛老细用过不少工夫，据说他曾和濂溪同出于东林寺常聪和尚的门下。后来他觉得佛氏以“人生为幻妄”，老氏以“有生于无”之说，未能“尽性知天”，更不是达到圣贤之域的道路，于是尽弃异学，转而探求六经。那时（宋仁宗嘉祐初年），虽然他颇有声望，已在京师讲授《周易》，而且听从者甚众，但毕竟和康节、濂溪一样，仍未脱去道家色彩的藩篱。直到有一天晚上，二程子兄弟来访，谈论起《易经》时，发现自己不如二程兄弟，于是第二天便对学生们宣布说：“近见二程子，深通易学道理，我不如他们，你们可以去拜他们为老师！”即日开始，撤座辍讲。又与二程子共语道学之要，遂涣然自信地说：“吾道自足，何事外求？”从此以后，他便放下佛老的书籍，专门研究儒家的经典。这是他从佛老返回儒家的一个转变。

这一转变，使他超脱了康节、濂溪的范围，直趋儒家的道统。不过，在他一生的学术事功上，这还只是一个前奏！因为这时他没有担任实际的政事工作，仍然只是在书本中探讨摸索。他深深觉得儒家的真精神，不在于尚空谈，而是在于实践。所以在他三十七岁那年，考中了进士，做云岩（在今陕西省）县令时，便立志把儒家的理想实践出来。他认为儒家的理想，是寄托于宗法制度与伦理社会的，但要建设这个社会，必先改良风气。所以他施政的第一个目标，便是“敦本善俗”。他以教育者的态度，教化县民注重孝悌；每逢佳节吉日，他都预备了许多酒席，邀请乡中的父老长者，亲自为他们劝酒，以作示范，使人知道养老事长之义。同时也借着这个机会，探问百姓的疾苦利病，并告以训诫子弟之意，使他们“归谕其里闾”。如果老百姓有事到县府来，或自己出去巡视时在路上遇到他们，必询问：“某时命某人，告诉汝辈某事，不知汝辈已闻知否？”若是大家已经知道了，那就作罢；若是尚未知道，必定责问那受命的人。所以每次发布教命，即使是穷乡僻壤、妇人孺子，也都能够完全闻知，遵奉去做，因此风俗为之大变。

当他把云岩县治理得井井有条时（宋神宗熙宁二年），神宗正在励精图治，登用大臣，想找寻才哲之士，欲大有作为一番。这时御史中丞吕晦叔便推荐先生，说他学有本原，可以召对访问。神宗接见，咨询以治国之道，他回答说：“为政不法三代者，终苟道也。”神宗大悦，将予大用。先生自以“外官赴召，未测新政所安”，希望观察一些时日之后，再有所献替；神宗以为然，调升为崇文院校书官。那时宰相王安石，正推行新政，有一天接见他说：“新政的更张，恐怕我个人不能够胜任，请你帮帮忙怎么样？”意思是希望他加入新党，但他却一口拒绝说：“公若与人为善，则谁敢不尽力？若要牵引人迁就你，那就恕我不能效劳了。”从这件事，可以看出先生的志节。因此王安石对他非常地不满，故意以治狱为口实，派他去浙东，使他离开京师。虽然有御史程明道力争说：“张载以道德进，不宜使之治狱。”但是仍旧无效。等浙东按狱还朝，恰巧遇到他的弟弟张戬，官御史，与王安石争论新法，为王安石所衔恨敌视，他心中更加感觉不安。他深知当日朝廷都是新党的势力，自己不能施展抱负，于是便托病辞官，回到横渠故居，一面讲学授徒，一面从事著述，以全副精神，启迪后辈。这是他由仕而隐的一个转折。

他虽然退出了劳形的案牍，但他并没有沉湎于山水之中，他并不是一个独善其身的隐士；“隐”只是他生活境界中的一个休止符而已，而不是一个空虚的结束。反之，他把全副的精力，投向了劳神的书桌，每天关在书房内，左右摊满了书籍，角落里都放着纸笔，俯首而读，仰首而思，脑中沸腾着救世的思潮。一有心得，便立刻记下来；有时候，深夜里躺卧在床上安寝，突然发现了新的见解，便随即起坐，取烛燃灯，拼命地书写。他的那部《正蒙》，就是在这种日以继夜的苦思中写出的。由于他这样的刻苦治学，志道精思，未尝片刻休息，亦未尝片刻忘怀，而忽略了保健身体，终于使他染上了肺病。然而为了救世救人，他除了牺牲健康外，更舍弃了物质的享受，几乎每天都是以粗菜淡饭糊口，以破衣旧服蔽身。但他对四周的贫民却非常同情，能因自己的贫寒，而不忘别人的痛苦；每当在路旁看见饿死的尸体，都感到心痛，有时坐在餐桌前，对着白饭，嗟叹终日。他的这种嗟叹，并不是为了自己的贫穷而感伤，而是惭愧自己不能帮助别人，拯济穷民。人饥己饥、人溺己溺的仁心，早已跳跃在他的胸膛；无怪乎在他一篇重要的著作《西铭》中，有那民胞物与的博爱思想。

他平日对学生们讲学，必先告以“知礼成性，变化气质”之道，因为这是为学求道的基本工夫。不过，仅仅变化气质是不够的，还须达到“仁”的境界，直奔圣人的理想。他以为知人而不知天，求为贤人而不求为圣人，这是秦汉以来学者的最大弊病。所以他常告诫学生，勉励他们“学必如圣人而后已”。大抵说来，先生之学，以易为宗，以礼为体，以中庸为的，以孔孟为极；一天人，立大本，黜怪妄，辨鬼神。他忧患近世丧祭无法，自己家中的婚丧葬祭，一一遵循古礼，作为倡导。又论定井田、宅里、赋敛、学校之法，都想条写成书，使它可以付之世上实行。起初有人觉得他可疑又可笑，而最后却都信从了他，由是关中风俗，为之一变。

先生苦学力行，为关中士人的宗师，毅然以圣人的境界为必可达到，三代的治隆为必可回复，而提出了“为天地立心，为生民立命，为往圣继绝学，为万世开太平”的目标，其自任之重如此。而且惧怕道之不明不彰，每至一地，必搜访人才，唯恐失去造就的机会。所以关中学者，风起云蒸，可与洛学争辉，世称“关学”。

先生气质刚毅，为学精思，勇于践行。然而在现实环境中，却接触到了一个问题，就是贫富不均。他深深觉得，社会上如果贫富不均，政治上便无法教养生息，而一切理想也只是空谈罢了。前儒们过于偏重学理，而忽略了物质的建设，这正是儒家理想始终无法实现的原因。他觉得治人先务，必以经界为急，所谓“仁政必自经界始”，只惜政府没能采纳他的意见。但为了证实他的看法，他仍很有把握地说：“纵不能行之天下，犹可验之一乡。”晚年时，就与学者朋友，共买了一块田地，划为数井；正经界，分宅里，立敛法，广储蓄，兴学校，成礼俗，以尝试先王的制度，希望能够实现他那种仁政必自经界始的理想。虽然在这个计划还未实现时，他已病逝了，但他慨然有意于三代之治，时时不忘儒家理想的实践，且以恢复先王的制度自任，正表现出他是一位成色十分的儒家。

熙宁九年，吕汲公又上书神宗，推荐他说：“张载之学，善发圣人之遗意，宜还其旧职，以备咨访。”神宗便命他同知太常礼院，与有司议论礼制。后来正巧遇到了一次开口的机会，他想趁此讲行冠婚丧祭的礼仪，以敦善习俗，而礼官却安习故常，以古今异俗为说，没有实行他的意见。他据理力争，并且严正地上疏指正过礼官的错误，但都没有收到效果。于是又托疾告归。归途中疾病发作，抵达临潼（在今陕西省长安县东），沐浴更衣而寝，次日安然逝世，时熙宁十年十二月。去世时行囊内空无一物，连收敛的钱都没有，全赖在长安的门人，奔哭致赙，共买棺木，才克奉柩归葬于涪州。翰林学士许将等，上书皇帝，陈述他恬于进取，祈求朝廷加以赠恤，神宗诏赐馆职半赙。所遗著作，计有《东、西铭》各一篇（原在《正蒙·乾称》内，后析出独立成篇），《正蒙》十七篇，《经学理窟》十二篇，《易说》三卷，《文集》、《语录》各一卷。弟子吕大临为撰《行状》，《宋史》入《道学传》。

二、横渠先生的本体论与宇宙观

在先生的著述中，最有名也最有系统的立论之作，要推《正蒙》一书及《东铭》、《西铭》两篇文章了。据说在先生临终的前一年（熙宁九年）秋天，曾做了一个异梦，自感年命有限，便汇集以前的立说，装订成册，交给门人说："这书是我历年来致思所得的结晶，其中所论者，大都合乎前圣的旨趣，与一些发端示人的纲要原则。但要触类旁通，发辉光大，还得靠你们将来的努力了。"这部书就是他的代表作——《正蒙》。关于"正蒙"二字命名的意义，王夫之曾解释说："谓之正蒙者，养蒙以圣功之正也。蒙者，知之始也；其始不正，未有能成章而达者也。"（见《王氏正蒙注》）横渠先生是一位爱好思想的人，在《正蒙》中，有他极丰富的谈论天地万物之理的天道思想。所谓天道思想，就是今人所说的宇宙观或自然哲学。横渠的天道思想，仍是"以易为宗"的天人合一的思想，但却不过分玄虚，亦不流于迷信，完全是十足的儒家本色。

《易经·系辞》说："易有太极，是生两仪。"濂溪周子即以太极当做宇宙的本体。在《正蒙》中，先生则以"太和"二字来代替"太极"，说明宇宙的本体原是一团冲和之气、一个大和谐。在和谐中有动静、屈伸等各种的变化，这变化的因子就是"气"。气散开来充满了空虚无际的"太虚"，气聚合成质，便化为形形色色的万物（包含人类在内）。这一"气"的聚散循环，就构成了宇宙的生成和变化。所以宇宙现象，虽然无一雷同，而其发生的根源则是一致的。这是《正蒙》一书的大旨。先生由虚空即气之作用，以解释宇宙的本体和现象，因此我们可以说，他所主张的是气一元的本体论。由这论点出发，横渠先生乃建立了“理一分殊”的观念。（按：理一，是说万物的形成都是同一个原理的。分殊，是说天地万物虽一理而生，但因万物是由气的阴阳二性交感而成，而气的化生万物，又是有先有后的，因此天地间的事物，就生出了大小的分别、亲疏的差等，以及贵贱的不同等等，所以叫做分殊。这一名词，是由程子伊川所说出的。）

《正蒙》所称的“太和”，是指道体而言，也就是指宇宙的本体，它是宇宙万物的根源。所以《太和》篇说：“太和所谓道，其中涵着阴与阳浮沉升降、动静相感的性质，是产生天地之气会合冲和、胜负屈伸的开始。”可见它是具有阴阳之理，为两种相对性质所由发生的本体。《正蒙》中所称的“太虚”，是指道之本体的虚空无际，所以《太和》篇说：“太虚无形，气之本体。”总之，太和指道之本体，盖就其存在的本质而言；太虚称本体之虚空无际，盖就其存在的体状而言。其实太和便是阴阳一气，太虚也便是太和，太虚太和皆为道体，特就其无感无形，才称之为太虚罢了。先生所以拿“太和”来代替周子的“太极”，是因为太极所生的气比较玄虚，同时形成万物的历程也比较复杂；而太和所生的气是实有的，形成万物的历程也很简单，只要一“聚”就可以了。所以说：“太虚无形，气之本体，其聚其散，变化之客形尔。”

本来《易经·系辞》说：“一阴一阳之谓道。”而先生却说“太和所谓道”，说太和就是阴阳之气的会合冲和，一切道都是这太和之气那种阴与阳浮沉升降、动静相感之性的表现。这是他一面怕析分理气为二，一面怕执著阴阳为二的缘故。因为理与气是一而二，二而一的，只因理无形而难窥，气有象而可见，所以才假有象者的“气”，使无形者的“理”可以默识而已。先生曾谓：“二（阴阳之气）不立，则一（理或太和）不可见；一不可见，则二之用息。阴阳之气，或虚或实，或动或静，或聚或散，或清或浊，终究是一（理或太和）而已。”（见《正蒙·太和》）便是这个意思。但是，若只称为一，则不能起各种变化，所以才说：“太和之气，是一物两体。一，故神（指清通而不可象）；二，故化（指聚散为形质），此天之所以参（谓化生万物）也。”（见《正蒙·参两》）盖不一，不足为万化之元；不二，不足起万化之用呀！由此看来，先生所说的“太和所谓道”，“太虚无形，气之本体”，“太虚不能无气”等语，都是体象兼包、理气并举，而不是二而言之的。在周子与张子的思想中，理与气都是由太极或太和所生，彼此没有先后的程序，只是他没有特立“理”字这一名词。因为先生以为体之与用，一而不二，不欲头上安头，所以言多浑举，而偏就“气”这一面来说罢了。

横渠先生既偏重于言“气”，且以气为万物的原质，曾谓：“气充满着整个太虚，升降飞扬，未曾止息。其感（无形的配合）遇（有形的配合）聚散，或为风雨，或为霜雪；或为万品之流形，或为山川之融结。”（见《正蒙·太和》）则明明指出天地万物，都由气衍变而成；气有升降聚散，聚而为万物，散而为太虚。由此说来，先生所说的太和之气，即便是宇宙一切现象的总相了，而天地之间的生成变化，也是这一气的聚散循环而已。但先生却认为气的散入无形，本非有减；气的聚为有象，本非有增。好像大海中的水，生起无数量泡沫，泡沫的起灭，不增减于海水；泡沫的各异，也不能自离于海水。所谓“气之聚散于太虚，犹如冰之凝释于水也。”（见《正蒙·太和》）先生对于宇宙，作这般的看法。所以他说：“天地之气，虽然聚散攻取各有不同，但其为理则是顺而不妄。太虚不能无气，气不能不聚为万物，万物不能不散为太虚；循此出入，是皆不得已而然的。”又说：“由于气的聚散，有象可感的各种物体，方才形成出来。”（均见《正蒙·太和》）这与希腊米勒学派某些哲学家以“气”为宇宙万物所由嬗生的基本物质，不谋而合；同时也和现在物理学上物质不灭的道理相同。

正蒙以气充塞、流行于整个太虚，永远不止息地在聚或散，遍处都是“实有”（此处说实有，非实有物，不能想象作一物，它仍是无形而不可感知的），所以真正的“虚无”为不存在。他说：“知道虚空即是气，那么有无隐显，通一无二。若说虚空能生气，那么虚无穷，气有限，体用殊绝，落入老氏有生于无之论，而不识有无混一之常了。”（见《正蒙·太和》）先生以此辟斥诸子有无说的诞妄，而谓：“知道太虚即是气，那么就没有所谓的‘无’了。诸子浅妄，有有和无的区分，实在不是穷理之学啊！”（见《正蒙·太和》）又说：“《易经》不谈有无，谈有无者，诸子之陋也。”（见《正蒙·大易》）因为《易经》所谈的，不过是隐显幽明、往来屈伸、盈虚动静等这一些罢了；而理与气不相离，体与用无二致，引申触类，征其端几，各种物理，毕尽于此。先生亦主张，有无只是一体，此体永远在变，唯人的知识，只见此所变之有形，不识此在变之无形，但不论所变在变如何，其本体仍是混一的。而老庄道家，认为气由虚生，则是无限（指虚而言）生出了有限（指气而言），他们不知道有限与无限本是一体，无限永远在变，在其变动中呈现出种种有限之形而被感知，而此无限则永远无形，永远在被感知之外，并不是由无形而另产出有形。所以说是诸子之陋，非穷理之学也。尤其斥老子有生于无之论为“谩谈”。惟老子所说的“无”，乃是一种生而不有，为而不恃，长而不宰的“玄德”，意指不可见的本体，为万物之所从出；“有”是现象，“有”生于“无”即现象出于本体，横渠先生却据字面之义，驳斥老子之说，恐怕不能服老氏之心了。

但先生却据太虚即气、变化无穷之义，以排斥佛道二家的其他思想，谓佛者“以心法起灭大地”、“以山河大地见病”之说，为知无而不知有，乃是主观幻想的错误，故妄语寂灭，往而不返。而道家求长生不老（按《老子》五十九章有长生久视之言，《庄子·天地》有千岁厌世、去而上仙之语，为后来道教方士神仙说之所本），则徇生执有，物而不化，是知聚而不知散，其末流乃有神仙飞升之妄说。惟有圣人存神体道，了解天地之气聚散自然，而夭寿不二，“聚亦吾体，散亦吾体”，（《正蒙·太和》语）一切付诸自然的运变，所谓范围天地之化而不过，此圣人存神知化之功。这种要妙的论调，就不是佛老二氏所可企及了。

先生又由阴阳二气，以推论鬼神（按：阴阳为太和之气之始著者，是一种较复杂而进一层的生成万有的基本质素）。世人每一谈到鬼神，无不以为它是一种怪异的灵物。从来我国学者，也都大部分信仰鬼神是有的，只不过有一神或多神的分别罢了。横渠先生却不然，他虽没有提倡无神论，但并不像过去的学者，说鬼神是超越存在的，而说鬼神是泛有的。所谓鬼神泛有，是说宇宙间并没有独立存在而超越事物的灵物指挥着万物的生成，只有一种自然的能力在创造万物。这种自然的能力，就是所谓“鬼神”了。所以《正蒙·太和》说：“鬼神者，二气之良能也。”良能之义，即是阴阳二气的自然屈伸往来。因为阴阳二气是宇宙万有所由生成的基本质素，它有一种自然屈伸的功能；阴阳伸，那么万物就因之而生成；阴阳屈，万物就因之而消灭。这一伸一屈，就是鬼神的作用。鬼，是归的意思，就是物体回复阴阳的地位，例如水是氢和氧二气所成的，把水分解，仍旧回复氢氧二气，这就是归，就是鬼的作用。神，是成的意思，就是阴阳交感而凝成一物，例如氢氧二气原是分开的，我们利用一种化合作用，使它们凝成水，这就是成，就是神的作用。所以先生才说：“物之初生，气日至而滋长；既盈之后，气日返而游散。气日至，谓之神，以其伸也；气日返，谓之鬼，以其归也。”

（见《正蒙·动物》）都是根据阴阳二气伸屈往来之义，以诠释鬼神。以为气之方来是伸，是生，也就是神；气之返回，是屈，是归，也就是鬼；人自少至壮是生，也就是神；衰老病死是归，也就是鬼。所以《正蒙·神化》说："鬼神，往来屈伸之义。"《太和》篇说："鬼神之实，不越二端而已矣。"这种泛神论的主张，完全是一种自然主义的思想，确认宇宙万物的生就，完全是自然成功的，并没有另外一种东西操纵着。因此他把鬼神看作这样一种作用，而不看作一种实体。先生以此拨弃传统的神教迷信，可以说是潦水尽而寒潭清了。

先生更由鬼神以涉论魂魄死生之事。他在《正蒙·动物》说："气之在人，生而不离，死而游散者，谓魂；聚成形质，虽死而不散者，谓魄。"此段话即在补充说明上文气至谓神、气返谓鬼之义。因为先生以精神为魂，以体骸为魄，而不以为别有死而不散的他物存在。所以先生曾设喻说："海水凝结则成冰，浮泛则成泡。但冰之性与泡之性，其存其亡，海水却不得而有之。推此道理，足以究死生之说。"（见《正蒙·动物》）按此以海喻理，以水喻气，以冰与泡的存亡喻气之聚散。冰与泡的起灭，是水的变化，海不得而有之。但若没有海，则水也不能够自聚自散。盖气有聚散之可言，理非存亡所可论，是以知生死皆气之所为，而其理则是亘古而不变的。提到魂魄死生之义，本来《易经·系辞》及《礼记·祭义、祭法》，都曾约略谈论过，先生盖本古义而引申为说，更取物理加以譬喻析解，这是儒家的基本精神，不涉于神教迷信，横渠先生学说的可贵处，便即在此。抑有进者，儒家自孔子答子路、宰我所问有关鬼神死生之事开始，（事详《论语·先进》）已脱去迷信的藩篱，后世儒者，承袭这一道统，如横渠程朱诸家，尤能探本穷原，基于阴阳二气的变化为说，予鬼神魂魄死生等事以更具体的说明，所谓"聚为精气，散为游魂；聚则为物，散则为变"，（二程子语）他们对鬼神情状的论说，已显示接近于实验科学的趋势了。一般人认为儒家思想是充满理性主义与人文主义，理由亦即在此。

先生既重视气，而气又有化生万物的因子，所以也善言“神化”。先生的神化理论，亦自《易经》推衍而出。《易经·系辞》说：“生生之谓易。”又说：“神无方，而易无体。”意思是说，易便是或为阴，或为阳，交错代换，其大无所不包，其小无所不贯，生生不已，而不可以形体拘之的。此种生生不已之理，先生即视之为“神化”。而又分别神与化说：“气有阴阳，推行有渐为化，合一不测为神。”（见《正蒙·神化》）举例来说，天道的运行，像昼夜寒暑；地祇的载物，像动植的生灭亏成，皆是“化”的作用，因为它推行有渐，常人都可见其变化的形迹。而究其实际，则宇宙万有虽森然罗列，于空间有方体，于时间有久暂，实则浑然玄同，即生即灭，即灭即生，而不容计时空于其间，这就是所谓合一不测的“神”了。可是，神与化虽可以分别，但究为一气之流行，所以先生说：“神是天德，化是天道；德为其体，道为其用。一于气而已。”（见《正蒙·神化》）由此可见，所谓合一不测者，并非在推行有渐者之外，别有所事的。要之，化有形而神无形；化生有形的物象，神生无形的智慧，而其本源则仍是一于太和之气的，横渠所以分别神化的缘故，只不过就体与用上方便而言罢了。

横渠先生更由阴阳之气、神化之理，以推衍自然界的一切现象，如朔望之亏盈、气象之变化、盈虚升降、聚散屈伸之数等等，俱见《正蒙》中《参两》《神化》诸篇，颇具有天文学、气象学，及历法推步诸术的初步知识，为周濂溪、邵康节辈所不及，不能不说是《正蒙》足以自豪之处。可惜先生所根据的基本原理，系由阴阳以象天地，用以推阐天动地静，及日月交蚀、昼夜寒暑等变化，其中有玄学的冥想之谈，有实际的经验所得，驳杂不纯。譬如他说：“岁之所以暑者，因阳下降，地上升，地面阳气多，故暑。其所以寒者，因阳上升，地下降，地面阳气少，故寒。地在一年之中，有上升时，有下降时；在一昼夜之中，亦有上升时，有下降时。此可以潮汐验之：地上升则潮落，地下降则潮升。”（见《参两》）这虽然是他想当然耳的说法，但对于昔人星气占验、顺逆吉凶的神学思想，则已扫除一空，全不复见。所以《正蒙》的天文历象，可说已完全脱离神学的境域了。至于他不能再进一步拨弃玄学的基本思想，而登于纯实证的科学领域，则因限于过去已有的天文知识，又缺乏精密的科学器材，此乃时代使然，不足为先生之病！不过，《正蒙》中所说的，也很有一些立论合乎今日科学的地方，如“月受日光”，则合于天文学；“地纯阴，凝聚于中；天浮阳，运旋于外”，则有似地圆说；“地气乘机，左旋于中”，亦近地转之说；“声者，形气相轧而成”，则合于物理学。惟其所述，一承旧说，亦多影响之谈，而无实际征验，虽曾展现一线物质科学研究的曙光，而终不能紬绎扩充，光大其业，建立起正式的自然科学，这是先生讲学的不幸，也是我国古代学术界积习传统有以使之如此的！

横渠先生既以为宇宙的一切现象，皆是气之作用，气外无道，道外无气。而一气之中，有阴阳二性，由此二性的絪缊相荡，气聚则能为吾人所见而为有形，气散则不能为吾人所见而为无形。故其论气，实兼含有形与无形两种意义，所以他说：“所谓气，不但指那些蒸郁凝聚、接于目而后可知者而言，举凡一切健顺动止、浩然湛然、有朕兆可言者，皆可称焉。”（见《正蒙·神化》）又说：“分散各异而可象为气，浑然清通而不可象为神。”（见《正蒙·太和》）按分散各异而可象、蒸郁凝聚接于目而后可知者，为有形之气；至于浑然清通而不可象、健顺动止、浩然湛然者，即是无形之气。先生盖由有形之气，以推论无形之气，曾谓：“凡可名状皆为实有，凡实有皆是形象，凡形象皆出于气。气之性，原本虚而神，故神与性乃气所固有。”（见《正蒙·乾称》）此认有形与无形，可同出于一源。

故《太和》篇说："由太虚而有天之名，由气化而有道之名；合虚与气有性之名，合性与知觉有心之名。"则明指人性出于自然之气，天人同本于一源，而成其天人合一的心性论与人生观。

三、横渠先生的心性论与人生观

心性的问题，在理学中间所占的地位，非常重要。理学家们对于心性的意见虽不尽相同，但几乎都一致认为，心是内外不隔的，心是一种虚明能藏的东西。如陆象山说："宇宙便是吾心，吾心便是宇宙。"这就是说明心是内外不隔的。朱子说："灵处只是心。"又说："心以性为体，心将性做馅子模样。"这就是说明心是一种虚明能藏的东西。心既是内外不隔，是一种虚明能藏的东西，那么它所藏的是什么呢？它藏的是性。所以张子说："心统性情者也。"王阳明说："性是心之体。"心所包涵的是性，性却在其中做了心的实体，但性的本身到底是什么呢？性就是宇宙的理。随着人物生的时候，它就藏在心的中间。因为这理随人物而生而藏，所以叫它做性，不叫做理。其实理和性是一样的，不过所处的地位不同罢了。

性既是理，又是心之体，那么理、性、心三者的关系，一望就可以知道了。心和性是什么既已说明白，那么它对于人的关系又怎样呢？心是一身的主宰，如同蒸气机关的发动机一般，一个人有了心，就能推动一切的行为，所以王阳明说："心者，一身之主也。"至于性呢？它有些类似种子，一切事物都是由性发生的，所以张子说：“性者，万物之一源。”

心性对于人的关系既明白了，还有一个理学家所常谈的问题，那就是心性善恶的问题。理学家们大都认为性是善的，如张子说：“性于人无不善。”王阳明说：“天命之性，粹然至善。”都可证明此点。性既是善的，那么心自然也是善的良的，因为性是心之体，世间的东西绝对没有体是善的，而形会变做恶的，所谓“有诸内，必形诸外！”因为如此，所以理学家们也认为心是良善的。性既是善的，心既是良的，那为什么有些人有恶性表现在行为上，为什么有些人偏有不良的心理表现呢？这个原因是：性所以有恶，并非原来的性就包涵了这恶在内。原来的性是纯粹至善，丝毫没有恶的，恶的性是气质所使然。气质何以会使性由善变恶呢？因为人物生的时候，理搭在气上，那搭在气上面的理就成了性。而这个性所搭的气，不能个个人或样样物都是一样，而是有偏正清浊之不同的。因此，性也就受了气的限制：凡正气和清气，便使性完全成为善；偏气和浊气，就使性不能纯善，而有趋向于恶的可能了。所以理学家们把性分成两类：一为未搭在气上的性，这种性是纯善的；一为已搭在气上的性，这种性便有趋恶的可能。前者称为天地之性，后者称为气质之性。这种说法和分法，最先是由横渠先生所提出来的。

横渠先生的学说思想，由天道推论到人事，主天人合一之说。所以他的人生哲学的基本原理，都是出之于天道自然的。他以为，人生上本于天道，因而在《正蒙·太和》说：“由太虚而有天之名，由气化而有道之名，合虚与气而有性之名，合性与知觉而有心之名。”这里所谓合虚与气而有性之名，就是说人性是合太虚气化而成的；虚指理而言，虚无迹而气有形，以有形之气，具无迹之理，故谓之性。此与《中庸》“天命之谓性”的意思相同，说明了性是原出于天道的。所谓合性与知觉而有心之名，此话则说明了心出于性，也说明了心是虚灵的。且由这些话的一串相承，归结到人心上去，也可见得我们人类的心灵，全具备了天地之理和天地之气的。但因性有气质之性与天地之性的区别，所以他又说："见于形质而后有气质之性，善反之，则天地之性存焉。"（见《正蒙·诚明》）他的这种区分法，为后来程朱学派讲理气导其先路。

依朱子的解释，天地之性即是理，而气质之性则以理与气相杂而言。理是无形的、不可见的东西，是形成事物的义理原则，它是粹然至善的；气是有形的、可象的东西，是造成事物的实质原料，它是有清浊偏正的。气质之性既是杂理与气而言，则必见于形质而后才能存在。天地之性与气质之性，两者虽总名为性，性虽为人与物所同有，但天地之性则唯人所独具；纵使在人类之中，常人也只富于气质之性，唯有君子进德修业，去恶而向善，始能返于纯粹天理之境。也就是说，人在初生的时候，于所以生的气质上面，天地之性已存在那儿；天地之性既于初生时就存在气质上，则气质之性自然也是生来就有的。而这气质之性由于气之偏浊，会趋向于恶，但这恶乃是理搭在气上而形成，并非性上原来就有，如此，则依照物理学的原理来说，这恶是可以去掉的。例如水，有清有浊，清是水的本来状态，浊不是水的本来状态，而是一种泥和水的混合，我们可以利用过滤或蒸馏的方法，把水澄清。所以对于恶，我们也可利用方法把它去掉，去恶的方法，横渠先生称之为"反"，反就是恢复原来的天地之性，也就是变化气质的意思，因此先生才说："善反之，则天地之性存焉。"

先生虽分别天地之性和气质之性，但他论性时所说的话，有兼含两者而说的，也有分别而说的。揆其原因，盖先生以为性系属于先天之形式，性是许多道理，得之于天而具于心；天地之性，固是纯然至善，而气质之性，亦莫不为善。气质之性既亦是善，何以能生恶呢？这个原因是由于气有所偏之故，所以先生说："人之刚柔缓急，有才与不才，气之偏也。"（见《正蒙·诚明》）因为气有偏正，有昏明，所受之理亦随之而有偏正，有昏明，见之于行事，遂有善恶之分，得其正而明者即为善，得其偏而昏者便为恶，这完全是受气质影响的关系，与性的先天形式本身无关，所以先生说：“性于人无不善，系其善反不善反而已。”又说：“养其气，反之本而不偏，则尽性而达天理之境矣。”（均见《正蒙·诚明》）这些话都在说明这个意思。横渠之学，所以特重变化气质，道理亦即在此。

依照先生这样的说法，那么孟子言性善，荀子言性恶，都可由此得到了正确的解释；而告子以生为性之说，便是无分于天地之性与气质之性了。告子不分天地之性与气质之性，“既失昼夜明暗之辨，且人与物等”，（见《正蒙·诚明》）更不足与之论性了。所以朱子说：“气质之说，起于张子，极有功于圣门，有补于后学。”又说：“张子之说出，而诸子之说泯矣。”

按孟子论性，每抉出仁义礼智四端以示人，此四端乃是出于义理的，即横渠先生所谓的天地之性。而气质之性，孟子亦认为它原来也是善的，所以他才说：“乃若其情，则可以为善矣，乃所谓善也。若夫为不善，非才之罪也。”因为理行于气中，常为气之主宰；情之动而中节，是其本当如此的；若是好恶无节，便流荡而失其本然了。流荡而失其本然，并非理之常态，这好比水一样，水原来是朝下流去的，若搏而击之，也可使之向上；水之向上流，并非水的本性如此啊！至于和孟子同时的告子，在其“生之谓性”一章中的主张，则但知有气质之性，孟子乃指出义理之性，令其自悟，此话虽然孟子没有明白说出，但细玩朱注可以体会得知。由此看来，一物两体的系统，在孟子时业已具有了，只是孟子说得不够分明，到了横渠先生才告完备，所以程伊川说：“论性不论气，不备；论气不论性，不明。”此犹孔子未明说性善，而孟子明说之；孟子未分别气质，而横渠分别之。故横渠先生对于论性，即使不能说是一种创新的见解，也可算是有补充之功了。

以上是横渠对于人性的看法，至于先生论心之说，其最重要者为“心统性情”一语。（见《性理拾遗》）此语与《正蒙·太和》所谓“合性与知觉有心之名”，含义相同。其理是由《中庸》而来，《中庸》云：“喜怒哀乐之未发谓之中，发而皆中节谓之和。”《中庸》所说的“中”“和”，分体用而言；先生所说的心统性情，则合体用以称心。因为情是性的发动，既发动，便有知觉；性是指情未发动时的状态而言，为知觉运动以前之事；性为体，情为用。常人所谓的心，均指已发动者而言，即使今日所谓的心理学，其范围也是就已发动者而说的。可是，情未发动之时，虽寂然不动，但心体依然是昭昭固在的。心之体，即是性，所以说：“寂然似无而未尝无，叫做体，体即是性。”（见《正蒙·诚明》）寂然似无而实不无，此种境界，非澄心静虑不能见，因此先生论存养时才说：“修持须虚心。”而后来程门大弟子杨龟山的门下，以默坐澄心观喜怒哀乐未发气象，为相传要诀，显然是受了横渠这些话的影响。

综合以上所述的心性论：“性与知觉合而为心”，则心能感物；“心统性情”，则心之大极性之大；“性为万物之一源，非有我之得私”，（见《正蒙·诚明》）则心亦弥六合而无外。所以先生说：“大其心，则能置心于天下物中而究见其理；天下之物有未能究见其理，则是心为有外。”又说：“天大无外，故有外之心，不足以合天心。”（均见《正蒙·大心》）这里所谓“心为有外”“有外之心”，便是只见得自家私身，凡物皆不与己相关之意。横渠又引孟子“尽心则知性知天”之言为说，以为天大无外，能尽心便能极其大，能极其大即可与天合而无外；能尽心便能体天下之物，能体天下之物即可与天地万物冥合而为一。不有广大之心，何能体万物而为一？于是遂成就他以天地万物为一体的人生观。

横渠先生以天地万物为一体的人生观，其理具见于《西铭》一文中。原来，先生曾在他书室的东窗上，写了一篇铭言，叫做《砭愚》；又在西窗上写了一篇，叫做《订顽》。后来程伊川觉得这两个名词不太好，劝他改名，就成为今日的《东铭》和《西铭》。《东铭》所论的，只是修养的工夫，大意在说："戏言与戏动，人以为非心，而不知其出于心；过言与过动，人以为心，而不知其非心。如今却反指其本乎心者说这是我的嬉戏罢了，而不知道自戒；又指其不本乎心者说这本来就是我的心意，而不知道自愧。如此下去，嬉戏不已，必长其傲；将错就错，必遂其非。而自欺本心之明，就没有比这样更甚更不智的了。"盖《东铭》所言，都是"尽己"之事，而《西铭》则远较《东铭》纯粹博大；《西铭》托出了一个"仁"的境界，这境界也就是《正蒙》全书所揭出的天地和谐的本体。

在横渠先生看来，人类万物由宇宙天地所生，人类与天地如一体，犹似子女由父母所生，子女与父母为一体一般。我们若放眼而观，则天就是父，地就是母，我们的躯体性能，就正是天父地母之所赋与，所以他说："乾为天，称做父；坤为地，称做母。我是如此的渺小，竟与万物混然相处于天地之中。天地之气，形成了我的躯体；天地之志，决定了我的心性。"在这种情形下，不仅一切人和我是同一胞胎所生，就是一切物也和我都是相友好的伴侣，所以他说："所有的人类，都是我的兄弟；一切的物类，都是我的朋友。"既如此，那么全人类便如一个家庭，大家休戚相关，彼此友爱，而那些鳏寡孤独的人，就好比我们颠连无告的弟兄，应该特别加以照顾，因此他说："国君，是天地的宗子；大臣，是宗子的管家。尊敬高龄的老人，即是恭敬自己的兄长；护惜孤弱的幼童，即是慈爱自己的孩儿。凡是天下衰老、残废、疾病、无兄弟、无子孙、无妻室、无丈夫的人，都是我颠连流离而无处诉苦的弟兄啊！"他的理想，是要以孝父母的心来孝天地，要把对待家庭的心来对待全人类，所以他说："能乐天而不忧的，才是纯孝的子女；能善尽人性的，才是天地父母的贤子。"他认为宇宙天地这一理想的家，是在此孝子心中所呈现的家。因而，富贵福泽，是天地给我的优遇；贫贱忧戚，是父母给我的磨练；活着，是我的顺事；死去，是我的宁息。这种无忧无惧，万物一体的情怀，直把那“仁”的精神发挥得淋漓尽致，这也就是《西铭》受人千古推崇的道理。

横渠之学，“以易为宗，以中庸为的，以礼为体，以孔孟为极”，《易经》是儒家的形上思想，《中庸》是儒家的修养工夫，这两门学问都是理学的灵魂。但横渠先生对于《礼记》，也颇有会心，他的西铭，便是依据《礼运·大同》而发挥的。对于《西铭》的旨意，程门弟子杨龟山恐其流于墨子之兼爱，曾致书给程伊川，伊川回答说：“《西铭》理一而分殊，墨氏则二本而无分。”所谓理一分殊，即是横渠伦理思想的基础。他的这种思想，也是主张先亲亲而后仁民，仁民而后爱物；以己为始，以万物一体为终。因为理一，故仁爱之施无不遍，所以要拿万物做一体；因为分殊，故仁爱之施有差等，所以要以己始，以万物终。而墨子之兼爱，如浮云无根，把家人和路人一般看待，没有发端处。此外，因为物我无间，浑然一体，本事实而非假设；爱有差等，施自亲始，亦自然而非矫作。所以这种思想，是儒家高出于异学的地方，也是《西铭》的旨意所在。

关于《西铭》文中“理一分殊”之义，朱子申疏得最为分明，他说：“以乾为父，以坤为母，有生之类，无物不然，所谓理一也。而人物之生，血脉之属，各亲其亲，各子其子，则其分亦安得而不殊？一统而万殊，则虽天下一家，中国一人，而不流于兼爱之弊。万殊而一贯，则虽亲疏异情，贵贱异等，而不梏于为我之私。此《西铭》之大旨也。”又说：“《西铭》一篇，始末皆是理一分殊。以天为父，地为母，便是理一分殊。我是如此的渺小，竟与万物混然相处于天地之中，便是分殊而理一。天地之气形成了我的躯体，天地之志决定了我的心性，是分殊而理一。所有的人类都是我的兄弟，一切的物类都是我的朋友，是理一而分殊。逐句推之，莫不如此。”

又说："言理一而不言分殊，则为墨氏兼爱；言分殊而不言理一，则为杨氏为我。"《西铭》的伟大处，《西铭》的可贵处，于此可见。

由于《西铭》一文，旨在明理以存义，所以程门专以它来开示学者，二程兄弟极称重它，以为《西铭》所论都是仁的本体，极纯无杂，是秦汉以来学者所未曾有过的见识，若能做到《西铭》的立心，便可达到天德（指圣人，是完全人格的代表）的境界了。二程兄弟的话，正说出了横渠先生的精神，因为他的思想境界，就是"仁"的表现；他所日夜追求的，就是要做一个当代的圣人。然而要如何才能达到这种境界呢？那就要涵养修为以变化气质。以下就让我们来谈谈他的修为论。

四、横渠先生的修养论与为学说

尽人之性，以尽物之性；尽物之性，以达天地之理，以类万物之情，这是我国哲学思想上天人合一,万物一体的根源所在。由于横渠先生立心要与天地同其大，因此他的工夫，一刻间断不得，也一刹那放松不得，他说："言有教，动有法，昼有为，宵有得，息有养，瞬有存。"（见《正蒙·有德》）在先生看来，要做一个君子或圣人，自一身以至于一日一刻，皆当操存省察，无稍间断，然后能进。就一身而论，不能无言语，而所言则必是合乎世道人心，然后为"有教"；一身不能不行动，而行动则必中乎规矩准绳，然后为"有法"。就一日而论，白天必有所事，必须勤其功，而始为"有为”；晚间亦不可荒废，必澄清思虑，而以验“有得”。要一息之间，道义不使去心；一瞬之顷，天理自觉常存。至此始能通天地万物，以为一体。故“尽性”“穷理”二者，可说是横渠先生一生努力的法则。《正蒙·诚明》说：“天性在人，正犹水性之在冰，凝或释虽各有异，而其为物并无二致。”盖先生认为，人本来是与天同一个和谐的，只因为有气质之性，才使人与天隔了一层。但气质之性，并非全恶，而是有善在内的。为了除恶，为了去掉我与非我之间的界限，而使个体与宇宙天地合一，则需要有涵养的工夫。

涵养就是修养，涵养的目的在于“反性”。反性之意义为何？就是要变化气质，回复到天地之性。既把气质变化了，回复到天地之性，那么这人便可和宇宙一般，与天地合其德，与日月合其明了。所以横渠先生论道德修养之事时，首重变化气质。并且也主张，人之为学，旨在养成一完美的自我人格，而其要亦在于变化气质。他说：“为学之最大裨益，在自能变化气质。若非如此，终无所发明，不得见圣人之奥妙。故学者须先变化气质，与虚心相表里。”（见《理窟·义理》）又说：“人之气质美恶，与贵贱夭寿之理，皆是生来所受定分。如是气质恶的，学即能转移。今人所以多被气质所役使，而不能成为圣贤者，乃由于不知学之故。”（见《理窟·气质》）可见为学也好，修身也好，先生都在强调变化气质。但变化气质之道如何？综观先生所言，不外内外交修。所谓内外交修，就是于内虚心存诚，于外循礼持敬。如此，则涵养的工夫便可说很完密了。所以《理窟·气质》说：“修养并保持天地之性的方法，既须虚心，又须循礼。虚心、循礼，内外发明，相辅而成，这就是所谓的内外交修之道了。”

请先述其虚心存诚：

横渠先生虚心存诚的修养说，其理论出于他的宇宙本体观。他说：“诚，即是实的意思。太虚，是天之实。万物取足于太虚，人亦出自于太虚，故太虚亦是心之实。”又说：“天地之道，莫不以至虚为实，人须于虚中求实。圣人之心，虚到极点，故其择善自然能够精粹。心所以不能虚的原因，在于有物累碍着它！”（均见《语录》）为什么说人心本来是虚的呢？这是因为太虚无形，气之本体；而人受气而生，其心体当然也是虚的，《乐记》所谓“人生而静，天之性也”，即为此意。心既是虚的，怎么又说是实的呢？因为心体虽然是虚的，但其中却是众理皆备，万善具足，因此说它也是实的。只要心中没有累碍，那么自然能够保持其虚而不失，这就是周子所以主无欲之静，张子所以取赤子之心的道理了。张子所以取于赤子者，即在其心初无欲累而已。唯有心虚而无欲累，才能清通而神，继善成性，所以先生说：“虚心然后能尽心”，又说：“虚者仁之原”，“虚则生仁”。（均见《语录》）因为仁是心之全德，心虚则仁能自出，犹空穴而风自来一样。

先生主虚，却不主静，因为他怕滞静偏于枯寂。所以他说：“静者，善之本；虚者，静之本。静是对动而言，虚则合动静为一。”（见《语录》）又说：“至虚之实，实而不固；至静之动，动而不穷。实而不固则一而散，动而不穷则往且来。”（见《正蒙·乾称》）至虚至静而无动，则易偏于枯寂而不固。由此看来，所谓“虚则生仁”之语，是合动静为一而说的，意义便很明显了。因为动是宇宙和人生的开始，如果没有动，那就可以说没有宇宙，也没有人生了。所以动是不可少的。因此先生才说：“人生本来就具有天道，人事应当动手去践行。不动手去践行就不切实，不切实即无物。故为人必践行实事。”（见《语录》）程伊川所说“静中须有物始得”，亦是此意。

心固然须求其虚，但虚心却又不可以聪明思虑，力求而致，因为“有心以求其虚，则是已起一心，无由得虚”。（见《理窟·气质》）虚心的要领，先生以为，但教心放平旷，久久自熟；且入手之初，宜使心缘义理，顺本而动，渐渐存养，切不可令心烦躁，求之太切；否则反致昏惑，乃成揠苗助长，非但无益，反而有害了。依此说来，那么设若需要博学于文，以求义理的话，是否也因思虑而动心，而令心烦呢？先生的答复是：思虑是不可或缺的，最重要的是在于“不违此心”罢了。他说：“尺蠖屈曲，在求伸展；龙蛇蛰居，在求保身；精义入神，在求致用；利用安身，在求崇德，这就是所谓的交相养之道了。夫屈者，所以求伸也；勤学，所以修身也；博文，所以崇德也。唯博文，则可以力致。人平居不可以全无思虑，但须是稽考前言往行，观察昔人制节，如此以行其事而已。”（见《理窟·气质》）所以横渠之学，是主张穷理致思的。

虚心之外，便是存诚。诚是什么？是一种实理，就是宇宙中间应有的理。存诚是要保持那实理，不要使它丧失，也不要违背它。换言之，就是我们无论做什么事，都应照着宇宙的实理去做，如果不依照实理去做，那就是伪，就不是天地之性。因此横渠先生亦如其他理学家一样，特别主张存诚，他说：“性与天道合一存乎诚。”又说：“天之所以长久不止息的道理，就在于诚。仁人孝子所以事天诚身，亦不过在不止息于仁孝而已。故君子诚之为贵。”又说：“有实理（即诚），方有是物，方能有终有始。若是杂以虚伪而无实理（即不诚），则何终始之有？”（均见《正蒙·诚明》）存诚既是要保持那实理，那么这实理是什么？这实理就是天理。因为这层关系，所以又须去人欲以存天理，因为人欲是可以泯灭天理的。人欲就是违背实理的一种物欲，为了存诚、存天理，物欲便不可让它攻取着我们的身体，因此他说：“湛然纯一，是气之本；攻取百途，是气之欲。口腹之于饮食，鼻舌之于臭味，皆是攻取之欲。不以嗜欲累其心，不以小害其大，目的即在于不使气之本有所丧失罢了。”（见《正蒙·诚明》）这段话便在说明去物欲存天理，就是存诚的唯一方法。而存诚的目的，亦在于全其实理而已。因为实理全，则五常不亏，而百行也就修成了。

次述循礼持敬：

横渠以为，诚意而不以礼，则其诚无由征验，因为诚非礼无以自见。诚意与行礼，没有先后，须兼修之。所以《理窟·气质》说："所谓变化气质，孟子曾言，居移气，养移体。何况处于天下最广大的住屋（指仁）呢？居仁由义，自然心和体正。更简约的说：只要拂去旧日所作所为，使动作都能合乎礼，那么气质也就自然全好了。"又说："移人性者，莫甚于郑卫之音。礼，是用来保持本性的最好东西。因为礼的本原出于人情（按《淮南子》云，礼者体情制文者也，即是此意），保持人的本情，就是回复到天地之性。凡是尚未成性的人，必须以礼来修持它。能够循礼去做，那已是不叛离正道了。"又说："时措之宜，便是礼。礼即是时措中显现于事业上者。"（均见《理窟·礼乐》）盖横渠先生之学，略近于荀子；荀子言性恶，故隆礼以矫正其恶；横渠重视气质，故重礼以变化气质。

但礼并非全属人为成法或外在具文的，礼仍然是性分本具，吾所固有，不待外烁。它对于气，能为之主，且可使百体从令，而性命于德，所以先生说："礼，即天地之德。"又说："礼，不止显现于外者，也有无形象之礼。因为礼的本原在心，圣人不过依人情而制文罢了。"又说："礼不必皆出于人。至如无人，天地之礼自然而有，何假于人？天之生物，便有尊卑大小之象，人顺之而已，此即礼之所以为礼的道理所在了。学者有专以礼出于人，而不知礼本天地自然而有，这是错误的。礼，当是合内外之道者。"（均见《理窟·礼乐》）所论都极精辟。此种说法，较之以礼为性外之物，借以矫正人情的那种情形，要顺当而易做得多了。

不过，循礼须用敬，故《正蒙·至当》说："敬则有立，有立则有为。敬，是礼之权舆；不敬，则礼不行。"《理窟·气质》说："君子庄敬日强。起始须拳拳服膺，出于牵勉；及至切中于礼，便可优游从容，如此方是为己之学。《论语·乡党》说孔子形色之谨，亦是敬。此皆变化气质之道。”横渠先生由礼及敬，虽不若伊川视敬之重，但却平实可循，不失儒家本色。

变化气质之道，存诚而外又须持敬，这是为什么呢？因为诚的工夫，是与宇宙合一的工夫，也就是天道，较为高远难行；而敬则是人们自己的工夫，也就是人事的根本，较为切近易行。至于二者彼此间的关系，则敬是诚的一部分，能诚自然能敬，能敬也未尝不可以诚。但诚难行，敬易为，所以应当持敬，从易而入难。然而就一般言，敬只能持己，而不一定能顺理；若要顺理，就得集义。唯有集义，才能顺理而行。所以横渠先生又说：“达义即是克己。”“集义然后可以得浩然之气。”（均见《理窟·学大原》）既能克己，又得浩然之气，必然能顺理而勇于行了。后来程伊川说：“只知用敬，不知集义，却是都无事。”主张集义以济敬，就是这种意思。

以上所述皆为涵养之事，兹再述其为学之说：

儒家自孔子以来，在教育上即注重人格教育；教育的本身是在实现人生伟大而完美的人格，而不是学习一种技巧或工具，去追求人生的物质享乐的。理学家们也是如此，横渠先生更无例外。他说：“学者当须立人之性，当辨其人之所谓人。学之目的，在学所以为人。”（见《语录》）这话即可说明他心目中的教育是一种人格教育。他又以为，为学的大要有二：其一是学以至圣人。这里所说的圣人，就是完全人格的代表者。所谓学以至圣人，就是为学的极至在于把我们自己造成一个圣人——人格完全的人。因此他常勉励学生说：“学必如圣人而后已。”又说：“为圣为贤，乃吾性分所当勉耳。”（见《语录》）其二是学以变化气质。这里所说的学以变化气质，是说学的功效可以改变一个人的气质。因为气质把人的天地之性弄恶了，好像泥土把清水弄浊了一样；要把那泥土除去，使水恢复原来澄清的状态，需要借教育的力量，也就是要靠学的功夫。所以他

说：“为学大益，在自能变化气质。”（见《理窟·义理》）又说：“如气质恶者，学即能移。”（见《理窟·气质》）

盖涵养与进学，虽然前者属尊德行，后者属道问学，但二者亦是互为表里，相辅相成的。故先生说：“能尽义者，止是要学。学愈博，则义愈精微。”（见《理窟·气质》）又说：“道理须义从理出，集义又须是博文。”（见《理窟·学大原》）由于“义从理出”，因此横渠先生也主张穷理，他说：“自明而诚者，须是要穷理。穷理即是学。”又说：“万物皆有理，若不知穷理，如梦过一生。”（见《语录》）但古今事物之理，必须借文而见，故穷理又须博文，所以说：“读书少则无由考校得义精。”“不读书则终看义理不见。”（见《理窟·义理》）

总之，前述虚心存诚与循礼持敬，为合内外之道；此言博文穷理，虽为进学之方，其实亦是涵养事情。观先生所言“书以维持此心”，（见《理窟·义理》）“勤学所以修身，博文所以崇德”，（见《理窟·气质》）即可知道。因为涵养与进学，本末一致，内外无殊，无一不是交相养者。不仅横渠如此，即伊川所谓“涵养须用敬，进学在致知”，虽说是如车之两轮，如鸟之两翼，实则道一而已，那有二致呢？

五、横渠先生的政治论与治道说

儒家传统的政治思想，以德治为先，法治为后。横渠先生为儒者之学，因而其政治思想，亦守此规范而不变。他说：“为政不以德，人不附，且劳。”又说：“为政必身倡之。”（均见《正蒙·有司》）这些话都在揭示以德为本，而且是因于孔子“政者，正也。其身正，不令而行；其身不正，虽令不从”的遗训而立说的。所以当他谈论治道时，便以为《周礼》可行，如《理窟·周礼》说：“《周礼》是的当之书。”提到安定社会，便以为当裕民生，如《正蒙·有司》说：“欲生于不足，则民盗。故为政者，在乎足民；使民无所不足，不见可欲，而盗必息矣。”重视民意，便以为天心都在民心，如《理窟·诗书》说：“天无心，心都在人之心。人所悦，则天必悦之；所恶，则天必恶之。”

但德为内体，法为外用，仁政亦必有制数，所谓“礼乐刑政，亦制数而已尔”。（见《正蒙·有司》）关于制数之事，先生所言颇多，举其大者，有宗法、井田、礼乐、祭祀等，其中尤以宗法井田二者，说之尤详，兹略述如下。

先述宗法：横渠先生认为儒家的理想，是寄托于宗法制度与伦理社会的。他一生慨然有意于三代之治，时时不忘儒家理想的实践，且以恢复先王的制度自任。所以论及治道，首重宗法。所谓宗法，即古代立宗子法的家族组纤。因为这种组织是维系古代社会秩序的一种极为重要的制度。他说：“要想管摄天下人心，收宗族，厚风俗，使人不忘本。最重要的事莫过于明谱系、世族与立宗子法。宗法不立，则人不知统系来处，古人很少有不知自己来处的。宗子法废，后世尚谱牒，犹有宗法遗风。及谱牒又废，人家不知来处，更无百年世家，骨肉没有统系，即使是至亲之人，亲恩亦因而淡薄。”又说：“宗子之法不立，则朝廷没有世臣。且如公卿，一日崛起于贫贱之中，以至公相，若宗法不立，既死，遂族散，其家不传；宗法若立，则人人各知来处，朝廷大有所益。或问朝廷有何所益？曰，公卿各保其家，忠义岂有不立？忠义既立，朝廷之本岂有不固？今骤得富贵者，止能为三四十年之计，造宅一区，仅及本身所有，既

死之后，则众子分裂，未几荡尽，其家遂不存。如此则家且不保，又安能保国家？”（均见《理窟·宗法》）

盖我国传统社会，以家族为单位。国家及社会，由许多家族会合而构成。家族的生存延续，必有一中心权力，然后可以维系其世系于不坠。此中心权力，即所谓立宗子法。古代立宗子法，其用意在推行尊尊、亲亲、长长之义，以构成一极完整的家族单位，由此而组成社会，建立国家，《大学》所谓，“家齐而后国治，国治而后天下平”，其次序井然不紊。这是农业社会言治道之大本，横渠先生所以倡言宗法，以管摄天下人心，道理就在于此。但现今时移世易，古代大规模的家族系统，已随时代变迁而逐渐化为今日的小家庭制度，而且维持社会秩序、建设健全国家，也由公民的权利义务诸法律规定，取代了昔日的宗子法。故横渠先生推崇宗法的立论，只是儒家述古之说，可借以探讨古代政制，而不可取而施之于现代社会了。

次言井田：儒家对于三代古制所最向往的又一事，便是井田制。所谓井田，据《孟子·滕文公》的说法是：“方里而井，井九百亩，其中为公田，八家皆私百亩，同养公田。”这本是由游牧时代进入农业社会，从事稼穑生活后的一种公有土地的理想制度。此一极简明的公有土地均田制度，它的唯一目的，在求均平。横渠之学，精思力践，他深深觉得，社会上如果贫富不均，政治上便无法教养生息，而一切的理想也只是空谈罢了，因此他觉得治人先务，必以经界为急，所谓“仁政必自经界始”。（《孟子·滕文公》语）横渠先生亦认为：“治天下不由井地，终无由得平；周道止是均平。”（见《理窟·周礼》）所以他论及治道时，则谓井田可施，他说：“井田极易实行，但朝廷出一令，可以不笞一人而定，盖无人敢据土者。治天下之术，必自此而始。今以天下之土，棋画分布，人各受一方块，此养民之本也。后世不制其产，止使其力，又反以天子之贵专利，公自公，民自民，不相为计。百姓足，君孰与不足？百姓不足，君孰与足？”又说：“井田亦无他术，但先以天下之地，棋布画定，使人各受一方块，则自是均平。”（见《理窟·周礼》）此外，横渠又论及田亩、车乘、采地、圭田、贡赋等，与井田相因为法之事。盖民以食为天，安定人民之道，首在制定田亩，使其耕而食，织而衣，人人没有饥寒穷乏的忧患。所以古今谈论治道者，必以平均土地，使人人皆得耕稼，以厚其生为要务。井田之制，在古代实施的历程如何，如今虽然不可尽知，但它昭示出均田的概念，而成为传统公有土地制度的中心思想，其流泽所及，影响无穷，确实是研究我国土地问题者，所必不可废缺的一种古说啊！

再叙礼乐：儒家谈政治，必不忘礼乐。礼为一切制度仪文的总名，乐为人民忧乐情感的表现，二者是构成人群生活、社会组织的主要因素。乐由中出，礼自外作；乐和民声，礼节民心。《礼记·曲礼》论礼与治道的关系，曾说：“道德仁义，非礼不成；教训正俗，非礼不备；纷争辨讼，非礼不决；君臣上下，父子兄弟，非礼不定；班朝治军、莅官行法，非礼不行。”《乐记》论乐与治道的关系亦说：“审音以知乐，审乐以知政；声音之道，与政相通。”礼乐为治国施政不可或缺的工具，于此可见。所谓“礼以道其志，乐以和其声，政以一其行，刑以防其奸。”（《乐记》语）礼乐刑政四者，会归而成一德治思想，为儒家传统的政治哲学。其中礼、政、刑三者为治国之具，异家同然一词，无甚差异；至于以乐为治道之不可或缺者，则是儒家立论独到精辟之见。乐为艺术的一种，其陶冶人生，潜移默化，于自然中使人去恶而向善。借美育培养之功，以助政治设施之效，这就是儒家哲学终能成为我国古代人文主义思想代表的原由之一。横渠先生《经学理窟》有《礼乐》一篇，论礼乐为治国安民的根本，大致本于经传为说。但他对于礼字的释义，也有值得一记的地方，如：“礼不必皆出于人，天地之礼自然而有。”则以礼为性分本具，吾所固有，不待外烁。又以为："时措之宜便是礼，礼实时措中见之事业者。"此言礼，即相当于今日所谓"法则与制度"之意；时措之宜便是礼，即含有诸法则制度因时而变的意义在内。至于乐，他说："乐，乐得其所自成。"又说："乐则得其所乐。"诸如此言，皆本故说，无甚新义。唯有一处，他说："《周礼》言乐，六变而致物各异，此恐非周公之制作本意，事亦不能如是确然。若谓天神降，地祇出，人鬼可得而礼，则庸有此理？"这段话以经验事理之常，辟经传中荒诞之说，则不失为知言者之徒了。

末谈祭祀：祭祀为生人对于死者及百神所表示的一种敬意，是古代宗法社会的主要礼典之一。《论语》中曾子尝言："慎终追远，民德归厚矣。"慎终的意思，是说丧尽其礼；追远的意思，是说祭尽其诚；所谓民德归厚，是说下民化之，其德亦归于仁厚。祭祀与治道关系的密切，由此可以想见。所以《礼记·祭统》说："凡治人之道，莫急于礼；礼有五经，莫重于祭。"继又发明祭必受福之义，且以祭为德行全备、人道完美的表现。横渠先生《经学理窟》，有《祭祀》、《丧纪》各一篇，大致皆祖述经传之说，指出祭祀的深远意义。如："祭，接鬼神，合宗族，施德惠，行教化。"又："今人祭祀，但致其事生之礼，陈其礼数而已，其于接鬼神之道，则未尽也。祭祀之礼，所总博大，其理甚深，今人所知者，其数犹不足，又安能达圣人致祭之义哉？"（均见《祭祀》）凡此，皆说明祭祀带有深远的施教布化之意义。虽然所言不及《祭义》《祭统》之详，且多推衍故言为说，但篇中亦有可记者，如"五更而祭，非礼也"，"祭则香、茶，非古也。香必燔柴之意，茶用生人意事之"，（见《祭祀》）此指述古今礼仪之变。又如"父在，母服三年之丧，则家有二尊，有所嫌也。处今之宜，但可服齐衰；一年外可以墨衰从事；可以合古之礼，全今之制"，（见《丧纪》）此亦以见礼可从时权宜，非一成不变的了。

六、结论

横渠先生为北宋思想家中的主要人物之一，他的学说内容，包涵很广，无论天道、人生、德行、政事，都有所论述。综合说来，在天道方面，有形而上基础的自然哲学，其中尤以“气”为宇宙万有所由生成的基本质素一项，最为足称，此说与西方哲学家们论本质问题，若合符契。在人生方面，他托出了“仁”的境界，作为人生最高的目标，继之以虚心存诚，循礼持敬诸修养，而最后以变化气质，养成完美的自我人格为实践道德的终极目的。在政事方面，他远承先王的遗意，谆谆于宗法、井田的制度，笃守儒家的历史传统而不变。其间所论，或创新见，或袭旧说，为论不一，总要以言，则天道思想的太和太虚、气为遍在，为一种创新之见；人生思想的“仁”论，因袭古义而立新论，阐扬圣学，精粹博大，亦可称为一种创新；而其心性论与气质说，有的推衍旧说，有的䌷绎新论，或因或创，不一而足；至于政治思想的宗法、井田、礼乐、祭祀诸事，则完全以古义为说，纯是因袭之论，而没有创新的表现。他在思想史上的成就，观此亦可窥知其梗概。

横渠先生的思想，气象雄伟，虽然因为承继乏人，门弟子未能光大师传，致使他的学术，在传授上黯然不彰，但他对于儒学的开展，却有很大的影响。他的著作，为后儒所激赏，如：程伊川以为《西铭》之书，推理以存义，扩前圣所未发，于是乃专以《西铭》开示学者；明末刘蕺山，对横渠先生之学，拳拳服膺，除推崇《西铭》为求仁的极则外，并以《东铭》为张子精言心学，特为表而出之。横渠的思想，又多为程朱所祖述，如：由于他的太和之气，而有程朱的理气之分；由于他的泛神之论（详前宇宙观所述），而有程朱的无神之论。而先生的气质说与学为圣人，更有鼓舞学者笃行向学的作用和深义，使后儒知道治学必须志大心宏，立乎其大者——学圣人的那种精神怀抱和其经纶天下的工夫。朱子所谓“有功于圣门，有补于后学”，实在不是一种夸大的浮词。

横渠为人，超然有凌厉六合之意。他那以道自任的壮志，以天地之心为心的抱负，以及民胞物与的精神，常为后人所景慕。他那推天以人，阐无以有，极内以外，验古以今的学术思想，使圣学湮而复明，道统绝而复续。他那含蕴功力的著述，读之令人有鼓舞不尽之致。先儒文文山，尝留心于先生的学术，且推崇备至（由《送赖伯玉入赣序》可见，详《宋元学案》引），其后临难不屈，作《正气歌》而殉身，其志节流芳千古，即有得于横渠学术的启发；明末大儒王船山，博学笃行，志节皎然，对于经史诸学，造诣精深，曾言“尽天地只是个诚”。其立论中所云，太虚本动，至诚无息；天地之德，生生不已，并发为天地之化日新、物质不灭诸说，皆在祖述横渠先生的学说，观其自铭所称“希张横渠之正学，而力不能企”，服膺之意，临终犹见，船山思想的渊源，于此当可见其一二。

当然，横渠先生所鼓舞的，以及后人所应追求的，内容多端，一言难尽，但归结其旨趣，不外先生那四句有名的警语：“为天地立心，为生民立命；为往圣继绝学，为万世开太平。”这才是横渠之人为有体有用之儒，横渠之学为内圣外王之学的精神所在，也是我们有志于圣道的人所当追求的正确目标。

附注：本篇论述，文中所引，除少数词句仍照原书外，为求浅显易读，大都经过改写，特此申明，敬请谅察。

参考书目

《张子全书》十四卷附录一卷，清康熙五十八年，高安朱轼，取旧稿重刻，《四库》著录与此本同。今有上海中华书局《四部备要》重刊本，共十五卷，凡三册。收录最全，内有《西铭》、《正蒙》、《经学理窟》、《易说》、《语录钞》、《文集钞》、《性理拾遗》、《近思录拾遗》、《二程书拾遗》及附录。

《张横渠集》十二卷，清康熙四十六年，张伯行开书院于九仙山之麓，颜其堂曰正谊堂，辑刻先贤遗书，内有《张横渠集》十二卷。后版多散佚，同治初，左宗棠集资重刻于闽浙，同治八年刻成。存于《正谊堂全书》中。今商务印书馆据《正谊堂全书》本排印，列入《丛书集成简编》。内容略同前书，但缺《易说》及附录，语录以下皆有省文。

《张子语录》三卷后录一卷，宋天台吴坚刊。上海涵芬楼借常熟瞿氏铁琴铜剑楼藏宋刊本影印，商务印书馆依涵芬楼藏书本校刊，列入《四部丛刊续编》。

《横渠易说》三卷，见《通志堂经解》及《张子全书》中。又据《宋元学案·谢山学案》札记，则云《横渠易说》十卷。

《宋元学案》，明黄宗羲撰。卷十七《横渠学案上》，为《本传》、《西铭》、《东铭》、《正蒙》；卷十八《横渠学案下》，为《理窟》、《语录》、《文集》、《性理拾遗》、《近思录拾遗》、《附录》。文多节略。

《宋四子抄释》，明吕柟抄释。是编摘录张子之书，以《西铭》《东铭》为冠，次《正蒙》，次《经学理窟》，次《语录》，次《文集》，缺《易说》等篇。商务印书馆据《惜阴轩丛书》本排印，列入《丛书集成简编》；又有世界书局印行本，列于《中国学术名著》中。

《濂洛关闽书》十九卷，清张伯行纂辑。是书张子部分除以《西铭》冠于篇首外，另取《正蒙》五十八节，《经学理窟》五十三节辑成，并为集解。刻入《正谊堂全书》中。商务印书馆据《正谊堂全书》本排印，列入《丛书集成简编》。

《近思录》十四卷，宋朱熹编，清张伯行集解。内横渠先生《订顽》(《西铭》)，《砭愚》(《东铭》)，见卷二；《正蒙》、《易说》、《文集》等，散见各卷。有世界书局印行本，列于《中国学术名著》中。

《性理大全书》七十卷，明永乐中胡广等奉敕撰。是书卷四为《西铭》，卷五卷六为《正蒙》，注释除朱注外，各家注解搜集极详，为积秀堂唐际云藏版重刊本。

《性理综要》二十二卷，明詹准辑。是书卷二末为《西铭》，卷三卷四为《正蒙》，乃《性理大全书》之节本，有旧刻本，翼圣堂刊行。

《理学宗传》二十六卷，清孙奇逢撰。是书卷四有《张子明公传》，有《西铭》、《东铭》、《正蒙》，文多省略而无注，有康熙五年原刻本，后编入《夏峰先生全集》内。

《批注正蒙》二卷，清李光地撰。见《榕村全书》。

《正蒙初义》十七卷，清王植撰。是书搜辑旧注颇详，有《四库》著录本。

《濂关三书》，是书雍正元年刊，有王植自序，无卷数，最后有《西铭》、《西铭总论》，搜辑朱注及各家注释极详。

《张子正蒙注》九卷，明末王夫之撰。见《船山遗书》。《遗书》清同治四年湘乡曾氏（国藩）刊于金陵节署。今有一九三〇年，湖南省政府交上海太平洋排印《船山遗书》本。

王安石

廖吉郎　著

目　录

一、前言

王安石原是一个有理想的人，他想以立法度，变风俗来挽救宋朝的积弱和积贫，得到神宗皇帝的信任，也是前所未有的，但是，他的变法却失败了，风俗也一样的鄙薄无常。于是在所谓的旧派当政时，新党就都遭了殃，党同伐异的结果，王安石便被反对他的人说得一无是处。

南宋时，虽然已有陆九渊在《荆国王文公祠堂记》里，说他是一位英迈特往，操守洁白，能扫俗学的凡陋，振弊法的因循，且道术必为孔孟，勋绩必为伊周的人，更痛斥近世学者的雷同一律，议论的不公，及人心的畏疑。历元、明、清，以至于现在，替王安石抉发隐微，宣扬幽光的，也不在少。可是在宋元人的著述里，说王安石不能容物，性行强忮，不切实际，甚或指为宋代南迁的罪魁，骂他是小人的，却大有人在。王安石实在是一个引起很多是非的人啊！

说起来，王安石的新政，的确是失败了，但是他所策划的，却又次第的实行在以后的国家社会中。像他这样的人，在我国历史上，真是再也难找出第二位。

二、王安石传略

王安石，字介甫，晚年号叫半山，北宋抚州临川（江西省临川县）人。生于真宗天禧五年（公元一〇二一年），卒于哲宗元祐元年（一〇八六年），享年六十六。

王安石天资聪敏，自小就好读书，并且都能记得很牢。文章不但写得快，也很精妙，是唐宋古文八大家中著名的一个。他有一个朋友，名叫曾巩，就非常的推重他，并且曾经在王安石已得科名以后，引荐给他的老师欧阳修，大大的称赞他一番。

在仁宗庆历元年（一〇四一年），王安石入京应礼部试。第二年，考上进士第四名，这时他才二十二岁。历官鄞县县令、舒州通判、提点江东刑狱、三司度支判官、知制诰。神宗熙宁二年（一〇六九年），任参知政事，掌副宰相，时年四十九。熙宁四年，同中书门下平章事。七年，乞请罢相，凡六上札子，才得以观文殿大学士出知江宁府。八年二月，又召为同中书门下平章事，六月为尚书左仆射兼门下侍郎，九年十月，出判江宁府。十年六月，为集禧观使。元丰元年（一〇七八年），封舒国公。三年，为特进，改封荆国公。哲宗即位（元丰八年三月），加司空。卒赠太傅。绍圣元年（一〇九四年），配享神宗皇帝庙，谥号文公。徽宗崇宁三年（一一〇四年），又配食孔子庙廷，列在颜、孟之次。政和三年（一一一三年），追封为舒王。到了南宋高宗时，因为久阴不解，诏百官提时政阙失，听取了司勋员外郎赵鼎怪罪王安石祸败社稷的话，于是停宗庙配享，并且削掉了他的王封。

王安石的著述很多，虽然多数已经亡佚了，但是从《王临川集》、《宋史·艺文志》、晁公武《郡斋读书志》、陈振孙《直斋书录解题》、马端临《文献通考》，及其他书中，仍可得出一个大概。在那些著述当中，到现在还流传的，除《临川集》外，还有清《四库全书》馆臣就《永乐大典》所辑出又经钱仪吉为之增补的《周官新义》，和他编选的《唐百家诗选》三种。

三、王安石的时代背景

王安石在仁宗嘉祐三年（一〇五八年），曾经上万言书给皇帝，神宗熙宁元年（一〇六八年），又上《本朝百年无事札子》，都对时政有所批评，他的政治理想，也已由此次第的展露出来。等他当上了副宰相，进而为宰相以后，这些理想，便想一一的求其实现。

王安石确实是一位勇于任事，兼有时才，且能卓然以天下为已任的人，这固然是由于他个人内在意识的激励奋发，但也是由于有着当时外在时势的促使。所以要想了解王安石，他的这种时代背景，是不能不先予探讨的。

宋的贫弱，至以一统大国，而备受外夷的侵凌，终于灭亡，是我国自古以来，所未曾有的情形。所以如此的原因，就要远从太祖赵匡胤的得国谈起了。

赵匡胤的有天下，也是前史未有的创局。前人的得位，或起藩封，或由草泽，或以征诛，或出篡禅，用力既勤，得亦不易，他则以区区一殿前都检点，因陈桥兵变，诸将拥立，黄袍加身，就当上了天子。皇帝既那么容易就当上了，当然他也会日夜不安的怕会再失去它，而不得不急谋巩固他那宝座的策略。卧榻之侧，既不容他人鼾睡，于是所谓的强干弱枝，重内轻外的重重措施，自然就一一的见诸有宋一朝了。

赵匡胤自固的办法大致是：尽收兵柄，削夺藩权，统制钱谷，集精兵于京师，由天子径自节制，同时锐意分割宰辅的权力，建立极端的君主集权政制等等。于是，军、民、财、刑等大权，就都在天子一人手中了。这种国策的目的，可说只是在消极的防弊，太祖所见，卧榻而已。结果，是顾此而失彼，反而造成了后来军事的不振，民财的衰竭，和上下的相欺，朋党的倾轧。到了这时候的宋朝，想能不至于萎靡消沉，贫而且弱，办得到吗？真是天下的弊害，有时还没到足以害事的地步，为了救弊所带来的祸患，却反而常误大事啊！

现在就约略摘取一些前人的议论，来看看赵匡胤的施政，所产生的流弊，是如何的一种情形。

《宋史·王禹偁传》说：自五季乱离，各据城垒，太祖太宗，削平僭伪，于是江淮诸州，城池堕圮，兵仗不完，军不服习。

又《贾昌朝传》说：太祖鉴唐末方镇武臣的强盛，就尽收他们的威权。自西羌叛变，因士不练习，将不得人，所以战则必败。

富弼条上《河北守御十二策》说：真宗皇帝刚即位的时候，专用文德，旧兵宿将，往往沦没。敌骄深入，直到澶渊。河湟百姓，几有四十年不识干戈。当国大臣，忌人谈兵，幸时无事，所以西北二敌，就阴相交结了。

仁宗嘉祐年间，苏轼《应诏策别》十六《教战守》说：今治平日久，天下人民，骄惰脆弱，论起战斗，就缩头股栗，闻到盗贼，便掩耳不听。士大夫也未尝谈兵，认为是生事扰民。

以上这些，是所谓的杯酒释兵权以后，藩篱日削，干强枝弱，主兵大员，必任文官，于是竟转而变成重文轻武的情形。所以士人就竞趋科举，而军事反为人所贱。虽说唐末的乱亡，藩镇应负大部分的责任，但是这样的矫枉过正，末流所及，贻害也真是深远啊！

又仁宗庆历年间，三司使张方平说：太祖皇帝，畜兵不及十五万，太宗皇帝，畜兵也不过四十万。后来连营之士日增，田亩之民日减。七年之间，民力大困。天下耕夫织妇，都不能给其衣食，国家仓库，也很空虚。景祐（景祐元年，一〇三四年）以前，兵五十万，三司财用已经毫无剩余，现在更加一倍，又怎么够用呢？

英宗治平二年（一〇六五年）司马光也说：太祖皇帝时，天下兵数不及现在的十分之一，今仓廪空虚，流殍满野，不是冗兵益多带来的灾患吗？

仁宗康定元年（一〇四〇年）欧阳修更说：以前凡长大壮健的人民，都在田里，利用农事闲暇时，才教他们有关战阵的事情。现在却不同，一到荒年，长大壮健的人，都招为禁兵，不及尺度而稍怯弱的人，以为厢兵，吏招人多则有奖赏，而人民正在困穷时，也争相投效，所以留在田里耕作的，就只剩下一些老弱的人了。

是知宋室的大患，更在大量冗兵的影响生产。北宋兵制，分有禁兵、厢兵、乡兵、藩兵，其中，只有禁兵和厢兵算是常备的正规军，壮勇的厢军，又都被选送到京师，支持禁军，其余散在各地的，尽是老弱残卒，多供差役而已。四方一有警报，又不能临敌制胜，于是又以为兵力不足御侮，而更屡加招募，只看《宋史·兵志·禁军》上所载太祖到英宗各朝兵额递增的数字，前后不过百年时间，就已多到五倍有余，以国家用费的大半，养此骄惰无用之兵，怎不伤民而误国呢？

在真宗咸平元年（九九八年）柳开也说：臣以为宰相枢密，是朝廷大臣，委之必无疑，用之必至当，内则主管百官，外以分治四海，现在却又别设了审官和三班，大臣不获亲信。

仁宗至和年间范镇说：以前冢宰制国用，现在中书主民，枢密主兵，三司主财，各不相知，所以财用已经匮乏，而枢密还不停的增兵，民已困穷，而三司仍取财不已。因此愿能使中书、枢密都能通知兵民财利的大计，与三司量其出入，制为国用。

神宗熙宁四年苏轼《上神宗皇帝书》说，仁宗的时候，议者讥宰相是只奉行台谏的风旨而已。

知宋的鉴于前代弊害，对于宰相的权力，也大加分割。如设枢密院主兵，同古称天官冢宰的中书并称两府，来分掉宰相预闻军事的权力，设户部司、盐铁司、度支司等三司使主财，分掉了宰相预闻财赋的权力，又设审官院和三班院，分掉宰相审官考课的权力，同时更使御史台和谏院专以宰相为纠弹的对象。这种分工，本有它的优点，但是，如过于浮滥，又只在益上损下，那么，由于叠床架屋的结果，不但加多了冗官，浪费了公帑，而且养成了偷惰泄沓的风气，也降低了行政的效率。更由于台谏的无谓攻讦，遂使大有为的宰相，也会感到遇事掣肘，动辄得咎的苦痛。于是门下、中书、尚书三省与台谏的冲突自然而起，进而演成朋党互相倾轧的乱局。在仁宗年间，才不得已而常下诏切戒百官朋党的更相附离，或阴招贿赂，而阳托荐贤，或恣为苛刻，构织罪端。更明白的宣示言事者，非关朝廷的得失，民间的利害，不得以风闻弹奏，谏官御史，不得挟私兴造飞语以中伤善良等等。这种事情，虽然连皇帝都出面讲话了，但是交讦之风，意气之争，并未稍戢。动辄以君子自居，而斥人为小人，巧饰欺罔，沽名钓誉，无非想借以自抬身价而已。在英宗治平二年（一〇六五年）议追尊濮王典礼时，廷臣的分党相哄，汹汹然如待大敌，党祸的剧烈，可说已不能等闲视之了。到金兵南侵时，当时的诸大臣，还相轧不止，北宋的亡灭，实在是有它必然的原因啊！

宋朝的积弊，尚不止此，他如赋税的烦苛，使得民多弃农，生产因而降低；田制的不立，税籍的不完，使得赋不均平，农户因而受损；豪梁的兼并，重利的剥削，使得一代的税收，在真宗以后，逐渐减少，而至国用的大感拮据。试想，宋既有冗兵、冗吏之害，加上每年郊祀及赏赐的庞大开支外，尚须偿付契丹与西夏的岁币，在国用的如此浩繁下，又如何能不加重人民的负担呢？

所以，在太宗端拱年间，温仲舒已经曾对皇帝这么提起过：大河以北，农桑废业，户口减耗，丁壮备徭，老弱供赋，行者辛苦，居者怨旷。因此他要皇帝能推广恩宥，来抚绥百姓。

到了至道二年（九九六年），陈靖又说：现在京畿周环二十三州，幅员有数千里，已经开垦的土地，却十才二三，税入又十无五六，更有妄称逃亡，弃耕农而事游惰的人，所以赋额岁减，国用不充。虽然诏书累下，除民租调，但是县吏又常苛扰为奸，民既生计荡然，遂绝意归耕了。

苏轼《应诏策别》十五《较赋役》更说是：富有的人，土地日渐增益，而赋不加多；贫穷的人，土地日渐减削，而赋不加少。有兼并之族，而赋甚轻；有贫弱之家，而不免于重役，以至于破败流移，而不知其所往。其赋存而人亡的情形，天下皆是。

在仁宗刚即位的时候，也有人上书谈到赋役的不均，田制的不立。因诏限田：公卿以下，不得超过三十顷，衙前将吏应复役的人，不得超过十五顷。结果因为任事的人觉得限田的不便，不久，便废掉了。于是势官富姓，占田无限，兼并冒伪，习以成俗，连重禁也止不住他们了。

又苏洵《田制》也说是：田非耕者所有，而有田者不耕。富民地大业广，阡陌连接，招人分耕，鞭笞驱役，视为奴仆。

英宗治平四年（一〇六七年）韩绛说：害农的弊害，没有大于差役法的，严重的，会使人破产。听说有为求避役，免遭冻馁，而父为子死，祖母改嫁的。

司马光所上《论衙前札子》也说：因为州郡差役的烦扰，使得人民不敢力田积谷，求致厚产，甚至有因此而遗亲背义，自求安全的。如想多种一桑，多置一牛，蓄二年的粮食，藏十匹的布帛，邻里就以为是富室，而差役就来了。

以上如此这般，受害的竟尽是不能自达的贫农，而一些官僚、豪族、寺观，却得免除，在这样的风俗制度下，国家安得不贫且弱呢？

至于教育方面，积弊也不少：

如仁宗庆历中，王洙就曾说到：国子监但为游士寄应之所，毫无国子肄习之法。平常的讲筵，听讲的人竟不到一二十个人。

王安石《上仁宗皇帝言事书》更是慷慨激昂地说：太学虽有教导之官，却未尝严其选。学者所教，讲说章句，课试文章而已。如此，大则不足以用天下国家，小则不足为天下国家用。所以，到了使他从政的时候，则茫然不知该如何处理。至于武事，则今之学者，也以为只知治文事就行了。

范仲淹也说：国家专以词赋取进士，以墨义取诸科，所以读书人便都舍大方而趋小道。看起来，虽是济济盈庭，要求有才有识的人时，却是十无一二。

神宗熙宁二年（一〇六九年），司马光《议贡举状》也率直地指出：自庆历以来，天下诸州，虽立学校，大抵多取丁忧及停闲的官员为师长，以展私惠，聚集在仕的官员和市井豪民的子弟十数人，游戏其间，坐耗粮食，未曾讲习。所以修谨的人，多耻而不入。

是则宋朝国君，虽也想以学校为务，而注意到教育人才的事情，但是，不是只具空名，就是措置不当，因循苟且，酣嬉太平，就像是不知道天地间还有所谓的忧患之事啊!

这些都是北宋时，军、民、财、教各方面，所产生的弊端之一斑，那么，看在一个有心人的眼里，能不急起而力图改革更张吗?

四、王安石对时政的见解

王安石对于时政的主张，可从《王临川全集》所收的各书疏、札子、论议、杂著、书、启等文章中，得出一个大概。这里只略就他平日的见解，来探讨他对国政的关心和期望。

1.论开源

王安石在《与马运判书》中说，现在国家所以穷空，不只是因为费出无节，而且是因为迷失了生财的方法啊！要想使家里富有，一定要取给于国中，要想国中富饶，就要取足于天下，想使天下富足，一定要取于天地之间。

这也就是说，要想能富足，除应节流外，还一定要从本身以外的事物中去开源求取，如果只在自身范围内去做买卖，那么，你赚我的，我赚你的，结果，就这个团体的整个财赋来讲，还不是毫无增加。就像父亲关着门与儿子算账一样，即使做父亲的，把儿子的财产全夺过来了，这一家也还是富有不起来啊！天地间的货财，是一个大宝藏，要想富有，消极的节流，当然是不得已的办法中的一个，但是，更重要的，是要知道如何向天地间去求取财富，也就是如何的开门去生产，这才是一个根本的要图。这种看法，也就是王安石理财政策的一个指导方针。他在《上仁宗皇帝言事书》里也提到这项原则，他说：我们应该因天下之力，以生天下之财，取天下之财，以供天下之费。可知他的理财方法，就是要向天地去开源生财，使民不加赋而国用饶，这是发达国民经济的一个大好方法。

2. 议茶法

在《王临川集》中有《议茶法》一文，目的是在反对茶叶的由公家专卖。大意是说：人民的用茶，就像米盐一样，现在官场所出的，都粗恶不可食，所以人民所食用的，率来自私贩。这种情形，虽有严刑峻法，加以鞭扑流徙，也难以禁止。如能改由人民自由贩卖，那么，不但可以没有这些毛病，而且可以表示在上位的人对老百姓的一种体恤。一些聚敛的臣子，只一心想求利，却不知“与之为取”的道理啊！

这种意见，应该就是他理财原则的一个延伸，因为百姓足，君孰与不足，让百姓得能合理的自由经营茶叶，所得的，还不都是国家的。

3. 谈盐政

在王安石的《上运使孙司谏书》里，力言孙运使下令吏民出钱购人捕私盐的不对。因为盐在海旁，所以就是每天杀人也禁不了。王安石以为现在更诱使人民相捕告，那么，州县的监狱必定客满，无赖奸人，将利用这个机会来骚扰船家，船家失业了，必定合而为盗。况且要农民出钱，也是很不可能的事，那么，必定也有人因为要出钱，不得已而要出卖田地，如此，使良民卖田出钱来赏给告讦的无赖奸人，这并不是为政之道啊！同时，也会有人违犯州县的命令而不出钱的，那么，州县又不得不鞭械督责，这也不是为政的办法，如此将失去百姓的心呀！

这是说由官卖盐的行不通，那是禁所不能禁止的，不但无补国用，而且徒扰人民，措词真是率直恳切。

4. 言开河

王安石有《上杜学士言开河书》，他的大意是说：人民最怕的是旱灾，因为收成将因此而受影响。如河川浅塞，那么，山谷中的水，将很快的转入海，无所蓄留。当雨泽时至，田中所需的水，还会感到不足；一遇上了夏天，又很久不下雨，河水就会马上干涸，而且这一干旱，又常连着好几年。所以我现在趁着收成好，人民都乐意的时候，大治川渠，使它有所停蓄，而可以无不足水之患。

这是王安石当鄞县令时，向杜运使提出的开河道，兴水利的意见，是他早年勤政爱民的一种表现。现在我们不也常在修水库吗？王安石如此的真知灼见，实在令人佩服。他的那种与天地争利的见解，真是千古不易的真理啊！

5. 恨兼并

要使国家富足，王安石又以为善于兼并的富豪，是一个障碍。当时富有的人，财产满布州域，而贫穷的人，不免于沟壑。所以在王安石的诗里，曾经骂兼并的人是奸回。他在《度支副使厅壁题名记》一文中，也感觉到官吏不良、法令不善的时候，国家的生财理财，就会受到恶劣的操纵，人君虽然是食疏衣敝，憔悴愁思，也不能使天下安足。

反对财富的尽归豪强私有，是王安石思想的基本部分之一，也是当时社会急需改革的一环。

6. 正风俗

由于财产的集中，人性的贪求，风俗自然败坏。所以王安石在《风俗》一文中，率直的指出：风俗的迁变，关系到国家的盛衰。风俗太过分奢侈时，老百姓就会殚极财力，不计一切地去追求时好，所谓积之涓涓，而泄之浩浩，那么，人民如何会不至于贫且滥呢？所以会有穷人奸民，那就是因为风俗的未尽纯朴啊！京师是全国风俗好坏的枢机，因为士民富庶，财物集中，所以容易奢侈。举凡衣冠车马，器物服玩，一切都在追求新奇，工业界是矜能于无用，商业界是通货于难得，东西还没用坏，就被丢弃了，如用旧东西，就会被世俗所嗤笑。富有的人，既尽情地炫耀自己，贫穷的人，也不甘落后，甚至因逞一时的嗜欲，而破终身的赀产还不自知。风俗如此，就起贪饕，那么，人就无完行，士也就无廉声了。人心如此，又怎么会怕法令呢？所以，为了禁微杜渐，对于淫巧疑众的人，应该加以纠罚困辱。

7. 立法度

王安石在《拟上殿札子》里说：天下的才力，一天天的穷困，风俗一天天的衰坏，有智之士，常恐天下的不能久安，这是为什么呢？就是因为无法度的缘故呀！现在的吏才，能推行朝廷的法令，知所缓急，而能尽职的，实在是太少了，倒是不才贪鄙的人，多得不得了。人才如此的不足，虽想改革天下事，使人人都受到好处，办得到吗？

因为吏才的不理想，当然会影响到法令的推行，加上当时法度的多不合先王之意，难怪王安石要再三的为所谓的立法度进言了。

在仁宗嘉祐五年（一〇六〇年），王安石的《上时政疏》中也提到："方今朝廷之位，未可谓能得贤才；政事所施，未可谓能合法度。"又说是："官乱于上，民贫于下，风俗日以浇薄，财力日以困穷，而陛下高居深拱，未尝有询考讲求之意，此臣所以窃为陛下计而不能无慨然者也。"王安石如此的忧心如焚，至不惜拿晋武帝、梁武帝和唐明皇的因循苟且，而受到灾祸为戒，可知询考贤才，讲求法度，确是当务之急。

到了神宗熙宁元年（一〇六八年），也就是王安石当副宰相的前一年，他又上了一本《本朝百年无事札子》，更露骨的说：本朝人君，朝夕所处的人，不过是宦官女子，出而视事，也不过是些有司的细故，不像以前的大有为之君，能与学士大夫讨论先王之法。至于以诗赋记诵去求天下才士，而无学校养成之法；以科名资历来叙朝廷官位，而无官司课试之方；监司无检查之人；守将非选择之吏。考绩既难，好游谈的人，因得以乱真。交私养望的人，多得显官，独立营职的人，或见排沮。所以上上下下的人，都只是偷惰取容而已。虽然有能者在职，也和庸人一样。农民坏于徭役，没受到救恤，也不设官替他们兴修水利。兵士疲老，也不加申敕训练，又不替他们选择将领，使能久于疆场。宗室无教训选举之实，理财也不得其法。这一切的一切，王安石都在这里一一地坦白陈述于皇帝面前。敢于这样说话的人，真是难找啊！

8. 严取才

王安石的《取材》论，极言当时所取人才的不切实用。他以为策进士时，除尚文辞，习章句声病外，还要能通邦家大计，知治人要务，明政教利害，晓安边计策等时务；策经学时，除考有关记问的东西以外，还要能知礼乐的损益，天地的变化，礼器的制度等大义。学者不当习无用之言，取才时，不该使高世之士，见排于时俗。

可知当时所训练的人才，是未必能合于公务所需，所选拔出来的士子，也不尽能用以牧民。只是属文守经的人，相率以当时取士的方式和内容为准则，父兄又拿它来告诫子弟，师长也用它来勖勉门人而已。取舍好尚如此，当然就相沿成习了，难怪王安石要这样的慷慨陈词。

9. 慎用人

在王安石的《委任》一文中，他论到用人的方法，他以为用人应得其宜。因为才有长短，情有忠伪，不能求备，所以我们应该取其长，信其忠。如能以诚待人，别人自也能以诚待我。人主如以狗彘畜人，那么，人也就狗彘其行；如能以国士待人，那么，人也就会以国士自奋了。

要想能把国家治好，用人的确是一门大学问！所以王安石还在他的《兴贤》这一篇文章中，提到国家如能任贤使能，就会兴盛的道理。贤能之士，是无时不有的，在乎人君的能不能用他，如能博询人民，没有忌讳，不近小人，不拘文牵俗，不责备人的小过失，还怕国家不兴盛吗？这真是肺腑之言哩！

至于如何去知人派职，明其贤，而任用他？王安石在《论馆职札子》中，则以为人君当亲为考试，对于众人所谓的材良行美可以为公卿的人，或让他条奏事情的是非利害，或考他所当施设的方法，或让他问察四方，或使他讲说经术，各按他的才能和需要去试用，经过多次的考核合格后，再亲访问以事，且必至于期年，如真是贤人，然后按照他的成绩去任使他。用人要这样的审慎，可见王安石真是一个肯用心思的人。

10. 上仁宗皇帝言事

王安石有《上仁宗皇帝言事书》，极言当世要务，这一篇在他三十八岁时，就已经提出的意见书，虽然是以叙述人才的陶冶为重心，其实已包含了他多方面的思想和建议，有人称它为王安石的政见宣言书，是很恰当的，因为在他后来执政时，所举措的，大抵都是以它为蓝本。

这是一篇秦汉以后的第一大文，和汉贾谊的《陈政事疏》一样的被很多人流传熟诵着，现在我们就不惮麻烦地来一一的剖析它。

·要有合乎先王之意的法度

首先，王安石提到：当时国家，内则不能无以社稷为忧，外则不能无惧于夷狄，财力日穷，风俗日坏，有志之士，常恐天下之久不安。这是因为不知法度，不能效法先王为政的大原理原则的缘故。

这一段话的大意，他在《拟上殿札子》里也反复提到过，可知他对法先王之意以立法度的重视。

·强调人才的重要

其次，王安石率直地指出，现在即使陛下有意改革天下事，使合于先王之意，也是不可能的，那是因为人才的不足呀！人才的鄙陋，就会妨碍到政令的推行。所以，朝廷每一令下，本意虽是良善的，但是官吏却常投机为奸，来骚扰百姓，使人民得不到应得的膏泽。可知现在的急务，是在陶冶人才。在位的人，能得到应得的人才，就容易审视时势的可否，因应人情的患苦，变更天下的弊法，使合于先王之意。

这一段话，也在他的《拟上殿札子》里再提到过，虽然文字上小有增减，但是大意都是在强调陶冶人才的重要。因为徒法不能以自行，法令是靠人来创制和执行的，好的法度固然是一切的根本，而人才又是这根本的根本！

·说明人才可由陶冶而成

其次，说到人才之所以不足，是因为陶冶的不得其法。王安石更举出文王的能使微贱的兔罝之人，都能好德，因此以征则服，以守则治，人人都能各得其材而不废事的史实，来说明人才是可以由人主的陶铸而成的。

这一段话，所以把陶冶人才的重责大任，推在人主的身上，一方面，应该是因为他讲话的对象就是皇帝；另一方面，也应该是因为他觉察到，由人主来考训人才，效果当能更为卓著。

·详举养成人才的方法

其次，说出养成人才的方法，就是要合理的教他，养他，拔取他，任用他。

要如何的教他呢？王安石以为，应设立学校，严选教官，然后教他们朝廷礼乐刑政之事，使他们观习先王之法言德行治天下之意。凡所教的，都可以为天下国家之用。

要如何的养他呢？就是要饶之以财，约之以礼，裁之以法。王安石又分别有如下的说明。

（1）饶之以财：一般人的情形是，财如有不足，就会贪鄙苟得，无所不至。所以先王的制禄，是会使人养生送死而无憾的。

（2）约之以礼：一般人的情形是，饱暖以后，如不以礼来节制他，就会放僻邪侈，无所不至。所以先王就制定种种的礼节来约束他。

(3) 裁之以法：如有不受教、不循礼的人，那么就以刑法来制裁他。先王所以会施大刑于小罪上，是因为不如此，就不足以治好天下。

以上所说的礼法，所以能使天下百姓服从而不敢冒犯，并不只是因为禁严治察的关系，也是因为能有至诚恳恻的心，并且能力行倡导的缘故呀！

要如何地去拔取人才呢？王安石以为，必先从学校开始，再由众人去推举，然后由主上加以考察。考察的时候，不只靠耳目而听于一人之口，一定还要考问他的才德，然后看看他的办事能力，都觉得满意了，再量才的大小来任官。主上拔取了大官以后，其他的属员，则先由这些大官仿此办理考选，再将结果向上报告，然后给他爵禄。

要如何地去任用人才呢？王安石以为，才有高下厚薄，专长也各不同，是农、是工、为长、为佐属，应各有所宜，也应该使他能久于他的专职，又不处处束缚他，智能才力之士，就可以发挥他的才能，去完成他的事功，偷惰无能的人，为了怕受到惩罚，也不敢滥竽充数了。

对于人才，能如此地去养成他，而君臣又能尽心诚恳地去彻底实行，那么，人臣于天下国家之事，就可以无所欲为而不得！

·叙述所学不能用于天下国家的弊害

其次，王安石说到当时的学校，既未严格拔选教官，也没有注意到教材的实用性。以为讲求朝廷的礼乐刑政，那是官员的事情，学者不必去管它。所教所学的，只是讲说章句，课试文章而已。这是要花很大工夫才能学得好的，而学好了以后，却不能用到从政上面。像这样子，不但是不能成人之才，反而是在困苦毁坏使人不得成才啊！

这一段话，重点就在强调士子所学的，应该要能用于天下国家，因为人才由学校而来，如使人耗精疲神，穷日之力，以从事不能用于任官的事情，临事还要从头再学起，这种学非所用，用非所学的教育，实在是一种浪费。

·重视习射尚武

其次，王安石谈到，以前的读书人，只要是没有残疾的，一定要学武事，因此能出将入相，文武全才，边疆宿卫，都可以由士大夫担当。现在的读书人，却以为学文就可以了，于是卒伍宿卫的事情，就得落在乡里的无赖身上。边疆宿卫，是天下的重任，现在的人，反把它推在才行不能容于乡里的人身上，由他们去应募充任，难怪国家常有边疆之忧。这种情形，是谁都知道的，但是因为天下学士，都以执兵为耻，都不懂得骑射行阵的事情，不招募那些奸悍的人，又有谁能担任得了呢？这是教育失败的后果啊！

这一段话，是对当时“贱兵”思想的一种攻击，真是一针见血。

·建议增加官俸

其次，王安石坦白地指出当时俸禄的过分低薄。他以为：中人以上的人，虽然穷了，还不失为君子；中人以下的，虽然富有了，也不失为小人；只有中人不然，穷则为小人，泰则为君子。天底下的人，以中人居多，所以，依现在的官俸，要人能不毁弃廉耻，那是中人所办不到的。因此，官大的人，就找机会贪污；官小的，就去兼差乞讨，无所不为。于是，就偷惰取容，不知矜奋自强。那么，所从事的职业，就会松弛，治道又何从而兴盛呢？既不能饶之以财，婚丧奉养服食器用的消费，又无节度，天下人都以奢侈为荣，俭朴为耻，富贵的人，贪而不知止，贫穷的人，勉强的追求时好，这就是不能约之以礼，奢靡无节的人，朝廷又不知禁止，只知严惩贪吏，这真是禁其末而弛其本。有人以为现在官多，财用已不足供给，这就错了，我们应该借天下人的力量，来生天下人之财，取天下之财，来供天下人之用，如能理财得法，又能度世所宜而通权达变，增加吏禄，并不会影响国家财政的。

重禄所以劝士，这是一般人常持的道理，王安石这一番话，应该就是根据这个原则来说的。当然重禄之后，还要能约之以礼，裁之以法，因为人的欲望，如不加以适度的节制，原会是无穷尽的。

·痛法禁的不行

其次，王安石谈到当时的法令，虽然细密，但并不是有关治道所急需的。法令一多，连官员本身都记不清楚，又那能够不去触犯到它呢？这就是法令所以不行的原因啊！小人有幸而不被法令制裁到的，君子有不幸而犯到法的，这就是不能裁之以刑啊！

不教而杀，是不仁道的，法令本身的定得不当，已经是不对的了，再加上多得君子小人都无法去辨别它，这就难怪王安石要这样的痛切陈词了。

·数取士命官的不当

其次，王安石指出：当时的人，只要强记博诵，略通文辞，或尝学诗赋，就可以为公卿之选的不当，因为如此所得的技能，是和公卿所从事的不相合呀！当然，如此拔取出来的贤良进士，他的才华，是有可以为公卿的，但是，不肖的人，如只能雕虫篆刻之学，他也能因此进为公卿，而才华能为公卿的人，却因为不会那些雕虫篆刻的无补之事，而默默以终，这种情形，是十居八九的。那么，不肖的人聚于朝廷，又推其类，以至于四方州郡，于是，他们就可以朋比为奸了。又有一些所谓的恩泽子弟，不学无术，朝廷却给他们官做，这是纣王所以亡国的原因呀！还有，那些所谓的流外的官品，朝廷既已把他们挤于廉耻之外，而又限制他们的进取，如此，让他们在州县里，能把事情办得好吗？反而是要防止他们的作奸犯科啊！至于边疆宿卫的选人不当，前面已经谈过了。

从这一段话，可见王安石对当时政府任用大小官员，所取方式的不满了。

·评调迁官员的失策

其次，王安石论到，任用官员时，既不问他的才德，只问他出身的先后和资历的多少，以文学进用的人，又派他去管财政，转而又使他去掌狱政，又让他去治礼，那是在要求一个人要能是全才的啊！于是什么事就都做不好了。天下的人，积非成是，所以看到了朝廷的派使，如果是不合乎资历的，就相讥议，至于用得合不合乎他的才华，就没有人去说他了。官员既不能久在其位，专于其事，而又一一的以法律来束缚他，使不得发挥他的主张，因此，使得在位的人，多是不适当的，如果稍微给他一点权力，而不加约制，他就会放恣而无所不为。在位的既非其人，想要单靠法令，就把国家治好，那是古今所没有的事；如在位的都得其人，却一一的用法律来约束他，使不得畅行其意，那么，要想把国家治好，也是古今所无的。所以，照现在这个样子，虽有贤能的人在职，也和不肖的人没有什么差别呀！因此，如有朝廷明知他是贤能的人，因为不合资历，也就不用他了，即使用了，别人也会不服的；明知他是无能的人，如不是犯了错，被人纠举了，也不敢辞退他，即使辞退了他，别人也会讲话的。如此，贤才的所以会短少，也就不足怪了。

这一段话，说得真是痛快淋漓，王安石对时政的疑惑，何其之多呀！

·论庸才的误国

其次，王安石切直的指出，既缺人才，不但不能行先王之政，国家更是危险。汉张角的叛乱，没有人能事先发觉，唐黄巢的横行，无人敢同他对抗，这是汉唐所以败亡的原因啊！唐亡以后，一直乱到五代，在位的人，没有一个知道君臣之义上下之礼的，这个时候，想要亡掉一个国，灭掉一个家，那真是太容易了。人才的不足，是可以带来这样祸患的呀！现在，一些公卿大夫，没有一个肯替陛下长虑后顾，为国家来作打算的，我实在很困惑不解。从前，晋武帝的君臣上下，都在偷合苟容，捐弃礼法，天下果然大乱。所以，我希望陛下能以汉唐五代和晋武帝的乱亡，明示大臣，共为陶成人才而努力。那么，人才自然多，陛下又将何求而不得，何欲而不成呢?

这一段毫无忌讳的话，真是沉痛之至，就是汉朝贾谊的痛哭流涕，也没有他的真切。

·勉皇帝要能有计划的培养人才也要能择善固执

其次，王安石举孟子的话，和汉武帝的行事，来说明做事有了计划，就能成功，而且不至于倾骇败伤的道理。他以为善行、美名、尊爵、厚利，是人情所愿得到的，如能好好地运用它，就只怕人的不能，不怕人的不去做。先王待人之法是很完美的，所以在上位的人，如能以至诚恻隐的心，率先力行，老百姓自也能至诚的去遵循。皇帝诚有意成就天下之才，只要善于自勉就行了。王安石又指出，朝廷意欲有所变革时，一有流俗侥幸的人来非议它，就止住而不敢去实行，以前的周文王则不然。因为创法立制是为天下人谋福利的，所以先王就先以武力去对付他。陛下诚有意去造就人才，是不能优柔寡断的。

这一段话，正说到宋仁宗的缺点。当范仲淹执政时，所改变的，不过是少数项目而已，还不见容于流俗侥幸之人，才三个月，就去了位。所以王安石的这些话，是有他的用意的。

·希望宋仁宗能不河汉斯言

末了，王安石恳切地说到：这些话，是流俗所不讲，一般议论的人，以为是迂腐的。唐太宗初年，风俗和现在差不多，议论的人也不少，结果，太宗用了魏文正公的话；才几年的工夫，就天下安宁，蔚成一片太平盛世。魏文正公的话，也是当时所谓迂腐的，但是成效如此，这是值得我们去观摩的啊！以上所讲的，请陛下能详思择用。

王安石对当时的政治，可以说是尽了一份国民应有的关心，以个人的所见所闻，而能如此，是不能不让我们佩服的。

五、王安石与宋神宗

在专制时代，一个臣子，如想能有所作为，不得到专制君主的赞同，是难能有功的。一个有作为的臣子，和一个不足以有为的国君，也很难合在一起。对于王安石，我们已经有了一些认识，与王安石的新法息息相关的宋神宗，我们当然不能毫无所知。

只就《宋史·神宗纪赞》所写的宋神宗，他的表现，就已非同凡响了。在《神宗纪赞》里，说他是天性孝友，在入事两宫的时候，侍立终日，虽寒暑不变。读书东宫时，很是尊师重道，因此，大家都很称赞他。等他即了位，是小心谦抑，敬畏辅相，能求直言，察民隐，恤孤独，养耆老，振匮乏，而不治宫室，不事游幸。《宋史》的取材，本有很多可议的地方，对于王安石宋神宗等和新法有关的人物，往往有微词。可是就这一段对神宗的记述，他的君德，则已是少见的。

王夫之论到宋神宗的时候，有这样的话，“神宗有不能畅言之隐，当国大臣无能达其意而善谋之者，帝初莅政，谓文彦博曰：‘养兵备边，府库不可不丰。’此非王安石导之也，其志定久矣。”这是说神宗因为痛心几代的国耻，夙夜淬砺，很想能有所振作，但是又有难言之隐，因为怕引起劲敌的疑心，执政大臣也没有一个能明白他的心意，而能善于替他计谋的，所以当他初即位的时候，只能告诉文彦博说：“养兵备边，府库不可不丰。”如有大臣们能了解到他这一番心思，能不同他一起处心积虑的共谋所以善为自处的方法吗？所以，神宗以后的种种委由王安石去实施的新政，事实上，并非王安石一个人的力量所能导引出来的，而是神宗心里早有了定见。像神宗这样的人，实在就是王安石所说的有至诚恻隐忧天下之心的人，王安石所期望于宋仁宗的，在神宗身上，几乎是可以捉摸得到的了；而神宗环视朝臣，也少有能和他谈得来的，所以，见到了王安石以后，应该也真是如鱼得水。他们君臣二人间的契合，就成了千古少有的情形。

在熙宁二年（一〇六九年）五月十一日，王安石以副宰相的身份，上《进戒疏》给宋神宗时，有这样的话：“孔子论为邦，先放郑声，而后曰远佞人，仲虺称汤之德，先不迩声色，不殖货利，而后曰用人惟己。盖以谓不淫耳目于声色玩好之物，然后能精于用志，能精于用志，然后能明于见理；能明于见理，然后能知人；能知人，然后佞人可得而远，忠臣良士与有道之君子，类进于时，有以自竭，则法度之行，风俗之成，甚易也。若夫人主虽有过人之材，而不能早自戒于耳目之欲，至于过差，以乱其心之所思，则用志不精；用志不精，则见理不明；见理不明，则邪说诐行必窥间乘殆而作，则其至于危乱也，岂难哉！伏惟陛下即位以来，未有声色玩好之过闻于外，然孔子圣人之盛，尚自以为七十而后敢纵心所欲也，今陛下以鼎盛之春秋，而享天下之大奉，所以惑移耳目者为不少矣，则臣之所豫虑，而陛下之所深戒，宜在于此。”接着王安石又说：“天之生圣人之材甚吝，而人之值圣人之时甚难，天既以圣人之材付陛下，则人亦将望圣人之泽于此时。伏惟陛下自爱以成德，而自强以赴功，使后世不失圣人之名，而天下皆蒙陛下之泽，则岂非可愿之事哉！”以神宗这样想大有为的一个国君，王安石还是盼他能不有声色玩物的迷惑，而能用心思，能明见义理，能知人，能疏远佞人，能亲近忠良，又勉以自爱自强，以成功德，期使天下百姓，都能蒙受德泽。那么，能有这样的臣子，也就难怪宋神宗会对他深信不疑了。此时君臣的相得，实在是应有一番中兴气象才对的。

六、王安石的新法

由于宋神宗想力图富强，加上王安石对时政抱有理想，一搭一配之下，自然是会取百年以来，所谓相沿成习的法度风俗，大事改易更革的。

王安石新法的实施纲领，大约可归纳为三方面，一是财经方面，二是军事方面，三是养士取才方面。财经方面的目的，重在富国利民；军事方面的目的，重在强兵安边；养士取才方面的目的，重在教养人才，以为国用。属于财经方面的措施是：设制置三司条例司，行青苗法、市易法、均输法、免役法、方田均税法、农田水利法；属于军事方面的措施是：定省兵法、置将法、保甲法、保甲养马法、军器监法；属于养士取才方面的措施是：兴修学校、更定贡举。这些，都可以由《宋史》的《食货志》、《兵志》、《选举志》，及王安石的一些奏议中看得出来。

1. 财经方面

·制置三司条例司

王安石变法的目的，既在富国强兵，所以新政的重点，可以说是偏在财经方面。在刚议行新法的时候，王安石就请立“制置三司条例司”这样一个新机关，来经划有关国家财政事宜。所以在熙宁二年（一〇六九年）二月，神宗的诏令里，有这样的指示：“我以为，想使天下治安，一定要先求富有。现在官费不够，民财大屈，所以特令成立一个司来求能改革。事情有了专人专办，就能明白它的缺点所在，把管理天下财政的事，归给专人专管，掌理的人能深入地了解这些问题以后，一定会有很精到的心得，所提出的意见，也一定是很有用的。”同时，神宗皇帝还限定内外臣僚，在受诏后两个月内，要各献出财用利害的意见奏上，至于苛刻剥削的建议，则一概不取。

这个司成立以后，宋神宗就命令宰相陈升之和副宰相王安石来负责这个事。

所谓制置，就是编订的意思；三司为北宋时通管度支、盐铁和户部的机构，旨在掌理国计，也叫做“计省”；所谓条例，就是法规。设制置三司条例司的目的，既在掌理编订有关财政法规和国家预算案，所以实际上可以说就是王安石推行新政的一个枢纽。

到了熙宁三年（一〇七〇年）五月，据神宗诏令说是，因为均通天下财利的大端已举，所以这个司的职掌，又罢归了中书。前后共历时一年三个月，时间虽短，成绩则已可观，最主要的，是它把国家一年的用费，编定了预算，节省了十分之四的不必要开支。

·青苗法

青苗法是王安石为拯救贫乏，抑制兼并，增广储蓄，以备百姓凶荒的一个积极的救恤方法。因为当时的豪强兼并之家，常在农民青黄不接的紧急时候，放高利贷来剥削敛取，使得富有的人更富有，贫穷的人更贫穷，农业生产无法提高，国家经济也大受打击。所以这个办法的原意，是纯为农民设想的。

这个办法，自神宗熙宁二年九月开始实施，一直到哲宗元祐元年（一〇八六年）八月终于罢废为止，前后共历时十七年整。

它的要点，当然会时有变更，大致情形，约如下述。

(1) 资本来源：利用各路原有的常平仓和广惠仓的籴本和谷物，统筹调配，作为放款的资本。

因为王安石既想在农民需款的时候，借钱给他们周转，以免除豪强放高利贷的剥削，使能安心耕种，因此就须有资本，而这些资本，国库又无法负担，正好，各路州县都有常平仓和广惠仓的设置，这是国家准备在荒年的时候做救济用的，里面备有籴谷的本钱和所储藏的谷物，平日在遇贱伤农的时候廉价收籴，到了年俭物贵的时候减价出籴，这原是一个很好的救急办法，但是，由于为法太密，且日久生弊，不仅不能加惠百姓，甚且受到了蓄积之家的操纵，不是形同虚设，或仅注意到城市的游手之人，就是官豪互相勾结，任由堆积腐烂，甚至化为浮埃聚壤。所以，王安石就汲汲变“常平”为“青苗”，而并及于“广惠”，以充分发挥仓储钱谷的流通价值。

（2）放款对象：以乡村农户为主，如钱谷仍有剩余，也可贷给坊郭之人。

（3）放款标准：依户等的高下，为放款多少的标准，如钱谷仍有剩余，富有的人，还可多借。

（4）放款时期：每年分夏、秋两期。

（5）还款时间：在收成后，随税送纳。如遇灾伤，则可展期。

（6）放款利息：取息二分。目的为应付开销，使资本不受亏损，而让此项办法能继续下去。

（7）放款保证：为了怕借了钱的人到时候不还，所以要有保证。保证的手续，乡村农民与坊郭之人各有不同：农民要有连保，坊郭户除连保外，还要有抵押品，所借的钱，还不得超过抵押品价值的半数。这大概是因为农户多属土著，坊郭之人则流动性较大的缘故。

王安石的这个青苗法，当然不是他新创的。早在宋仁宗时，有陕西转运使李参，就已曾令百姓可以先自己猜度自己的收成将会如何，然后由公家先借给他们钱去运用。等到收了谷再还钱，当时就叫做青苗钱。做得很有成绩，粮食因此增产了不少。这就是现成的榜样。

当然，如果再往前推的话，在真宗的时候，有河北转运使李士衡也曾经做过类似的事情。他是先借给帛钱，也是因为怕农民因向豪民请贷而受到剥削。

至于“青苗钱”这个名称，则早在唐朝就有了，不过性质和内容不同罢了。唐时的情形：一是由官府准备本钱，然后配借给百姓，收了利息以后，做为杂费用；一是当农地的秧苗方青的时候，就量配税钱，命御史府差官去征收，做为官俸。

这种种，应说多少都会给王安石一些启示。所以当他在知明州鄞县的时候，就曾因为看到当地农民受到豪右重息的剥夺，而轻息转贷官府的钱谷给百姓，到了收成时再偿还，当地人都非常感谢他。

由于这些原因，所以当他执政以后，自然而然的，也就会想到这个办法。于是他便在河北路、京东路、淮南路先行试办，有了端绪以后，再推行到全国各路，并置官员负责这个工作。

这样的一件事情，当然不但繁杂，难能周全，而且做起来，一定会发生偏差的。甚至因此会引起误会，以及会因与既得利益的人发生冲突而导致批评等等，当然更不在话下了。不过，就它实行时间的不算短来看，是应该有它可取的一面。所以到了南宋时朱熹的倡立社仓，取息十二，夏放冬收，事实上还是阴师王安石的青苗法的。

·市易法

周有司市，汉有平准，王安石因有市易法的实施。

市易法的主旨，一方面是在平衡物价，由政府出资，调节供需，以抑制豪商巨贾的兼并垄断，使能货畅其流；另一方面，商民也可由此贷到需用的资金，政府从而也可以得到一些利息。是和青苗法一样，都是王安石理财大政中的一环，功能有一些像是现在的银行所经营的贷款业务。所不同的是：青苗法的对象，重在农民，市易法的目标，偏在商人。青苗近于农民银行的业务，市易则属于商业银行的范畴。而且市易除贷款业务外，更兼有贸易业务，则又有些像是现在的物资局了。

这个办法，从神宗熙宁五年（一〇七二年）三月起，到元丰八年（一〇八五年）十二月（是年三月神宗崩，哲宗即位）止，共行了十三年又九个月。

它的要点，大体如下。

（1）市易机关：京师设市易务，各路置市易司。

（2）放款对象：以行人及小农小工生产者为主。

（3）放款性质：有保结请贷（如现在的信用放款）和契书金银抵当请贷（如现在的抵押放款）两种。

（4）放款保证：保结请贷，要有人作保。抵当请贷要有产业金银抵押。

（5）放款期限：以半年为一限。每年可立一限或二限。

（6）放款利息：半年纳钱，出息一分；一年纳钱，出息二分。过期不纳，除纳利息外，还要加罚款。

（7）贸易方法：以平价收购商人滞销的货品，贵的时候稍减价卖出，便宜的时候，稍加价买进。也可以派官到各地去收购物货，再随时估值出卖。

（8）贸易对象：以行人及来自汴京以外的商贩和小农小工的生产者为主。

说起来，这个办法也可以说是在抑商伸农，这话怎么讲呢？原来，从东汉开始，就有一种叫做邸店的行业，凡商贩及农工生产业者的货物到了城市，就由邸店来做中间商人，这本是一种极自然的现象，但是坏就坏在后来他们竟常昧着良心，一味的耍手段，压低生产者的物价，等买上了这批货物以后，再蛮横无理的加价出售，以谋取不法利益。这种情形，到了宋朝，一些所谓的邸店，几乎多为豪商贵官所开设，天下的物货一到了京师，就多为兼并家所操纵，使得市无常价，商旅不行。如此，则受害者不仅是从事生产和消费的人，国家经济也连带受到破坏。另外还有一种叫做团行的组织，凡渔农工一切有关民生的买卖，莫不置行，不入行的人，就不得参与买卖，入了行后，就得应付官司上下的勒索，这些损失，商贩们当然就要想办法去层层转嫁，结果，受损失最大的，就又是那些从事生产和真正消费的人，当然，社会风气及国计民生也一样的都会受到极大的不良影响。这些邸店和团行所以能如此的抑制商贩及农工生产者而自肥，商贩及农工生产者也甘心受到他们的剥削操纵而习以为常，原因之一，就是资金问题。小资金的人，当然抵不过大资产家，于是形成恶性循环，大资产家便得以雄厚的资本，为所欲为的垄断市场，这就是所谓的奸商。王安石看到如此不合理的现象，当然要想办法加以打击。所以，这个办法如能够获得成功，间接的也是对农民大众的一项德政。

市易之说，始于熙宁二年（一〇六九年）王安石建议立均输平准法的时候。到了三年，有保平军节度使推官王韶倡缘边市易的构想，这是一种开边政策，虽然有人反对，但是王安石非常赞同。以后，因为行得很有绩效，又因魏继宗上书请筹资在京师置常平市易司，选择精通财政的官员，负责这个事情，物贱时，就稍增价收购，贵时减价出售，以调节物价，使不伤商害民，同时，并得取余息以供给公家所需，使利权不被富民垄断，以通商旅，以足国用。因此，神宗便诏先在京师成立市易务，然后再推及诸路。所以可以说，这原是为适应时务所需的一种惠民利国的措施。因此，等一实行开来，虽然或由于法因人弊，或因恶意中伤，或受风气使然，仍遭到不少非议攻讦，但是国家的利钱商税，据《宋史·食货志》及李焘《续资治通鉴长编》所载，都已有显著的增加。可知这对贫困的宋朝来说，也应是一件必要的改革！

·均输法

我国旧有任土使贡的规定，依国内各地所产，依时进献给政府，这也就是一种地税。宋代也是一样，各路的这种上贡，就叫做“输”，因为所献的，不管各地的收成如何，每年都有一定的数目，一点也不能变更，再由于价有贵贱，地有远近，所以就造成了不“均”。我们知道，无论天下货物，偏聚在哪里，都是不合理的现象，都会产生毛病，都应该设法去变通它，因此，王安石有了均输法的建议。

这个建议，早在熙宁二年（一〇六九年）二月王安石在他的《乞制置三司条例》奏议中，就已经提出，而且有过详细的分析和评论。所以，到了同年七月，就立了两浙路、淮南路、江南东路、江南西路、荆湖南路和荆湖北路六路均输法，拨款立官，而由薛向专行负责。结果，这个办法，虽然曾经得到神宗皇帝的极力支持，但是，不久便被废止了。

均输法的要点是：

（1）由发运使负平均各路贡赋的责任。

（2）总各路的赋入，编定茶、盐、矾税。

（3）周知各路的财赋，节制有无，使天下的货贿，都能够流通，盈虚得能相补。

（4）所有贡赋，不必转输实物，可以徙贵就贱，用近易远；所当供办的，还可以从便变易贮购。

（5）适时收放贡赋，使商贾不得乘急垄断牟利。

这个办法，当然也不是王安石新创的，早在汉时的桑弘羊，唐时的刘晏，都已经实行过了，王安石因想借以省劳费，去重敛，宽农民，而使国用可足，民财不匮。它立法的本意，和市易法是有可以相辅相成的地方，只是均输法所及的范围，仅在定额的租税方面，旨在均平各路的贡赋；市易法则在一般的商务，旨在通天下的货财。

·免役法

免役法是在改变当时的差役制，使为募役制，旨在令百姓按照贫富，分等出钱，再由官雇人充役，而免百姓的差役，所以也叫做募役法，或雇役法。是王安石为免除农民徭役的困苦，使能安心农事，并谋能均平徭役的一项救恤农民的大革新。

这项革新，从神宗熙宁二年（一〇六九年）诏制置三司条例司讲立役法条目开始，经熙宁四年（一〇七一年）的推行全国，到哲宗元祐元年（一〇八六年）司马光为相时的奏乞罢废为止，前后共历十几年。

它的主要内容是：

（1）重新更定当役人户，依家资的贫富，分出等第，除赤贫无产业的人以外，都是当役户，使国民应尽的义务，更为平等。

（2）凡当役人户，都随所分的等第，在每年的夏秋，输钱（或解斗）代役，所输的钱，叫做免役钱；原有“无色役”特权不必服役的官户寺观等，所出的钱减半，叫做助役钱。输钱的多少，照州县一年募人充役所需的实际费用计算。为免日久贫富的不同有了转变，而失公平，又规定城市每三年，乡村每五年，重新详定等第。

（3）募人充役时，有一定的资格限制，除须经过考试外，还要有人作保，或提供物产作抵押。然后随差役的轻重，有按日计酬的，有依月发薪的，也有计件给钱的。这些俸禄的来源，就是向当役人户征收的免役钱和助役钱，再加上官买扑酒税。

（4）依照输免役钱数的比率，另外加收二分的免役宽剩钱，以备水旱时的额外支出。这种钱，有点像现在的附加税或特别捐。

王安石的这个办法，据《宋史·食货志》所载，在仁宗景祐庆历中，也已经有人实行过，当然，并不像王安石这样彻底。

王安石所以要如此做，固然有他的原因，这就不得不注意到北宋时的差役害民之深了。

自唐中叶以后，天下扰攘，由于地方事务的繁杂，非少数基层干部所能胜任，便不得不役使人民来协助政策的推行，日子一久，就成了一种常制常役。到了宋朝，名目既多，而且更为虐用，因此，就成为凌暴农民的差役制。所谓民被差役，如遭寇虏，北宋农民之所以不敢多耕土地，多种一桑，多置一牛，甚至弃田不理，任由荒芜，就是由于差役的困苦！

这种弊政，连神宗皇帝都知道要不得，再加上这些差役又极为不公平，而且当时又别立有保甲法，人民既须服兵役，自不得再有其他差遣，因此，王安石便毅然决然地作此主张了。

免役法的颁行，是非常慎重的，在讲立役法条目后，曾选官分行天下，博尽众议，然后初行于开封。法既完具，又揭示一月，等到老百姓都没有异议了，才著为令。所以等法令一下，由招募的人执役后，原被征差的，都欢呼散去。既有周密的考虑，民情的反应又是如此，免役法的会被普行于天下，就是必然的事情了。

像这样经过王安石和神宗皇帝赞同和详议的新法，后来虽然在王安石的惊愕感慨下，一样的也遭到反对党的反对，而终至被罢废。但是，由于它，使得人人能够乐业，而无追呼刑责的忧患；在熙宁以前，破败人家甚于兵火的衙前之害，从此也革除了；原为浮浪的人，也得能归就正业，获得吏禄，使养生送死，不虞匮乏，也杜绝了请托受贿的毛病，解决了不少的社会问题；以前存在的不合理的特权阶级，也因此逐渐消除。免役法既有如此的成效，难怪当司马光乞罢的时候，有不少人期期以为不可了。

·方田均税法

所谓方田，就是清理田籍；均税，就是均平田赋。方田均税法的主旨，就是在清理田籍，以求田赋的均平。是王安石理财政策中重要的一环，整理了农田赋税，农民自也得到救恤。

这个办法，从神宗熙宁五年（一〇七二年）八月颁行，到元丰八年（一〇八五年）宣仁太后诏罢时止，前后共经过了十三年多。

它的主要内容是：

（1）在每年九月秋收的时候，派官前往各州丈量田地，并依陂原平泽地形位置，和赤淤黑垆等不同的土色，参定肥瘠，分为五等。

（2）依地等的高下，规定税则，严禁越额增数，并豁免瘠卤和公利之地的税金。

（3）定好地等税则后，并向人民公告，等过了一季都无争讼，就发给地符，由土地所有人收执，以为所有权的凭证，政府也保有存根。

（4）标明封界，如有典卖割移，都以所计量登记的为准。

方田均税法的实施，也不是王安石首创的。因为宋初田籍的紊乱，田赋不得均平，势官富姓，又从而肆意侵夺，使得富民虽买了田，竟能“有产无税”，贫民已卖了田，却是“产去而税存”，大大地影响了国家的税收。所以在太宗时，陈靖首先提出均田的建议；真宗时，张广又倡言检核旷土；仁宗庆历中，郭谘为谋括定民田，均平税赋，创立千步方田法；王安石因袭郭谘的成规，而更加详密。

在王安石的新法中，这个方田均税法算是最少受人攻击的了。据《宋史·食货志·方田》所载，推行的绩效也很可观。

·农田水利法

所谓农田水利法，是指一切有关农田水利的设施。主旨是在兴修水土之利，求能便农增产，而厚植国本。王安石在他的《本朝百年无事札子》中，曾说：“农民坏于徭役，而未尝特见救恤；又不为之设官，以修其水土之利。”在当鄞县县长的时候，也已致力于起堤堰，决陂塘，可见他平日对农田水利的重视。

王安石关于农田水利的设施，主要的是，修整堤堰，疏浚沟洫，开垦荒田，和清理河道。

在熙宁元年（一〇六八年），曾诏寻可兴复的水利，二年（一〇六九年）更遣人分行天下察访，又颁农田水利约束于诸路，凡能知土地所宜、种植方法，修复陂湖河港，创修沟洫，均济流通，兴理废田旷土，浚导大川沟渎等等的人，都可以各述所见，编为图籍，呈给政府。民修水利时，还可以贷给常平钱谷应用。对农桑经营具有实效的农户，不许州县因他财产的增殖，而升他的户等，加他的赋役。对出私财兴修水利有功的人，还给予叙奖。治河所以平水患、通舟运、利农事，在王安石执政的时候，所兴举的治河工程，也不计其数，比较重要的有黄河、汴河、漳河的疏导。终王安石执政期间，对农田水利的兴治，可以说是已尽了他的心血。

这样努力的结果，虽然也有人横加格沮，但是，据《宋史·食货志·农田》所说，起熙宁三年至九年，六年之间，兴修水利田就有一万多处，垦田三十六万余顷，又《宋史·河渠志》记载，由舄卤之地，因以成沃壤淤田的，为数也不少。

2. 军事方面

北宋养有百余万之兵，所费占国家财政的三分之二，而不能一战，有识之士，无不引以为忧。王安石为改革如此弊政的蠹财病国，所以先后有省兵法、置将法、保甲法、保马法、军器监法的实施。其中，以保甲法为他的根本政策。现在分述如下。

·省兵法

省兵所以省财，这是王安石行省兵法的第一个目的，因为兵既不可用，当然就不能徒使费财困国。其次，在省兵之后，可以因为裁汰了疲老，而行精兵政策，如此，不但节省了财用，又可以增强战力，这是行省兵法带来的另一好处。再次，因可以渐变募兵为义勇兵，而步上古代那种寓兵于农的体制，所以，省兵法也可以说是要使国家能行保甲法的一种过渡办法。

省兵之议，发自神宗，当时大臣们都以为兵骄已久，突然罢废他们，恐会招致变乱，只有王安石极力赞成拥护。所以，从熙宁到元丰年间，年有并废，而且为数不少。

首先，对于不守法的州兵，就下令加以降免；其次，下诏并废诸军营，大整军额；以后，更大事汰减老弱。这种办法，虽也招致反对，但是，却因此使得冗兵大省，部伍整肃，也消除了军中名存实阙的吃空缺之弊端，还省了不少不必要的兵费，而使得国用渐为宽裕。王安石的这种真知灼见，和他那坚执不回的毅力，的确不是一般人所能企及的！

·置将法

置将法又叫将兵法。这里所谓的将，如果是在马军，又叫做指挥，都是类似现在军中所称的师团，所说的第几将，第几指挥，就像现在讲的第几师或第几团一样。

这个办法的用意，是要革除更戍法的积弊，节省靡费，加强战力。是宋代兵制的一大改革。

置将法从熙宁三年（一〇七〇年）始议，到熙宁七年（一〇七四年）完成。共将天下都为九十二将，另外还有马军十三指挥、忠果十指挥、土军两指挥，与将并行，这是王安石所定的常备兵编制和他的国防计划。现在把它配置情形分述如下。

（1）拱卫京畿的军队凡有三十七将，分配在河北四路、府畿、京东、京西。置于熙宁七年（一〇七四年），除保护京畿的任务外，还用来防制契丹。

（2）防备西北的军队凡有四十二将，分配在鄜延、泾原、环庆、秦凤、熙河。置于熙宁八年（一〇七五年），主要任务是在对付西夏。

（3）戍守东南的军队凡有十三将，分配在淮南东路、淮南西路、两浙西路、两浙东路、江南东路、江南西路、荆南北路、荆南南路的潭州、荆湖南路的全邵永州、福建路、广南东路、广南西路的桂州、广南西路的邕州。置于元丰四年（一〇八一年），用来保障境内治安。

（4）马军凡有十三指挥，分配在京东路、京西路。置于熙宁八年（一〇七五年），可以协防京畿，也能用来保障境内的治安。

（5）忠果凡有十指挥，分配在京师的唐、邓、蔡、汝。也置于熙宁八年，任务同马军一样。

（6）土军凡有二指挥，分配在京西的唐州、方城和汝州、襄城，置于元丰二年（一〇七九年），任务同于马军、忠果。

自从宋太祖害怕晚唐五季藩镇擅兵那种现象的再现以后，便改使军队定期更换戍守，让将不知兵，兵不知将，于是慢慢的，又出现了新的弊端，不但蚀财病民，而且弄到无济于缓急之事的地步。王安石改革军政的计划，就是针对这种毛病而拟定的。既可以使兵权无旁落的顾虑，也可以使兵将士相识，有训练之实，而无更戍之烦。九百年前的人，就能想出这种军制，实在让人佩服他的眼光。

·保甲法

保甲法也是王安石参酌三代以来的旧法，重新拟定成的适合当时国家需要的新法。是他改革军政的重点所在，也是他在当时所行的各种新法中，用心用力最多的一项。

这个新法的主旨，主要的有下列三点：

（1）清除奸盗，安定民生。

（2）使人民渐习军事，建立民兵。

（3）节省经费。

这是一种先行地方自治，然后再进于变革兵制，以节省经费，保家卫国的方法。他先以保甲组织，为人民自治体的警察，平时守望相助，有贼盗，就逐保击鼓，接应袭逐，并且订有赏罚条例，来奖惩功过。从这个当中，慢慢的训练人民去熟习兵事，再进而建立国民兵，减少募兵，以消除当时军中的骄志，节省养兵的财费，达成富国强兵的目的。

保甲法自熙宁三年（一〇七〇年）开始实施，到元丰八年罢废为止，共行了十四年多。

它的主要内容是：

（1）编制：十家为一保，五保为一大保，十大保为一都保。

（2）训练：除禁兵器外，其余弓弩等，保丁都可以从便自置学习。

（3）任务：平时轮差巡警，遇有贼盗，就相接应逐捕，并有奖赏。同保内有人犯法，如知而不告，就按律论罪。

（4）教阅：从以上那种警察性质的保甲，进到寓兵于农的保甲性质时，就叫保丁要利用农隙学习骑射的武艺，定期比选，定有奖赏。

（5）上番：国民兵经训练习熟教阅试比以后，素质就大为不同了，于是，进而可分番巡警，月给口粮薪菜钱，而服常备兵的义务。

（6）经费：训练保甲所需经费，由减少养兵所节省的供给。

在北宋的时候，虽外有强寇，而人民却酣于佚乐，不知兵革，有识之士，无不心忧。王安石为救此弊端，所以力排众议，厉行此保甲法。司马光曾说是：神宗皇帝因为戎狄骄傲，侵据故地，所以置保甲。苏轼也知道当时必须教人民学习战守军旅之事，以应付突然的变故。可知实施保甲法在当时的重要性。因此，在实行之先，神宗皇帝和王安石及诸大臣，曾经反复相论难，期能周密；而且是先实行于畿辅之间，再推广到永兴秦凤河北东西诸路，以至于天下；又有种种奖赏的方法，可见是何等的慎重！如能因此而获得预期的成果，当金虏南侵的时候，当不至于无一城一垒的阻挡！

·保马法

所谓保马法，在初行的时候，叫做保甲养马法，也简称为保甲马法。因为是王安石参照庆历年间所行的户马法变通来的，所以也叫做户马法，到了元丰七年（一〇八四年），才叫做保马法。

这个办法的目的是：

（1）补救官马的短缺。

（2）配合保甲法的实施。

（3）节省国家的养马费。

马政是以前国家的大政之一，但是宋代的养马，却有很多弊端，使得马不蕃息，战骑不给，空糜国帑。加上既要实行保甲法，就不能没有马来教人民学习骑战，所以王安石就参考了以前的户马旧法，针对需要，行了保甲养马法，同时，也因此节省了国家一笔不小的开支。

保马法从熙宁五年（一〇七二年）五月起，到元丰八年（一〇八五年）十二月止，共行了十三年多。

它的要点是：

（1）先由畿内及京东、京西、河北、河东、陕西五路义勇保甲负责养马，以备抵御辽夏骑兵的侵犯。

（2）养马总数，府界不过三千匹，五路不过五千匹。

（3）愿养马的人，可以由官给马；也可以由官出资，人民自购。

（4）所养的马，应按规定保护，马毙，应按规定赔偿。

（5）对愿养马的人定有奖励方法。

当这项新法刚下的时候，民间争养，可见动机是不错的，可惜因为赔偿办法定得不太合情理，所以反而给人民带来了麻烦。

·军器监法

这个办法，是为改良并统一军器的制造与管理，以求精利的一种措施。现在的所谓兵工厂，对武器的改进，向来都很注重，但是在北宋的时候，因为是委由各州负责造作，每年入贡武库，朝廷上并未设有专官积极的来总管这件事情，加上仁宗以后，表面上看起来，像是天下太平，于是所制成的，只是备数而已，大都不管用，真是劳民伤财。这样的一堆废物，一旦有事，又如何能任战守呢？当然更谈不上创造发明了。王安石因此有军器监法的施行。

北宋的军器，原由三司胄案兼管，只能数数簿帐而已。所以在熙宁六年（一〇七三年）就废掉了它，改按唐令置军器监，总领内外军器的制造事宜，使弓弩甲胄，能合规格，而且堪供使用。一直到元丰八年（一〇八五年）十月以后，工作才渐被减省，虽未明令罢废，但也名存实亡了。

3. 养士取才方面

·兴修学校

北宋的教育，积弊既重，王安石当然也想加以改革，在他的《上仁宗皇帝言事书》里，已说得很深切明白。所以在执政以后，就请兴修学校，讲求养士育才的方法，以为取士的根源。

首先，他整顿并扩充了当时的太学，增加太学生员，立了太学生三舍法，而且按时考试，以评量学生的品学。它的等级是：学生始入太学时，是为外舍生，经考验合格后升为内舍生，内舍生再经考核后可转升上舍，上舍生又依成绩高低分有上等、中等、下等，上等生可以授官，中等生可以参加殿试，下等生可以参加省试。所读的，以经为主，考试的方式相当严密。

其次，王安石又有专科学校的设立，先后成立了武学、律学和医学。武学由文武官知兵的人为教授，教诸家兵法，讲解历代用兵的成败，及前世忠义之节足供训勉的事迹；律学有律学教授，讲解古今刑书及朝廷新颁条令；医学又分有方脉科、针科、疡科，也置有医学教授。

再次，王安石更由京师太学的整修，依次及于诸路州县，以至于蕃酋子弟，都各赐田给钱，立学置官教导。

由于王安石对学校教育的重视，不但使太学生人数激增，而且已部分取代了科举取士。他对于专科学校的设置，便与经学并重，俨然具有现代分科大学的雏形，更是我国教育史上的奇葩。如此多方面的加强，使学校教育和用人行政相配合，实在是针对时弊所痛下的针砭，难怪当时司马光唯熙宁新法是罢的时候，三舍法还能幸存于南渡后不废。

· 更定贡举

王安石虽然提倡学校教育，主张以学校的养士育才取代贡举，以为国家行政的新血轮，但是学校教育不可以一日而兴，国家又不可以一日不取士，是贡举也不能即日而废，在这种情况下，王安石只好先从改革贡举的科目和方法着手。

他以为：一个人还当少壮的时候，不去讲求天下正理，却在那里闭门学作诗赋，等做了官，对人情世事则一概不知，又要花心血从头学起，这是在败坏人才啊！所以他反对讲求声病对偶的文章，主张罢诗赋，而试经义，以俟朝廷的兴建学校。换句话说，就是对贡举的改革，不过是王安石一时的权宜措施而已，他的期望，还是在学校教育上面。

因此，在熙宁二年（一〇六九年），王安石建议更改贡举法，要以经义策论来取士，神宗就下诏群臣详议。一直到了熙宁四年（一〇七一年）二月，终于如王安石的意见，取消了诗赋，改定了贡举新制。终神宗之世，相沿未改。

对于这个办法，王安石的敌党领袖司马光曾经说它是革历代的积弊，复先王的令典，百世不易的办法。兴修学校和变贡举，对王安石来说，原是一本一末，想不到一直到了晚清，后人却是一味的废本而崇末，同如今学校教育的发达比起来，王安石真应是恨不生为现代人了。

王安石的一生，综上所述，可知最受人注目的，应是有关新法的变革。现在把他颁行新法的时间及被罢废的次第，就特为人所注意的，依序列表如后：

公元	宋帝年号	王安石年岁	王安石官职	新法纪要	补注
1069	神宗熙宁二年己酉	四十九	二月，参知政事。旋与陈升之同领制置三司条例司。	①二月，设制置三司条例司议行新法。 ②四月，遣使分行天下，察农田水利赋役等利害。 ③七月，行均输法。 ④九月，行青苗法。 ⑤十一月，颁农田水利约束于诸路。	省兵法始行于此年。
1070	熙宁三年庚戌	五十	①参知政事。 ②十二月，与韩绛并同中书门下事。	①五月，罢条例司归中书。 ②十二月，立保甲法。试行免役法	置将法始议于此年，完成于熙宁七年。
1071	熙宁四年辛亥	五十一	同中书门下平章事。	①二月，更定贡举法。 ②三月，浚漳河。 ③九月，立太学生三舍法。 ④十月，颁免役法于天下。	

1072	熙宁五年壬子	五十二	①同中书门下平章事。②五月，求去职，不许。	①三月，行市易法。②五月，行保马法。③八月，颁行方田均税法。	
1073	熙宁六年癸丑	五十三	①同中书门下平章事。②三月，兼提举经义局。	①三月，置经义局。置律学。②四月，置疏浚黄河司。③六月，置军器监。	三月，王安石子王雱，及吕惠卿为经义局修撰。
1074	熙宁七年甲寅	五十四	四月，乞解机务，六月，出知江宁府，仍兼提举经义局。	四月，权罢新法，旋复施行。	四月，韩绛同平章事，吕惠卿参知政事。
1075	熙宁八年乙卯	五十五	①二月，复同中书门下平章事。②六月，进尚书左仆射兼门下侍郎。③九月，兼修国史。	六月，《诗》、《书》、《周礼》三经新义成，诏颁于学官。	
1076	熙宁九年丙辰	五十六	①领尚书左仆射兼门下侍郎，累疏乞退。②十月，以使臣罢判江宁府。		七月，王雱卒。

1085	元丰八年乙丑	六十五	三月，诏特进司空。	①三月，神宗崩。哲宗即位。高太后临朝。废浚河司。 ②七月，罢保甲法。 ③十一月，罢方田法。 ④十二月，罢市易法、保马法。	①五月，蔡确、韩镇为尚书左右仆射兼门下中书侍郎。章惇知枢密院事。司马光为门下侍郎。 ②七月，以吕公著为尚书左丞。
1086	哲宗元祐元年丙寅	六十六	四月，卒。哲宗辍朝，赠太傅。	①闰二月，罢青苗法。 ②三月，罢免役法。 ③四月，范纯仁以国用不足，建请复散青苗钱。 ④八月，诏复常平旧法。	①闰二月，蔡确免。司马光为尚书左仆射兼门下侍郎。吕公著为门下侍郎。李清臣、吕大防为尚书左右丞。章惇免。范纯仁同知枢密院事。 ②四月，韩绛免。 ③九月，司马光卒。

当神宗皇帝于元丰八年三月崩后，王安石的新法，几乎是被一一地逐项罢废。这时已去相的王安石，在听到罢及免役法的时候，曾经愕然失声地说："亦罢及此乎！"好久好久，他又说："此法终不可罢也。王安石与先帝议之两年乃行，无不曲尽。"一生心血，一旦受此打击，当时的心情，是可想而知的。

计王安石从熙宁二年（一〇六九年）二月当副宰相起，到熙宁四年（一〇七一年）的升为宰相，经熙宁七年（一〇七四年）六月的罢相，八年（一〇七五年）二月的复相，及九年（一〇七六年）十月的再罢相为止，可说无时无刻，不在为新法的颁行操心和辩论。但是，就如此一个积贫积弱，又演为新旧党争的一统大国的北宋政治来说，一定是千头万绪，千阻百碍的，要想能振衰起弊，真是谈何容易！更何况，处在当时环境里的王安石，和他的新法本身，也不能说是毫无可议的地方。由此可知，要变法，要想使国家富强，徒法真不足以自行！前人的经验，正是我们最好的借鉴。

七、王安石的靖边御侮

北宋从澶渊议和以后，全国上下，都以为只要增岁币，求割地，就可以永免兵革，侥幸苟活。于是无不战战兢兢，忍耻含羞，一举一动，都生怕会引起敌人的疑心，而召来不测，结果，使得一个堂堂大国，连区区的西夏和西南的土蛮，都成为心腹之患，安南边境，也不得安宁。

在前有强敌，后有小丑的情况下，王安石有一个心愿，就是希望能先复河湟，以制西夏，因制西夏，以弱契丹。这是他毕生的抱负，也是他在执政的时候，已经逐步在进行的一个计划。兹分述他靖边御侮的大略情形如下。

1. 收复河湟

河湟在现在的甘肃省境，是和西北夷争强比弱的一个重要据点，如为敌有，中国就将不得宁日。

这样的一个地方，从唐中叶以后，就沦陷于吐蕃。一直到宋神宗熙宁元年（一〇六八年），才有一个叫做王韶的，建议收复。王安石便极力的支持他，委任他，并且再三的写信去指导他，鼓励他。结果，果然不负所望，王韶因此打了不少的胜仗。捷报传来，皇帝特亲自在紫宸殿接受群臣的朝贺，并且解下自己所佩的玉带，赐给王安石，嘉奖他运筹帷幄的功劳。

如此不过几年的工夫，王韶就辟地二千多里，招抚了大小蕃族三十多万，久已失陷的疆土，重又光复。这样的战功，就当时的情况来讲，确实是难能可贵的。想想王安石的知人之明，信任之笃，和调度之勤，这种胜利，说是王安石应居首功，实在是可当之无愧。

2. 招抚西南夷

另外，在湖南方面的蛮夷，因为宋代兵威的不振，力量的不能及远，酋长便常据地自署，而骄纵无度，既自相仇杀，又屡次寇边，居民都引以为苦。熙宁五年（一〇七二年）七月，因遣章惇挂帅，前往察访经制。经过了三年多的招降攻略，也颇有斩获。

四川一路，则由熊本为主帅，在熙宁六年（一〇七三年）前往察访安抚，得便宜行事。结果，在既不伤财，又不害民的情况下，也完成了任务，消去了百年来的大患，神宗皇帝因此非常的高兴。

3. 平定安南

在熙宁八年（一〇七五年）冬，安南国竟也入寇，而且连陷不少地方，因派郭逵、赵卨、李宪等人前往招讨，水陆并进，王安石还亲自写了一道敕榜，告诫交趾军民官吏等人。结果也把入侵的敌人，打得落花流水，赶忙地遣使奉表请降，并且终宋一代，进贡不绝，再也不敢来骚扰了。

从这种种看起来，王安石虽然是一个文臣，但是在他的当国之下，处于那种困难的环境之中，竟也立了不小的武功！

八、王安石的学术

王安石一生的构想和成就，都是从学中得来，用功的他，对我国历代典籍的研读，向不遗余力，并且有他特殊的看法。

在他的《答曾子固书》里，曾经明白的表示过，他从百家诸子的书籍，到《难经》、《素问》、《本草》诸小说，都无所不读，连农夫女工，也无所不问。因为他知道，处在后世，只有这样广博的涉猎，才能尽圣人之道，才能有所去取，才能不为异学所乱。所以他一生的著作也很多。现在略举如下。

1. 经

·《易解》

此书今已亡佚。据《宋元学案》引尹和靖的话说："介甫亦有《易解》，其辞甚简，疑处缺之，后来有印行者，名曰《易义》，非公甫之书。"和靖去安石不远，知这一部书，在宋代时已被淆乱。

晁公武《郡斋读书志》、《宋史·艺文志》及《文献通考》都有著录，或作十四卷，或称二十卷。又《王临川集》中也有好几篇论到《易经》的文章，可知王安石对《易经》是下过工夫的。

·《洪范传》

今存于《王临川集》卷六十五，共为一卷。大意是说天人不相干，虽有变异，是不必害怕的。

·《三经新义》

所谓三经，是指《诗》、《书》和《周礼》(《周官》)。

王安石觉得，当时谈经的人，或为俗学所弊，人人乖异，义理分歧。于是在熙宁六年（一〇七三年）三月，就诏设了经义局，修《诗》、《书》、《周礼》三经义，而由王安石兼提举，吕惠卿和王安石的儿子王雱等人同修撰。

《周礼义》有二十二卷，由王安石自著。《毛诗》则先命王雱训解文辞，再由王安石解释义理，共为三十卷。《书义》也本王安石的说法，而由吕惠卿等人完成。在熙宁八年（一〇七五年）由政府明令颁行，叫做《三经新义》。从此学者无不颂习，政府也用它来考试取士。

《三经新义》在元祐初年已被毁禁，今佚已久，序文则幸存于《王临川集》卷八十四。到了清乾隆年间，因修《四库全书》，曾就《永乐大典》辑出《周官新义》，又有钱仪吉和陈寿祺的增补。

现在，由《周官新义》的辑本看起来，有人说王安石的解经，很得圣贤之意；有人说他发明甚多，不是后儒所能及得上的。当然攻击他的人，理由也不少。不过，不管怎么样，他的切问近思，及原想变学究为秀才的这一番心意，是值得赞赏的。

·《春秋左氏解》

后人动称王安石诋《春秋》为断烂朝报，尹和靖则以为："介甫未尝废《春秋》，废《春秋》以为断烂朝报，皆后来无忌惮者托介甫之言也。"在王安石的高足中，也有学《春秋》的，那么，他的会为左氏下一番工夫去研究它，当也是自然的事了。可惜此书佚已久，详不可知。梁启超说有十卷（见所写的《王荆公》）。

·《论语解》《孝经解》《孟子解》

都已亡佚，晁公武《郡斋读书志》都有著录。

·《字说》

或作二十四卷，或称二十卷，已佚。因为是据楷体字，而以象形、会意去解字义，间及指事而已，所以不能无失。有序一篇，存《王临川集》卷八十四。

2. 史

·《熙宁奏对》

共八十七卷，已佚。见《宋史·艺文志》史部故事类。

·《日录》

共八十卷，已佚。据晁公武《郡斋读书志》，说是王安石在罢相后的回忆录。蔡上翔的《王荆公年谱》有很详细的考辨。

·《南郊式》

共一百十卷，已佚。见《宋史·艺文志》史部仪注类。

·《三司令式》

这是王安石当副宰相时，奉神宗皇帝的命令，提举编修的。见《宋史》的《神宗本纪》及《职官志》。

·《熙宁详定编敕》

共二十五卷，已佚。见《宋史·艺文志》史部刑法类。

·《新编续降并叙法条贯》

共一卷，已佚。见《宋史·艺文志》史部刑法类。原注说是："编治平熙宁诏旨，并官吏犯罪叙法条贯等事。"

·《英宗实录》

共三十卷，已佚。此书由多人合撰，熙宁二年（一〇六九年）七月成书。晁公武《郡斋读书志》著录。

3. 子

·《老子注》

共二卷，已佚。晁公武《郡斋读书志》说："王介甫平生最喜《老子》，故解释最所致意。"《王临川集》卷六十八有《老子》一篇，以为"如其废毂辐于车，废礼乐政刑于天下，而坐求其无之为用也，则亦近于愚矣"。知王安石的主张是倾向于有为，而不是无为；是依赖于人为，而不是听任自然。

4. 集

·《王临川集》

今存，共一百卷。计：
卷一到卷十三为古诗，
卷十四到卷三十四为律诗，
卷三十五为挽辞，
卷三十六为集句（古律诗），
卷三十七为集句、歌曲，
卷三十八为四言诗、古赋、乐章、上梁文、铭、赞等，
卷三十九为书疏，
卷四十为奏状，
卷四十一到卷四十四为札子，
卷四十五到卷四十八为内制，
卷四十九到卷五十五为外制，
卷五十六到卷六十一为表，

卷六十二到卷七十上为论议，
卷七十下到卷七十一为杂著，
卷七十二到卷七十八为书，
卷七十九到卷八十一为启，
卷八十二到卷八十三为记，
卷八十四为序，
卷八十五为祭文，
卷八十六为祭文，附祈雨文、谢雨文各一则，哀辞二则，
卷八十七到卷八十九为神道碑，
卷九十为行状、墓表，
卷九十一到卷一百为墓志。

这些，是王安石诗文的总汇，当然，还有不少失收的。

·《先大夫集》

共收一百多篇，是王安石父亲的旧歌诗，由王安石替他编辑的，今已亡佚。《王临川集》卷七十一有序一篇。

·《老杜诗后集》

此为王安石所采世所遗落的杜甫诗编成的集子，已佚。《王临川集》卷八十四有序一篇。

·《唐百家诗选》

共为二十卷，今有传本。《王临川集》卷八十四有序一篇。

·《四家诗选》

共为十卷，已佚。陈振孙《直斋书录解题》说是："所选杜、韩、欧、李诗。其置李于末，而欧反在其上，或亦谓有抑扬云。"

5. 佛

·《楞严疏解》

据《楞严经指掌疏》悬示所说，是王安石在罢相后，归老钟山之作，也叫《定林疏解》。已佚。今传有王荆公书《楞严经》墨迹，书影别见附图。

以上凡经、史、子、集、佛各类书，他都有了研究，也有了著述。像王安石这样，在政治上尝居要津，又想变法，还能在学术上，有如此成绩的人，打开中外历史，实在难再找出第二位。姑不论他的见解如何，就凭这种用功的精神，就应该赢得我们的佩服。

王安石读书的用心，也有他独到的地方。如他的论庄周，说是：

世人的论庄子，意见不一，学儒的人说，庄子的书，诋毁了孔子，所以要烧掉他的书，废弃他的徒弟；好庄子之道的人说，庄子不因万物而干扰了他的思想，庄子并不是不知道仁义礼乐是什么，只是看轻了它而已。这两方面的意见，都有他们的理由，只是都没有再深一层地去体会庄子的用意啊！自从先王的德泽衰竭以后，世俗大乱，于是弃绝了礼义，只事争夺，而不以为耻，甚至因此牺牲生命，也在所不惜。庄子深以为忧，所以就想矫正天下的这种弊病，而以为这时如再讲求仁义礼乐，是没什么用的，所以就提倡同是非、齐彼我、一利害，而以足乎心为得。后来他又怕后代的人误解了他的意思，而不见天地之纯，古人之大体，因此又自解的说："《诗》以道志，《书》以道事，《礼》以道行，《乐》以道和，《易》以道阴阳，《春秋》以道名分。"由此看来，庄子难道真是一个不知圣人的人吗？他又自以为是一曲之士，所说的话，是有它特殊目的的，并不即是所谓的大道。这就像伯夷的清，和柳下惠的和一样，都是针

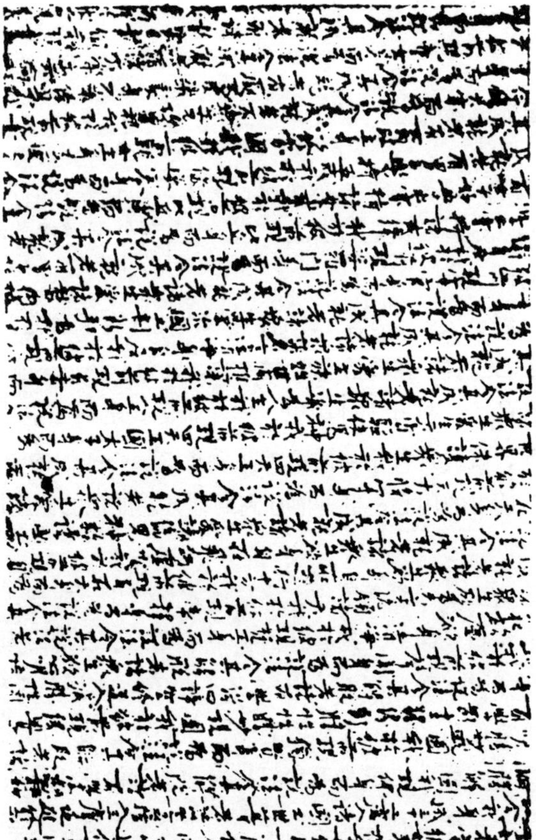

王荆公书楞严经旨要卷

对当时天下的弊端而发的！庄子的用心，正是如此啊！不过，庄子的话，太矫枉过正了。庄子曾说："墨子之心，则是也；墨子之行，则非也。"推庄子的用心，来看他的言行，和墨子又有什么两样呢？所以读《庄子》的人，如能嘉许他著书的用意，而不苟同他书中的说法，就可以说是善读《庄子》的人了。这也是庄子对后世读他的书的人的一种期望。现在读《庄子》的人，挟庄子来谩骂儒者，说是：庄子之道，真是伟大，不是儒者所能明白的。这种不知探求庄子著书立说的本心，徒以他有同儒者不一样的地方，而孜孜自喜的，实在是可悲的啊！

这一篇《庄周论》，见于《王临川集》卷六十八，这不过是它的大意而已。从这一大段话，可知王安石是从儒家的立场来看庄子的，这种看法，不是很特别的吗？读书如不能有得于心，能有这样深入浅出的见解吗？难怪王安石在学术上会有如许特出的表现。同时，从这些表现，我们又可以看出王安石的人生观，也可以找出他变法的意识所在，虽然他的政纲没能得到贯彻，他的理想最后终于破碎了，但是他的用心，不也是应该获得赞许的吗？

九、王安石的文学

到今天为止，我们对于王安石在文学上的卓越成就，还是众口一辞的推崇着。他在我国几千年来的文学史中，占有很重要的一席。

1. 文

王安石的古文，在八家中是闻名的。

自从吕祖谦选录古文，以王安石和欧、曾、苏等人上配韩、柳；吴澄的《临川王文公集序》里，也提到自东汉以来八百多年，在文章方面有可称道的，只有韩愈、柳宗元、欧阳修、苏洵、苏轼、曾巩和王安石七人而已；朱右也集退之、子厚、永叔、子固、介甫、明允、子瞻的文章，为七大家；唐顺之和茅坤又加上了小苏子由，于是在学术界里，就有了唐宋八大家的称呼。唐代的韩、柳向为古文家所推重，固不必说了，在北宋的六家当中，王安石的笔力，不少人都以为是最高的，几乎是可以和韩愈并驾齐驱。

所谓古文，是针对骈文来说的，也叫做散文。在我国夏商周秦汉时候的文章，原是骈散不分的。天地生物，本有奇偶，就像人的头部，各长有两只眼睛，两个耳朵，却只有一个鼻子，一张嘴巴一样，都是各适合它的需要；同时，在一个鼻子中，也有两个鼻孔，一张嘴巴里，又会有三十二颗牙齿。这种奇中有偶，偶中有奇的情形，原是很自然的现象。所以，文章当然也应是如此。但是，到了两汉，骈文逐渐形成，汉魏之际，骈文逐渐兴盛，以至于六朝初唐，终于成了骈文的天下，比较近于自然的古文和骈俪对偶的骈文，就更壁垒分明了。一直到唐韩愈、柳宗元的提倡，古文才又渐受重视。

到了北宋的古文，的确是一个鼎盛的时代，唐朝的韩愈，虽然以他特有的热情，振臂一呼，揭开了古文运动的序幕，但是，当时还是骈文当令的时候，一般人仍以骈体文作为通行的文字。一直到了欧阳修等人的起来，才又改了形式，经历千年已成衰败的骈文，才在这种一而再，再而三的攻击下，一蹶不振。

欧阳修的肆力古文，使天下风气为之一变，功自不朽，相传在他主持考政的时候，凡遇到特意雕琢的作品，一概不取，这和韩愈的不敢看三代两汉以外的文章，当有异曲同工之妙；曾巩是欧阳修的高足，早年和王安石很友善，为文稳妥，这和王安石的力健而意精，自应有不同；苏轼和他的父亲苏洵、弟弟苏辙，都有才名：苏洵的文章横厉孤往，苏辙淡泊汪洋，苏轼则如行云流水，常行于所当行，止于所不可不止，这都有值得欧阳修赏识提拔的地方。而在这些人当中，王安石的文章，更为突出，这自有他的原因。

王安石是一位政治家，既慨然有矫世变俗的大志，论起文章，当然是主张要能适用，所以他在《上人书》里，以为“文者，礼教治政云尔”，“文者，务为有补于世而已矣”，他把写文章，比成一件器物，文辞只不过是它外表上的刻镂绘画而已，器物主于适用，如不适用，外表的巧华，又有什么用？当然，外在的巧华，也有它的必要，这一点王安石是知道的，他只是以为不可喧宾夺主，唯文辞是视，而忽略了它的实用价值。他的这些意思，在《王临川集》卷七十七可覆按，这可以说是政治家的文论。他甚至直以孟子为宗，而以为韩、柳徒语人以文辞而已。

因为他把文章看成是干预世事的一种工具，所以他在《与祖择之书》里也说到，圣人因为有得于心，而作为治教政令，以施于人民，这就是文。这都是政治家的文学观，是治化时代的散文，我们可以从王安石的集子中看出这种色彩。这就是他与众不同的地方。

王安石的文章，有一股倔强之气，论事说理的那种峭厉，很像韩非，肫挚的态度又好似墨子。这是他的独到之处。他的记述文也不错，不但结构各有不同，而且无体不备。曾国藩的论文章写作，说是：“为文全在气盛，欲气盛全在段落清。每段分束之际，似断不断，似咽非咽，似吞非吞，似吐非吐，古人无限妙境，难于领取；每段张起之际，似承非承，似提非提，似突非突，似纾非纾，古人无限妙用，亦难领取。”梁启超以为要领取如此的写作方法，应该要熟诵王安石的文章，他还提到王安石的《上仁宗皇帝言事书》、《本朝百年无事札子》、《材论》、《答司马谏议书》、《周官义序》、《诗义序》、《洪范传书后》、《读老子》、《读孟尝君传》、《读刺客传》、《答韶州张殿丞书》、《宝文阁待制常公墓表》、《给事中孔公墓志铭》、《泰州海陵县主簿许君墓志铭》、《金溪吴君墓志铭》、《度支副使厅壁题名记》、《祭范颍州文》、《祭欧阳文忠公文》等，都是他各体文中，值得为我们模范的例子。当然，一部《王临川集》，可供我们揣摩的俯拾皆是，现在就姑附一篇王安石的《答司马谏议书》，以供观览：

某启：昨日蒙教，窃以为与君实游处相好之日久，而议事每不合，所操之术多异故也。虽欲强聒，终必不蒙见察，故略上报，不复一一自辩，重念蒙君实视遇厚，于反复不宜卤莽，故今具道所以，冀君实或见恕也。

盖儒者所争，尤在于名实；名实已明，而天下之理得矣。今君实所以见教者，以为侵官、生事、征利、拒谏，以致天下怨谤也。某则以为受命于人主，议法度而修之于朝廷，以授之于有司，不为侵官；举先王之政，以兴利除弊，不为生事；为天下理财，不为征利；辟邪说，难壬人，不为拒谏。至于怨诽之多，则固前知其如此也。人习于苟且非一日，士大夫多以不恤国事，同俗自媚于众为善。上乃欲变此；而某不量敌之众寡，欲出力助上以抗之，则众何为而不汹汹然？盘庚之迁，胥怨者民也，非特朝廷士大夫而已。盘庚不为怨者故，改其度；度义而后动，是而不见可悔故也。

如君实责我以在位久，未能助上大有为，以膏泽斯民，则某知罪矣。如曰今日当一切不事事，守前所为而已，则非某之所敢知。

无由会晤，不任区区向往之至。

这是王安石为他的新法回答司马光的一封信，可以说是气盛理足，执拗劲悍，这正是他的个性，真是文如其人。王安石少司马光二岁，在公事上虽然势如水火，两人的私交却是不错。王安石的道德文章，由此也可以窥出一斑。

2. 诗

王安石的诗，也像他的文章一样，有着独特的一面。

在北宋初，因为承晚唐的遗风，西昆体披靡一世。到了欧阳修、梅尧臣才以一种淡远，洗去了过去的纤巧。从此，能自辟门户而卓然成家的，就是王安石、苏轼和黄庭坚了。

提起宋诗的伟观，当然苏、黄是很著名的，但是王安石的奇峭拗硬，也影响了有宋一代的诗风，有人说他是黄庭坚江西诗派的先驱，也有人称赞他的绝句有高出苏轼的地方。可见王安石在北宋的诗坛上，也是一位顶尖的人物。近人杨家骆教授说，清龚自珍先生的诗，还是学自王安石。可知王安石的垂范后世，是何其深远！

在宋诗人中，王安石当然很推崇欧阳修，对西昆体的冶艳，也是深恶痛绝；而在唐人里面，他最敬仰，而且列为学习对象的，要算是杜甫和韩愈了。

王安石有《题杜甫画像》一诗，说是“愿起公死从之游”，一千年来，虽然没有一个读书人不知道杜甫，但是在那个时候，难得有人能像王安石那样的尊重他。王安石还续得世所遗落的杜诗二百多首，编为《老杜诗后集》，在《临川集》卷八十四有序一篇，也明明白白的说出他对杜甫的敬爱。在王安石的诗里，我们可以找到他既学杜而又自辟蹊径的地方，可见他之所以也能以诗名家，岂是凭空而得！

王安石的古诗中，有一首是《游土山示蔡天启》，梁启超读完后，说它的结构气格，章法句法，都像韩愈，把它收到韩集中，几不可辨。又有《思王逢原》、《董伯懿示裴晋公平淮右题名碑诗用其韵和酬》两首诗，梁启超说是："皆用刻入之思，炼奇矫之语，斗偪仄之韵，缒幽凿险，曲尽昌黎之技者也。"更可见他学韩的痕迹。

王安石的诗，也有他别开生面的地方，那就是他的近体诗。曾文正谈到近体诗，说是当以排偶之句，运单行之气。读王安石的七律，最能引人入此法门。又王安石有《题张司业诗》绝句，说是："看似寻常最奇崛，成如容易却艰辛。"如拿它来比做王安石的诗，实在是最恰当不过的。

《石林诗话》说："荆公晚年，诗律尤精严，造语用字，间不容发，然意与言会，言随意遣，浑然天成，殆不见有牵率排比处，如含风鸭绿粼粼起，弄日鹅黄袅袅垂，初不觉有对偶，至细数落花因坐久，缓寻芳草得归迟，但见舒闲容与之态耳，而字字细考之，皆檃括权衡者，其用意亦深刻矣。"《冷斋夜话》也说："用事琢句，妙在言其用，而不言其名，此法惟荆公、东坡、山谷三老知之。荆公曰：含风鸭绿粼粼起，弄日鹅黄袅袅垂。鸭绿，水也；鹅黄，柳也。"王安石诗的格高意妙，由此可知。他晚年所作的小诗，凄婉深秀，精丽绝伦，也可叫人一唱三叹。

至如《临川集》中的集句诗，虽是游戏余事，可是能如此的心裁别出，信口而成，也足见他记诵的渊博和思绪的灵巧。《沧浪诗话》说："集句惟荆公最长，胡笳十八拍，浑然天成，绝无痕迹，如蔡文姬肺肝间流出。"这真是他人所无法效颦之处！

3. 词

王安石也有词流传，虽不能名家，但是听他《临川集》歌曲中的《桂枝香》："登临送目，正故国晚秋，天气初肃。千里澄江似练，翠峰如簇。归帆去棹残阳里，背西风酒旗斜矗。彩舟云淡，星河鹭起，画图难足。念往昔繁华竞逐，叹门外楼头，悲恨相续。千古凭高，对此谩嗟荣辱。六朝旧事随流水，但寒烟芳草凝绿。至今商女，时时犹歌后庭遗曲”。那种金陵怀古的幽思，不也动人肺腑吗？明刊本《诗余画谱》有图一幅，别见附录。

桂枝香

（王安石绘）

他的词，大抵已脱尽花间的气息，而使人感受到一种桀骜不凡的风韵，有人说他是苏轼、辛弃疾诸大家的先导，是有其道理的。

另外，王安石的词，也有十分清隽的，如《渔家傲》的“尘不到，时时自有春风扫”；《浣溪沙》的“山桃溪杏两三栽，为谁零落为谁开”等是。至于深情缱绻的地方，以一个用世名臣的王安石写来，也能丝丝入扣。

如此一个多才多艺的人，实在不是常人所能企及的啊！

十、结语

综观王安石的一生，真是千古能有几人？想曾巩当年，既先称引他的文行于前，以为古今所不常有，又说他的文学行义不减扬雄，却吝于改过；欧阳修也举荐过他的德行文章，为众所推，守道安贫，刚而不屈，久更吏事，兼有时才，又批评过他变法的不当；在他刚执政的时候，士大夫既深庆得人，以为宋朝可因此获致太平，司马光也抱着这个期望，可是在他行新法的时候，却又一一的反对他；等到他离开了这个人世，不但司马光说他的文章节义，有很多过人的地方，因此力请从优礼恤，以振浮薄之风，苏轼奉诏写的《敕赠王安石太傅》敕文里，也有一大段表扬他的话，说是，“朕式观古物，灼见天意。将以非常之大事，必生希世之异人，使其名高一时，学贯千载，智足以达其道，辩足以行其言，瑰玮之文，足以藻饰万物，卓绝之行，足以风动四方，用能于期岁之间，靡然变天下之俗。故观文殿大学士守司空集禧观使王安石，少学孔孟，晚师瞿聃，罔罗六艺之遗文，断以己意，糠粃百家之陈迹，作新斯人，属熙宁之有为，冠群贤而首用，信任之笃，古今所无，方需功业之成，遽起山林之兴，浮云何有，脱屣如遗，屡争席于渔樵，不乱群于麋鹿，进退之际，雍容可观。朕方临御之初，哀疚罔极，乃眷三朝之老，邈在大江之南，究观规模，想见风采，岂谓告终之问，在予谅闇之中，胡不百年，为之一涕。于戏！死生用舍之际，孰能违天？赠赙哀荣之文，岂不在我？是用宠以师臣之位，蔚为儒者之光，庶几有知，服我休命，可特赠太傅。”可知陆九渊赞美他是“不屑于流俗声色利达之习，介然无毫毛得以入于其心”，又说他有“盖世之英，绝俗之操，山川炳灵，殆不世有”，这些当不是溢美之辞，难怪黄庭坚在看了他的画像后，早已称赞道：“予尝熟观其风度，真视富贵如浮云，不溺于财利酒色，一世伟人也。”这样的风度，如此的节操，到如今还能令人穆然想见他的为人！

所谓的成败毁誉，原有一种天数，本不必去计较太多，但是像王安石这样学本经术，才弘经济，志存周孔，行比夷由的人中英贤，是应当受到该有的注目的。

参考书目

《王临川全集》，宋王安石，世界书局。
《周官新义》，宋王安石，台湾商务印书馆。
《宋史·食货志、兵志、选举志》，元脱脱，新文丰出版公司。
《王荆公年谱》，清蔡上翔，乐天出版社。
《王荆公》，清梁启超，台湾中华书局。
《王安石政略》，熊公哲，台湾商务印书馆。
《王安石新法研述》，帅鸿勋，正中书局。
林瑞翰：《宋史·王安石传注》，《大陆杂志》第二十七卷第一—五期。

程颢 程颐

王开府　著

目　录

一、传略

1. 时代背景

对于春秋以前的中国文化，孔子可说是集大成的人。孔子将尧、舜、禹、文、武、周公的德业，统括地看做是“仁道”的表现，然后又用这“仁道”来教诲世人。孔子死后，中国的历史便进入动荡不安的战国时期。由于社会型态的剧烈转变，迅速地兴起两种偏激的新学说：一个是主张为我的杨朱思想；一个是提倡兼爱的墨子思想。天下学术，几乎全被这两种思想所笼罩。在这样的历史背景中，孟子诞生了。孟子所负的儒家时代使命，可以说就是排拒杨、墨，使孔子的道重新显现于世。但是，这个使命在孟子来说，犹如杯水车薪，注定要失败的。在《孟子》一书的最后一章里，孟子回顾历史上，从尧、舜到孔子，几乎每隔五百多年，就有亲见与耳闻圣道的圣贤。而当时距孔子的时代，不过一百多年，却未曾出现过一位圣贤。于是他无限感慨地说：“现在没有见到的圣贤，恐怕以后也终不会有了！”

孟子死后，大约过了半个世纪，崇尚法家的秦就统一了天下。秦始皇的焚书坑儒，是儒家空前的浩劫。到了汉朝，儒家虽然受到特殊的尊宠，但是汉儒的最大兴趣与成就，却在整理训释先秦典籍方面。汉亡而三国鼎立，揭开了魏晋南北朝四百多年的长期丧乱。

这历史上的第二次大动荡，又促成两种思想的勃兴：一个是主张自然放达的道家思想；一个是寻求生命解脱的佛家思想。这两种思想，几乎又使得天下才智之士趋之若鹜，而在唐朝更是风靡了朝野。在这样的学术气氛中，唯有唐朝大文豪韩愈，独排众流，在《原道》这篇文章内，提出了相反的主张。他说："先王的仁义道德，才是我所主张的道，这和佛老二家所讲的全然不同。这个道由尧传给舜，舜传给禹，禹传给汤，汤传给文武周公，文武周公传给孔子，孔子又传给孟子，到孟子死后，就失传了。"韩愈讲这段话时，距离孟子的时代，已经是两个五百多年了。可是，韩愈的卫道论调，除了他的学生李翱起来唱和外，在当代并没有任何回响。真正的回响却出现在宋代。

宋代初期的学者，像胡瑗、孙复、周敦颐、邵康节、张横渠等人，对复兴儒学固然有相当的贡献；但是，使儒家思想真能挺立，而又能开辟宋元明三代六百多年儒学新境界的，则不得不推程颢与程颐两兄弟。事实上，程颐为程颢写的墓表中，就有如此的期许。他说："自周公死后，圣人的道业就未曾行世；自孟子死后，圣人的学术就失去传承。……先生生在一千四百年后，由遗经中得到绝学，于是辨别异端，攻击邪说，拨清历史上长久的沉迷。圣人的道因此重新显现了。"后来朱子也极力推崇二程兄弟的成就，认为他们确能驳斥佛老似是而非的思想，继续千年不传的儒学。

2. 生平事迹

二程兄弟是河南洛阳人。程颢，字伯淳，号明道，生于宋仁宗明道元年（公元一〇三二年），死于神宗元丰八年（一〇八五年），享年五十四岁。他的弟弟颐，字正叔，号伊川，比明道晚一年生，死于徽宗大观元年（一一〇七年），享年七十五岁。

程家自高祖以下，历代都在朝为官，所以二程的家庭背景可以说相当好。明道小时候聪慧异常，气度老成。十岁时，便能吟诗作赋，曾写出："中心如自固，外物岂能迁"的诗句，充分流露出他的道学气质。而伊川也是器识过人，举止端庄，有"非礼勿动"的涵养。小时候的这些表现，都说明他们受了很好的家教。不仅他们的父亲是一位做官廉明、待人宽厚的长者，他们的母亲也是博学高识、教子有方。程母对子女的过错从不纵容，常说："子女所以不成器，都是因为母亲老是掩饰他们的过失，不让父亲知道。"当二程兄弟与人争吵时，即使他们理直，她也从不袒护，常说："正怕他们不能委屈，不怕他们不能刚强。"二程有时饮食贪求美味，她都加以斥止说："小时候就想满足自己的嗜欲，长大了怎么办？"由于这种母教的结果，后来伊川曾说："我兄弟平生对衣食从不讲求，也从不恶言骂人，并不是本性如此，这都是母教的恩赐啊！"

起先，程父在虔州（今江西省全南县）做官时，有一次见到一位不受人注意的狱吏，年纪虽轻，而气宇非凡。程父和他交谈之下，对他的道学修养很是倾服，于是两人成为好友。这位青年人便是周濂溪先生。不久，程父便让二程兄弟向濂溪问学。那时濂溪才三十一岁，而二程也只有十五六岁。濂溪的教诲熏陶，使他们得益良多。濂溪每每叫他们体会孔子、颜回生平所乐的是何事？后来伊川到太学读书，正逢胡瑗担任教导。胡瑗曾提出了一个《颜子所好何学论》的题目让学生做。伊川就根据濂溪的思想及自己所学的心得，写了一篇文章。胡瑗读了大感惊奇，随即赐给他一个学职。同学吕希哲也拜他为师。从此，四方学者来向他问学的，就一天天多了。

当伊川在太学声誉日盛时，明道也已中进士，派出去做了好几年地方官。他在地方上官位虽小，可是努力破除迷信、注重教育、平均田税、调节供求、修筑堤防、减省讼事，兴革很多，极受百姓爱戴。他常常告诉人说："就是做个小官，如果心存诚爱，对于别人也一定有所助益。"由于政绩斐然，他被推荐到中央做官，兼理监察御史的事务。神宗非常器重他，常常要他来议论天下大事。有一天，议论了一个上午，居然连神宗用餐的时间也耽搁了。明道从不以辞藻才辩来邀宠，只以诚意来感动天子。他曾经向神宗陈述为政的最高理想。神宗说："这是尧舜的事业，我怎么敢担当？"明道正色道："陛下说这样的话，实在不是天下苍生的福气啊！"这时，王安石已逐渐受重用。明道每次晋见神宗，讲的无非是至诚仁爱、正心用贤，绝口不谈功利。神宗越发认为他是书生之见，不免迂阔。明道和王安石在新政上意见相左。有一次议论时，王安石脸色很坏。明道从容不迫地说："天下事不是一家的私议，希望平心静气听听别人的意见。"王安石这才觉得非常惭愧。因为明道大公无私的气度，后来王安石排斥异己，唯独不怨恨明道，认为他总算是个忠信的人。明道和王安石不仅在政治上意见不同，就是在学术上也不相合。王安石曾对明道说："您的学问像攀登峭壁，寸步难行。"明道立刻回答道："参政的学问像捕风捉影，空泛不实。"虽然如此，明道仍然很乐意和王安石论学，以为真理是天下公有的，能够辨明了，至少有一方受到益处。

王安石的新政，引起了新旧党争。明道正直不阿，而又担任御史职务；所以数月间，明道章奏论事不下几十次。不但新党很忌恶他，就是一般朝臣也对他敬而远之。有人劝他说："你这样聪明，在官场也这么久了，为什么作风还不肯回转？"明道回道："我正怕一回转就错。"由于党争，使得宋朝政治永远不上轨道。明道后来也有些后悔，认为当初对新法的细节未免争持太过了。

明道眼看自己感动不了神宗，而政局又势难扭转，所以就自请调职外放。神宗见他去意甚决，只得照准。从此，一直到明道去世的十五年内，他都在地方做官。他在主持县政时，凡坐止的地方都写上："视民如伤"四个字，自我警惕。每每说："我常常愧对这四个字。"他能这样体恤民隐，自然政声很好。伊川就曾赞美说："哥哥主持政事时，上下都能响应，造成一股风气。"

明道在政界浮沉的三十年间，伊川一直未曾涉足官场。虽然常有大臣推荐他做官，可是他自以为学问不够，不愿出来。有一次，又有人劝他做官，他就说："等我饿得走不出门时，再作打算吧！"元丰八年哲宗嗣位，召明道为宗正寺丞，还未上任，明道就病逝了。第二年，在各方面极力推荐下，诏命下来，让伊川以通直郎的官衔充任崇政殿说书。伊川辞谢不准，一方面说书的职务也颇合他的志趣，所以就勉强接受了。

伊川每次为哲宗进讲前，必先自行斋戒，深思存诚，希望进讲时能感动主上。有一天，要讲《论语》回也不改其乐章。门人认为这章未涉及人君的事，有什么好讲的呢？伊川为哲宗讲完文义，就说："士人住在陋巷，仍不嫌贫穷，一心一意实践仁义。而人君地位崇高，备极奉养，如果不知学道，怎能不被富贵所腐化？而且颜回有王佐才干，竟过箪食瓢饮的生活；季氏是鲁国大害，却富比周公。鲁君用人取舍这样昏庸，岂不值得后人借镜吗？"听完了这段话，在场的人都大为叹服。太师文彦博也曾与几位大臣一同去听讲。听完后，都赞叹说："这才是真正的侍讲啊！"一时士人争相归附，而伊川也以天下事自任，议论褒贬，无所顾忌。不但苏东坡等文人痛恨他，而且也得罪了一些大臣。所以，伊川进讲才一年多，便被诬为"五鬼之魁"，调任西京国子监。伊川一再上奏乞辞，都不获准。

哲宗绍圣年间，伊川因为受党争波及，被放回乡里。不久又被遣送涪州（今重庆市涪陵区）编管。诏命下来，当天就被遣送，连要向叔母辞别也不获允许。赴涪州途中渡汉江时，波涛汹涌，船几乎翻了，船上的人都号叫哭喊，只有伊川端正地坐着，面色不改。

等到上岸后，同船的父老问他如何有这样的修养，伊川说："只不过心里能诚敬罢了！"由此可见得，伊川在政界的失意，反而促使他困心衡虑，动心忍性，修养更见醇化。也许在遭受这种横逆打击下，更促使他完成了《易经》的传注。徽宗即位不久，伊川获赦复官，返回洛阳。门人见他肤发气色比过去还润泽健朗。

政界的是非不分，使伊川毅然辞官不干。可是反对派不肯就此罢休，又诬告他用邪说诡行惑众，于是他所有的著作都被查禁。伊川不得已搬到龙门南方居住，并且告诉四方的学者说："你们奉遵所已闻知的就可以，不必再来我这里了。"徽宗大观元年，伊川终于结束了他萧条的晚年生活，病逝家中。当病重时，门人安慰说："老师平日为学修养的工夫，现在正好用了。"伊川说："讲到'用'，就不对了。"伊川最后留下的这句话，正可以反映出他一生不求仕进的高蹈志节。

3. 道学师承

张载曾经赞美二程，说他们从十四、五岁起，便立定志向要学圣人，所以终于得到孔孟的绝学。而十四、五岁，正是二程从周濂溪问学的时候；所以，对二程一生学行影响最大的，莫过于周濂溪了。他们自从得到濂溪教诲后，就对成为圣人有极深的向往，而自然而然厌弃了世俗科举功名的事。濂溪时时教他们体会颜回的精神，所以他们的修养得力于颜回的地方很多。他们认为孔子像天地间的元气；颜回像春生的和气；孟子却有秋天的肃杀气。孔子表现出无所不包的气象；颜回则自然温淳，不言而化，接近圣人气象；孟子显然披露才华，英气逼人。孔子像天地；颜回是和风祥云；孟子是泰山巍峨气象。孔子修为行事，无迹可循；颜回稍微有形迹可见；而孟子却是形迹昭著。在他们看来，孟子规模虽然大，而学养并不精粹；颜回规模虽然小，但具备圣人的全体。他们也教弟子要学颜回，认为孟子才高、不好学。学颜回对成为圣人比较有切实用力处，不易学错。有了颜回的德行，不怕没有孟子显赫的事为表现。濂溪自然恬淡的气象，也对二程产生了潜移默化的作用。所以有一次明道去见濂溪，回来后吟风弄月诗兴大发，体会到《论语》中曾点在暮春三月与造化共游的自然境界。而伊川一生不求用世，有颜回“用之则行，舍之则藏”的精神，这也是受濂溪启迪的。

除了濂溪外，二程对同时代的前辈，如邵尧夫和他们的表叔张横渠两人，也都相当的敬重。认为邵张两人对于开大道学领域，很有成就。二程尤其称赞横渠写的《西铭》，以为自从孟子以后，只有横渠有这样的见识与笔力。用这篇《西铭》来教学者，省去了许多不必要的言辞。而横渠对二程也非常钦服。横渠曾在京城坐在虎皮上讲说《周易》，听众很多。一夜，二程也到了，于是表叔侄三人相谈《周易》。第二天，横渠撤去虎皮，对众人说：“我平常说的都是胡说，现在有二程先生来了，他们深明易道，我比不上他们，你们可以向他们学。”不久，横渠就回陕西了。在横渠心目中，明道要优于伊川。横渠特别赞美明道救世心切，能关心和熟悉当代的事务。

然而二程对邵张除了尊敬外，也不是没有疵议的。横渠写《正蒙》时，处处放置笔砚，一有体会便随时写下来。明道就批评说：“他对道理竟是这样不圆熟呢！”至于邵尧夫，他们虽赞美他襟怀放旷，如空中楼阁四通八达，却认为这是天资美好，不纯是学养所得。尧夫对道学固然有心得，但为人无礼不恭，不免带有豪杰意味。他们对尧夫的易数，尤其不感兴趣，不愿花闲工夫在这上面。伊川曾说：“我和尧夫在同一里巷住了三十多年，彼此间无所不谈，唯独没有一个字谈到易数。”

4. 风格与著作

二程的时代背景相同，道学师承相同，甚至政治生涯的坎坷也相同；可是他们两人的气质和个性却截然不同。明道性情宽和，没事时静坐着像个泥塑的人，待人接物时却浑然一团和气。有门人跟随他三十年，从来没看到他发怒过。他在给横渠的信上曾说："人最容易发作而难以控制的，便是怒。但是在愤怒时，能即刻忘记愤怒，而明辨是非曲直，也可见外在环境的拂逆，原不值得厌恶和逃避。这样对于道也就能有相当的体会了。"这种"惩忿辨惑"工夫，正是明道修养的得力处呢！也因为如此，四方学者，都乐意跟他学。朱光庭来问学，回去后便对人说："我在春风中坐了一个月。"明道认为，道不明很久了，一般人受时俗的习染，如果一定要学生有"不愤不启，不悱不发"的主动学习精神，那势必疏远了师生的关系，使得道更没有昌明的希望了。所以他对学生的开导诱掖，唯恐不至，就是桀骜不恭的人，见到他也都由衷悦服。

至于伊川却性情严峻，不苟言笑。有一次，门人韩持国陪二程游西湖。韩家子弟陪着同游。途中，有些弟子言行轻浮，伊川立刻回头严厉地斥责说："你们随从长者，竟敢这样放声谈笑，韩家孝谨门风，真要衰微了。"游酢和杨时初次去拜见伊川时，伊川和他们谈话后，就闭目养神，游杨两人在旁侍立，不敢告辞。过了很久，伊川才醒过来，看到两人，就说："你们还在这里吗？天晚了，回去吧！"等到两人出门，外面积雪已一尺多深了。与门人讲学，每遇到意见不合，明道就对学生说："还可以再研究研究。"伊川却直截地说："不对。"他们引导学生态度的不同，显然可见。所以明道曾对伊川说："将来能使师道尊崇的是你；至于诱导弟子，随资质不同都能有所造就的，恐怕还是我吧！"

伊川不仅对晚辈态度严肃，就是同辈间的交往也没有明道那么随和。当时二程和司马光都熟识。明道和司马光能谈得来；伊川和司马光常常谈了一整天，竟没有一句话投机。明道在平时偶尔会有些戏谑的话；伊川却永远严谨，和他同座的人，不论尊卑长幼，没有不跟着严肃起来。朋友邀伊川赏花，他就当面拒绝说："我生平不曾看花。"有一次，伊川遇见文人秦少游，就问说："'天若知，也和天瘦'是你写的词句吗？"少游以为伊川很欣赏这一句，就谦虚一番，想不到伊川板起面孔说："上天尊严，岂可任意侮辱？"少游当场面红耳赤。伊川这种态度常受苏东坡的嘲弄。东坡并且说："何时让我打破这'敬'字！"蜀洛两派的党争，也因此愈形尖锐。伊川以为作诗文如果不专心，一定作不好；可是如果专心了，志气局限在这上面，不免"玩物丧志"。伊川曾说人生有三大不幸：第一不幸，年少就中科举；第二不幸是靠父兄的关系做官；第三不幸就是才气出众，能作文章。所以，他和这些文人自然格格不入了。

其实，就在天子面前，他也是一丝不苟。有一天，他为哲宗讲完书，哲宗忽然兴起，凭着窗槛折了一条柳枝把玩，伊川便说："春天草木正当滋长的时候，不可以随意摧折。"哲宗听了很不高兴。伊川这样敬慎严肃，一方面是天性所致；一方面也是他工夫持养的自然表现。有人以为伊川恭敬拘礼几十年，应该是十分劳苦，伊川回答说："我每天心安理得，有何劳苦？那些行险侥幸、不法无礼的人，才真会劳苦呢！"

当初，伊川接受崇政殿说书职位，原希望借着"格君心之非"来实现匡正朝廷，化俗济世的理想。可惜这也终究是理想而已。他和明道一样，在政治上不能施展抱负，就用心在教育人才上面。其实，政治的急务说来也是在成就人才。他对横渠一心恢复三代礼制的做法，并不赞同。因为典礼制度只是一时的事，真正对人世有大助益，能使风化及于后代的，应当是修身立教，以彰明圣道。因此，二程对学生虽然态度不同，但对培育人才并是不遗余力的。伊川有一次向明道说："我们兄弟似乎话说得太多了！"从这里，不难体会他们对教育的热忱。

二程当时所说的话也许很多，可是留传后世的著作却很少。明道全无专著，伊川也只著有《易传》四卷而已。《易传》是他的晚年著作。伊川对《易》非常用心，写作《易传》，态度更是严谨。对于易理潜心玩索很久，每下一字都相当慎重。他不相信邵尧夫的易数；他认为：有理而后有象，有象然后才有数。象数并不是儒家所该精研的，能把握易理，自然象数都在其中了。所以，他的《易传》是专从《易》的义理方面去探讨，在易学中，新辟境界，堪称大家。此外，门人将他们教诲的话抄成语录，后来由朱子编成《二程遗书》、《外书》。而旁人又编了《二程文集》、《程氏经说》、《二程粹言》。所有这些书又合成一部《二程全书》。

二、明道思想

1. 学术渊源

在明道死时，伊川曾为他写行状。后来伊川对弟子说："我的思想和明道相同。如果将来有人要了解我，看看我写的那篇行状就可以了。"当时，二程的弟子们也以为二程的思想没有多大差异，所以记载他们所讲的话，往往不加分别。后来，朱子编《二程遗书》，有些话也无法分辨到底是谁讲的，笼统地看做“二先生语”。而二程的学问，也被一般人统称为“洛学”。其实，他们两人不仅在气质和个性上截然不同，在学术思想上也有很大的歧异。所以，在叙述他们的学术思想时，可以完全分开来讲，而不嫌重复。

二程受濂溪的启沃固然很大，但是濂溪并不能使他们在道上真正有所体悟。伊川叙述明道的学道过程时，认为明道受濂溪教诲后，有了求道的热切心愿，但是仍不得要领，以至于在各家学说及佛老思想中徘徊了几十年。直到回头探索了六经，才求得这个道。明道自己也说：“我的学问，虽然有师承传授，但是‘天理’两个字，却是自己体悟出来的。”显然，明道是从六经中体悟了这个“天理”、这个“道”。

事实上，明道并不强调读书。他说：“必须去事上面学，何必读书才算是学呢？”因此，他的读书偏重于义理的玩索，反对博闻强记的工夫。有人将五经的话抄录成一册，明道认为这是“玩物丧志”。他勉励弟子读《诗经》，并且自己也常谈论《诗经》，可是从不做字句训诂，往往在原诗上转换一两个字，便能使人当下领会。他认为《诗》《书》最主要是表现出帝和天的意义。帝有主宰的气象，而天则显示包涵遍覆的精神。这种体会，当然很难从字句训诂上获得。对于礼乐，他主张不要完全相信那些礼书，去句句求得解释。其实，礼乐的根本精神，无非是在进退仪节之间，陶冶人纯正的性情。因此，当他有一次见到禅寺僧侣们进餐时，那种进退揖让的庄严景象，就很感叹地说：“三代的威仪，都在这里了！”

2. 敬以直内

明道非常重视《易经》的《系辞传》，认为它表现了圣人最深刻的思想。在《系辞》中，他领会了“道”浑为一体而变化无穷的体性，所以他说："《易》这本书，主要是说明反复往来上下的无穷变化而已！"这浑为一体又变化无穷的道体，也就是明道所悟得的"天理"。这道体落到人身上，就成为纯诚不已的性体。所以《系辞》说："生生不穷叫做易"，又说："易成就了人性，使人性不断地显现，这就是道义的开端啊！"其实，明道对于天道变化和人道纯诚的体会，不仅本于《易传》，也是本于《礼记》的《中庸》篇。《中庸》曾解释《诗经·周颂·维天之命》这首诗说："天道的表现是深远不已的，文王德性的纯一也是不已的。"这种纯一不已的性体，《中庸》称做"诚"。诚的表现到达极致，就能变化不息、博厚高明，而与天道相合。因为明道融会了《易传》和《中庸》的思想，将天道变化和人性纯诚，当做是同一道体或天理的呈现，所以明道说："道就是性。"

《易传》又说："天地尊卑的大位成立，易就在其中流行变化。"明道认为这句话中的"易"字，换成"理"字可以，换成"诚"字也是可以的。因为易、理、诚三字所指的是同一个道体。易在天地间的流行变化，又叫做"神"。《中庸》也提到神，所谓"至诚如神"，这是在诚上来谈神。明道曾说："《中庸》所说的诚，便是神。"因此可知，明道是以同一个"神"，来契悟易道和诚体所表现的无穷变化。

《易·乾·文言传》说："忠信，是增进德行的基础；修辞立其诚，是建立道业的途径。"这是《易传》中唯一谈到"诚"的地方。明道对这两句话特别看重，认为道是那么广大，只有忠信立诚，才是得道成圣的不二法门。忠信和立诚并不是两件事，忠信就是诚。分开来说，忠是内不自欺，信是外不欺人，内外都实实在在的，所以说忠信就是诚。因此，明道很强调忠信的重要，他曾说："言忠信，行笃敬，只此是学"，遗书中谈忠信的地方很多。他把忠信当做是理的实际表现，人道无非是忠信而已。

此外，《易·坤·文言传》上说："敬以直内，义以方外。"这句话也是明道常提到的。他以为这句话表现在实事上，和"修辞立其诚"意义是相同的。其实，根据儒家"仁义内在"的思想，由敬所体现的内在德性（敬以直内），也就是指导外在言行的义（义以方外）。所以明道说《坤·文言传》的这句话正是《中庸》所谓的"合外内之道"。而这合贯内外两面的道体，就是易，就是天理，也就是诚。明道经过深切探索《易传》《中庸》的思想后，终于在《坤·文言传》的这句话中，体悟了"敬"对于得道成圣的重要关系，发现"敬"就是忠信立诚的实际工夫。

《中庸》说："诚者，天之道也；诚之者，人之道也。"这里面两个诚字，意义不同。上"诚"字是名词，指纯诚不已的性体，这性体是由天道所直贯而呈现的。能够自然表现这样纯诚不已性体的，便是圣人。下"诚"字是动词，指勉力使纯诚不已性体持续呈现的工夫。这是一般人要求上合天道的途径。为了区别这两种诚，工夫上的诚，也可以叫做"诚敬"，或直称"敬"。"敬"便是立诚的工夫。

纯诚不已的性体，本来是人人都具足的。可是因为各人资质禀赋高低清浊的不同，加上外在环境的种种引诱牵制，使得性灵的表现或有缺憾。资质禀赋清高的人，本性完美，"敬"对他来说，就是自然地呈现本性。如果说它是工夫，也是一种不需勉强的工夫。而资质禀赋低浊的人，本性表现不如理想，"敬"就是庄敬持养，努力使原来本性完美呈现的工夫。在这里，判断自己本性是否完美，主动使本性能完美呈现的，就是"义"的作用了。而这种"义"的作用，只有在"敬"的工夫下，才能产生。所以，归结修养的根本工夫，就是敬。

敬的工夫表现，有深浅不同。表现得浅近的，便是所谓恭敬、庄敬、敬谨、敬勉。为人处世上，随时随地检点自己，这就是《论语》所谓的“行笃敬”，《大学》、《中庸》所谓的“慎独”，《礼记》所谓的“毋不敬”。做事要敬，写字要敬。敬，就可以屏除杂念，专心一志，正心诚意，所以“敬胜百邪”。一言一行，所以有差错，都是由于不敬。颜回“不贰过”，勤奋好学，无所怠惰，都是得力于这种敬的工夫。敬表现得高深至极，就能完全显现了性体，而与天道合一。事实上，天道本身的变化无穷。周流不息，无非也是一种敬。敬的工夫表现，虽然有深浅的不同，但却是一贯的，并非两种工夫。这便是明道所谓“彻上彻下”的意思。

3. 识仁定性

我们在前面曾指出孔子的道，就是“仁道”。所以，如何在自己的德行上体现或实现这个仁道，可以说是儒家的一个中心问题。在孔孟是如此，在宋儒更是如此。宋儒的种种学说，无非是试图对这个问题，提出解决的方法。而明道所提出的方法，就是“敬”。他的这种见解是有根据的。在《论语》中，仲弓曾经问孔子什么叫做“仁”，孔子回答说：“出门如见大宾，使民如承大祭。己所不欲，毋施于人。”这段话，前面讲敬的工夫，后面讲恕的原则。以敬的工夫实践恕的原则，就能做到仁。能持久而完全地表现恕的，是敬。所以，工夫上仍然以敬为主，也只有敬才是实际可用力的工夫。因此明道说：“学要在敬也诚也，中间便有个仁。”

对于如何由敬的工夫去体现仁道，明道曾有很扼要的提示。这提示就是后人所称的《识仁》篇。《识仁》篇原来只是门人吕大临所抄《语录》中的一段。因为它在研究明道思想上，是很重要的资料，所以被特别地加了一个篇名。《识仁》篇的主要意思是说：学者须先识取仁，仁就是浑然和外物融为一体，义礼智信都是仁。识得这仁理，用诚敬来存养就可以了。心中不须防范检点，也不须穷究追索。既然诚敬无所懈怠，何必防范检点；存养久了自然体悟这仁理，何必穷究追索。这样地存养，更没有别的事。工夫上不要忘怀，也不要助长，完全不费力气，这便是存养的方法。因为良知良能是本来具有的，存养久了，自然能改变习气，体现仁道了。——在这里，明道很详切明白地指出“敬”对于体现仁道的作用；同时，他也描述了“敬”的工夫实际。“敬”就是从正面当下使纯诚不已的仁性不断呈现的工夫。这种工夫类似孟子的“收放心”。明道说：“心是理，理是心。”只要将飘忽不定，流荡忘返的心收拢回来，存养在这里，久而久之，这个原来是“理”的心便明朗地呈现而发挥它的良知良能了。所以，在明道来说，敬的工夫不费丝毫力气，实在是最简单不过了。

其实，一般学者也未始不知道敬的工夫重要，可是往往急迫地着意把持，揠苗助长，反而有害于仁性的呈现。明道有一次闲坐无事，看到长廊上的柱子，就数了一下。后来又数了一遍，和第一次的数目不合。于是再叫人帮助一个个仔细地数，结果还是第一次数得对。因此，明道深深体会到：愈是着意把持，愈不能定。

这样着意把持，事实上又把持不住，一般学者认为这是由于受了外物牵累所致。当时，就连横渠也有这种看法。因此明道曾写信给横渠，指出这种看法的误谬。这封信就是著名的《定性书》。它的主要意思是说：真正的定，是在动时也能定，静时也能定；没有预期安排的心理，没有内外的分别。如果将外物当做外，会牵引了自己内在的性，这是以性为有内外了。把性分为内外二本，则又如何能定呢？而且当性受外物牵引而外在时，那内在的又是什么？君子学养工夫，不如廓然大公，物来顺应。如果专事用心在除去外来的引诱，外来的引诱实在是除不胜除。与其如此，不如屏除私智，内外两忘，使心虑澄清，心性也就能立定而明朗了。那么在应事接物上还有什么牵累可言呢？——在这里，所谓“廓然大公，物来顺应”的学养工夫，就是勿忘勿助长，毫不费力的敬的工夫极致。

明道《识仁》篇曾说：“识得这仁理，用诚敬存养就可以了。”由此可知，在敬的存养工夫之前，还须先识得仁理。至于如何识得仁理，明道并没有提出很具体的方法。他只是告诉学者，仁就是“浑然与物同体”。他这样解释仁，是受横渠《西铭》的启示。《西铭》所述的“民胞物与”思想，即“浑然与物同体”的仁的思想。所以，明道非常赞美《西铭》，认为这篇文章已经很完备地描述了仁的体性。学者只要在自己身心上切实去体会，久而久之，自然对仁理有明确的领悟。如果一味穷高极远地追索，反而于事无补，劳苦无成。这仁理须是“自家体贴出来”，没有办法凭私智安排布置，更没有办法从别人取得，所以笃信好学，倒不如切己自得。譬如观赏别人的花园，尽管多么美丽，总是别人的，不如反过来培沃自己的园地。这就是孟子所说的：“反身而诚，乐莫大焉！”

明道虽然没有明示识取仁理的具体方法，可是却常常指点学者“浑然与物同体”的仁的境界。他曾说：“医书上把手脚痿痹麻木叫做不仁，形容得最好。仁是以天地万物为一体，都是属于自己的。认得是自己的，何处不能通贯呢？”如果对天地万物，就像对痿痹麻木的手脚一样，没有知觉痛痒，认为和自己毫不相关，这便是不仁了。明道又说：“诊病切脉，最可体会仁。”手上的脉搏，和身心五脏是息息相关浑为一体的。从脉搏的跳动，可以感觉到整个身心机能的运作；从脉搏的律动，更可感觉到生命的跃动不已。在切脉时这种浑为一体而跃动不已的感觉中，就可以体会什么是仁了。因为仁也无非是浑为一体、跃动不已的自然生机而已。所以，在这层意义上，明道就说：“万物的生意最可观察领会了，这就是仁。”明道指点学者去观察小鸡，也是这个意思。因为小鸡所表现的天真活泼、生意盈然，和仁有类似的地方。而观察小鸡时，人内心所自然呈现的喜悦、怜爱，和外物无所隔阂的心境，就是仁。因此，明道形容仁为“满腔子是恻隐之心。”

4. 一本

当然，在形体上说，人和万物无法同体，可是在理、仁或性上说，万物却是一体的。浑然与物同体，并非人一厢情愿的事；事实上，天道本来就是如此。这种境界所以可能，也是基于性原不分内外。人内在的性体，和天地万物的本体，本来是同一的。既然本来是同一的，人要求浑然与物同体，就有可能与必要了。所以，在《定性书》里，明道反对将性分为内外“二本”。内在的心性就是外在的天道，性外无所谓道，道外也无所谓性，因此明道说：“道，一本也。”在这个意义上，心就是理，理就是心；人就是天，天就是人；气外无所谓神，神外也无所谓气。《易·系辞传》上说：“形而上者谓之道，形而下者谓之器。”又说：“一阴一阳之谓道。”阴阳之气原属于形而下的器的，却说它是道。由此可知，器就是道，道就是器。这样，把一切浑然看做一体，消融彼此的对待，是明道思想上的圆融和独悟。如孟子说浩然之气是“塞乎天地之间”，又说气是“体之充也”。明道便指出：“气只是气，更说甚充塞？”说充塞是以此充彼，其实天地间只是一气的丰盛，并非以此充彼。又如《中庸》说天下至诚“可以赞天地之化育，则可以与天地参”，明道以为这里的“参”“赞”不是赞助的意思，他说：“只有一个诚，何助之有？”化育只是一诚体的流行，不必有他物在化育之外来赞助。儒家常说“天人合一”，明道也有他独特的看法，他说：“天人本无二，不必言合”，在一般人观念中，人是现实的，天是理想的，以现实求合理想，所以要合。如果理想的天便在现实的人本身中，二而为一，何必去合呢？儒家也常说要“体天地之化”，明道说：“言体天地之化，已剩一体字，只此便是天地之化，不可对此个别有天地。”如果是人去体天地之化，便有彼此对待关系。其实，人本身的活动便是天地之化，人原不在天地之外。反过来说，不可在人本身以外，另有一个天地，做为人体悟的对象。人处的化育就是天地的化育。

孟子说尽心、知性、知天，明道以为这三事是一件事，他说：“只心便是天，尽之便知性；知性便知天，当处认取，更不可外求。”明道曾举例说：“尝以心知天，犹居京师往长安”，一般人都知道出了京师西门，就可以到长安，这正是把京师和长安当做两个地方说，“以心知天”便类似这种情形。明道却以为“只心便是天”，只在京师，就是到长安，更不可别处求长安。这见解和后来陆王心学派的主张，已经很接近了。

明道不仅看“道体”是一本，对修道的工夫也作如是观。《论语》中记载孔子答樊迟问仁说：“居处恭、执事敬、与人忠。”明道以为孔子这句话是“彻上彻下语，圣人原无二语”，“恭、敬、忠”不是达到仁的手段，“恭、敬、忠”就是“纯亦不已”，它本身就是仁的体现。如果说它是工夫，也是仁的本体自呈现为工夫，工夫与本体合一，这就是一本。《论语》中子夏说：“博学而笃志，切问而近思，仁在其中矣！”为什么仁会在其中？因“博、笃、切、近”的工夫本是彻上彻下的。这贯彻上下的工夫，就是孔子所说的“下学而上达”，《中庸》所说的“极高明而道中庸”。“理”固然极为高明，可是表现在事为上只是中庸而已。“理”本身是不分大小的，即使洒扫应对，也无非是形而上的道。

从实质上来说，“理”是天道的别名。所以明道说：“天者，理也。”明道也常常在口头上称“理”为“天理”。这个“天”字，一方面可以说明理的本体、创生与覆盖的意义，一方面也可以显示理的自然、客观和普遍性。从自然性来说，理是自然而然，非有任何人意安排的。天地万物，无“独”有“偶”的自然现象，就是一个例子。所以，有长有短、有大有小、有阴有阳、有善有恶，这也无非是天理自然的事。天地万物都有这个理，所以理是客观普遍地存在。既然如此，为人处世只要循理就可以了，丝毫不必费力。循理就是“义”。实存的本体是“理”，表现于实事是“义”，理义在明道看来，也是一个的。

三、伊川思想

1. 理一分殊

理的客观普遍性，在明道的思想中，并没有显著的地位。可是，对他的弟弟伊川来说，这却是伊川整个思想的中心。伊川也了解理的本体性、创生性和覆盖性，所以他说：“理即天道，天道即理。”在理的自然性上，伊川也认为：上与下、此与彼、质与文、阴与阳、善与恶、是与非、仁与不仁，这种种对偶是理自然如此的。即使在理的客观普遍性上，伊川和明道的见解，原来也没有太大的出入。伊川说：“一人之心即天地之心，一物之理即万物之理。”天地万物都具足这个理，所以理是客观普遍地存在。说到这里为止，不论是明道或伊川，都把理看做是一个的，创生、覆盖、自然、客观、普遍，都是这一个本体的性能。但是换个观点来说，理虽然是一个的，表现在各别事物上，却纷然万殊，这可以说是理的“多相性”。即便万殊，却仍只是一个，这一个理即是“百理俱备”。这种多相性，其实就随着客观普遍性而表现。理客观普遍地存在时，它的表现即是多相的。明道曾说：“服牛乘马，皆因其性而为之，胡不乘牛而服马乎？理之所不可。”牛要用驾的，马要用骑的，对牛与对马的理是不同的。这是《遗书》中，明道对理的多相性的描述。明道对这多相性不很注意，可是伊川对此却独感兴趣。伊川就是由理的客观普遍存在上来体认与强调理的多相性。伊川称多相性为“分殊”。在这里，他提出了“理一而分殊”的观念。伊川一方面了解理的本体性，同时又注重他的分殊性。“仁”就是理一。可是必先老吾老，然后以及人之老；必先幼吾幼，然后以及人之幼，这就是分殊了。仁爱的本体没有差等，可是仁爱的表现却有差等。所以，“分殊”就是儒家“仁爱”和墨家“兼爱”所以截然不同的关键。从“分殊”上推求“理一”，是求仁的根本方法。理的“分殊”表现各得其宜，便是“义”。而“义”也唯有基于理的分殊性，才有实际的意义和价值。

2. 性即理

对“性”，伊川有他独特的认识。伊川认为孔子所说的“性相近”是指禀性，而孟子所说的“性善”才是指本性。本性又叫做“义理之性”，是无不善的。可是人生气禀有清有浊，影响到本性的表现有善有恶，这就是所谓“气质之性”。所以伊川说：“论性不及气则不备，论气而不及性则不明”，“气质之性”的观念原来是横渠所创，到伊川则更加确立。这种观念不但不违背且能补充明道的思想。朱子曾称赞这种观念是“极有功于圣学”。

义理之性和气质之性不同。义理之性是无不善的。所以在这个意义上，伊川又有“性即理”的名言。

通常讲“理”多从客观面来讲；讲“性”多从主观面来讲。一般观念中，理为天下人所普遍公有的。所以客观；性为一人所独具私有的，所以主观。一般人如果离开性来讲理，常常把理看做是外在而非内在的，倾向于自然的理或超越的玄理。如果离开理来讲性，又常常把性看做是个人内具的气质。大凡不知道“性即理”的人，会有两种极端的表现：第一种是以理来约制性，他对理只尊崇而不能亲切，对性的本善也起疑心；第二种是任性而昧理，他对性只亲狎而不尊崇，违背了理，于是也违背了善。伊川提出“性即理”的观念，正是要我们知道：天下人共有的理，即一人所固有；而客观普遍的理，即存在个人主观特殊的性分中。明白理是善的，就明白性是善的。换句话说，理想原来内具于我们生命之中，理想的实现就是我们生命性分的实现。天下没有性以外的理想。理既然在我们生命之中，那么我们有限的形气，自然可以表现无限的理，我们超凡入圣所以可能的理由，便在这里。

告子说：“食色性也。”这是以生理本能为性。然而性不只是人现实生命现有的本能而已，它能引导人格向上提升，它是人向上的道路。所以，性可以说是道、是理。这道或理尚未显现在一般人生命上，可是不论显现不显现，它都存在我们性分之中。这就是伊川所说的：“体用一原，显微无间”。伊川“性即理”的观念，极为后来理学家所推崇，朱子就曾称赞它是“自古无人敢道”、“是千万世说性之根基”。

前面曾提到过，伊川对理的客观普遍性特别有所体认。理对伊川来说，勿宁是超越而尊严的，和现有生命形气的表现实有距离。换句话说，理和气是两个的。虽然是两个，因为“性即理”，存在我们生命形气中的性即是理，所以“气”可以表现“理”，理气终究可以合一。

理和性是超越而尊严的，是形而上的，它不因时空而变动。所以伊川很自然地把理看成是静态的，凡活动变化有形迹的都归属于气。在这种“二分法”下，“心”便属于气了。因此伊川说：“自性之有形者谓之心，自性之有动者谓之情”。性即理，是静态的；心属气，是变动的，心和性并非合一。孟子说：“恻隐之心，仁也”，伊川便不同意这种说法，他说：“恻隐属爱，乃情也，非性也”、“爱自是情，仁自是性”，韩愈曾说：“博爱之谓仁”，伊川以为不对，伊川的仁，是性、是理、是静态的。后来朱子便沿用这种分法，主张“仁是心之德、爱之理”。《论语》中有子说：“孝弟也者，其为仁之本与？”伊川认为这句子中的“为”是当动词用，“为仁”就是“行仁”。仁是性，孝弟是仁的行事表现。孝弟是“行仁”的根本，而不是“仁”的根本。仁才是孝弟的根本。所以伊川说得很清楚：“性中只有仁义礼智四者，几曾有孝弟来？”对心和性的区别，伊川有一个比喻，他说：“心譬如谷种，生之性便是仁。”

对于“仁”的体会，伊川和明道不尽相同。伊川认为必须由“公”字思考“仁”的义蕴，致力于“公”的修养，便能接近“仁”的境界。天是大公无私的，所以是仁；人能够“公”，也便是仁了。“公”无非是公平。儒家忠恕之道，即是求物我兼照的公平。明道“浑然与物同体”的仁的境界，勉强也可以用“公”来说明。不过，明道是由“与物同体”实地指点仁的境界，而伊川则是由“公”来说明仁的理，并掌握求仁的具体方法。伊川说：“公即是仁之理”。对学者来说，明道的指点未免浑沌难懂；伊川的说法却切实可行。

3. 穷理致知

向来儒家都由本体或道德上来讲“理”，《礼记·乐记》便是将天理和人欲相对说。可是，伊川又更进一步，将理的范围扩大到事物本身的理。理既然是客观普遍地存在，每一件事物中都具有这个理，因此伊川以为：如果从个别事物本身的理上面去体认，久而久之，自然会悟到了那本体的礼。在事物上来说，是理，至于适当地处事接物，便是义。在表面上看，义是内在人心，由人心所决定的；理似乎是外于人心，为事物所自具的，理义颇有分际。但事实上同是一理，并无所谓内外人物的区别。探求外在的物理，正是为穷究本心的义理。这样一来，伊川不仅把理的范围加以扩大，更在修养工夫上另辟蹊径，这是伊川超出前贤的地方。

明道原来在《识仁》篇里，只告诉学者必须先识取仁。至于如何去识取，并没有具体可遵循的方法，这对学者来说，未始不是件憾事。因此朱子曾批评明道《识仁》篇说得太广泛，使学者难于接受。而伊川对于这识取的方法，却极力探讨、开示很多。这就是他所倡导的“穷理致知”工夫。

在《易·说卦传》中，有一句话：“穷理尽性以至于命”，在明道体会理里，穷理、尽性和至命三件事实际上是一件事，本来无所谓先后次序。甚至更可以说，在至命上是全无着力处，工夫只在穷理、尽性上。而穷理即是循理，即是尽性。能穷理，则尽性至命也都在其中了。识仁的方法，只是当下在性分内认取，不可向外穷究追索。所以明道以为不可将穷理当做知方面的事。可是在伊川这方面，“穷理”就是《大学》“致知”的工夫。以格物的方法致知，便是穷理，穷理便能够致知。伊川显然把穷理当做知方面的事。

原来在《中庸》里面，就指出成圣的途径有二：一是“自诚明”；一是“自明诚”。明道在《识仁》篇说：“存久自明，安待索素？”所以明道的工夫接近“自诚明”。伊川认为：从外面学以至于内在能得悟，叫做明；从内在得悟以至于能贯通外面，叫做诚。一个自外及内，一个自内及外，工夫进路虽有不同，而都是《中庸》所谓的“合外内之道”，其结果是一样的。理论固然如此，实际上伊川却更重视“明”的工夫。《中庸》说：“不明乎善，不诚乎身矣。”伊川以为这“明善”的工夫，就在格物穷理。

伊川强调“明”的工夫，有他的理论基础。就在《中庸》里面，也已明白指出“自明诚，谓之教”，人为的教化，是从“明”的工夫开始，以至于诚。“明”是明白澈知，是属于思虑智慧方面的事，自然要从思考求知上下手。《书经·洪范》也说：“思曰睿，睿作圣。”这是指出一条由思考求知以至于成圣的途径。因此在伊川来说，明的工夫就是思的工夫。“思”不仅是穷理所必要的，同时他也能直接指导我们的行为。人所以为恶，是由于缺乏理智思考。就是孟子，也曾表示过：人由于不思，使得耳目感官受欲望所蔽塞。

为了思考求知，自然必须多闻多见。见识多，理也容易明白。也唯有博了之后，才能守约。所以孔子曾指示学者须“博学于文”。可是，见闻本身并不等于“知”。德性的知也不同于见闻的知。见闻的知，只是知识上的知，并非真正的心知。如果不能得于内心，多闻多见，博学于文，便毫无意义。所以，伊川反对荀子博闻广见的态度，认为这是学之于外了。

对于《大学》“格物致知”的解释，历来众说纷纭。伊川的解释特别简明直截。他以为格就是穷，物就是理，致知就是尽知。穷至于事物所以然的理，以尽心知，便是格物致知的确切定义。分开来说，天地间每一事物都有理；合起来说，万物是一个理。在方法上，我们很难直接去穷那万物一个的理。如果分别去穷每一事物的理，久而久之，也就能通得那万物一个的理。因为每一事物的理，就是那万物一个的理。万物既然是一个理，则物理和人本心的性理，也应该相同。明白性理，就明白物理；反过来说，明白物理，就明白性理。所以伊川说：“才明彼，便晓此。”这也是“合外内之道”。

理在人心中，穷物理并不是从外面取得理来安放心中，穷物理也不是对物理本身发生兴趣；而是要借着物理来穷性理。这就是所谓“观物以察己”。

既然要从物理穷起，则“格物”的工夫，便极具重要性了。理论上，每一事物的理，就是那万物一个的理。那么只要在一件事物上格物穷理，其他的都可以旁通类推，不需要尽穷天下万物。可是事实上，人的智虑往往在这件事物上蔽塞住了，即使勉强思考也想不通。所以很难在一件事物中，就穷通那万物一个的理。因此伊川认为格物工夫，也须积累渐进。这件事上想不通，换一件事想，今日格一件，明日格一件，理会多了，积习久了，自能脱然贯通众物的所以然，而穷得那万物一个的理。这样一来，格物穷理的范围就很广大了。凡眼前无非是物，物都有理，像火为什么热？水为什么冷？以至于君臣父子间的伦常关系，都是理，必须普遍去求。在自己身心性情上体察固然切要，但从一身以至万物，都无非是格物的对象；大至天地的高厚、鬼神的幽显，小至一草一木的所以然，都值得穷究。而格物穷理的方法也不止一端：或研读经书讲明义理，或析论古今人物是非，或应事接物各求其当。归结这些方法，无非是“随事观理”而已。当然，天下事无穷尽，要遍知遍能，即使孔子也办不到。穷理的目的，只是穷得那万物一个的理罢了！伊川格物穷理的治学精神，无形中使他认识事理更为客观。所以，伊川生平不信阴阳鬼怪、卜筮地理、择日祈雨的事。

伊川所以特重穷理致知的工夫，同时也是基于他对知行的见解。伊川以为知有深浅，真知必能行，知而不行，只因知得浅、知得不透彻。孔子赞美颜回，说他知道自己有过错了，就未曾再犯错。颜回这种知，就是真知。会被老虎咬伤的人，才能真正谈虎色变，这就是由于真知。人不会蹈水火，饿了不会吃鸟喙，这都是知。人所以为非作歹，只因为不知。因此，为学要以知为本，行次之。力行之前，先要知。好比行路之前，路上必须有光照着。《书经》说：“知之非艰，行之惟难”，伊川却以为不仅行难，知也不容易。想去京城的人，必定要知道走哪一条路，然后才可以去。如果不知道路，虽然想去，如何去成？自古以来，并非没有天资美善、能力行不懈的人，但很少能明白圣道。自此可见，知也很难。“力行”两字是浅近的话。既然能知，岂有不能行？能知，则自有行的力量，更何需着意用力？凡需着意用力勉强行的，必不能持久。如能真知，则自然很诚心乐意去做。所以《大学》也认为，要诚意必先致知；如果还没有致知，便想诚意，这是躐等。致知是知的事，诚意属行的事，《大学》对知行的先后关系，已经说得很明确了。

4. 主一用敬

伊川虽然主张为学识道的工夫，以致知为最先、最重要；但涵养入道的工夫，却须以敬为根本，没有不敬而能致知的。敬，表现在外的是严肃端正的容貌；实存在内的却是主一的心境。主一就是心意诚一的意思。人在有事时专心一志，尚且能扫除思虑的纷扰；没事时心意诚一、自做主宰，当时邪妄更无从产生了。主一时，心中虚静无物，这种境界和佛老所体认的，似相近而实不同。这时的虚静只是“勿忘勿助”；这时的无物却是“必有事焉”。在伊川来说，纯敬的境界，是心与理一的境界；敬的工夫，更无非是使内心天理昭著的工夫。在这里，伊川似乎更能掌握《易传》“敬以直内”的实质意义和实地工夫。“直内”就是“主一”，工夫本无二致。从直内主一来讲敬，也许过于抽象，所以伊川又从“严肃端正”上，指导学者敬的具体工夫。外表的严肃端正，正是涵养主一心境的必要法门！

事实上在涵养方面，敬可以取代克己的工夫。敬便是礼，更无私己可克；不敬便是非礼，便是私欲万端，有害仁道。

伊川偏向于由外表的严肃克己来表现敬，而明道偏向于由诚来讲敬，他们的着眼点便不相同。明道的敬就是诚。诚则无息；敬则无间断。敬是“纯亦不已”。敬是本体的诚敬表现。所以《易传》

上说“敬以直内”，不说“以敬直内”，因为敬并不是“直内”的手段，而是本体自身的表现。由于“敬以直内”，因此内在的义自然体现，能驾驭身心形气的活动，这便是“义以方外”。

伊川讲敬，不论是容貌的严肃端正，或就心境的主一来讲，都偏向实然的心气方面。他是拿敬作手段来镇住心气，使它就范。所以我们也可以说，明道伊川论敬的不同，是工夫先后天的不同。虽然不同，却可以相辅相成。

伊川一方面注意致知的工夫，一方面又正视敬的工夫。这两种工夫在伊川来说，犹如车的两轮，并行不悖，不可偏废。不敬固然不能致知，不能致知也无法涵养。因此伊川有句名言说：“涵养须用敬，进学则在致知。”这句话正可以统括他的全部成圣工夫呢！

四、二程排佛言论

以上大略介绍了二程的思想，现在我们再谈谈二程对佛学的看法，来映衬出二程以儒家为本位的坚定立场。二程都曾研究佛学，但是他们也极力排斥佛学。

二程认为佛家苦于根尘烦恼、免于生死轮回的思想，根本上是一种自私的利心。佛家以身为妨碍，其实却是爱身。这种情形，譬如抱着石头沉入河中，不知道放下石头，倒一味地嫌重。如果把身放在天地万物中一样看待，身又有何妨碍？一定要弃绝仁义性情，以求寂灭湛静，近乎槁木死灰，本是一种偏见。饮食男女、喜怒哀乐，无非是人性的自然；孝悌忠信，儒家认为是天生的秉彝，佛家却看做是必须逃避的世网。伊川批评佛家这种出世的态度，好比把眼睛闭起来不想看鼻子，可是鼻子仍自在那里，并不因为不想看就没有了。道外无物，物外无道。佛家出家独善，把妻儿看做累赘，将君臣父子屏弃于道外，毁人形、绝人伦、厌外物，苟且务静、远迹山林之间，这种作法尤其造作、不合自然。

或者有人以为，佛家在形迹上也许不合国情，而立心却甚可取。二程极力反对这种说法。道是不分上下、本末、内外的，立心和形迹岂可分而为二。形迹无非是道的表现，形迹上有弊病，本心的道也不能无问题。

在认识上，佛家以天地为妄，以死生为幻，以成住坏空为无常，也是谬见。有生便有死，有成便有坏，天理本来如此，有何幻妄可言？生死成坏的变化，不是无常，正是常道呢！再说天地只是一个盈虚消长而已，说成坏可以，说住空则不可。佛家看阴阳、生死、昼夜、古今是无明业识的幻妄，是“缘起性空”下的幻现，儒家则视之为天道的神化大用。一空一实，他们的基本形上认识便不同。佛家主张“性空”反对“自性”，即使他们谈到如来藏自性清净心，真空妙有，与儒家神化大用、纯亦不已的性体也还不同。

佛家对天道纯亦不已的精神不能领会，对人道穷神知化的境界也无法到达。佛理固然高明，并非极高明。它说到穷处，又借鬼神地狱立说，陷溺心智，使学者一生也钻不出来。它使本性滞固的人流于枯槁；本性疏通的人归于肆恣；而资质高的人更是愈陷愈深。其实，佛老的思想大抵如此：乍然见到道体，便以为得到要妙，说出来惊天动地，深入探究却是意味浅短。佛家说道体千章万句，只要《中庸》“无声无臭”四个字就可以总括了。儒家原始知得生理，便能要终知得死理，佛家万般安排，全不济事。所以二程以为，看一部《华严经》，不如看《易经》一个艮卦。

况且天道也无处去说，所以孔子说："予欲无言。"又说："天何言哉？"佛家只是强生事，佛家有山河大地之说。山河大地自是它山河大地，又干卿底事？一般学者于儒家思想无所得，忽然听到佛家超腾侈大之说，便趋之若鹜。譬如人走山路走久了，身心都感疲惫。这时忽然发现了捷径小道，也不管前途的荆棘险阻，便径自走进去了。

佛家唯务上达天道而忽略下学人事，以此标榜。其实，佛家对天道的体认也不正确。以管窥天的人，不能说没看见天，但只看到一偏，看不到四边。因为这样自囿，所以佛家在应物处事上，全然无所知，反而认为天下国家不值得治理。佛家讲道也是上下一贯的，可是在应用上却分作两截，有所间断。这好比已经站在墙外看到了，却不肯走进来做。因此二程以为佛家只有"敬以直内"的修养，而欠缺"义以方外"的工夫，甚至连"敬以直内"也谈不上。儒家讲"敬"，是孟子"必有事而勿正，心勿忘勿助长"的工夫；而佛家却主张习忘。儒家讲"止"，是物各付物，各当其分，止于至善；而佛家却强调"定"，忘物无所为。孟子不动心是养气知言的自然结果；佛家却将不动心当一件大事去做。圣人以所贵率人，愿天下人都能成为圣人；佛家却以所贱率人，自己不行君臣父子夫妇之道，让天下人也不去做。

五、二程思想的评价与影响

我们曾经说过，在排斥佛老上，韩愈是个急先锋。可惜他的儒学修养不够，对佛老思想也欠钻研，所以免不了意气用事，而见解也显得肤浅。在这方面，二程却表现得很卓越。他们由学术观点来批判佛学，立论精辟，切中肯綮，的确能解开百代的迷惑。后来学者排抵佛氏的言论，大约不出二程所说的范围。二程的贡献可想而知了。

其实，二程主要的成就，并不在排抵佛学，而在使先秦儒学得到新的生命，儒家思想得以突出挺立，让学者有所归依、有所向往。

明道圆顿的智慧，是承接濂溪，旁通横渠而成，并妙契于《中庸》、《易传》和《论语》、《孟子》。

明道扩大孔子“仁”的范围，以仁贯通天人关系。仁即万物一体、生生不息的生机。这种生机必须用“心”去体悟，所以称“识仁”。在此，明道特别注重“心”的地位，他说：“只心便是天，尽之便知性，知性便知天，当处便认取，更不可外求。”人的心性是主观的，天是客观的。他对道体的主观和客观面都注重，因为他认为道体的主观面和客观面是合一的，所以他提倡“一本”。心性天是一，心理是一。既然心理是一，理便不是静态的、超越的“所以然”，而是动态的、“纯亦不已”的实然。他更扣紧人生命的“生”，来说明理和性，认为理、性与气、神是相即不离的。“只心便是天”，天理就在人心上，不必外求。人可以通过仁心觉情来体现天理——

即仁。因此，道德在人心中有了根源，成为有力的、自律自主的道德。明道可以说为孔子的“仁”、孟子的“性善”，在人心中建立了根基。有了这个根基，人用“心”去体悟“仁”便为可能。体悟仁后，只要用诚敬去存养就可以了。因此，明道特别揭橥极为简易的“敬”，做为修养的工夫，这是他在道学上极有价值的创获。

性不只是现实生命现有的本能，性就是理、就是道。这是二程所同样肯定的。不过，伊川更由性理的超越和尊严，与现实生命表现确有距离，而指出理气为二。在同时，伊川又主张“性即理”，理即我们生命的性，以说明理气的统一。

伊川对道体善作分析式的思考。他把道体看成是理，这理在伊川的思想系统中是静态的、超越的“所以然”，丧失了“纯亦不已”的意义。于是，性变成只是静态的理，心则属于变动的气。“心”不即是性、不即是理。仁是性，爱却是情了。在这一连串观念下，伊川很自然地用静态的“公”来说明仁，依公来表现情，便接近仁了。用公来制约情，在道德上便倾向于他律道德。

如果心不即是性、不即是理，如何知道心所依的理，一定是我们的性呢？所以伊川只有通过格物穷理所穷究的所以然的理，而肯定它为性，以这种所以然的理做为我们心气情变的归依。这样一来，心不能决定它自己必定是善，须看它是否顺性依理，性理的道德力量显然不够。善要以理来决定，在道德上实倾向于他律道德。

理如果是静态的、超越的所以然，自然成为分析思考的对象，追求理的方法也只有分析思考，所谓“格物穷理”了。这是儒学领域的扩大，也是儒学的一种歧出。在此，伊川把“穷理”归于《大学》的“格物致知”，建立了理论的根据和系统的说明，这对后世产生很大的影响。

二程对后世的影响，大抵可以从两方面来看。

从本体说：明道认为理不是离开事物而单独存在的，他说：

“器亦道，道亦器。”形上形下不分。后来陆王心学一派讲“心即理”、“心即道”、“心即天”，就是承继明道的见解。伊川则认为理是形而上的，气为形而下的，他说：“道非阴阳；所以一阴一阳者道也。”形上形下界线分明。后来朱子理学一派主张“心性情三分”、“心统性情”，把心看做属于气的事物，便是顺承伊川“性即理”系统发展下来的。

从工夫说：明道曾说：“识得此理、然后以诚敬存之。”这就是后来陆王心学一派“先立乎其大者”、“学以存其心”的见解。伊川则用敬来涵养，并且“今日格一物，明日格一物”以求“脱然自有贯通处”，后来朱子便根据这种格物穷理工夫，为《大学》作格致补传。

不过，明道对陆王的影响并不是直接的。陆王的学问虽然接近明道，却不是由明道转手。明道思想是由《中庸》、《易传》转向《论语》、《孟子》，而陆王思想是径由《孟子》出发。

王阳明和伊川固然不同学派，但伊川对知行关系的见解和阳明有相同处。伊川曾说：“真知未有不能行者。”“学者须是真知，才知得是，便泰然行将去也。”又说：“未有知之而不能行者，谓知之而未能行，是知之未至也。”阳明也有类似的话，他说：“真知所以为行。”“未有知而不行者，知而不行，只是未知。”

我们很容易看出他们两人的话，若合符节。但是，伊川强调知的重要，便去格物穷理上做工夫。事实上他的格物穷理并未发展出科学。到了朱子更走上“读书穷理”的路子去。后来的学者愈走愈偏，终至以“求知”做为学的唯一目的，忽略了行的重要。于是阳明乃提倡“知行合一”来补救纯粹求知的弊病。因此，伊川、阳明提倡知行学说的目的，是完全不同的。

二程对后世所以有那么大的影响，一方面也因为他们对培育人才、启导后进的热忱和努力。二程的弟子有所谓程门四先生，他们是谢良佐（上蔡）、杨时（龟山）、游酢（定夫）、尹焞（和靖），另外有吕大临（兴叔）一人，原先是从横渠问学。龟山三传到朱子，乃大放异彩。其他私淑洛学的，有武夷胡安国，安国传给儿子五峰，五峰再传给南轩张栻。以上这些人都是宋代道学的巨擘，对于阐扬二程的思想很有贡献。

伊川思想容易吸收，具体而落实，所以最先开展，到明朝中叶以前，可以说都是伊川的天下。明道思想由象山暗和，到明朝中叶逐渐抬头。清儒全祖望曾说："大程之学，谓其近于颜子，盖天生之完器。"明儒刘宗周则以为"小程子大而未化，然发明有过于其兄者"。二程兄弟对后世的影响可说是相辅相成的。他们根据《学》《庸》立说，承继孔孟道统，共同支配了以后六百年的学术思想，是古今中外难得遇见的一对哲学家兄弟。

参考书目

《二程全书》，程颢、程颐著，中华书局，《四部备要》本。

《心体与性体》，牟宗三著，正中书局，一九七〇年台修一版，第二册一至四二八页。

《中国哲学原论原性篇》，唐君毅著，九龙新亚书院研究所，一九六八年二月版，三三六至三五七页。

《中国哲学史话》，张起钧、吴怡著，台湾师范大学，一九六五年五月再版，二八九至三〇二页。

杨时

傅武光　著

目 录

一、传略

1. 生平行谊

杨时，字中立，宋南剑州将乐县（福建省将乐县）人。故居在龟山，学者称为龟山先生。生于宋仁宗皇祐五年（公元一〇五三年）。

先生从小就非常孝顺，在他幼年，母亲就去世了，他哭得比成人还哀痛。后来父亲再娶，他事奉继母，也一样尽心孝养，由此可见先生纯孝的天性。

跟其他的贤哲一样，先生也得天独厚地拥有过人的天资；不但聪慧颖悟，而且胸怀坦荡，性情宽和。八岁就能作文，特别喜读经史方面的书籍。

神宗熙宁九年，二十四岁，成进士，朝廷派给他汀州司户参军的官职。在科举时代，成了进士，是一桩光宗耀祖的大事，也是读书人最好的出身。因从此便可步入仕途，青云直上，更有跻身卿相的希望，所以“进士”的头衔，是当时一般学子梦寐以求的。可是龟山先生对这个头衔，并不珍惜。他对当时学子为科举考试而读书的风气，非常痛心，认为那只是“以文字自售”，（《杨龟山先生全集·语录》）而不是古人“行己”之学。尤其当他们一旦登了高榜，“既得官矣，又以侥求荣达。”（同上）先生认为，这完全失去了读书的意义，也失去了读书人的本色。所以当他成了进士之后，还觉学养不足，辞了汀州司户参军的职务，在家闭门读书，前后达六年之久。

元丰四年，二十九岁，授徐州司法。在上任之前，赴颍昌（河南省许昌县），以师礼拜见程明道先生（名颢，字伯淳），从此便向明道问学。明道常教他体验“喜怒哀乐未发之中”，先生领悟通彻，明道很器重他，常说：“中立最会得容易。”当先生南归时，明道目送他说：“吾道南矣！”（意思是说：我所讲的孔孟之道，将随他而传布到南方去了。）后来，先生一传而得罗豫章（名从彦，字仲素，《宋元学案》有《豫章学案》），再传而得李延平（名侗，字愿中，学说见《豫章学案》），三传而得朱子，遂集诸儒之大成；而他们都是南方人（罗、李都是福建人，朱子是江西婺源人，但讲学多在福建）。果真应验了明道“道南”的预言。

元丰八年，三十三岁，六月，明道逝世，先生接到噩耗，在寝门设灵位哭祭。七月，继母也相继谢世，先生解官服丧。

哲宗元祐三年，三十六岁，调虔州（江西省赣县）司法。先生熟习律令，任内许多疑案，众官不能解决的，先生都能公允而明快地判决。当时，虔州太守楚潜，办案公平允当，而通判杨增，却过于严厉，先生常赞成楚潜的做法，而反对杨增；杨增便认为先生逢迎太守而轻视自己，难免愤愤不平。等到楚潜任满离职，继任太守林某，执法不公，先生常跟他争论，于是杨增才知道先生是个正直无私、固守原则的人。

元祐五年，三十八岁，先生之父杨殖先生去世，先生又解官服丧。元祐八年，四十一岁，四月，迁瀛洲（今河北省河间市）防御推官，又授知浏阳（湖南省浏阳县）县事。五月，见程伊川先生（名颐，字正叔，明道之弟）于洛阳，自此又师事伊川，而愈知恭敬。一日，先生与同门游酢（字定夫）去见伊川，而伊川正闭目静坐。二人于是在旁侍立，既不敢惊动，也不敢离去，等到伊川醒来，门外已经雪深一尺了。张横渠（名载）著《西铭》，先生怀疑其中宗旨近于墨子所讲的“兼爱”，曾与伊川往复辩论，因而获闻“理一分殊”之说，乃了然无疑。

先生在浏阳凡四年，安抚使张舜民非常敬重先生，每相见，必行拜礼，不敢以属吏相待。

徽宗建中靖国元年，四十九岁，因张舜民的推荐，授荆州（湖北省江陵县）府学教授。三月，沙县（福建省沙县）陈渊投书向先生问学。后来陈渊不但成为先生门下的得意弟子，而且还成了先生的爱婿。《宋元学案》列有《默堂学案》，记载他的学说。

崇宁五年，五十四岁，授余杭县（今浙江省杭州市余杭区）知县。先生为政，力求简易而不烦苛，百姓悦服爱戴。这时蔡京当国，气焰正盛，葬他母亲于余杭县，听信卜卦先生的话，要挖湖蓄水，以美化坟地，而却借口说是便民，把此事交下余杭县去办。先生询问地方父老，人人都说不便，于是替百姓力争，终于废止此事。

大观二年，五十六岁，迁南京敦宗院宗子博士。又二年，授越州萧山县（今浙江省杭州市萧山区）知县。萧山县的百姓听到他的名字，都感动兴奋；政令未施，而自然成化。甚至画他的肖像，在家中瞻拜。

政和二年，六十岁，罗豫章从福建延平徒步来向先生求教。政和四年，六十二岁，差点均州明道观，迁居于毘陵（江苏无锡）。政和七年，六十五岁，改除成都府国宁观，仍居毘陵。宣和五年，七十一岁，路允迪、傅国华出使高丽，高丽王问二人说：“龟山先生，今在何处？”二人见高丽王如此敬重先生，因而随机应道：“现已召赴京城，正要重用。”二人回国后，把此事告诉朝廷，因劝朝廷趁此时重用先生。于是朝廷宣召先生赴都堂审察，先生称病推辞。次年，徽宗亲写诏书，以秘书郎召先生，要他上殿“专对”，先生因而陈述了一些儆戒的话，颇获徽宗称许接纳。

先生自政和五年六十三岁，任提点均州明道观以来，直到这一年，前后约十年的时间，都寄居在毘陵，常往来于毘陵与梁溪（江苏武进）之间，在当地的东林书院讲学，四方从学之士，负笈云集，所造就的人才，不计其数。四百年后，当明代之末期，顾宪成、高攀龙在此重事兴起，讲学议政，声动天下，被目为东林党，他们为纪念龟山先生，特别建造一座道南祠，做为他们的精神堡垒，可见东林诸子是受先生的精神感召而兴起的。东林书院被魏忠贤毁坏之后，又重建为道南书院，也是为纪念先生而取名的。

宣和七年，七十三岁，迁著作郎。三月，与执政札子。七月，上殿进札子三道，除迩英殿说书。十二月，又与执政札子。

这一年，宋朝的局势很紧急。十月，金兵分东西二路入寇；西路由粘罕率领，从雁门关南下，直指洛阳；东路由斡离不率领，以京师开封为目标。宋朝抵抗西路金兵的是童贯；而童贯却从太原逃回京师。自称只是受命宣抚，而不是受命守土。于是太原被围，由张孝纯坚守二百六十日而陷落。东路斡离不军，势如破竹，到十二月中旬，便已取得黄河以北的地方，并已渡过黄河。于是徽宗引咎自责，让位于钦宗。

先生在三月与执政的札子中，分就“慎令”、“茶法”、“盐法”、“转般”、“籴买”、“坑冶”、“边事”、“盗贼”、“择将”、“军制”十事提供意见，大略可归纳为两点：一在减轻人民负担；一在筹备边防。在边事问题上，先生主张：燕、云一带的军队，应该退守内地，以节省运输军需品的庞大费用；而燕云之地，则应该招募近边人民，练习骑射，使成弓箭手，以加强防御力量。结果执政者都没采纳。等到十二月金兵渡河，逼近京师，先生又与执政札子，针对时事，痛陈兴革之计，大要可归纳为“御敌”与“除弊”两端。在御敌方面，先生建议：要害地方，以及靠近边境的军队，应坚壁清野，严为守备，而不要与金人接仗。金人抄掠而没有收获，日子久了，自然困乏。等到时机成熟，出兵攻战，就应派遣援兵追袭，使他腹背受敌，为此才可制胜。而最要紧的，还在于收人心，因人心不附，虽有高城深池，坚甲利兵，也是靠不住的。在除弊方面，先生认为："免夫之役，人怨神怒。"而"西城聚敛，东南花石，其害尤甚。"免夫之役，是指输钱以求免役；这是不应征而征的"苛捐"。东南花石，则纯是为满足徽宗个人喜好而兴的弊政（徽宗爱好花石，蔡京便特地从浙江采花石进贡，徽宗大喜。以后年年增加，舳舻千里，相沿于淮河、汴水，号称"花石纲"，命朱勔主其事）。先生说："欲致人和，去此三者。"结果执政者还是不用。后来胡文定公（名安国，尝自称与先生的关系是"义兼师友"）很惋惜地说："当时宰执中，若能听用，决须救得一半，不至如后来大段狼狈也。"（见《伊洛渊源录》）

钦宗即位，改元靖康。靖康元年，先生七十四岁，任著作郎，兼侍经筵。正月，金兵包围京师，朝中分为主战与主和两派。李纲主战，于是以李纲为尚书左丞，亲征行营使，负责守城的任务。不久，四方勤王的军队集结了二十多万；但不相统一，遇敌便败，只得派李梲到金军去讲和。先生上殿进札子，提议五点：

（1）乞立统帅：请和之议，不可完全听信，应该严为守备。而勤王军队，无异乌合之众，应立统帅，以统一号令。

（2）乞肃军政：童贯为三路统帅，弃军而逃，理应伏诛。

（3）乞责宰执不忠：城下之盟，宰相应负全责，不能不正典刑。

（4）乞罢宦官防城：童贯带兵，覆军败将，不应重蹈覆辙。

（5）乞谨号令：凡诏告中外，应当详议而后行，不应朝令夕改。

钦宗见此札子，非常感动。二月，除先生为谏议大夫，兼侍讲。这时，宋、金已达成和议；金人要求的条件极为苛刻：

（1）宋朝输金五百万两，银五千万两，表缎百万匹，牛马万头。

（2）尊金主为伯父。

（3）割太原、中山（今河北省定州市）、河间（在今河北省河间市）三镇。

（4）宰相亲王为质。

（5）燕、云逃亡者归还金。

（6）送大军北还，不得要击。

金兵退后，先生上殿，极论不可专守和议；尤其不可割让三镇。因为河、朔是朝廷的重地，而三镇又为河、朔的重要屏障，并且河、朔一带的郡县，其地缘犬牙相错，现在如果将三镇二十州的土地割与金人，就等于是金人的势力贯入我们的心腹之中，后患无穷，所以急应命将出师，三镇抵抗于前，重兵追击于后，使他前后受敌，可以成功。

于是钦宗便下诏出师；但毕竟主和派的势力太大，并不见有什么具体行动。先生又再上疏，谓金兵之退回，是害怕我们庞大的勤王军队，并不是因爱我而不攻，我们反而割三镇二十州之地给他，这才是"助寇自攻"呢。因此再请求出兵，不可专守和议。于是钦宗于三月命种师道、种师中、姚古前往支持三镇，固守城池，以抗金兵。

在当时混乱的局势中，李纲主战最力，终因反对和约而被罢斥。太学诸生陈东等，以及都城民众数万人，涌向城阙，上书皇帝，请求再起用李纲。一时京师骚动，议论纷纷。朝廷担心他们暴乱，召先生谋对策，先生说："太学生此种举动，完全出于爱国忧时的赤忱，并没有其他的企图。只要挑选一位年高德劭、行谊可风的人，做他们的长官，开导他们，自然就会平息。"钦宗说："那再也没有比你更适合的人选了。"于是就以先生兼国子祭酒。

先生有感于国家多事，国步一天比一天艰难，因而探讨祸难的根源。探讨的结果，认为蔡京是误国的罪魁。而蔡京之误国，又是王安石所导致。先生所持的理由是：蔡京在表面上，以继述神宗为名义，而实际上是挟王安石以图谋自身的利益，所以他对王安石推崇得无所不至。而王安石又著邪说（案：指《三经新义》），败坏心术，贻误士子。由此说来，靖康之难，径可说是王安石所种下的后果了。因此，为了消灭邪说，从根救起，先生请求皇上追夺王安石的爵位（案：王安石先封舒公，后改封荆公），明诏中外，毁去配享于孔庙的遗像，并毁弃《三经新义》的书籍版本。钦宗颇以为然，一一照着先生的话去做。不过，当时王安石的余党，还很有势力，不久又恢复原状。

靖康元年八月，金兵再度南下。朝廷早在五月底即派姚古往援已被围半年多的太原；而姚古却顿兵不进，坐视太原危急而不救。先生非常气愤，连上二疏，请杀姚古，结果钦宗都没有什么表示。九月，太原便陷落了。十一月，金兵又包围了京师，钦宗在金人的要挟下，才悟“宰相误我父子”；可是已经太晚了！次年三月，徽、钦二帝及宗室三千人，被掳北上，留下永难洗刷的“靖康耻”，还连累忠勇的岳武穆，饮恨而亡。

靖康二年，五月，高宗即位，改靖康二年为建炎元年。此年，先生七十五岁，上疏请求废止茶、盐二法，并力言不可割地。建炎二年，除工部侍郎。不久，先生请辞。于是又除龙图阁直学士，提举杭州洞宵宫。次年，回龟山故居。又次年，即建炎四年，七十八岁，在家乡上书告老，获朝廷批准，以龙图阁直学士致仕。绍兴三年，八十一岁，完成《三经义辩》，此书旨在驳斥王安石的《三经新义》。此年，工部尚书廖刚来问学。绍兴五年（一一三五年）四月，卒于正寝，享年八十三岁。朝廷赠左太中大夫，又赠太师太中大夫，谥文靖。

2. 时代背景

谈中国学术，有所谓汉学与宋学的分别。汉学是清代乾隆、嘉庆间（公元十八世纪初期至十九世纪初期）的学者所标榜的。他们认为，他们所做的训诂博辨的工夫，是直接继承了汉儒的事业。实际上，清儒重在解经，而汉儒重在传经，面貌还是不同的。不过跟宋、明的那一套学问比起来，显然清儒所走的路，还是跟汉儒一样。所以清代的汉学家，多少带点不屑的眼光，把宋朝那一套学问，叫做“宋学”。本来，把一种学问冠上朝代的名字来称呼，是很不妥当的；但汉、宋（或说宋、清）两代的学术，确实有他们不同的精神与不同的面貌。而以宋学与汉学相对并称，也足以显出宋世学术的特殊风格。

那么宋世学术的特殊风格是什么呢？简单地说，就是“经世明道”。“明道”是要通晓经义，要明体，要修己，要独善其身。“经世”是要经国济民，要达用，要治人，要兼善天下。由通晓经义到经国济民，由明体到达用，由修己到治人，由独善其身到兼善天下；要一以贯之，内外无间。

他们所讲的“明道”，要直探性命之原，通达死生之理，认识生命的意义，明了天理人欲的分辨，然后下省察、克治、涵养的工夫，以达圣人的境界。

他们所讲的“经世”，要强调王霸之辨，上法三代，卑视汉唐。在他们眼中，三代是以道治天下，是王道政治；汉唐是以智力把持天下，是霸道政治。张横渠说：“为政不法三代，终苟道也。”（见《横渠学案》）正是此义。这种经世思想，充量发展，便自然要走上议政的路；王安石新法，可为代表。

既然要效法三代，摆落汉唐，以更新天下的法令，自然那些由汉、唐学者所作的经籍注疏，他们是瞧不起的。所以他们喜欢自作新经义，如孙复作《春秋尊王发微》，王安石作《周官新义》，都是好例。他们要把经书的义理，应用在政治上；要将事功消融在学术里；而以学术来领导政治。

宋儒这种思想与抱负的萌芽，固然颇受道、佛二家的刺激与影响；但主要的，还是出自当时学者内心的自觉。宋学的先河，可以胡安定（瑗）与范文正（仲淹）二先生为代表。胡安定是标准的教师，范文正是标准的宰相；北宋中叶的名臣大儒，大多是他们造就或奖掖而成的。而胡范二先生都是在寺庙中苦读出身的，没有师承，没有家学。他们是在困苦的环境中，感到一种应以天下为己任的意识；然而，这也并不是胡范二先生的个人精神，无端感觉到此，这已是一种时代精神，早已隐藏在同时人的心中，而为胡范二先生正式呼唤出来。于是胡范二先生的同时与前后，新思想与新精神，蓬勃四起。所谓北宋五子——周濂溪（敦颐）、邵百源（雍）、张横渠（载）、程明道（颢）、程伊川（颐）也就先后降生于这个时代；他们也都直接或间接的受到胡范二先生的奖掖与感召。

龟山先生的诞生，已在仁宗时代的晚年。这正是北宋人才鼎盛、学术昌明的时代。宋世的学术，到此已形成独特的风格。龟山先生在这种新思想、新精神的大时代风气熏陶下，自然也有新的思想，新的精神；自然也要摆落汉唐，独研义理；自然也以做圣人自期；自然也要走上议政的路。龟山一生，胸怀磊落，加上精微学术的浸润，更显得冲粹和平，色笑可亲；临事裁断，不动声色。虽长期沉伏下僚，却安贫乐道，无所歆羡。一心以教育后进为职任，传道、授业，从无倦色；使伊、洛学统移植南方，而大放光芒。晚年受知于朝廷，擢至高位，则知无不言，言无不尽；力排和议，不畏权势。总之，先生在道德上，具有圣贤的气象；在传道上，表现教育家的本色；在政治上，具有政治家的风范；这都是宋世学术精神的具体表现。

以上所述，是从北宋整个时代风气给与先生的濡染与影响而说的。至于先生思想在本质上的渊源，则可说直接来自二程兄弟。如前所叙，先生二十九岁，开始从明道问学，至三十三岁，明道卒，前后受学约六年。四十一岁又师事伊川（时伊川六十一岁），直到伊川之殁（伊川享年七十五岁），受学达十五年；此外，并无其他师承关系；而先生的思想，大体上也笃守师说，很少越出二程兄弟的矩范。所以先生的思想渊源，比较单纯；不过，还有两点是值得一提的：第一，二程兄弟的思想，在主要精神上，有共通相近之处；而在思维方法、义理模式上，却有绝大的不同。龟山先后从二人受学，融会贯通，于是二程兄弟的思想，在先生的身上得到了调和，而有了新的生命。第二，张横渠与二程兄弟过从甚密，关系颇深。横渠的学生常到二程的门下受学，二程也常拿横渠的《西铭》开示学者；龟山就曾因怀疑《西铭》的宗旨近于兼爱，而与伊川往复论辨，终于获闻“理一分殊”之说。由此看来，龟山之受横渠影响，也是理所当然的事。我们看龟山的天道思想，与横渠所论，如出一辙，就可以看出一些端倪来。至于二程兄弟的思想如何在先生身上得到调和，以及先生思想受横渠影响的情形，留在《学术思想》部分加以论列。

先生在程门，素称高第弟子，与谢上蔡（良佐）、吕蓝田（大临）、游廌山（酢）齐名，世称“程门四先生”。尤其先生倡道于东南，三传而得朱子，对于儒学的发扬，可说功劳最大；道南一脉，真可以说是伊洛的正传而有光于师门了。关于这一点，留在“对后世的影响”部分加以论述。

二、学术思想

1. 论道

宋儒的天道思想，大抵根据《易经》而来。张横渠如此，程明道也如此。龟山先生的天道思想，一方面继承了程明道的见解，一方面也受张横渠的影响。

龟山认为：整个宇宙，只是一气运行。这一元之气，又含阴阳二气，彼此自然地屈伸往来，升降浮沉；动静循环，变化无端。在这永无休止的一动一静的过程中，气便有离有合，有聚有散。当它聚合时，便构成形体；当它离散时，又归于无形。我们所见的宇宙万物（包括人类在内），便是这一元之气聚合而成的现象；而万物之死亡腐朽，也就是这一元之气离散的过程。所以这一元之气是宇宙的本体；而万物之生灭变化，则是本体所显现的现象。现象万变，而本体不变。当它聚而成形，本体并无增加；当它散而消亡，本体也无减损。这种道理，龟山曾经拿冰与水作比喻。气聚而生，好比水凝成冰；气散而亡，好比冰溶为水。冰与水，形态不同，而质量并无增减。

气之动静相感、生灭变化之道，叫做“易”；这种作用的原动力，叫做“神”。“易”与“神”是二而一，一而二的，此即所谓天道。“易”的过程（生而又生），有一定的秩序；“神”的作用，永无休止。所以天道自身便是一个创造真几，便是一个恒常，便是一个秩序。

在这宇宙大化之中，人类也同其他万物一样，生死只是这一元之气的聚散离合；不过，人类是“得天地之中以生”的，所以成为“万物之灵”。从人类生命的来源处讲，我们既是宇宙大化过程中产生之一物，与其他万物共属一气，那么自然可以体验到“天地万物，与我一体”的道理了。

因此，每一个人，就是一个小宇宙，也就是一个小“易”体。这小宇宙与大宇宙声气相通；小易体与大易体息息相关。所以由本身鼻息的一呼一吸，可以验知一元之气的辟阖屈伸；由本身自少至老的生理变化，可以领悟宇宙万象的离合生灭。在这里，人与天直接贯通了。

由这万物生成与消失的过程，以及人类与万物的关系，我们便可了解：所谓“生”，并不是“来”；所谓“死”，并不是“往”；一死一生，只不过像昼夜的轮换，春秋的更迭；用不着贪生怕死。可惜世人很少能够了解到这一层，凡事以“我”为前提，把“我”看作是世间最重要的生命；为了保护自我的生命，不惜牺牲其他的生命；视万物为异类，待同群如草芥，见己不见人，见私不见公，见利不见义；那就是所谓的“自私”了。

前面讲过，天道是一个创造真几，它创造的过程，有一定的秩序，所以它所创生的万物的生态，也有自然不紊的秩序。人类是此创造真几创生之一物，所以人与人之间，或人与物之间，也自然有个不紊的秩序。在这无往而非秩序的宇宙中，人类的活动，必须依循这些秩序，才不致发生冲突与障碍；而人类本着天所赋与的创造真几——“性”，去活动，也自然合于此秩序。这些秩序，都叫做“道”。从宇宙生命说，谓之“天道”；从个人生命说，谓之“人道”。

所以天地之间，无所往而非“道”。

在龟山的眼中，万物的生灭，四时的运行，固然是“道”，而人际关系，所谓的五常，也是“道”——君臣有君臣之道，父子有父子之道，兄弟有兄弟之道，夫妇有夫妇之道，朋友有朋友之道。就连个人的耳听目视、洒扫应对、昼出夜息、饥食渴饮、夏葛冬裘，也无非是“道”。所以“道”就存于日常生活的事事物物中，并不是难知难行的。事实上，百姓日日都遵行此“道”，只是自己没有察觉罢了。孟子说：“伊尹耕于有莘之野，以乐尧舜之道”。所谓尧舜之道，并不是有一个具体之物可供玩耍取乐，而是在耕田之间，即可体验尧舜之道，而令他满心欢喜。可见“道”是通人物，塞天地，亘古今，无所往而不在的。

那么，人类该如何做，才能合乎“道”呢？龟山认为要“致中和”。道是客观之名，道之在人心的，就是“中和”。换句话说，“中和”便是道。我们做任何事，心是主宰；心在主宰之际，若能不偏不倚，发而中节，便是“致中和”，便是合乎“道”了。

2. 论性

龟山论性，大体祖述明道的说法，主张“生之谓性”。“生之谓性”本是告子说的；但明道与龟山对这句话，却有不同涵义的解释。

告子所谓的“生之谓性”，是以“性者生也”的老传统为背景而说的，它的实际内容，董仲舒解释得最好；他说：“如其生之自然之质，谓之性。”也就是实然之性、类不同之性、作为形构之理之性；如牛之性、犬之性等是。

明道与龟山却认为：“生之谓性”的“生”，不是指现象界的生态；而是指那能创生万物的“真几”，或说“生道”、“生理”、“生德”。所以，所谓“生之谓性”，简单地说，就是“能起道德创造之生德，在个体形成之时，即内具于个体之中，就叫做性。”

很明显的，明道与龟山之论性，在言词的表达上，是借用告子的话；但在义理的内容上，则是一番创新。由于两者所依的义理模式不同，自然所说的实际内容，也就两样。所以龟山常说：“生之谓性，未有过也。告子论生之所以谓之性，则失之矣。”（《全集·与杨仲远三》）又说：“告子知生之谓性；而不知生之所以谓之性，故失之。非生之谓性有二说也，特告子未达耳。”（《全集·与杨仲远四》）

龟山认为，能起道德创造的“生德”，是粹然至善；而当此生德带着气化以俱赴，形成个体，并内在而为个体之“性”时，自然还是一粹然至善。所以龟山说：“若论其本，则无不善。”（《全集·语录》）这无异是给孟子的性善说，奠下了理论的基础。

既然人性是粹然至善的，那么为什么世间会有许多不善之人与不善之事呢？这就关乎气禀的问题了。性是断自有生以后说的，也就是说：在个体生成之后，才有“性”的名称；在个体生成之前，无性之名与实可言。而个体的生成，是由气化（阴阳二气之凝聚）而来；气有清浊之不齐，所以，有气化而成之个体，便有由气之结聚而成之种种颜色，如清浊、厚薄、刚柔、缓急之类，这就是所谓的“气禀”，意即气方面的禀受。有此气方面的禀受，性即不能离此气禀而独存。也就是说，性与气禀滚在一起而不可分。气禀之颜色混杂于性上，而与性一起呈现，这就是张横渠所说的“气质之性”（与粹然至善的“本然之性”相对）。既然性与气禀不可分，则性的表现，必受气禀的限制。气禀有清浊厚薄之种种颜色，性体也就相应地因其清浊厚薄程度之不齐，而有种种殊异之表现。那气禀最清的，便能如其本然之性而表现出粹然至善之德行，如圣人是。那气禀次清的，便稍受限制，而不能如其本然之性而表现出至善的德行；但仍不失为善人君子。那气禀最浊的，便完全显露不出他的善性而沦为恶人了。所以，就性的表现而言，有善恶之分；至于性体之本身，则是纯粹至善。这个道理，明道曾拿水之清浊作比喻，龟山也常引用此喻作为说明，他说：“今夫水清者，其常然也；至于汩浊，则沙泥混之矣；沙泥既去，其清者自若也。”（《全集·语录》）龟山以水之本清，喻性之本善；以水之汩浊，喻性之表现不善。水之汩浊，是因“沙泥混之”；而性之表现不善，则因气禀所限。沙泥既去，水可复清，则气质改变，也可复其本然之性。因此龟山主张：“君子于气质之性，必有以变之。”（《全集·语录》）这又是张横渠“改变气质”的说法了。那么该如何改变气质呢？宋儒一致主张，要靠教育。

综观龟山之论性，一说一面承袭明道的说法，一面受横渠的影响，把性体分为“本然之性”与“气质之性”。本然之性是粹然至善；而气质之性则有善有不善。其所以不善，是受气禀限制的缘故；若能改变气质，依然可以重现纯粹至善的本然之性。这套理论，极为圆密，极有统系，宋、明以来的学者，大多默默地承袭这种说法。

唐代的韩愈，写了一篇《原性》，说性有上中下三品，“上焉者，善焉而已矣。中焉者，可导而上下也。下焉者，恶而已矣。”显然，韩愈是依孔子“性相近也，习相远也”及“惟上智与下愚不移”的话，引申出来的。在龟山看来，韩愈所说的三品，都是气质之性，而非本然之性。本然之性，纯粹至善，是不能分等级的。气质之性则因气禀之清浊厚薄不同而有种种之不齐。韩愈只论及气质之性，而未深入地探讨到本然之性；所以龟山说：“韩子不究其所以然，遂列为三品，则失之矣。”（《全集·答吕居仁》）

3. 论仁

讲到仁，大家就会想到《论语》。

《论语》中，讨论到仁的地方太多了，例如：

巧言令色，鲜矣仁。

刚毅木讷，近仁。

克己复礼为仁。

仁者其言也讱。

唯仁者能好人，能恶人。

不仁者不可以久处约，不可以长处乐。

仁者乐山。

观过，斯知仁矣。

仁者，先难而后获，可谓仁矣。

人而不仁，如礼何！人而不仁，如乐何！

夫仁者，己欲立而立人，己欲达而达人；能近取譬，可谓仁之方也已。

……

如此之类，不胜枚举。可以说，仁，是孔子思想的中心。

可是，《子罕》篇第一章却说："子罕言利，与命与仁。"这不是很明白的说孔子"罕言仁"吗？这又是什么缘故呢？

龟山对此问题，有一个很完满的解答。他说："《论语》言仁，皆仁之方也；若正所谓仁，则未之尝言也。故曰：子罕言利，与命与仁。"（《全集·语录》）又曰："世儒论仁，不过乎博爱自爱之类；孔子之言则异乎此，其告门人，可谓详矣，然而犹曰罕言者，盖其所言，皆求仁之方而已；仁之体，未尝言故也。"（《全集·答问》）

原来前面所引《论语》有关论仁的话，只是"仁之方"（求仁之方）而已。也就是从生活实例上，来指点仁之实义而已；并不曾正面地用训诂字义的方式来解释"仁之体"是什么，所以说"罕言"。

那么，“仁之体”究竟是怎么样呢？就孔子的话说，孔子根本未视仁为一固定的德目。恭、敬、忠、清，都足以表示仁；恭、宽、信、敏、惠，也都足以表示仁；但仁却不为以上任何一德目所限定。所以，仁是超越一切德目之上，而综摄一切德目，是一切德目表现的根源。换句话说，仁是全德。

此全德内具于人人之心，而能起道德创造作用；如仁、义、礼、智，都是此全德（仁）所创生的德目。所以明道说：“义礼智信皆仁也。”（《识仁》）人类具备了此全德，遂远离了禽兽，而为“万物之灵”。它是人所以成其为人的必要条件；不具此条件，便不成其为人了，孟子说：“无恻隐之心，非人也；无羞恶之心，非人也；无辞让之心，非人也；无是非之心，非人也。”因为恻隐、羞恶、辞让、是非之心，是“仁之端”；无此四端，即是无此仁之全德；无此仁之全德，便“非人”了。可见仁之为德，虽然抽象，其实它就在自己心上，所以龟山常说：“要道得亲切，唯孟子言‘仁，人心也’最为亲切。”（《全集·语录》）

孔孟论仁，皆就人生界而言；至明道，则兼以言宇宙界，龟山亦是如此。

仁在人生界，即是“人心”；在宇宙界，便是“天心”。天心是什么呢？《易·系辞传》说：“天地之大德曰生。”可见天是以生物为心的；那么天地生物之心，便是天地之仁了。人类得此生物之心以为心，便是人类之仁了。所谓“生物之心”，其实就是能起创生作用的生德；此生德内具于人心，则谓之仁。所以仁就是活活泼泼、感通无碍的真实生命。它是“与物无对”（龟山语），且有绝对普遍性的本体，所谓“仁者浑然与物同体”（明道语），无物我内外之分隔，便是仁的境界，亦就是仁的意义了。

后来朱子论仁，也有很多类似明道、龟山的话：

仁是天地之生气。(《朱子语类》)

仁是个生底意思。(同上)

仁者，天地生物之心。(同上)

这也是推扩到宇宙界来说的。显然，朱子论仁，也颇受龟山的影响。

4. 论为学目的

为学的目的何在？这是一个“老生常谈”的问题；可是很少人正视这问题的重要性。绝大部分的人，劳扰一生，所追求的，不外是名和利，甚至有一部分人，连为什么而奋斗都搞不清楚。像这样的人生，是否有真实的意义？他对人类是否有正面的价值？是值得怀疑的。龟山特别注意到这一点。他认为：为学必须要有一个崇高的目的；针对这个崇高的目的立定志向，然后一切后果，才有价值可言。

龟山认为，为学的目的有二：一是学圣人；一是求仁。实际上，这两点意义是一致的；仁是全德，求仁而得仁，便是圣人了。所以龟山所主张的为学目的，可一言以蔽之曰：学圣人。

在我们心目中，圣人是高不可及的；以此为目标，似乎是悬得太高了。可是龟山坚定地相信，圣人是可学而至的。明道说：“圣人，仁之至也。”按照这种说法，所谓圣人，即把仁之全德，充量发挥，达于极致之点就是了。而“仁”，即内具于人人之心，“无圣贤知愚之异”，(龟山语）因此“我欲仁，斯仁至矣。”(《论语》）一点都不需假借外力，所谓“舜何人也，予何人也，有为者亦若是。”(《孟子》）这是人人所具有的可以做圣人的条件；有了此条件，则成圣与否，就看他是否“有为”了。假若“有为”，则“人皆可以为尧舜”。

人生有三不朽，即立德、立功、立言。立功与立言，需要很多条件的配合，才能成功。在这许多条件之中，大部分是本身所无法掌握的，所以，虽然“有为”，也未必能达到目的。只有立德一项，人人性分中都有足够的条件，不需外力的配合；这是人人都平等的，人人可以达到的。武训贱为乞丐，可以成为“立人达人”的仁人；吴凤位不过通事，可以成为“舍己救人”的圣者；这是“人皆可以为尧舜”的实证。龟山教人“以圣人为师”，其实就是教人“立德”。

伊川游太学，太学教授胡瑗以《颜子所好何学论》为题试诸生。伊川这篇文章写得特别好，很受座师的赏识。他在这篇文章里，开宗明义地写道：“颜子所独好者何学也？学以至圣人之道也。圣人可学而至与？曰：然。”龟山先后从明道、伊川问学；前面所述许多思想是受明道的影响；至于本节所论为学目的，当以圣人为师，则显然是受伊川这篇颜子所好何学论的影响了。

5. 论为学方法

学为圣人，确然是我们人生向上提升的最高境界。一个有意义、有价值的生命，也确然应该以此为其最终的目的。然而，这条道路是艰苦难行的。虽说人人具备了可为圣人的基本条件——仁；但只要意志稍微薄弱，路向辨认不清，工具稍欠精良，便会半途而废。以朱子之贤，在临终之时，回顾这段心路历程，也还不免要吐出“艰难”二字，则一般人更要感到困难重重了。幸好龟山在确定为学目的的同时，也提供了行走这条道路的要诀与工具，也就是所谓的为学方法。龟山所提的为学方法有二：一是格物；二是反身。兹分别加以说明。

·格物

求仁成圣，纯是“内圣”之学，也就是“心性修养”之学。其间的历程，自然是艰苦的。龟山认为，这里头有一个重要的关键，就是必先“明善”。能明善，才有成圣的可能；否则一切都将落空。所谓明善，就是能明理，能辨清善恶是非的意思。道理不明，自然不能明辨善恶是非；善恶是非不能辨，则不免以恶为善，指非为是，拿人欲当天理，那真是南辕北辙，适得其反了。伊川说：“天下之理得，然后可以至于圣人。”便是这个意思。

明善之要，在于致知。所谓致知，“致”是送到、推致之意。“知”是指能辨别是非之“知之能”。“知之能”是人人都具备的；但光有一个“知之能”，并不能就算是明理。“知之能”须与物接触而有具体的表现，方有明理之成果，这就是所谓的“致”了。所以“致知”就是“推致我心之灵知”的意思。这只是一个心智活动；这个活动，必须向某一处着落，才有成果产生。通常我们都推致心气之灵知，使着落于物上，这便谓之“格物”。“格”是“至”的意思。格物，就是“至于物”（与物接）。“物”是什么呢？根据龟山的意思，它包括了具体的物和抽象的事；凡宇宙之内，除了“我心之灵知”之外，一切之物（包括自己的身躯）与观念，都是它的内容。知属“能”，物属“所”；知与物相接，能与所相遇，方能产生“明理”的成果。所以，格物是致知之道。也就是说：必依“与物接”之路，而后始可致其知；若不“与物接”，便无所致其知。归纳上述的内容，可得一明显的层次，即格物而后能致知；致知而后能明善；明善而后可望入于圣人之道。归根究柢的说，“格物”是求仁成圣的第一步入手工夫。所以龟山说：“为是道者，必先乎明善，然后知所以为善也。明善在致知；致知在格物。”（《全集·答李杭》）伊川也说过：“格物者，适道之始。”（《二程全书》）可见龟山在此是祖述他老师的意见的。

既然格物致知旨在明善，则此所致之知，还须分别“闻见之知”与“德行之知”。“闻见之知”所知者为见闻之对象，即今所谓“经验知识”，如多识草木鸟兽之名，博通物件本身之量、质与关系等，即属于这一类。这种知是知之于外，与成德并无多大关系（无本质上之关系）。至于“德行之知”，是超越的本心性体所发的知；这种知是知之于内，而与成德有本质上之关系的。龟山所讲的致知，是致此“德行之知”，而非“闻见之知”。

这种致知格物论，虽然也须凭借见闻以及见闻所接触之对象（物）——此即所谓“格物”（至于物、与物接）；但其所知者，却不滞于物；既不滞于零碎对象之记取，甚至也不滞于对象本身之量、质与关系；而却是超越这一切，以求明其“超越的所以然之理”（天理）。龟山说：“六经之微言，天下之至赜存焉。古人多识鸟兽草木之名，岂徒识其名哉！深探而力求之，皆格物之道也。”（《全集·答吕居仁》）假如“徒识其名”而止，这就是“闻见之知”了。龟山不然；他要“深探而力求之”；深探力求什么呢？就是要探求那“天下之至赜”的“超越的所以然之理”。此“超越的所以然之理”是与成德有本质上的关系的，它能使我们明了至善正道之落实处，而作为我们行事的标准，使我们的行为归于至善，这也就是“德行之知”，这才是龟山格物论的最终目的。

但我们为探求“超越的所以然之理”，而在“经由物”（与物接、至于物）的过程中，我们则并物件本身之质、量与关系，也同时捎带而知之；这就形成了“闻见之知”，有类于今日的科学之知。它虽与成德没有本质上的关系，却间接有助于具体行动的如理合度。不过，毕竟龟山所说的格物，目的不在“闻见之知”，所以格物之说虽富科学精神，却终没有开出科学来。这该是中国早期科学没有得到充量开展的症结所在了。

前面说过，格物的“物”，包涵很广，我们放眼看去，整个宇宙中物，都是我们探求的对象，借用庄子的话说，那真是“知也无涯”。我们面对这浩如烟海的事事物物，究该如何致知格物呢？程门曾有一个学生将此问题问伊川：“格物须物物格之，还是只格一物而万理皆知？”伊川说：“若只格一物便通众理，虽颜子亦不敢如此道。须是今日格一件，明日又格一件，积习既多，然后脱然自有贯通处。”（《二程全书》）格一物便通众理，不是一般人所能做到的，所以伊川主张今日格一件，明日又格一件，这便是“渐”的办法。可是天下之物，多不胜数，若一件一件的格去，岂不是如庄子所说“以有涯随无涯，殆已”吗？伊川认为，天下之物，不必尽格，只要“积习既多”，便终有一天会“脱然贯通”的。至于“积习”多少，方可达到“贯通”的境界，则随个人资禀之高下而不同了。这种由“渐”而“顿”的为学方法，龟山完全承袭了下来。

他们这种说法，是有其理论根据的。他们认为“万物皆是一理；至如一事一物，虽小，皆有是理。”（《二程全书》）意即：物物皆有理，而万物共一理；此理就是超越的所以然之理，也就是天理。因为万物共一理，所以“但于一事上穷尽，其他可以类推”，“才明彼，即晓此”，（《二程全书》）不必格尽天下之物。譬如天地以生物为心，“生”便是天理。天生了万物，万物便各有其所以存在之理，我们探究了万物中的一部分，如一个人，一头牛，一只鸟，一株树，一棵草，一粒沙，了解其所以存在之理，便可见天地生物之心，也就是“脱然贯通”了天理。

就中等之资以下的人说，要达到“脱然贯通”之境，须下很深很久的格物工夫；而生命却是短暂的，也许穷尽毕生之力，也不能达到此境，难怪孔子要叹息说：“朝闻道，夕死可矣。”不过，身为后死者的我们，却有一个方便之门，也可说是一个捷径，那就是利用前人智慧的累积。

对于这样的人生大问题，前人所下的探究工夫，真是太多太多了；所获的经验与成果，也太丰富了。我们个人的生命虽短暂，智慧虽不足，但假如我们能吸纳千百个前人的经验与成果，不就等于个人的生命延长了千万年，智慧也增长了千百倍吗？这样便可缩短格物工夫而提早达到“脱然贯通”的境地。前人常把经验与成果记录在简册上，因此我们要利用前人智慧的累积，自然就必须读前人之书。其中最重要的，自然要推六经了。因为六经是“先圣之书”，“天下之至赜存焉”，既然要学圣人，则“舍六经亦何以求圣人哉”！由上所述，可知龟山讲格物，包涵读书在内，并且以读书为主，而终归结于读六经。

但读书也有几个层次，若没有把握住正确的方向，是达不到格物的目的的。龟山认为，读书最主要的目的是“多识前言往行，以畜其德”。读书以求“畜德”，便是致其“德行之知”，直接有益于成德入圣。可惜一般人读书，不是迷失于章句训诂，就是陶醉于华辞丽藻，再不然就“夸多斗靡”，以博学炫人耳目。这些充其量不过是“闻见之知”而已；对于成德入圣，已经走岔了路途。甚至有一种人，是为利禄而读书的，那就坏了心术，与读书的真正目的背道而驰了，这种人是龟山所最痛恨的。

·反身

讲为学方法，龟山非常重视伊川所说的格物，认为那是成德入圣的第一步工夫。的确，“格物”是比较落实而具体的途径，对于中等资质以下的人以及初学者来说，有个下手之处，不致因“仰之弥高”而茫茫然望道兴叹。

但是，往往越落实，窒碍越多。所以格物也并非万能与万全的办法，因为：第一，既不易“格一物便通众理”，则必一件一件地格去，而“号物之多至于万，则物盖有不可胜穷者”，(《全集·答李杭》）且靠格物以求一旦之“脱然贯通”，亦非必然可到；纵可到，也非必人人可到，因资质高下不同。第二，格物之道，要在读书；然而书也不是万能的，龟山说：“夫至道之归，固非笔舌能尽也。”（《全集·寄翁好德》）又说：“道之所存，盖有言不能传者。”（《全集·与陈传道序》）《易传》也说：“书不尽言；言不尽意。”书只是因时因地而记录的一点迹象而已；至于溟漠的天理和圣人崇高的精神怀抱，是无法载之于书本，形之于笔墨的。试想，天心仁体与本心性体是形而上的（抽象的）、无限的、绝对的；文字是形而下的（具体的）、有限的、相对的。以有限的文字，怎么能如量地表达无限的真理呢？所以龟山肯定地说：“夫道之不可以言传也审矣！士欲窥圣学渊源，而区区于章句之末，是犹以形容筋骨而求天下马也，其可得乎？”（《全集·论语义序》）基于这两个原因，龟山乃另寻一条捷径，与格物工夫相辅而行。

这条捷径，就是“反身”，或说“反求诸身”。

龟山讲反身，有两条路：一是依明道的义理模式而讲；一是依伊川的义理模式而讲，因此，要了解这两条路，须先了解明道与伊川兄弟的义理模式之不同。

明道根据孟子“尽其心者，知其性也；知其性，则知天矣”的话，认“心”、“性”、“天”为同一意义的实体，又根据《易传》“穷理尽性以至于命”的话，认“理”、“性”、“命”为一物。所以，明道的义理模式是：心、性、天、理、命为同一意义的实体，都是即存有即活动的天命流行之体（创造真几）。换言之，他是理气为一，心性不二；即心是理。

伊川则理气二分，心统性情。心属形而下之“气”；心发为情，情仍属“气”。情之超越的所以然之理为性，性禀自天，故性与天皆属形而上的“理”。所以心不即是天，心亦不即是性，心亦不即是理。其所谓之性与理，亦只是止存有而不活动者，只是静定者。

依明道之义理模式，人天不隔，人之心性可与天理相感通，其关系是属于立体纵贯式之体谅。

依伊川之义理模式，人之体认天理，是靠后天心气之灵知所发的“德性之知”，透过“格物”工夫，以明超越的所以然之理。其关系是属于平列式的“能所”二端之认知。

现在先述根据明道的义理模式而讲的反身。

根据明道的义理模式而讲的反身，是直下反之于本心性体，而与天心仁体相感通，从而去私意，恢复其超越的道德本心，而自主自律，称理以行，感通一切而不扞格。此时本心性体之呈现，就是天理之呈现。孔子所说的“从心所欲，不踰矩”，便是这种境界。

这样的工夫，是不须假借于物（至于物、与物接）的，也是不须凭借任何媒介之物的。它只是直接的“人与天通”，也就是“尽性知天”。“知天”之“知”，自然是由本心性体所发的德性之知。其知之活动，或是表示其自定方向，反身以自证其自己；或是表示其照用流行，通澈万物，知之即所以实现之。此皆是本体自证自己之知，本体纵贯的知；绝不是认识论的横列的能所关系之知。欲致此知，只有反求诸身，尽心以证体而已，不在依格物之方式以致之也。

说到这里，产生一个问题，就是：尽性可以知天，人可与天感通，有什么理论根据呢？有的，孟子说：“万物皆备于我。”又说：“仁义礼智，非由外铄我也，我固有之也。”《易传》说：“一阴一阳是谓道，继之者善也；成之者性也。”《中庸》说：“天命之谓性。”凡是传统正宗儒家都认为：天是一个创生真几，它创生了万物；万物复从天那里禀受了创生真几。在人类，则内在而为其性，它能创生一切道德行为、道德实事。亦即：一切道德行为、道德实事皆为它所涵摄。人具备了此创造真几之一理，实即已具备彰显于事上之百理、众理，甚至万理；同时亦即具备（涵摄）表现天理之每一事。

也就是说，人类道德创造的道德秩序，与宇宙生化的宇宙秩序，其内容的意义，完全同一。所以，人若能扩充其性，以至于大；大而不已，以至同于天心仁体之无外，斯时，我心即是天心，天人不隔了，也就是达于圣人的境界了。既然人心可以同于天心之无外，自然可借“反身”之道，上达天德，而成为圣人。

根据前面所述，我们每个人都从天那儿禀受了能起道德创造作用的“性”，“性”又能发“德性之知”以活动，其活动又是自主自律、自定方向。所谓反身，就是德性之知，自定逆反的方向，回向本心性体，证明它自己；而不是往外逸出，着落于物上。当此德性之知回照本心性体的同时，它便通澈万物，证实了本心性体同于天心仁体；在此时刻，一切的私意，都在天人的感应中剥落销熔，因而达到“天理流行”、“同于天心仁体之无外”的境界。这就算是成德入圣了。所以龟山常教人说：“反身而诚，则举天下之物在我矣。”又说：“反而求之，则天下之理得矣。”（俱见《全集·答李杭》）

像这样的工夫，这样的境界，实在不是语言文字所能表达的。若只借文字以求入道，有时反因执著于文字而去圣弥远，所以龟山说：“古之时，六艺未具，不害其善学；后世文籍虽多，亡益于得也。”（《全集·送吴子正序》）这真是一针见血的话了。后来朱子与陆象山在鹅湖论学，象山之意，是要先发明人之本心，而后才使之博览；朱子则认为，如此教人，失之“太简”，象山颇不服气，想反问朱子：“尧舜之前，何书可读？”结果，被他哥哥（陆九龄）所阻止。平心而论，象山这句话，是很有道理的。尧舜之前，六艺未具，何书可读呢？但并不害尧舜之善学，不害尧舜之成为圣人。为什么呢？就因为他能反身以明天理。根据《孟子》：“舜之居深山之中，与木石居，与鹿豕游，其所以异于深山之野人者几希？及其闻一善言，见一善行，若决江河，沛然莫之能御也。”（《尽心上》）这是一个“反身”的典型例子，舜就是如此借反身而成德入圣的。试问："闻一善言，见一善行，若决江河，沛然莫之能御。"这那里是借文字的力量呢？他只是在闻善言、见善行之时，感到"于我心有戚戚焉"，获我心之所同然，因而心中天理流露，若决江河，沛然莫之能御，终至同于天心仁体之无外。此时，其心灵已提升至宇宙界，而与之融化为一，象山所谓"宇宙不曾限隔人"，便是此意。这种境界，文字语言是无能为力的，它只能很粗糙地记下一点迹象，勉强地作一番注解而已。所以龟山说："六经虽圣人微言，而道之所存，盖有言不能传者，则经虽具，犹不能谕人之弗达也。"（《全集·与陈传道序》）象山也说："学苟知本，六经皆我注脚"。象山在学统上，与程门没有直接的传承关系；但是，在"反身"的工夫上，象山与龟山却如合符契。如此说来，明道龟山这一系的学统，不能说没有给予象山或多或少的启示与影响了。

明末继龟山而主讲东林书院的高攀龙，为学一本程朱，极重格物。但他所讲的格物，又与程朱有别，他说："才知反求诸身，是真能格物者也。"又说："学者以知至为悟，不悟不足以为学，故格物为要。"（俱见《明儒学案·东林学案》）讲格物而主张"悟"，主张"反求诸身"，难怪黄梨洲（宗羲）要说："颇与杨中立（即龟山）所说'反身而诚，则天下之物，无不在我'为近。"（同上）事实上，高攀龙这种见解，就是受龟山"反身"之说的影响的。

龟山为了强调"反身"的重要，并示学者以可行的途径，他曾提出几句口号，说：

以身体之，以心验之，从容默会于幽闲静一之中，超然自得于书言象意之表，此盖某之所为者如此。（《全集·语录》）

圣之所以为圣，贤之所以为贤，其必有在矣；要当精思之，力行之，超然默会于言意之表，则庶乎有得矣。（《全集·与陈传道序》）

思之宜深，无使心支而易昏；守之宜笃，无使力浅而易夺。要

当以身体之，以心验之，则天地之心，日陈露于目前；而古人之大体，已在我矣。(《全集·杂著·劝学》)

要以身体之，心验之，雍容自尽于燕闲静一之中，默而识之，兼忘于书言意象之表，则庶乎其至矣。(《全集·寄翁好德》)

以上所引，都是龟山教人反身所循的途径。大抵在教人善作心体的活动，致其德性之知，反身自觉，上体天德，时时刻刻，满心都是天理呈露，活泼跃动，感通一切而不扞格。其中有几句要紧的话，予后人很大的影响，而开出一套工夫来。那就是“以身体之，以心验之，从容默会于幽闲静一之中”，“雍容自尽于燕闲静一之中”。这几句话，到了龟山的弟子罗豫章，稍加改变，就回转到《中庸》上来，而教学者“静坐中看喜怒哀乐未发作何气象”，(《宋元学案·豫章学案》)再传到李延平，便“危坐终日，以验夫喜怒哀乐未发之前气象为何如，而求所谓中者。”(《朱子文集·延平行状》)他的口号是“学问之道，不在多言；但默坐澄心，体认天理。”(同上)这“默坐澄心，体认天理”八个字，传给朱子，遂使朱子苦参“中和”，而有中和旧说与中和新说之产生。至高攀龙则“半日静坐，半日读书”。(《高子遗书·困学记》)这一系列的学统传承与演变，可说都是龟山反身之说开启而来。

其次论述根据伊川的义理模式而讲的反身。

根据伊川的义理模式，心是属于“气”的，此心气之心，有两种作用：一是能起振作、整肃、凝聚的作用，就是所谓的“敬”。一是能发辨别是非的灵知。前者有赖于涵养；后者则可循致知格物之路而明理，进而有助于前者（敬心）之涵养。

倘若我们心气之心所发的灵知，借格物的方式以明超越的所以然之理；此超越的所以然之理，又能反过来贞定我们的敬心，或纲纪我们的敬心，或帮助我们涵养敬心，从而有益于成德入圣，这样便是“反身”。这样的灵知，才属于道德意义的知，也就是德性之知。

倘若我们心气之心所发的灵知，借格物的方式以明超越的所以然之理；而此超越的所以然之理不能反过来贞定我们的敬心，或此灵知只明得外物的实然之理、曲折之相，那只是知之于外，不能反过来帮助我们涵养敬心，无益于成德入圣，这便是不能反身。这样的灵知，是不含道德意义的知，它只是闻见之知。

所以根据伊川的义理模式而讲的反身，是由心气之心所发的灵知，去知那超越的所以然之理；同时那超越的所以然之理即反过来客观地贞定那敬心，或客观地纲纪那敬心，或帮助我们主观地涵养那敬心，使我们依理而行，依理而处，此即孟子所说的集义；在此集义上，天理便完全通彻而呈露了。

这种方式的反身，是必须与“格物”相辅而行的。前面讲过，在龟山的心目中，“格物”是成德入圣的第一步。格物的目的是致其德性之知，以明其超越的所以然之理；而不是致其闻见之知，以明其曲折之相、实然之理。因前者有益于成德，后者则与成德没有实质上的关系。此两者差别甚大；而工夫则微细难辨，真可谓失之毫厘，差以千里；而其间最重要的关键，就在“反身”。

龟山讲反身，有这明显的两条路。当然，这是因为龟山先后受学于明道与伊川，以致明道与伊川的思想都在龟山身上合流。就龟山自已的思想体系说，“格物”与“反身”是他为学的两大途径。根据前面所述，循着伊川义理模式而讲的反身，只是“格物”工夫中的必经过程（或必要条件）。严格地说，它应该归并在“格物”项下而合为一套工夫，不应独立出来。至龟山所讲的反身，实际上是指根据明道的义理模式而讲的那一条路。笔者在这里所以要分开来说，为的是求眉目分明而已。

总结起来说，讲为学方法，明道侧重于“反身”，伊川则侧重于“格物”。到了龟山，则格物与反身并重，也就是说，明道与伊川的学术思想，在龟山身上得到了调和。

（以上论述龟山的学术思想，为求概念清楚，颇袭牟宗三先生《心体与性体》一书的说解方式。兹稍作说明：一、龟山之思想，袭自二程与横渠的颇多；而牟先生之书，分疏二程与横渠的思想，极为精审。凡牟先生之所分疏，有合于龟山思想的，便取牟先生之说，以为论述张本。二、此外，论述行文，亦袭用牟先生所拈之名词与概念。读者可取牟先生之书，以资参考。）

三、著作

龟山的著作，根据《宋史·艺文志》及清代沈涵的《龟山先生年谱》所载，共有八种：

《礼记解义》 二十二岁作

《列子解》 二十五岁作

《庄子解》 三十一岁校定

《周易解义》 四十六岁作

《论语解》二卷 （未知作于何时）

《中庸解》一卷 （未知作于何时）

《孟子义》 （未知作于何时）

《三经义辩》 八十一岁作成

此八种著作，现在都已失传，无法知道它的内容。不过，其中《三经义辩》一书比较特殊，我们还可略知龟山写这部书的动机。简单地说，《三经义辩》主旨在批驳王安石的《三经新义》。原来，宋神宗熙宁六年（一〇七三年），王安石提举经义局，修《诗》、《书》、《周礼》三经义。参与此项工作的，除王安石外，尚有安石之子王雱，以及吕惠卿。熙宁八年，《三经新义》修成，颁行天下，凡士子应试者，非《新义》不得用。于是读书人不复思索经义，也不必诵读正经，只要熟读王安石、吕惠卿之书，便可得高第。这样下去，反而离经更远，流弊更大。安石之原意，是认为宋室积弱已久，必须力求富强；但又怕富强之说会遭儒者所排击，于是附会经义，以堵儒者之口；并不是真信《周礼》为可行。至于新经义颁行之后，所产生的流弊，则为安石始料所不及。龟山目击当世学子，群趋于新经义，违道日远，迷途而不知返，认为这是安石一手所造成，所谓新经义，实无异惑世诬民的邪说，他说："某谓王金陵力学而不知道，妄以私智曲说眩瞀学者耳目。"（《全集·与吴国华别纸》）因此著成《三经义辩》，力驳安石之说，同时还请求朝廷追夺安石的王爵，去其配享，并毁弃《三经新义》板。这段心事，龟山在答胡安国的一封信里说得很明白："近因阅三经义，见有害义理处，略为之著论，以正王氏之失。盖尝论之于朝，去其王爵，罢配享。"明白了他作书的动机，虽然没读原书，也可以思过半了。

另有一点值得注意的是，在八种著作当中，有关道家的，占了两部——《列子解》与《庄子解》，而且这两部书都完成于早年。由此可见，龟山对于道家思想，很有研究，也必很有心得。可惜现在都看不到了；不过，在《龟山全集》中，常可看到他引用庄列等道家学说以为佐证或譬喻的例子，足见他受用不浅。道家的长处是淡泊宁静，与世无争。我们看龟山在登进士第之后，一直沉伏下僚，有志未伸，达五十年之久；他却能一方面忠于职守，政绩斐然；一方面安贫乐道，悠然自得。在淡泊中有积极的意志；在进取中有旷达的心胸，这不能不说是道家思想在他儒学生命中得到调和的证明。

除了上举八种著作之外，他生平上给皇帝的奏折，写给师友的信件，为人写的序跋，自我排遣的诗文，弟子所记的语录，后人把它汇为一书，定名为《杨龟山先生全集》，共四十二卷，计上书、奏状、表、札子、经筵讲义、经解、史论、答问、策问、启、记、序、题跋、杂著、哀辞祭文、状述各一卷，语录四卷，辨二卷，书七卷，志铭八卷，诗五卷，今传于世。一九七四年六月，学生书局曾将光绪九年七月张国正重刊本影印出版。

四、对后世的影响

在宋代的学术思想家中，龟山算不上是开创性的大家；但在学统的传承上，他却扮演着承先启后、继往开来的重要角色。而且，他是二程的高足；二程思想的异同，在他身上，得到某种程度的调和。由调和而生新义，对后世自然又有新的启发。所以论龟山对后世的影响，可分两个层面来说。第一个层面是，在思想的实质上对后世学者的影响；第二个层面是，在风气的开通上对后世教化的影响。前者如龟山的格物工夫影响于朱子，反身工夫影响于高攀龙等等，已在学术思想一节中随文提及，此不赘述。今只论第二个层面，龟山在风气的开通上，对后世教化的影响。这方面的影响，可分两点来说：1. 南传伊洛之道统；2. 首奠东林之精神。兹分别说明于后。

1. 南传伊洛之道统

中华文化发祥于北方的黄河流域；但由于地理环境、政治、经济、人才等各方面的因素，使得它随着时代的改变而逐渐往南方转移。

大抵唐代以前，学术文化的重心仍在北方（黄河流域）；唐代结束以后，学术文化的重心则偏移在长江流域以南。

有名的唐宋古文八大家，除韩、柳外，其余六家都在宋朝。而这六家，半在四川（三苏），半在江西（欧、王、曾）。开宋世学术先河的胡瑗，是江苏如皋人。以天下为己任的模范宰相范仲淹，是江苏吴县人。宰相兼词家的晏殊，是江西临川人。号称张三影的大词家张先，是浙江吴兴人。精通音律的周邦彦，是浙江钱塘人。苏门四学士之一的秦观，是江苏高邮人。凡有井水处便有词流传的柳永，是福建崇安人。助修《资治通鉴》的刘敚，是江西新喻人。江西诗派的始祖黄庭坚，是江西分宁人；其手下的大将陈师道，是江苏铜山人……；都在长江流域，或流域以南。这是学术文化南移的明证。不过，以上所举诸人，或是文学家，或是史学家，或是政治家，或是教育家，或是音乐家；却绝少哲学家。

谈到宋世的哲学家，自然以北宋五子居首。所谓北宋五子，是指周濂溪、邵百源、程明道、程伊川、张横渠。周濂溪是湖南道县人；邵百源是河南辉县人；二程兄弟是河南洛阳人；张横渠是陕西郿县人。除濂溪而外，都还是黄河流域一带的人。可见在北宋学术文化普遍南移之大势中，惟独思想界，还停顿在北方。

五子中，二程曾受教于周濂溪；濂溪之学，赖二程以传。而二程弟子最多，流传最广。百源之学，苦无后继，及身而绝。横渠虽有传人；但力不足以任艰巨；重要弟子后来多归附二程门下。所以当时的思想，实以二程所代表的“洛学”声势最大；不仅发出莫大的声光，同时也留下莫大的影响。这些声光与影响，固然得力于二程学术思想的博大精深；实际上，弟子们的传薪续火之功，也不可抹杀。

二程弟子，以谢上蔡、杨龟山、吕蓝田、游廌山为最著，并称为“程门四先生”。谢良佐是河南上蔡人；吕大临是陕西蓝田人；都在北方。只有游酢是福建建阳人，与龟山乡里相近；但游酢弟子不振，弘扬师教之功较浅，而且游宦四方，晚年又寓居历阳，对乡里的影响，微不足道。

只有杨龟山，家住福建将乐县。虽也守官四方；但地点不外徐州（江苏徐州）、虔州（江西赣县）、浏阳（湖南浏阳）、荆州（湖北江陵）、余杭（浙江余杭）、萧山（浙江萧山）、毘陵（江苏无锡）等地，大抵都在江南，而且他居乡的时间很久，重要弟子如罗从彦（福建延平人）、陈渊（福建沙县人）、张九成（浙江钱塘人）、关治（浙江杭州人）、萧颢（福建浦城人）、王苹（福建福清人）等，都是南方人。尤其罗豫章一传而得李延平（福建延平人），再传而得朱子（江西婺源人），遂集北宋以来诸儒之大成。虽然朱子对龟山颇有贬语，他的学问主要也不是得自程门弟子；但假使没有这一系列的道脉相传，绝产生不了像朱子这样集大成的人物，那是无可否认的。由于这点关系，遂使龟山成为弘扬洛学、光大程门的最大功臣。

自龟山倡道东南之后，师弟相继，薪尽火传；流布渐广，影响遂深。到了朱子出来，便蔚成风气，儒学大昌。与朱子并世的大儒，还有福建的胡五峰（宏）、浙江的吕东莱（祖谦）、湖南的张南轩（栻）、江西的二陆（九龄、九渊），另外浙东还有功利派的巨擘叶水心（适）、陈止斋（傅良）、陈龙川（亮），可谓极一时之盛。这时候的思想界，其重心自然是随着朱陆的兴起而移到南方了。此后，朱陆二家的弟子与后学，一直执思想界的牛耳。到了明代，重要思想家，如陈白沙（名献章，广东人）、王阳明（浙江人）、湛甘泉（名若水，广东人）、罗整庵（名钦顺，江西人）；都是南方人。甚至如明末三大师顾亭林（江苏）、黄梨洲（浙江）、王船山（湖南），也都属南方人。可见南宋以后，思想界的重心，已移到南方来了。追溯起源流来，这一连串的思想界的统绪，都是由杨龟山从北方二程那里移植过来的。所以洛学南传之功，首先应记在龟山先生的身上。而中国之思想界，其重心之从北方移向南力，也是由龟山先生导其先路的。

2. 首奠东林之精神

我们读明代的历史，到神宗、熹宗之际，不难发现，政治的风潮，学术的重心，都集中在东林书院，结果东林书院的命运，与明朝的国祚同终；东林完了，明朝也就亡了。所以，我们径可说，当时的东林书院，系着明朝国运的安危。

主持东林书院的是顾泾阳（宪成）和高景逸（攀龙），他们喊的口号是："官辇毂，志不在君父；官封疆，志不在民生；居水边林下，志不在世道；君子无取焉。"（《明史·顾宪成传》）所以他们一边讲学，一边议政。讲学则意在矫挽王学的流弊；议政则意在抨弹政治的现状。因此得到很多关心世道人心之士的附和，一时名声大噪，以致士人之去就，多以东林为取决。使得群奸细小，为之侧目忌惮。最后东林诸子乃遭魏忠贤的诬害，书院也成了瓦砾之墟；但是，东林崇尚名节，砥砺学行之高风，却深深地烙印在后世人的心板上，令人肃然起敬。

他们这种讲学议政的作风，崇尚德义的精神，是"其来有自"，远有所承的。简单的说，那是受龟山先生的流风余韵的感召而兴起的。更直截的说，东林精神就是龟山精神的复苏。

原来，宋兴以后，书院林立；东林书院就是当年龟山寓居讲学的处所。书院地点在毘陵（江苏无锡），龟山晚年，侨居于此，常往来于毘陵、梁溪（江苏武进）间，讲学于东林书院凡十余年，造就许多人才。后经数百年，东林废为丘墟。到了明神宗万历三十一年（一六〇三年），无锡人顾泾阳和高景逸，就龟山讲学的东林故址，议复东林书院。第二年，书院完成，顾泾阳仿朱子白鹿洞书院学规，订了《东林会约》，要旨有四：（1）知本，（2）立志，（3）尊经，（4）审几。高景逸则作了一篇序，说："吾锡故未有讲学者；有之，自宋杨龟山先生始，今东林其皋比（笔者注：皋比，喻讲席）处也。自元以来，东林芜废久矣；复之，自邵二泉（宝）先生始，王文成（守仁）之记可考也。嘉（靖）、隆（庆）以来，又芜废矣；复之，自顾泾阳先生始。泾阳先生而下同志者，又各捐金买地，构讲堂书舍，以为讲习燕居之所。而先生复为约，指示一时从游者修持之要。"由这段话，我们可以知道，顾高二先生重建东林书院的动机，是因为他们都是无锡人，他们以曾有龟山先生这样的大儒在自己的故乡讲学为荣。因此，为了纪念先贤，他们在原址重建书院，并仍以东林为书院之名。虽然他们之讲学，并不是因书院之重建才开始（案，顾泾阳之留心讲学，评骘时政，始于万历八年，他举进士时）；但由他们维持道脉于不坠的伟大情操，与议复东林的深邃苦心，以及书院完成后，又建道南祠以祀龟山先生的崇高敬意，便可看出他们对龟山先生的高山仰止之情。尤其高景逸在忠而受谤，投水殉国之前，犹谒龟山祠以表心迹，亦可见东林诸子平日是如何地把龟山先生当作他们讲学议政的精神堡垒。在这一点心灵的冥合感通上，我们径可说，明末东林的精神，就是龟山精神的复苏。

参考书目

《杨龟山先生全集》，宋杨时撰，一九七四年六月，学生书局影印光绪九年七月张国正重刊本，初版。

《伊洛渊源录》，宋朱熹撰，台湾商务印书馆《丛书集成简编》本，一九六五年十二月一版。

《宋元学案》，明黄宗羲，清全祖望撰，一九七五年三月，河洛图书出版社影印初版。

《理学宗传》，明孙奇逢撰，艺文印书馆影印旧刊本。

《中国近世儒学史》，日本宇野哲人原著，马福辰译，中华文化出版事业委员会印行，一九五七年四月初版。

《心体与性体》，牟宗三先生撰，正中书局印行，一九七一年十一月二版。

朱熹

陆宝千　著

朱熹字元晦，是南宋以来中国学术史上影响力最大的一位学者。在他生前，名动朝野，在其殁后，他的学说成为科举取士的标准，他的神主在孔庙中居于十哲之列，配享孔子。自孔子以后，再也没有一位儒家人物像他那样地受人尊崇了。

唐代末年有一个姓朱名瓌的人为婺源镇将（婺源，今江西省婺源县），他的子孙遂世为婺源人。到宋徽宗时，朱瓌后人中有名朱松者为建州政和县尉（政和，即福建政和县）。当他赴任的时候，变卖了家产和父亲一起前往。后来他父亲死了，自己穷得不能运柩返乡，只得就近安葬。此后有很长的一段时间在福建服官，做过尤溪县尉（尤溪，即福建尤溪县）、石井镇税监（石井，在福建南安境）等。所以福建已成了他的第二故乡。宋室南渡后，他曾被荐往中央政府服职，历官至司勋吏部郎。因为反对秦桧的对金主和政策，去职家居。高宗绍兴十三年（公元一一四三年）卒。此人便是朱熹的父亲。

朱熹生于宋高宗建炎四年（一一三〇年）。这时他父亲刚从尤溪县尉任上下来，寓居于尤溪城外，所以朱熹的祖先虽是婺源人，而实际上他一生只回故乡省墓二次，平生讲学大都在福建。后世人士称理学有濂洛关闽之别，闽，即是指朱熹而言。

朱松生前似乎并未在闽置产，他死时乃在建州城南的寓舍中。后来他的朋友崇安（原福建崇安县，今武夷山市）刘子羽在自己住宅旁边盖了所房子让朱熹奉母居住，此后崇安便成为朱熹久居之地了。

朱松死时，朱熹年仅十四岁。五年以后，举建州乡贡，第二年，登进士第，高宗绍兴二十一年（一一五一年）他被授为泉州同安县主簿（同安，即福建同安县），这是他政治生涯的开始。在同安时，他治事勤敏，凡是政府法令所规定的工作，都逐条写出来，张贴在门楣上，依次实行，所以事无荒废。在同安三年，任期已满而继任的人不到，他便径自归家了。第二年，以养亲为名，请求祠禄。祠禄是宋代的特殊制度，政府设立若干道教宫观，管理这些宫观的人，政府都给予薪俸而并不到职。旨在安置一些从政坛上退休下来的人员。朱熹请求的结果是“差监潭州南岳庙”。此后他便一直在家从事学问的研究。

绍兴三十二年（一一六二年）宋孝宗即位，下诏求直言。朱熹应诏上书，要求孝宗讲帝王之学，定修攘之举。第二年，孝宗请他到杭州去。他当面批评孝宗未尝随事以观理，不能即理以应事，应当讲求格物致知，不要溺心于浅迫虚无之学。又说君父之仇不共戴天，复仇便是天理，并非人欲之私忿。但这时丞相汤思退主张和议，与他的意见不合。孝宗命他为武学博士，他受命后随即归里。乾道元年（一一六五年）政府命他就职，他到杭州后，发现执政者仍持和议，便又请祠。三年冬，政府命他为枢密院编修，需次候补。他受命后仍然家居，后来政府多次促其就职，都力辞不起。

淳熙三年（一一七六年），宋廷命朱熹为秘书郎，仍辞不受。这时宰相史浩一定要他出山，有人向史浩建议让朱熹做地方官好了；于是便命朱熹“知南康军”（江西星子县），不许他再辞。他便于六年三月到任。在南康期间，他复建了白鹿洞书院，为了纪念诸葛亮，乃建卧龙庵以祀之，从这件事上可以看出他的抱负。又对于境内奸豪之民，凡侵暴小民、挠法害政者，都绳之以法，绝不宽贷。尤其以厚人伦、美风俗为急务，所以社会风气逐渐改变了。又适逢荒年，他办理荒政，极有成绩，全活甚众。

淳熙八年（一一八一年）宋廷命朱熹“提举江西常平茶盐”，接着因为他在南康办理荒政有功，命直秘书阁。正当浙东大饥，乃改命他“提举浙东常平茶盐”。他受命后，立刻轻车就道，依次按历各郡，不问深山长谷荒远之地，都一一走到，对于灾民拊问存恤。地方官吏有不行赈粜、不恤荒政者，他都加以按劾。很多官吏因为惮其风采，有自行引去的。前知台州唐仲友在任内有不法情事，朱熹上书奏劾之。这时仲友已升任江西提刑使，此人和宰相王淮是同乡，王淮便极力隐庇他。但朱熹不断地把劾章送上去，王淮不得已，便把仲友免职，并且把仲友的新职调朱熹担任。朱熹以为劾之而代之，未免陷于蹊田夺牛之诮，乃辞而不受。政府命他和江东提刑使交换，但这时中枢有人攻击理学，他到底不肯接受，请祠而归。

淳熙十四年（一一八七年），因为杨万里的推荐，宋廷命朱熹为江西提狱。次年，促其到职。他乃先到杭州去见孝宗，对时局发表了许多意见。孝宗都加称善，并对他说：你在浙东的事情，我完全知道了，现在一定请你在清要之地效力，不再把州县的俗事麻烦你。于是发表他为兵部郎官。他因为先在孝宗面前批评内侍甘某，称之为小人，孝宗未能接受，于是借口有足疾，请求祠禄。恰巧兵部侍郎林栗弹劾他以道学邀索高价，不肯供职，其伪不可掩。而侍御史胡晋臣又弹劾林栗党同伐异。双方在政府中引起政潮，他又坚决辞职了。

淳熙十六年（一一八九年）孝宗内禅，光宗即位，任命朱熹为江东转运副使。那时江东漕司在建康，建康有皇帝行宫，宫中有阉竖管理。他因为阉竖们常与监司官迭为宾主，乃又辞而不受。这年冬天，光宗改命他知漳州。他以光宗甫行即位，一连下了二道授官令，于义不能再辞，遂于次年夏天赴任。当时漳州风俗寖薄，甚至有居亲丧而不服衰绖的。他采择古代婚丧之仪，命父老们以训子弟。

又禁止男女聚在佛庙内为传经之会。复不时亲到学校训诱诸生，在其中选择品行端良者列之为学职。所以在很短的时间里，治内风俗大变。这时有人向政府建议于泉、汀、漳三州实行经界。政府命漳州先行试办。所谓经界，便是确定民间耕地的疆界。因为耕地的疆界确定，则耕地的面积和所有权也同时确定了。耕地的面积和所有权确定，则耕地的赋额和纳税人也都确定了。当时南宋的土地制度十分紊乱，田赋也轻重不均。有的人占了公田，侵了私田，并不纳税；有的人卖掉了田地却仍旧要负担赋役。这种不平的现象，朱熹在同安时已有改革之意了，现在既有政府的命令要他实行经界，正与他的初志相合，于是悉心条画，定了很详细的办法请政府批准。这种办法对地主而言当然是不利的，很多豪右之家纷纷起而反对。有人向政府讼他扰民，适其长子死亡，便借此理由请祠。刚巧史浩入见，向皇帝建议：朱熹为名儒，应加恩宠以收天下人望。宋廷乃准其请祠，另予秘阁修撰之名。此后政府又先后命他为湖南转运副使、静江府广西经略等，都辞而不赴。

绍熙四年（一一九三年）宋廷遣人使金，金人问南朝朱先生今在哪里？使者说政府已予擢用了。回来后向光宗报告，光宗立刻命朱熹为知潭州荆湖南路安抚使，并告诉他不许再辞。这时湖南有獠人侵扰，他恐怕事变扩大，便受命赴任。次年五月，抵达潭州（湖南长沙），旋即派人晓谕獠人，獠人都来归顺。七月，光宗内禅，宁宗即位。当宁宗为嘉王时，久闻朱熹名德，每恨此人不得为本宫讲官。迨既登大宝，立即召他到杭州奏事。八月，又命他为焕章阁待制兼侍讲。十月朱熹至行在。此后他除了为宁宗讲书外，对于政治大事，甚多建议。宁宗之能立为帝，外戚韩侂胄自以为有定策之功，常常乘间窃弄威福。朱熹忧其害政，便上疏极言左右窃权之失。侂胄知道了，为之大怒，便定计排斥他。不久，宁宗果然命他外除宫观，这等于强迫退休，从此便脱离了政府。当时有人问宁宗，为何这样快便请朱熹走路？宁宗答我当初请他来不过是讲书而已，不料他却事事都要顾问。可见朱熹对宁宗期望之切及谋国之忠。

朱熹虽已离开了中央政府，宁宗对他仍很优待，命他以焕章阁待制的名义提举南京鸿庆宫。他以为既然已经罢了讲官的职务，不应再带侍从的名义，便一再辞让；宁宗不得已，仍给予秘阁修撰旧职之名。韩侂胄自朱熹去国后，声势益张，很多小人都附和他。他们攻击理学，称之为伪学。扬言丞相赵汝愚为伪学魁首，并及朱熹。汝愚谪永州，中途暴卒。朱熹弟子蔡元定谪道州。当时竟有谓贪黩放肆，乃人真情，廉洁好礼，都是作伪。士人应科举者，文章中稍涉经训，便立见罢黜。六经语孟成为禁物。朱熹门下意志坚强者都屏伏不出；有的人则更名他师，过门不入；有的人则变易衣冠，狎游市肆，自别为非理学。朱熹本人竟有人劝其谢遣生徒者，所以他的晚年是在忧疑危惧中度日的。庆元二年（一一九六年）十一月，奉命罢祠。又过了一年多，连秘阁修撰之名也被夺了。这年他六十九岁，政治生命正式结束了。庆元六年（一二〇〇年）三月以疾卒，享年七十一岁。又过了八年以后，韩侂胄因伐金失败被诛，伪学之禁才予解除。嘉定二年（一二〇九年），宋宁宗又诏赐朱熹谥曰“文”，此后他一直受到历代君主的尊崇达七百年之久，成为孔子以后最重要的儒学宗师。

综计朱熹一生，自十九岁登第后，五十年中，仕于外者五任：同安主簿三年、知南康军二年余、提举浙东常平茶盐年余、知漳州一年、知潭州一年，共九年而已。在朝仅四十日，位不过经筵而已，并未掌有实际政权。所以就政治而论，对当时南宋来说，其影响力并不大。使得朱熹在当时声动朝野，殁后配享孔子者，是他的学术活动，此即讲学与著作。

就讲学而论，这是和他的政治生涯同时开始的。当他为同安主簿时，就自兼学职，选当地的“秀民”充弟子员，日与讲学，“学者翕然从之”。自同安回里后，仍以奉亲“讲学”为急。此后终其一生，此事成为他的主要活动。不过要到他五十岁以后，门下才来者日众。那年他在南康军复建白鹿洞书院，又结庐于武夷之五曲，名为“武夷精舍”。六十五岁时修复岳麓书院，又建竹林精舍于建阳之考亭。凡是这些“精舍”、“书院”，都是他讲学的地方。

就著作而论，他在三十岁时即已开始。此后一直修书不辍，直到临终前三日，仍在修改《大学诚意章》，可见其著作之且勤且慎。现在将其重要著作按年排列于后，以见其术业之盛。

三十岁：校定《谢上蔡（良佐）语录》。

三十四岁：《论语要义》、《论语训蒙口义》成。

三十五岁：《困学恐闻》成。

三十九岁：《程氏遗书》成。

四十一岁：《家礼》成。

四十三岁：《论孟精义》、《资治通鉴纲目》、《八朝名臣言行录》、《西铭解义》等成。

四十四岁：《太极图说解》、《通书解》、《程氏外书》、《伊洛渊源录》等成。

四十五岁：编次《古今家祭礼》。

四十六岁：《近思录》成。

四十八岁：《论孟集注》、《论孟或问》、《诗集传》、《周易本义》等成。

五十七岁：《易学启蒙》、《孝经刊误》成。

五十八岁：《小学》书成。

六十岁：《大学章句》、《中庸章句》成。又各有或问，《中庸》又有辑略。

六十三岁：《孟子要略》成。

六十七岁：始修《礼书》（未成，后由其弟子完成之，即《仪礼经传通解》)。

六十八岁：《韩文考异》、《周易参同契考异》成。

六十九岁：《集书传》(未成，后由其弟子完成之)。

七十岁：《楚辞集注》、《后语》、《辨证》成。

七十一岁：三月辛酉，改《大学诚意章》。

朱熹在学术上的业绩既如上述，但其重点究竟是在哪里呢？自然就是：理学。朱熹的理学又从何而来呢？我们要明白朱熹理学的渊源，应先一述北宋理学的发展。

北宋理学的开山祖是周敦颐。周氏有二个弟子：程颢和程颐。和周氏同时而稍后，自成一军者是张载；张载是二程的长辈亲戚。所以二程的学说除了得之于周敦颐外，又受了张载的影响。二程弟子中有杨时者，福建将乐人，学者称之为龟山先生，他自二程处受学而归，讲学东南，门下甚众，而以罗从彦为最著。罗氏弟子中则以李侗最能得其真传。朱熹的父亲朱松与李侗为同门好友。朱熹二十四岁那年赴同安主簿任时，曾拜访李侗，等到他自同安卸任后，便正式师事李氏。由此而言，朱熹的理学是渊源于二程的。然而理学究竟是什么样的一种学问呢？

原来宋代是在唐末五代社会、政治极度混乱的情形中建立起来的新皇朝。新朝建立后，政治是安定了，但社会风气依然是不健全的，作为一般人民精神生活的指导者是佛教。不幸在这新朝建立以前，中国的北方早已由契丹人建立了一个强大的辽国，它曾占领了汉土的燕云十六州，数次打败了宋朝的军队。接着中国西北方面，又兴起了党项人建立的西夏，不断地骚扰边境。宋室对于这两个强邻，只能缔约联和，岁赠金币；根本想不到绝漠远征，扫穴犁庭。所以宋代的国势是远不如汉唐的。当时有一部分知识分子在强大的外邻压力之下，考虑使国家富强之道。他们这样地逐步反省：国家为何衰弱呢？这是由于武力的不振。武力为何不振呢？这是由于政

朱文公墨宝

治的无生气。政治为何无生气呢？这是由于人才的薄弱。人才为何薄弱呢？这是由于社会风气的不健康。社会风气为何不健康呢？这是由于学术的不健康。他们层层追索，得到这样的结论：欲求国家富强，必须振兴学术。张载年轻时，曾欲结客取洮西之地，范仲淹却授以《中庸》一编。便是这一观念最明白的表示。

然而，健康的学术又是什么呢？当时支配社会人心的是佛教。佛教是出世的，它所追求的是另一个非现实的世界。对于这个眼前的尘世，它并没有一套安定的办法。这是说在逻辑上，从出世的宗教中推不出一套入世的健全社会、安定政治、壮大军力的理论和方法来。即使在出世的宗教内也有若干应付社会和政治之道，在出世的心情下，教徒们推行这些“道”时，并不能“尽其诚”，所以北宋的知识分子自然地要在佛教以外另求他途了。就当时的环境而论，在中国四周并无高度的文化国家可资参考和借镜，他们只好在自己的历史中求之。上溯中国自己的历史，重要的学说，先秦诸子后世号称九流，其中杂家旨在融通，并无特色；纵横、兵、名、农四家仅属技术，无关治道；阴阳与墨，在战国后期已趋消沉，故籍零落，难继绝响；法家曾被秦代用为治国的原则，秦亡以后，再无人敢公开提倡了；道家虽在西汉初期对实际政治发生过作用，但魏晋以清谈而致五胡之祸，后世的人亦不敢再谈了；而且道家的玄言又和佛教类似，更引起中国士大夫的忌讳。只有儒家的学说自汉以来长期地为政府所提倡，所以宋代的知识分子只有在儒家的教义中，重新深入探索了。

儒家的学说，讲求的是“内圣外王”之道。就本末而言，内圣是本，外王是末，但这一个“本”自汉以后即已为人淡忘了。北宋知识分子反省的结果，既然是要求一个健康的学术，则儒家的内圣之道必然再被重视。因为内圣之道旨在造成一个健全的个人，社会乃是由许多个人形成的，若干健全的个人可以扩大其影响以形成健康的社会风气，从而培育人才、刷新政治，终至富国强兵、抵御外侮。所谓健全的个人，其最高境界是“圣人”。故“理学”者就是研究如何做圣人之学。在此，理学家必须回答下面三个问题：

（1）人是否可以成为圣人?

（2）是否人人都可以成为圣人?

（3）如何成为圣人?

对于第一个问题，北宋诸儒的答案是肯定的。因为“人性本善”、“人皆可以为尧舜”是儒家固有之义。而张载更提出了“天地之性”与“气质之性”的分别，指出天地之性才是真正的人性（此性，后来的理学家改称之为“义理之性”），是纯粹至善而非恶。彻底解决了实然界中人性善恶相混现象的困惑。

对于第二个问题，北宋诸儒的答案也是肯定的。他们有着共同的理论架构：先把世界分为形而上和形而下两部。前者为本体界，后者为实然界。就形而上之部来说，他们对本体的体会是：它是单一的、永恒的、主动的、明觉的；相等于《易经》上“简易”、“不易”、“变易”、“乾知”等观念。但由于各人的体会各有偏重，所以有各种不同的名词，如“天”、“道”、“理”、“太虚”、“太极”等。此本体若落实于具体的个人而言，则皆谓之“性”、“心”。就形而下之部来说，他们对实然界概称之为“气”，具体的个人，便是气之一部分。每个具体的个人，其善性都来自本体界，所以人人都可以成为圣人。

对于第三个问题，北宋诸儒以为圣人就是具体的个人通过道德实践而至人格圆满之境界。道德实践乃是个人之本体呈现后自主自发地表现其自己的行为。所以如何成为圣人必先体悟本体，而体悟本体则须用自我反省的方法，所以张载说：“善反之，则天地之性存焉”，这“善反”便是此心之反省。但是如何善反呢？因为本体是主动的、明觉的，它能自动自发地发现其自己，所以不能说另有一物可以使之反，若有一物可以使之反，则此心变为被动，不再是本体了。但此心（本体）究竟是与气在一起，它的呈现虽是必然的，究竟不能不受气的限制，难免为气所蔽。理学家乃提出一种方法以为此心呈现之助缘，此法即静坐。人在静坐时，屏除一切外界的干扰和发自此身欲望的杂念，使本心自然呈现，然后持而勿失，让其自动地在日常生活上表现。当然亦有人可以不经过静坐那一关，本心自能在日常生活中呈现，然后警觉而持守之。总之，静坐也好，不需要静坐也好，“警觉而持守之”，使本体在生活中逐渐表现而至全部呈现之境，便是北宋诸儒作圣方法之通义，此谓之“工夫”。

朱熹见李侗后，李侗指点他“危坐终日以验夫喜怒哀乐未发之前气象为何如，而求所谓中者”。这是利用《中庸》上的话为工夫之入路。《中庸》的原文是“喜怒哀乐之未发谓之中，发而皆中节谓之和。中也者天下之大本也，和也者天下之达道也”。李侗的意思是《中庸》原文既称“中”为天下之大本，则“中”为本体之名。喜怒哀乐乃是人之感情，是人的生理反应，当其未发时，不过是潜存在“生理的心”中，“生理的心”当然不能称之为“大本”。所以《中庸》原文所指之“中”，是人在其感情未发以“前”所见的本体，不是喜怒哀乐未发“时”的心理状态。他教朱熹危坐终日以求“中”，乃是北宋诸儒让本心呈现之法。但是朱熹后来对于《中庸》原文另有解释。他说：“大本者天命之性，天下之理皆由此出，道之体也”。这是承认性为大本、为本体。又说：“喜怒哀乐，情也，其未发，则性也，无所偏倚，故谓之中”。这是谓情由性发。又说：“情者，心之动”。这是谓情亦由心发。如此则心性似在同一层次上了。不过他又说：“思虑未萌，事物未至之时为喜怒哀乐之未发，当此之时，却是此心寂然不动之体，而天命之性当体具焉。”在别处又说：“性者，心之理”。这表示心、性不在同一层次上，二者乃是二而非一，性仍是本体，而借心以表现：但是心既为“情之动”，则显然不是本体而是生理的心了。朱熹乃由此以展开他的内圣之学，和北宋诸家相较，有了显著的特色。

就第一个问题而论，朱熹的答案亦是肯定的。他亦承认人性本善，所以才可以成圣人。亦认为人性有义理之性、气质之性的分别。不过他对于气质之性的说法是："性坠在气质之中故随气质而自为一性"，并非谓气质自有一性。

就第二个问题而论，他也把世界分成形而上、形而下两部，形而上者谓之理，形而下者谓之气。理之在人者谓之性，故性即理，而人皆可以为圣人。但是他把心认为是生理的心，是属于气的："心者，气之精爽"。如此心和性分而为二，心和理亦分而为二，心不是"本体之在人者"了。但此二者可以贯通，因为"理无心，则无着处"，即理借心之活动而表现。

就第三个问题：人如何成为圣人而论，由于他对心的看法与北宋诸家不同，所以作圣人的工夫也和北宋诸家不同。人的道德行为由其本心所规定，故北宋诸家都从反省此心入手，朱熹既视此心为生理之心，乃不采反省之法而从生理心的"外驰性"上入手。第一，设法使此心"莫令走作闲思虑"，乃提出一个"敬"字，敬以涵养此心，不使走作。为什么要涵养此心呢？因为此心"涵养持守之久，则临事愈益精明"，"心虚静久则自明"。于此，他亦教人静坐，不过他教人静坐不是为了见体，而只是"收敛此心"。第二，使此虚静之心向外穷理，乃提出"致知"二字。他以为"致，推极也"，"推极吾之知识（此谓心的识用）欲其所知无不尽也"。所穷的是什么理呢？是道德之理。他说："心之德有四：仁义礼智，而仁无不包"。而"仁"的解释是"心之德、爱之理"，致知的结果能知"爱之理"，则人的行为便能合心之德。如何致知呢？致知在"格物"。照他的解释，"格，至也"，"格物"便是把心力用到事物上。格物之最要者便是读书，为的是"读书以观圣贤之意"，"圣人是经历见得许多，所以写在册子上与人看”。

以上是朱熹内圣之学的核心所在，由于他门人众多，故其学在当时披靡一世，但也有对他表示异议者，陆九渊兄弟便是主要人物。淳熙二年（一一七五年），吕祖谦曾邀约双方在信州（今江西铅山县）鹅湖寺相会讨论学术。会中谈到教人的方法，朱熹要人泛览而归之于约，陆氏则主张先发明人之本心，尔后使之博览。终于互相议论不合而罢。九渊曾有诗批评朱熹道：墟墓生哀宗庙钦，斯人千古不磨心（这是说吾人见到墟墓及宗庙时，自然会生悲哀和钦敬之心，此乃人类千古不磨的本心），涓流积至沧溟水，拳石崇成泰华岑（此谓本心可以无限发展）。易简工夫终久大，支离事业竟浮沉（易简工夫指由本心之明而直接发为道德行为说，支离事业指朱熹之格物致知而言，以其与本心之活动无关也），欲知自下升高处，真伪先须辨只今（此指道德之入路乃在本心当下之明）。在陆氏这首诗对照之下，朱熹内圣学之特色，益形显著了。

朱熹的“致知明理以成德”的途径，虽在当时受到陆九渊一派学者的批评，后世也有王阳明一派学者的异议，但是他所倡“致知格物”的工夫，可以导使从学者成就“客观的知识”。因为生理之心的智力所向，可以追求道德的理，也可以追求其他事物的理。他本人曾说：“天下之物，莫不有理”，要人“即凡天下之物莫不因其已知之理而益穷之”。就朱熹本人而论，在其理智之光照耀之下，汉儒以来对于儒家经典所造成的乌烟瘴气，都一扫而净了。例如在《易经》方面，他认为《易经》本是卜筮之书，后人对于此书所作的种种解释，都是“凭虚失实，茫昧臆度”。他批评伊川《易传》：“要立议论教人，可向别处说，不可硬配在易上说。”圣人要说理，“何故要假卜筮来说”。在《诗经》方面，他直接从《诗经》本文着手，放开了毛郑诸家，反对《诗序》，认《诗经》是文学之书，其中很多篇是属于“淫奔”之作。批评“今人说《诗》，定有无限道理，而无一点意味”。批评很多人以《序》解《诗》，“必欲如序者之意，宁失诗人之本意”。在《尚书》方面，他首先指出伏、孔二家今古文间之同异，怀疑何以“今文多艰涩，古文反平易”。对于《今文尚书》中《盘庚》、《金滕》、《禹贡》等篇也深致怀疑，以为“书中某等处自不可晓，只合阙疑”。他对《尚书》所提出的疑问，到清代阎若璩、惠栋等才予解决，但是推源溯流，他实有启迪之功。对于《春秋经》，他反对传统的褒贬之说，以为“《春秋》只是直载当时之事，要见当时治乱兴衰，非是于一字上定褒贬”。又说后人对于此书“要去一字半字上理会褒贬，求圣人意，你如何知得他肚里事”。又反对《春秋》的凡例，以为“非夫子之为也”。亦反对《春秋》的变例，以其类似“后世弄法舞文之吏之所为”，非大中至正之道。有人以《公羊》、《谷梁》来问他，他称：“据他说，亦是有那道理，但恐圣人当初无此等意”。这些见解都是他理智清明的表现。对于《礼》，他反对专以考古为事，曾说：“礼乐多不可考，盖为其书不全，考来考去，考得没下梢，故学礼者多迂阔”。这并非不研究古礼之意，他晚年曾欲编礼书，汇纳古代礼书，分门类归，以便寻检。虽没有及身完成，但最后终于由他的弟子完成其遗志。对于欲行之当代的礼，他主张“时为大”，“因今礼而裁约其中，取其简易，与晓而可行”。可见他的通达处。在他的理智之光照射之下，他又常依己意更改经籍的章句，例如他把《大学》分为经传二部分，认为经是“孔子之言而曾子述之”，传是“曾子之意而门人记之”。认为《中庸》是孔门传授心法，由子思“笔之于书以授孟子”。使儒家之学自孔子至孟子形成一个传承系统。又把《孝经》也分为经传二部，指出经之部乃孔子与曾子问答之辞，由曾子之门人所记，反对汉儒孔子自著《孝经》的说法；并且把经文删改了二百多字。这些都表示他的不拘传统独抒己见处。儒家典籍之外，朱熹对史学、文学亦甚为用力。就史学而论，他甚重考证工作，凡是天文、历法、地理、水道、山川形势、风土习俗、衣冠制度、史事本末等皆博及古今。他颇不满意司马光的《资治通鉴》，因为此书于魏、蜀相争之际，竟书"诸葛亮入寇"，有违于传统的政治价值标准，所以想另写一书，即《资治通鉴纲目》，曾为之发凡起例，后来亦由其弟子完成。此书中以蜀汉为正统。正统观念是一历史价值观念，中国历史精神之自觉，实自朱熹开始的。就文学而论，他的欣赏能力很强，而又注重批评。如称董仲舒之文字平正而无精彩，刘向等人的文字弱而无气焰，司马迁之文字雄健，贾谊之文字雄豪，苏轼的文字明快，老苏的文字雄浑等；又从事于批注和考证，如《楚辞集注》、《韩文考异》等。史学、文学而外，在格物致知的观念下，朱熹的兴趣并旁及于阴阳卜筮、书画技术，并天文、地质等自然科学方面，在语录中在在可见其精当之言。总之就朱熹本人而论，其学问规模，庄严宏伟，为孔子以下诸儒所不逮，实皆由纵其"生理心"之外驰作用所造成者。

朱熹这一套思想，借《礼记》中的一篇《大学》而作形式表现。他以为这一篇文字乃是古代大学中的教人之法，后人由此可以见古人为学之次序。所谓为学之次序者，乃指格物致知诚意正心修身齐家治国平天下而言，自格物至修身乃是内圣工夫，以下则属于外王之道，内圣工夫是不能脱离外王之道的，因为作内圣工夫时不能坐视四海生民的困穷而无动于衷。朱熹曾说："天生一个人，便须管着天下事，若要不管，须是如杨氏为我方得，某却不曾去学得这般学"。然则朱熹的外王之道，讲的是什么呢？他对于外王的说法，表现在他对国事的见解上。就南宋当时的国情而论，任何一位关心国事者都要回答下面三个问题：

（1）当前最切要解决的政治问题是什么？

（2）谁能处理这些问题？

（3）如何能使他处理好这些问题？

就第一个问题而论，朱熹认为当时最重要的问题是“攘夷狄”。宋孝宗即位之初，下诏求言。他即向孝宗建议“早定修攘之计”。这时政府中有一部分人主张和议，他力加反对，认为如果这种议论不予罢斥，则为君主者“励志必浅”，为大臣者“任责必轻”，前方的将士“赴功必缓”，所有的公务人员也“必不能悉其心力”。因为在主和的空气之下，必然会影响到全国人民“勉强自力于进”的心理。但是要攘夷狄必须要有强大的兵力。那时南宋在军事方面是相当腐败的；将帅们都是“庸夫走卒，不知兵谋师律之为何事”，但知克扣兵士的粮饷，不但不知训练，连屯田也毁坏了。士兵们生活不继，弄到“采薪织屦，掇拾粪壤”，甚至“使妻女盛涂泽，倚市门以求食”，以致怨詈谤讟，士气不振。这样的军队，当然无法作战。因此他向政府建议“修政事以攘夷狄”。如何修政事呢？他建议“选将吏，核兵籍，可以节军赀”，“广开屯田，可以实军储，练习民兵，可以益边备”。尽管军政如此腐败，政府依然要杷大量的财力投注于此。政府的财用当然取之于民，于是赋役繁重，正赋以外，尚有“和买、折帛、科罚、月桩”等无名之赋，州郡之官“不留心民事，惟务催督财赋”，终至民力大困。因此他向政府建议“天下国家之大务，莫大于恤民，而恤民之实在省赋，省赋之实在于治军”。军官们为何要克扣兵饷，竞殖私财呢？因为他们要向中央的贵人们贿赂以求升迁高位。为什么他们敢于行贿呢？因为当时的政治风气和社会风气都不好，“朝廷之上，忠邪杂进，刑赏不分”，皇帝近侧，亦多“不公不正之人盘据”，他们犯了法，往往不付有司论治，因此敢于贪污。而“士大夫之间志趣卑污，廉耻废坏”，大率“习为软美之态，依阿之言，而以不分是非、不辨曲直为得计”，他们“以金珠为脯醢，以契券为诗文”。总之，那时政治上和社会上的价值标准都毁坏了。因此他建议“振纲纪以厉风俗”。

但第一个问题仅是政治现象的改善，这是政治权力的施及方向问题，是政治权力的目的问题，是属于最低层次的。朱熹又进至第二层，即谁有权力解决这些现象？这是政治权力的主体问题。朱熹的答案是：君主为政治权力的主体，君主才是解决这些现象问题的力源。所以他要求宋孝宗能够正心诚意，因为“天下之大本者，陛下之心也”。天下之事千变万化，其端无穷，“而无一不本于人主之心”。“人主之心不正，则天下之事无一得由以正”。他直接指出孝宗有私心，所以储私财、用私人，不敢用“刚明公正之人以为辅相”，而“左右便嬖之私，恩遇过当”，成为当时一切政治弊病的总根源。他请孝宗加意于“本原之地”，熟讲帝王之学，不必耗费精神于文学和佛老之说。所谓帝王之学者，“必将格物致知以极夫事物之变”，则“自然意诚心正，而所以应天下之务者，若数一二、辨黑白矣”。

对于第三个问题，朱熹并未能提出答案。这是属于更高一层的政治上权力主体的限制问题，朱熹的理智之光已经照射到这里，但是并未再行深入，所以不能提出答案。因为君主既为权力主体，其地位之取得，乃是基于家天下的制度。在此制度下，君主之为善为恶与其地位之得失无关，此非朱熹所许可。有人问他后世人君何以皆不能易秦始皇所变之法，他说：“秦之法尽是尊君卑臣之事，所以后世不肯变”。他又批评唐太宗“一切假仁借义以行其私”。可见他是不以家天下之制度为然的。又有人问他后世封建郡县何者为得，他说：“论治乱，毕竟不在此”，“封建之意，是圣人不以天下为已私，分与亲贤共理”。又说：“封建井田乃圣王之制，公天下之法，岂敢以为不然”。可见他是向往着天下为公之境的，所以说他已接触到这个问题。但是如何能破除家天下之制以实行天下为公？他并未能提出一套方法来，只能劝孝宗诚意正心而已，宋孝宗之接受与否，皆非朱熹所能做主，这是朱熹外王思想的限度，亦是过去所有儒家思想的限度，这个问题要在民主制度下才能解决的（即权力主体受民意之限制)，所以今人对朱熹不必苛求。当时陈亮与朱熹辩论汉唐的历史价值，认为天下“不总之于一家，则人心何所底止”，明显地肯定家天下之为是，两人相较，更足显示朱熹思想之卓越了。后世颜、李学派攻击朱学只能闭目静坐，无裨于天下病痛；在朱熹来说，是不能接受的。

朱熹的内圣外王之道，我们已简述于上。在他生前，问道者接踵于门；身殁之后，其学传布益广，终于影响了政府的考试政策。元、明、清三代，他所著的《四书集注章句》及《诗传》、《易义》等书，被政府悬为功令，定为取士的标准，成为全国士人的必读课本。因此他的思想也影响中国的知识分子达七百年之久。由于他成为儒门龙象，所以孔子的学识，也更深入了中国人的内心。另一方面，内圣之学本应见之于行为，非高头讲章之事。然而希圣希贤，应出之每个人的深心大愿，自动自发；朱学一旦为政府所提倡，成为利禄之途，则若干人士之伪饰言貌，依附圣门，在所不免，因此伪道学者遂深为社会大众所痛恶，而朱学亦不幸而遭人诟病。就内圣之学而论，朱熹生前，已有陆九渊之立异，其后王阳明继陆氏而起，声势甚壮，乃在中国学术史上形成尊朱、反朱两大潮流，迄于清季而止。此数百年中之学者，几无不卷入此两大潮流之中，由之亦可反觇朱学影响之深远。最近数十年来，理学几成绝响，朱熹更成为嘲弄之对象，其人格之俊伟，学术之庄严，解者寥寥。但是如果中国的文化生命不容断绝，社会上尚须有人格卓绝之士作为人群的表率，则理学的价值仍应予以肯定。朱学为理学的重要支流，自应再加发扬。尤其是他的格物致知之说，肯定了“知识领域”的存在，可以作为发展自然科学的哲学基础，更应加以重视。

本文于朱熹的学说，仅能介绍大概，如欲作更深一层的研究者，下列数书，可以参考：

《朱子年谱》，王懋竑撰。王氏为一考据家，于朱熹思想之发展经过，考证甚详。

《近思录》，朱熹编。本书录北宋诸理学家之说，极为简要，可作理学概论读，由此书可知朱子学术之渊源。

《晦翁学案》，在《宋元学案》中。《晦翁学案》编得很杂乱，但前面的《朱熹传》，远较《宋史》中之《朱熹传》为佳。由此传可知朱熹的时代背景及政治见解。

《朱子大全》，《四部备要》本。

《朱子语类》，正中书局影印本。

《四书集注》，朱熹撰。

以上三书为朱熹本人之主要著作。

《朱子新学案》，钱穆撰。此为近人整理朱熹学说之最有成绩者。

《心体与性体》，牟宗三撰。本书于朱学本来面目之辩正，极具功力。慧解甚多，为研究理学不可少之书。

吕祖谦

姚荣松　著

目　录

一、传略

1. 引言

宋代的理学，是一个历时长远的“儒家文化复兴运动”，推动这个运动的人物，就是我们熟知的周（敦颐）、张（载）、二程子（程颢、程颐）、朱（熹）、陆（九渊）等理学大家，我们也习惯把宋代理学家分为四大派，按照他们讲学所在地，称为濂（濂溪）、洛（洛阳二程）、关（关中张载）、闽（武夷朱熹），这是一个笼统的分法，就濂洛这一脉所谓“正学”的传受来说的，所以北宋占了三家，南宋却只有朱子的闽学，这是因为朱子集理学的大成，元明以后定于一尊以后的说法。其实南宋的理学，也和北宋分庭抗礼，分门别派，朱子并不能代表所有南宋的理学家，尤其陆九渊的学派更是跟他决然不同的。原来北宋的理学，到了二程已有了分化的动向，朱子论学的基本思想是顺着小程子（伊川）的路线，陆象山虽无师承，在精神上却比较接近大程子（明道）的系统，在理学最盛的乾道、淳熙两朝（公元一一六五——一一八九年），当时的理学界至少有四个举足轻重的人物，就是新安朱晦庵（熹）、广汉张敬夫（栻）、婺州吕东莱（祖谦）、江西金溪陆九渊。这四个人可以和北宋四子遥相辉映。为方便起见，也可以称为“乾淳四家”。

乾淳四家的朱、陆正好是两个极端，所以后来相持了几十年，前期的吕东莱和张南轩（他们的年寿都不够长，尤其吕祖谦只活了四十五岁），折衷于两派之间，对于整个学术界的蓬勃朝气，都有很大的建树，朱子的思想，早期得力于这两个人的切磋不少。我们今天打开朱、吕的遗集，可以发现他们来往问答的书信都在百封以上，就可以想象到当时理学活动的盛况了。

大致说来，吕东莱“心平气和”，更像一位集大成的儒者，他的学术得力于“关洛正学”的“中原文献”的家传，他似乎以继承理学正统为己任，所以不立宗派，和同时的学者都很友善，甚至乐于调和学术的分歧，他在淳熙二年（一一七五年）用书信发起在信州鹅湖的一次学术交流大会，至今仍是思想史上的一段佳话。

一提到吕祖谦，立刻使人想到《东莱博议》和《近思录》两本书，前者是他的传世名著，这本书流传了七百多年，成为科举制度的“宠儿”，这是他利用《左传》的史实，加上理学家的眼光，写成教学生作文的范本，虽不是他的得力作品，我们今天细细品味他犀利的笔锋、畅达的思理，仍会佩服吕东莱独到的见解，不愧为宏儒。《近思录》是吕祖谦和朱熹合编的，把北宋四子的语录精选成理学入门教材，奠定宋元明六百年理学基础，朱、吕这个承先启后的工作，功劳真是不浅！

2. 三朝宰辅、文献世家

吕祖谦，字伯恭，祖先世代居东莱。他的曾祖父吕好问，宋高宗曾封为东莱郡侯，伯祖父吕本中（居仁）号东莱先生，吕祖谦也被称为东莱先生，后人就用大东莱、小东莱区别他们。原来吕氏一族，在北宋已是宰辅大族，据家传记载，他的祖先可以远溯到后唐户部侍郎吕梦奇。在北宋太宗、真宗时，吕氏出了一位宰相叫吕蒙正。吕蒙正的侄子吕夷简，也三度担任仁宗的宰相，备受礼遇，据说百官朝见仁宗时，唯独吕夷简可免行拜礼，这位吕祖谦的六世祖，死后谥为“文靖公”。到了五世祖吕公著，也任过哲宗的宰相，与司马光同心辅政，反对王安石新法，劲直敢言。谥号“正献公”。到了四世祖“荥阳公”吕希哲，曾经和程伊川共事胡安定为师，又曾向孙复、邵雍、王安石等大儒问学，可以说是集思广益，不专守一家，无形中开了吕氏家学的风范。荥阳公的儿子吕好问，博通经术，靖康之际，金人挟立宋使张邦昌，吕好问以一个事务官的身份，却能晓以利害，使张邦昌还政，言听计从，所以宋高宗即位后，就任命他为尚书右丞。宋室南迁以后，吕氏一族，定居在武林（即钱塘），吕家号称“中原文献之传”，大概吕祖谦的这位曾祖父有不少功劳。祖父吕弸中，又迁到婺州（即金华）；伯祖父吕本中（居仁），就是前面提到过的大东莱。《宋元学案》特别为他立了《紫微学案》。吕祖谦的父亲吕大器，官任仓部郎，高宗绍兴七年丁巳（一一三七年），二月十七日，吕祖谦在桂林甥馆降生。

3. 远绍关洛、丽泽遗规

祖谦幼随任职仓部的父亲在江东，十岁时，祖父驾部郎中吕弸中才过世，承受祖父的余荫，十二岁就补了一个“将仕郎”的头衔。史传说他少年时，个性本来急躁，某日读到《论语》的“躬自厚而薄责于人”，顿然有悟，此后他的躁性子完全消失了。

十九岁那年，因父亲任福建提刑司干官，他就跟福建三山林之奇（少颖）问学，次年，应考福建转运司进士，中了首选，有机会到京城（杭州），那时林之奇任秘书省正字，弱冠之年的吕祖谦，眼界渐宽，颇有一展才华的宏愿，根据年谱，他这时写过一首《许由》诗，大大挖苦那位逃避尧禅位，自鸣清高的许由，说他面对溪水洗耳的时候，看到倒映水中的“驭日之神”还是像尧的百官那样辛劳，一定会觉察到“尧天接山际、尧云抹山椒”，哪一个人真能避世呢？因为“溥天之下，莫非尧土”呀。那么，这位年轻人的用世怀抱，是显露无遗了。

绍兴二十七年（一一五七年），二十一岁的吕祖谦参加礼部铨试，只考下等第三，授“迪功郎”，到潭州监管南岳庙（在长沙），父亲任满回婺州的家，他也跟着回去，年底就和福建建安知县韩元吉的女儿结婚，二十四岁那年他又参加铨部考试，列上等第二，他父亲也新任“岳州通判”，他跟父亲赴京，住在伯舅曾氏寓舍，胡宪（原仲）和汪应辰（圣锡）正在秘书省任官，吕祖谦从他们问学，这时林之奇外放福建，吕祖谦回婺州时，也和他见了面。

结婚五年的韩夫人在归宁时病故，吕祖谦才二十六岁。次年，孝宗隆兴元年（一一六三年），他中了礼部，赐进士及第，又中博学宏辞科，以“左从政郎”身份改差“南外敦宗院宗学教授”。过了三年，也就是三十岁，母亲过世，他在金华武义的明招山守丧，开始教一些学生。服完丧事，他就在金华城的曹家巷授业，开始设立学规，这就是现在还流传的《乾道四年九月规约》，宗旨是“以孝悌忠信为本”，由于学生的兴趣多半在应考的“举业”上，因此他着手写了有名的《左氏博议》（今名《东莱博议》），让学子诵习，表面是文章的范本，骨子里是借《左传》的本事，演绎一些理学的义理。三十三岁，他续娶元配夫人之妹韩氏，也获得“太学博士待阙”的机会。于是他修改教学规约，宗旨一变而“以讲求经旨、明理躬行为本”，他的教育思想大致完成了，也奠定他晚年和弟弟吕祖俭，讲学于丽泽书院（在金华城外）的基础。

4. 编修检讨、鹅湖讲论

孝宗乾道五年（一一六九年），吕祖谦改添差严州（浙江建德县）教授，他结识了严州太守张栻（南轩），他们相处极为融洽，他在那里编了《春秋》讲义，又常回金华与丽泽诸生会见，立了“规矩七事”，也就是《乾道六年规约》。乾道六年以后，吕祖谦以大学博士兼国史院编修官、实录院检讨官，到了京城，这是他多方交游论学的开始，张南轩也回京当讲官，他们同巷而居，往来切磋十分勤快。此外，他因在大学讲学，认识了大学校长芮烨，两人也很投契，乾道七年（一一七一年），续弦的韩夫人病殁。芮祭酒也死于这年，再过六年，他续娶夫人芮氏，就是芮烨的小女儿。从二十岁到四十三岁，吕氏三娶，夫人都先亡故，婚姻家庭生活不太美满，可以想见。

乾道八年（一一七二年），他担任省试考官，平日就喜欢读陆九渊的文章，又不曾相识，等到陆九渊参加礼部考试，他读到一张卷子，立刻断定是江西小陆（象山）的文笔，揭示果然不错，别人都佩服他的鉴赏眼力。这年父亲死了，他回到金华服丧，撰定丧葬礼和祭礼，保存在他的文集《家范》里。次年，四方学子纷纷来受教，他开始讲《尚书》，后来学生把这些讲义编成《东莱书说》。陆九渊的弟弟陆子寿（九龄）和刘子澄曾多次来拜访他。孝宗淳熙元年（一一七四年），他丧服期满，开始编《读诗记》，又勤读《春秋左传》，这一年陆子静（九渊）从临安来访。他主管台州崇道观，也抽暇和学生潘叔度到越州（浙江绍兴县治）去游历了一个月。

淳熙二年（一一七五年）吕祖谦已三十九岁，学问已经成熟，比他大七岁的朱子在福建武夷，他们早有书信往返，朱子自乾道五年起，屡次谢绝朝廷的任命，这时朱子已完成《中和新说》、《论孟精义》、《通鉴纲目》、《伊洛渊源录》等书，吕祖谦大概是心仪已久吧，就在这年夏天亲自到武夷寒泉精舍拜访朱子，停留十多日，他们同读周、程、张子书，叹其广大宏博，就共同精选切于体用的部分，编辑成《近思录》，朱子作序，吕子作跋，过后朱子虽略有改移补加，也在信中附呈草卷，征求吕氏的意见。

陆象山这年三十七岁，正是盛年大事著作之时，由前两年的交往，吕祖谦对陆氏兄弟论学大旨，已有所闻。他见到朱子，感到两家思想异趋，有交换沟通的必要，就去信约了陆氏兄弟，当朱子送吕祖谦到信州鹅湖寺（在江西铅山县东），陆氏兄弟、刘子澄、临川太守赵景明及江浙诸友都会齐了。当他们论及教人时，朱子主张博览而后精约，陆子主张先发明本心，朱子以为陆氏教人太简，陆氏认为朱子的教人“支离”，陆氏兄弟一路有备而来，所以两人一唱一和，以诗表示学问旨趣，措辞上更见气盛，朱子听到陆子静吟“易简工夫终久大，支离事业竟浮沉”，脸色很不自在。次日他们又继续辩论，吕祖谦折衷其间，他在写给邢邦用的信中，表示了调和的看法，但《象山语录》中仍对他略有不满，认为吕伯恭本来有虚心听他的意思，竟然还拘泥于朱子之说。这虽然是吃力不讨好的事，但吕祖谦这次的安排，不但是学术史上的一段佳话，也给朱陆论学异同，理出一个头绪，毕竟影响是极为深远的。

鹅湖之会的次年（一一七六年），因为修撰《宋徽宗实录》，礼部侍郎李焘荐举吕祖谦，以秘书郎兼实录院编修官和国史院检讨官，淳熙四年，孝宗下旨要他校订《圣宋文海》。在进《徽宗实录》的同时，他也有机会发表了治国的意见。在呈给孝宗的“札子”中，他批评宋代的“文治可观而武绩未备”的弊病，开始讲求事功，不再像从前轮对时，斤斤在于圣学和真儒的辨明。他并主张皇帝不宜独运万机，而应分层负责，但也不能专图事功，而忘记根本。所谓“根本”，就是宋代开国以来，文治政治的善良风俗——宽大、忠厚、谦逊、节义，他认为这是宋代政治胜过前代的地方。

《圣宋文海》原是当时坊间流传的选集，因为选文不精，遗漏又多，宋孝宗有意重加校订，目的是精选宋朝以来，有关治道的文章，可以作兴衰治乱的借鉴，下诏吕祖谦重加编辑，吕氏将秘书省集库所藏的宋朝诸家文集和士大夫家辗转借来的传记等书，仿照《昭明文选》加以编类，共分六十一门，一百五十卷。文章只选北宋一代。宋代印刷术流行，文献滋多，这个工作相当浩繁，足足花了吕祖谦一整年的时间，书进呈以后，赐名《皇朝文鉴》，礼部尚书周必大替它作序。吕氏这时已罹疾病，孝宗嘉许他编辑的精审，特赐银绢三百疋两，以为酬劳。以后他因病一再辞免官职，从淳熙六年（一一七九年）到八年，是他居家养疴的时期，陆子寿还经常来访。先是他的续弦夫人芮氏亡故。淳熙七年张南轩、陆子寿等好友也去世了，他在伤感的老境中，仍然手不释卷，定古《周易》的版本，编《大事记》，撰写《吕氏家塾读诗记》，《尚书讲义》、以及宗法、祭礼的论述。淳熙八年（一一八一年），距鹅湖之会八年，陆象山还亲访朱子于南康朱熹任所，朱子请他升席讲《君子喻于利》一章，吕祖谦也事先闻知此事，可惜他这时病已沉重，这年七月二十九日，四十五岁的吕祖谦病逝于家，朱子接到讣闻，伤心万分，并设灵位来哭祭一番。

综观吕祖谦的一生，处在南宋偏安的时局下，一方面感受异族侵寇，朝廷政治积弊，军事软弱，有志之士，多借史学以针砭时政、并提倡事功，以图恢复，因此他的学术也偏向史学，讲求实学。另一方面又当北宋道学流风遗沫，重振于江南，讲学风气鼎盛的时期，祖谦以教育为己任，经、史辞章，都能从容涵泳，讲授不倦，一直到晚年，仍手不释卷，每日按进度撰写《读诗记》、《大事记》等书，尤其与同时代的理学家朱子、陆象山及浙东讲实学倡事功的永嘉、永康诸子，都有往来，对学术风气的提倡有相当的贡献。

二、学术思想

1. 学术渊源

《宋史》把吕祖谦的传列在《儒林传》，而不在《道学传》二十四人里面。道学也就是理学，代表宋代学术的特色，因此正史中只有《宋史》有《道学传》。列入《道学传》的二十四人，包括北宋的周、程、张、邵五子（附张载之弟张戬）和南宋的朱子和张栻，其他为二程的门人或私淑弟子，以及朱子弟子。这种看法似乎是认为朱子和张栻直接继承北宋五子，才是纯粹的道学正统，其余列入《儒林传》的，都不属于这个正统，如宋初大儒孙复、石介、胡瑗等开宋代学术风气之先，南宋心学派的陆氏兄弟，浙东功利派的薛季宣、陈傅良、叶适等，以及胡安国、郑樵、王应麟、黄震等都和吕祖谦同列《儒林传》。《宋史》这样有意无意地把“道学”与“儒林”加以区分，不免主观而且比较狭隘。依照《宋元学案》所考定的传授统系，《道学传》和《儒林传》中的人都有学术上的渊源，唯一的分别是他们所讲“道学”的纯度不同。

就学术渊源来说，《宋史》载吕祖谦“本之家庭，有中原文献之传”，很能说中吕氏学术的来龙去脉，现在综合前人的数据，可以分三方面来探讨。

·家学

吕氏家学，有两方面可说：一是宰相的世系，一是文献的传统。吕氏家族从正献公起，在北宋曾有三代为相的纪录，足见吕家在当时的显赫，但根据吕祖谦对于家传的追述，认为他的祖先都是清廉自守，节义凛然的，有了这样的家风，自然是值得骄傲的，也无形中把继承家学的责任加到吕祖谦的身上。中国古代学术与政治是分不开的，因此名宰相也必然是大学者。北宋的欧阳修、范仲淹、王安石、司马光就是显著的例子。但像吕氏一门在学术上传袭了好几代的例子却不多，《宋元学案》中有四个学案叙述吕家的学术，共有七代十七个人列名。我们先把主要的传承人物，作一个排列的说明：

《范吕诸儒学案》——《荥阳学案》——《紫微学案》——《东莱学案》

吕公著————————吕希哲——————吕本中——————吕祖谦

吕公著和范镇同列为《范吕诸儒学案》，尚未专门名家，但家学已开，吕希哲是公著的儿子，与弟弟吕希纯，曾为胡瑗的门人。希哲的儿子切问，也在《荥阳学案》，另外两个儿子和问、广问以及侄子稽中、坚中、弸中，见于《和靖学案》，为尹焞（程门弟子）的门人。吕本中（字居仁）是荥阳公吕希哲之孙，吕本中的侄子大器、大伦、大猷、大同都附在《紫微学案》；吕祖谦为吕大器之子，他的弟弟吕祖俭、祖泰也都附在《东莱学案》。

吕氏家学的特色是“多识前言往行，以畜其德”，也就是以博学和积德来涵养宰相的气象，《宋史》说吕公著幼年读书废寝忘食，他父亲文靖公吕夷简以为是“公辅之器”，也就是宰相之才。《宋史》又推崇正献公吕公著的修养深厚，说他“简重清静，识虑深敏”，又说他梗介廉洁，在朝廷去就之间；丝毫不苟，《吕氏家塾广记》形容他与朝廷小有不合，便洒脱地想辞去，因此做了四朝宰相，没有一年不“自请辞职”。

再看吕希哲，最初学于欧阳修弟子焦千之，后来和程伊川同在胡安定门下，并学于孙复、石介、王安石等儒，遍交当代的学者，最心服的是小程子（伊川）的学问，最后拜伊川为师，《学案》说他“少年不名一师”，这一点正是大学问家的器识，又说他“集益之功，至广至大”，吕氏家学的文献传统，无所不包，大概由此开端。他晚年又好佛，有一次经过断桥，人和轿子都坠入河里，轿夫溺死了，他却安然坐在轿上，神色不动，可见他真是学术驳杂，而且有点走火入魔了，但是并没有荒废家学，他遍考古今诸儒对《易经》的说法，晚上就和子孙评论商榷，因此他的儿子吕好问、切问都能继承衣钵。

吕本中上承荥阳公，下启吕祖谦，是吕氏一脉家学的枢纽，他少年在程门的杨龟山、尹和靖门下，和吕祖谦的祖父弸中同时受学，吕祖谦的父亲亲受吕本中的熏陶，由此可见，祖谦受吕本中的家学最多，正是洛学的正统，后人称他们为大东莱与小东莱，是很恰当的。

当北宋覆亡之际，宋室南迁，中原文献的散失必然很多，高宗即位南京以后，因吕好问保全宗庙之功，封他为“尚书右丞”，吕好问感慨知遇，为高宗深陈致乱的根源，认为要讲求典故，以期恢复大业，他这个“典故”是指典章文物制度来说的，也就是国家的法制体统。因此，吕家的文献从未间断，《道命录》称吕氏“文献故家”，真德秀说“吕成公接中原文献之正传”，重编《宋元学案》的全祖望更明白地说：“中原文献的传授，独归吕氏，其他大儒没有人比吕氏更丰富的。”

吕祖谦在这个优越的环境下，养成他注重涵养并博览典章制度的求学态度，他的《吕氏家塾读诗记》、《宋文鉴》、《大事记》，《历代制度详说》等书，最能表现这个特色。

·师承

吕祖谦曾从林之奇、汪应辰、胡宪三先生游学，其中林之奇是他的第一位老师，因此，他们的来往也比较密切。林氏曾在吕本中的门下，著有《尚书全解》，说经十分条畅，和苏东坡一样排斥王安石的新经义，并且有许多独到的见解，可惜只解到《尚书》的《洛诰》，吕东莱的《东莱书说》，本来用意在补师说的不足，以成一家之说，后来弟子增修的部分，并不是吕氏的述作之意，由此可见，东莱的尚书学是受林氏的影响。

吕氏二十四岁才遇到胡宪和汪应辰二人。胡宪字原仲，胡安国的侄子，从安国受学，又学于程门的再传谯定，安国著有《春秋传》，谯氏长于易学，吕氏在经学方面的广博，多少受胡宪的启发，虽然从学的时间只是几个月。

汪应辰，字锡圣，为张九成弟子，九成又是杨龟山的弟子，朱子也游学汪氏之门，因此东莱之学与朱子同出于龟山，可算是程门的四传。由于同门的关系，他们才成为道学知己。年谱记载，乾道五年（一一六九年），吕祖谦曾到三衢（今浙江衢州）去谒见汪应辰，文集中仍保留吕祖谦给汪端明（端明殿学士）的信十六封，信中讨论时事、学政、进学的情形，并时时提到朱元晦和刘子澄，可见他们讲学来往的密切，吕氏的学术承受汪应辰的影响是很大的。

·与同时学者讲论

一个人的学术思想的形成，纵的方面靠家学和师承，横的方面，则受当代学术思潮的影响，宋代印刷术虽然普遍了，但学术的动态，还是经由书信的传递，比较快速。吕祖谦和当代的理学家接触甚为广泛，而且交情都很深厚。如朱子、张南轩、陆氏兄弟，对吕氏的学术思想，都有直接的影响。我们留在下文谈吕祖谦的交游，再仔细谈。

吕氏虽然注重史学，但基本的道学立场，仍和朱子是一致的，这与他参预《近思录》的编辑有关，《近思录》的思想体系，就是吕氏与朱子共同的理学规模。至于推论古今成败，谙悉掌故、经济和事功，是南宋浙学的特色，吕祖谦和薛士龙、陈君举以及陈亮之间的交往和投合，也影响到吕氏读经须求有用的态度，而不像朱子那样向道体（形上学）作高深解析的探讨。

史传称吕氏之学，“以关洛为宗”，从家学、师友三方面看来，似乎承袭的只是洛学，但他对于制度典章的重视，和重礼的关学实很近似。《东莱学案》也说他是“横渠四传”，大概因吕本中是横渠再传的缘故。如果另外找线索，便是浙东诸子的关系，原来宋南渡以后，关学传于浙东，由“元丰九先生”中的周行己开始，传到郑伯熊，郑伯熊和吕祖谦也是讲友，这样刚好也是四代：

张载——吕大临——周行己——郑伯熊
⋮
吕祖谦

由此可见，关、洛之学，到了吕祖谦集了一个大成，这和朱子集理学的大成有些不同，在南宋学派壁垒分明之际，唯一能容纳诸家，力主调和的，只有吕祖谦一人而已。

2. 理学造诣

宋代理学家的依据是五经，但主要的理论基础，却在于《论语》、《孟子》、《大学》、《中庸》和《易传》五部书，四书五经等列齐观，便是从朱子开始的。这五部书把道体、性命、为学、治事以及日用人伦的常规包罗无遗，因此理学家一方面探求宇宙之本体，做为实践的依据，一方面在涵养致知上，身体力行，以变化气质，化格朋类。吕祖谦虽然两者并重，但在哲学的本体论的建树并没有超过关洛的范围，在修养和治学、教人的践履方面，则有很高的成就。由于他“心平气和，不立崖异”，一时的青年才俊，都归心向学。正因为他不喜欢逞口舌，和诸家争辩，平日所讲的，不外是致知力行的工夫，渐渐化除个人心性上的偏颇，所以朱子曾称赞他的学问，真正能够变化气质。现在从三方面略述吕氏学说的大要。

·天人同体

吕祖谦有《东莱易说》，专以人事的动静，来说明人的本体是与天道自然合而为一的。他认为天道的运行无间，周而复始，是天道自然的本体，人类善心的发动处，就是人心固有的理，天人本来相通，因此人心虽容易被私欲所障蔽，而人伦的常道却从不泯没，而且历久弥新。人既与天地同体，因此我们的本性，也与天地同性。人应体察万物，发现自己的可贵，物各有类，圣人和万物并不相类，但圣人一出，却使万物之理显而易见，原来圣人与万物都包容在吾人心中，人人都有圣人境界，只要人能反求本心，都能有所应，而达到圣贤境界。

《东莱易说》，首先揭举纲领“读易当观其生生不穷处”。在说屯卦时，他说：易的爻大抵“随步换形”，例如屯卦的第一爻（初九）是刚正之人，本是好的，从第二爻（六二）为阴爻看初九，却可以见阴柔为阳刚所逼，第一爻便是寇了。他又说二爻与五爻虽然应该相应，但不可以拘泥于相应。这是告诉我们，不可以把易爻的好坏看成死的。在随卦里，他说易三百八十四爻，一言以蔽之，只是一个“时”字，也就是《中庸》的“时中”两字，用现在的话说，就是随时调整，并没有永恒不变的中道，所以像孔子这样的大圣，孟子也只有拿“圣之时者”来称述他。这样看来，他认为人的气质所以可以矫正，也正是与天道运行不息相合的。

·存养论

全谢山（祖望）说：宋乾淳以后，学派分而为三，就是朱学、吕学和陆学。朱学的重点在“格物致知”，陆学的重点是“明心”，吕学则“兼取其长”，而又加上“中原文献”的润色。“尊德性”和“道问学”是《中庸》以后，为学教人的两个传统，在孟子和荀子已可看出它们的分化，到朱陆更见分明，陆学承袭孟子的心学，所以偏重“尊德性”，朱子虽重德性的涵养，毕竟以“格物致知”为初学入德之门，是偏向“道问学”的。所以《近思录》卷一“道体”后紧接着就是“为学”、“致知”、“存养”、“克治”，依朱子的意思，为学致知便是穷理，是道问学，存养克治是养心与力行，也就是德性的发用，足见他是以道问学作尊德性的基础。吕祖谦最初的规约以“孝悌忠信”为本，本是尊德性，后改以“讲求经旨，明理躬行”为本，讲求经旨和明理都是问学工夫，躬行才是德性发用。与朱子的白鹿洞学规，先明五教，再明五序（学问思辨行）是相吻的，吕氏的两个规约前后只差一年，应合在一起看，才能看出他的存养方法。

吕氏的存养方法，在他文集《杂说》中列有五项，即“持养”、“体察”、“主敬”、“致知”、“观过”。他给朱子或张南轩的信中，经常检点自己为学进德的情形，尤其对自己的“病痛”，一再指陈，如说“平日徒恃资质，工夫悠悠，殊不精切”，或说“卤莽领略”，或说“嗜欲粗薄，欠克治经历之功”，或“蓄积未厚，而发用太遽”等等，都是“观过”的工夫。他给叶适的信中说：“静多于动，践履多于发用，涵养多于讲说，读经多于读史，工夫如此，然后能可久可大”，四句话可以作吕氏存养论的纲目，其中读经读史一条留到下文“为学”中叙述，先说明前三项。

（一）静多于动：动静是宋儒主敬的依据，周敦颐首先在《通书》中提出，二程提出主敬，朱子谨守伊川“涵养须用敬，进学在致知”两句，为治学之本，因为怕人专务静坐，堕到禅那一边，故只说“敬字须该贯动静”，“随静随动”；吕祖谦却不然，他认为天体人体是运行不断，动的成分居多，人心多汩没，正因为在动变之中，天理易被人欲所障蔽，所以须以静制动，即在日常工夫上收敛检点，才能体察到道体的纯一不杂。所以他也以“敬”字为入道之门。

静的目的在达到“专心致志”，所以要断绝求利的欲念，同时要持久，也就是“凝聚停蓄”，才能收拾得住。收敛住了，就不浮动，他在字里行间，推崇三个人的涵养：一是邵康节，居洛阳四十年，安贫乐道。二是吕好问，肆力于经术，朝廷争相罗致，他无动于衷，不曾干谒权贵之门，奉亲养志，怡然忘贫。另一位是吕本中，他在诗中赞扬这位伯祖父说“吾家紫微翁，独守固穷节”。他一生谦恭自牧，虚怀若谷，就是得力于这种“克己复礼”的工夫。

他说人们只要在克己上作过工夫，便知道一天到晚，从头到脚，无时无处不是过失，改过也不是那么容易的事，因此君子在动静言语之中，经常要检点约束，一察觉什么地方不对劲了，就是“良心”。他又认为一个人的内外相应，待人处事发生困难，必定是良心上有窒碍，经过反观内省，致力于颜回事事合礼的工夫，才能有所改善。

（二）践履多于发用：践履是把平日克己致知所得，在实际生活中力行。他说古人为学，十分之中，九分是动容周旋，洒扫应对，一分在诵说。并认为“致知”“力行”本来是互相发明的，犹如磨镜，本身是“行”，磨完了，镜明彻便是知，他又比喻知就好像识路，行是迈开步子，只是知是无法达到目的地。最亲切的践履是承上接下。对于人情物理，要处处体察。所谓“人情、法意、经旨，本是一理”，如有不合人情物理，便是学有所不到。

所谓发用，就是讲求事功，急于表现，他批评自己经验不足，缺乏定力，所谓“积蓄未厚而发用太遽”，大概从他任职的经验说的，由于急求表现，才发现自己所学不足，因此他注重实学，除了在变化气质方面，看个性所偏而用力在某一方外，读书还要讲求有用。他批评一般人读书全不作有用看，有人读二、三十年圣人书，一旦大事临头，便和闾巷的小百姓一样没有主张，或者一听到老成人的经验之谈，便终身服行。难道是老成人的话胜过六经吗？只不过是读书时不把它配合实用来看，所以读了死书。

（三）涵养多于讲说：涵养在于体察，讲说是高谈阔论、著书立说。一般人为学全在“诵说”，所谓的“记问之学”，入耳出口，道听途说，都是没有涵养的表征。因此，涵养须和前面的主敬、践履相配合，主敬就是从静的方面体察，践履就着重在行方面的体察了。他说“应物涉事，步步皆是体验处”，他又批评自己从前“涵养不足而谈说有余”。因此，他强调“涵养”的功夫，须向两方面着手，一是向笃实淳厚方面扎根，一是从容玩索，不可勉强。他的《论语说》提到，一般人以为轻利便捷的人可爱，而淳厚笃实的人迟钝，不知道这正是君子和小人的区别所在。因为淳厚的人易成君子，轻捷的人多半沦为小人。大抵本质厚重的人多较含藏不露，不急于表现自己，因此求学容易有成就。至于从容自得，也是重要的学习原则，他说：日常生活之间不必太严肃，要坐即坐，要站就站，凡是保持常态，便是完满的涵养。这话的意思是说，我们体察义理，不可以老是放在心上思索，越费思虑，就越执著，反而不容易豁然开朗。所以说：“思索不可至于苦，玩养不可至于慢。”劳神苦思的时候，最好暂时把它丢下，偶有所得，再慢慢去解它，但也不可丢下不管，至于怠慢了。一旦我们心中的疑惑解除了，也不要汲汲去驱迫它，而要顺着自然。这种从容悠游的态度，不容易保持适中，不是太过就是不及，所以他说："整顿收敛，则易入于着力，从容涵泳，又多堕于悠悠。"这也就是孟子讲的"心勿忘"而又"勿助长"的道理，两者能够兼顾，也就达到"持养"的最高境界了。古人说"好整以暇"，就是这种境界。

· 为学

为学之道，首重立本，《乾道四年规约》"以孝悌忠信为本"，完全是《论语》的见解，孝悌为仁道的根本，因此为学首重进德，进德的要项是"变化气质"，如懦弱者要学刚强，性急者要学慢条斯理，在偏颇上用力，才是踏实工夫。此外要先学谦逊，谦逊才会心平，心平才能见理。所以吕氏说"逊字是入道之门"，能够谦虚为怀，不仅课堂上可以学，即使"街谈巷语"，句句都有可听之处。不但如此，要能整齐收敛，并且以圣人为准的，步步踏实。义理只是一个，因此必须心不外缘，聚精会神，且要一鼓作气，不可间断。要求进步，首先不可存有成心，有了成心，便自以为是，去掉成心，便能"疑所当疑"，"小疑必有小进，大疑必大进。"疑就是不安于旧，因此才能转出新。最重要的，还要能够知病，要知病处，须日用间体察，体察的范围须广泛，物理事理，处处察考，以求证验。

经与史是修业的主要内容，吕氏虽然长于史学，但他仍认为"读经多于读史"才是大学问，关于经与史，他并不严格划分，所以吕氏说："观史先从《尚书》开始，然后再读《左传》及《通鉴》"，而《尚书》和《左传》都在经的范围，可见他主张由经入史，他虽然没有"六经皆史"的观念，但无疑的，是要拿史学的眼光来读经。读史则要用理学眼光，即是要多认识古圣先贤的行迹，以积蓄成德。所以他说，读历史最好是看到一半，就掩卷预料事件的发展，最后的成败如何，这样读法，可以获得六种要旨，即是择善、警戒、阃范、治体、议论、处事。

至于讲学首须通贯义理，不可支离破碎，或流于玄虚，也不可流于章句训诂，常要令学问有用，才是踏实。

3. 史学规模

吕祖谦的著述中，最能代表他的学术思想的，是他的史学。宋代是史学发达的时代，一方面由于朝廷修史的机构完备，一方面由于印刷术的发达，私人著述容易流传。宋英宗治平年间，司马光奉命修《资治通鉴》，是史学的一件大事。到了南宋，国家偏安江南，有志之士，力图恢复，多借史学，提倡民族思想，加上理学的流行，又借心性之学，发扬春秋大义，及古圣心法；吕祖谦生逢其时，受时代的影响，加上“文献”的家学渊源，赋予他在“史才”方面的特长，两度任职国史院和实录院，对国家的礼制及历史规模，有相当的识见，所以他的学问也相当博大，下面我们从三本书来叙述。

·左传学

左传学是吕祖谦讲授的重要课程，他一共写了三部书，即《左氏传说》、《左氏传续说》、《东莱博议》。虽然也谈春秋大义，但重点却和杜预（晋人）注《左传》以来的左传学，大不相同，原来杜预注《左传》时是和《春秋经》并行的，吕东莱却把经文搁在一边，专讲《左传》，这个观念，可说突破了经学的范围。

他在《左氏传说》前言首先提出“看左氏规模”，认为看《左传》，必须看一代的升降，一国的盛衰，一君的治乱，一人的变迁，并究其缘由。这样才是“先立其大”。然后再看《左传》一书写作的得失。换句话说，吕祖谦把《左传》当作历史的材料，读史的目的，在于找寻祖先活动的真相，做为后代治国的借镜。从时代转移，国势的盛衰，君臣的治乱变迁中，获得教训。所谓“多识前言往行，以畜其德”，就是读史的直接目的，因此必须置身历史中，与事件融合为一，才能深切体会事情的利害，及如何处置，这是理学家的致用之学。

东莱不太严格划分经史，认为古代文献，都是史料的一部分，所以经学实含于史学之中，历史是一脉相承的，后人尊重六经，实际也就是重视历史的源头，所以他说读历史要从《尚书》开始，然后接着《左传》、《通鉴》，使历代体统源流和本朝的典故相接。“体统源流”就是“政治体制”。可见他心目中认为《尚书》所记载的虞、夏、商、周的事情，正是代表三代以前的规模，拿三代的制度和《左传》记载的制度相比较，就可以知道平王东迁以后，典章制度如何在瓦解之中了。

《左传》隐公年间的传文，可以窥见三代先王的流风遗制、典章文物的痕迹，如郑武公为平王卿士，郑伯为左卿士，可见春秋初期，诸侯尚为天子内臣，还是“礼乐征伐自天子出”，又如宋公不尊王朝，郑伯受天王命令去讨伐，可见天子征伐的大权尚在，但是愈到后来，平王自己不能振作，像曲沃庄伯本是孽出，平王反而助他伐翼，天子颠倒名分，成为诸侯的附从，君臣的纲常自然废弛了。

宣公十二年载晋楚邲之战，吕祖谦详细考察其中军制的记载，晋出师时虽为三军之名，到成公二年鞌之战，败齐赏功之时才分六军，实际上从邲之战就可以知当时已分六军，他根据当时晋师到达河岸，随武子以下都不愿前进，中军佐彘子先渡河。认为当时已有六军之制，若当时只有三军，中军将是荀林父，彘子怎能分军先渡呢？再看三军都有佐，如上军帅是士会，上军佐是郤克；下军帅是赵朔，下军佐是栾书，可见名为三军，实已有六军之分。再看楚军编制，除了由“令尹”统帅的三军（正规军）以外，国君也亲领禁军。另外又有用来补阙的“奇军”，由正规军中临时分出，此外还有“轻重军”、“右辕”、“左追蓐”、“前矛”、“中权”、“后劲”等编制，实在比晋军精密，东莱先生认为这也是楚军战胜的原因之一。

像这样以小观大，见微知著的分析，正是他善于利用文献的地方。

吕氏评断历史人物或治体，也喜比较“规模”或“气象”，这个“规模”便不专指典章制度，而是总合的观察，例如他认为晋文公霸业的规模不如齐桓公，理由是：（1）齐桓公经过三十年才成霸业，所以优游而缓成。不像晋文公在两三年内做尽许多事，急迫而速成。（2）桓公成霸业不露痕迹，所以兵车之会，没有可以大写特写的。文公图霸业迹象明显，所以城濮一战，功业耀人眼目。（3）桓公保存亡国，封已灭的卫，救邢并为他们筑城，器重宽宏；晋文公侵曹伐卫，败楚朝王，与郑为盟，又与秦围郑，毫无原则，足见其器量窄小。（4）桓公九合诸侯，一匡天下，尊王攘夷，是个诚实的忠臣；文公举行践土之盟，委屈天子的尊严，把他召到河阳，权谋高张，不再有尊王的意味。他这些语，正是孔子“齐桓公正而不谲，晋文公谲而不正”的脚注。尽管晋文公的霸业持续较久，跟霸业的“规模”却没有关系。

齐桓公最大的功业，便是“尊王攘夷”，宋代迫于异族的侵扰，因此夷夏的观念，特别浓厚，吕祖谦认为夷狄和中国的区别，不在种族血统，而在文化礼俗，所以他说：“中国之所以为中国，以其有三纲，夷狄之所以为夷狄，只缘无三纲”。伦理纲常是华夷的区别，一越礼义，华夏即变夷狄。种族之间的差别并不存在，所以居夷狄而心存礼教，必能“变夷为华”，同化别人，相反的，居华夏而心存夷狄，终必“变华为夷”，受人同化。因此，他认为秦、楚两国本是夷狄，后来渐盛，渐学于中国盟会制度，春秋五霸之功，在于维护中夏，区别华夷，至于侵天子之权，搂诸侯以伐诸侯，

“其罪固多，然一时维持中夏”，到了霸权消失之后，夷夏不辨，胡越蛮兵交中国，才能看出霸者维持华夏礼俗的功绩。宋襄公欲成霸业，不能摈楚，反而求于楚，更不能攘戎狄，尊中国，与齐晋霸业精神不合，因此认为宋的霸业未成。齐桓霸业高于晋文，也在于齐能攘夷，晋反而并吞中国。对于楚国问鼎中原，他也不加责备，因楚本蛮夷，不知中原礼义，称许他能接受同化。

吕祖谦批评《左传》的得失，基于孔子的正名思想，因此《左传》叙述平王与郑庄公之事，开始称“周、郑交质”，后来又称“周、郑交恶”，天子与诸侯并称，无尊卑之辨，不责备郑叛周室，反而责备周欺郑国，“左氏之罪亦大矣。”他认为这正是孔子作《春秋》，又始于平王的原因。因此他的《左传说》，最重君道与臣道的名分，君正其位，收权柄，举贤才；臣正其责，匡正君恶，养君之德。以上两者，即华夷之辨与正名分，都是《春秋》微言大义的发挥，在当时是具有时代意义的。

吕氏的左传学，还有一个最大特色，就是用理学的眼光，来洞鉴古人的心术。例如：天下事最难的莫过于“居功持胜”，吴王阖庐和伍子胥伐楚，进入郢都，几乎灭楚，竟为了争处楚令尹的宫室，而自乱统纪，功亏一篑。申包胥以一个平民而再复楚国，这种奇迹也是用心的结果，伍员和申包胥本是志同道合的豪杰之士，后来伍员因父亲为楚人所杀，立志覆楚，临走时告诉申包胥，申包胥说：你能倾覆楚国，我必能复兴。二人相别，一个有灭楚之念，做灭楚工夫，另一个做兴楚的工夫；各经十多年工夫，果然都做到了，可见一念能持之以恒，必能成功。

伍子胥一心只做伐楚工夫，却不曾了解阖庐的为人，因此不足以承当大业。到后来，连夫差也不能相处，终于因忠谏而被夫差所杀。夫差固然无道，而伍子胥也问心有愧，他既佐吴王，身为宗臣，应当与吴共存亡，但当他出使齐国时，已心存畏惧，把自己的儿子托付给鲍氏，以保存宗祀，看来好像安排妥当，仔细推究，便是一片私心，不与吴共存亡，所以他的死，本不是由于忠谏。吕祖谦这种“诛心”的断案方式，比孔子恐怕还要严苛！

再如定公元年，季孙氏因子家子进言合他心意，想任用子家子从政，这时正是鲁昭公死在外头，季平子命叔孙成子到乾侯迎昭公的丧。当昭公在世时，季平子和昭公势同水火，互不相容，子家子跟从昭公在外多年，竭尽股肱之力，以人情常理来说，季氏必不容忍子家，昭公死了，季氏反而要和他共持国政，吕祖谦认为这是子家（名羁）平时做人成功，他虽处在君臣势同水火之间，一方面为昭公信任，一方面使季氏不疑，昭公若能听子家的计谋，君臣之间的对立早已化解，昭公不能用他，使他的忠信诚实无所施展，昭公客死于外，咎由自取。

再看子家的去就进退，丝毫不苟，叔孙请见，子家托辞说：“我从昭公而出，君死于非命，心有愧不敢相见。”因为昭公在外十多年，鲁臣子没有迎复之心，子家不见叔孙正是深明大义。子家既然事昭公在外，自然不肯与昭公之仇人共处于朝，季氏一再说明他的诚意，并愿收纳从昭公在外的臣子，同心辅政，而子家推辞得更得体，他说：“立君为国家大事，自有卿士大夫与守龟负责，我不敢过问，何况幽暗中有鬼神看见，又有至公的法律。”又说：“昭公知我出，不知我入，我将逃走。”这些话说明与季氏不共戴天，子家的深明君臣大义，真可以惊天地而泣鬼神，吕祖谦的忠君思想也表露无遗了。

·《东莱博议》

《左氏传说》的重点，有如上述。但因为受到“讲说体”的限制，不免议论烦琐，而不够精练。在他著名的“论说体”著作——《东莱左氏博议》一书中，就没有这些毛病。这本书共收有八十六篇根据《左传》事实所发的议论，体例严谨，文采丰发，篇篇可读，可算是《左氏传说》、《左氏传续说》的姊妹篇，重点有所不同。《春秋左氏传》的特长是详于治乱兴亡的事迹，《左氏传说》，多半就其成败得失立论，《东莱博议》则偏重义理和遣辞，篇篇都有章法。大抵每篇文章，借《左传》的一件史实，或模拟好几件相近的事实，立一个议论的“主旨”，反复推敲，情理俱胜，愈推愈密。甚至能在推论与想象中，无中生有，为后人作议论文提供许多窍门。别人看似平淡的一件小事，他都能推衍出一篇大道理。我们试举第一卷前十篇为例：

篇目	题旨
《郑伯克段于鄢》	庄公负共叔段，他的用心甚险。
《周郑交恶》	周天子自贬身价，和诸侯平列。
《宋穆公立殇公》	穆公不知传位有常道、中道，好高奇而酿祸。
《臧僖伯谏观鱼》	进谏之道有畏、信、乐三层，乐以悟心为最上乘。
《隐公问羽数》	成王以天子礼乐祀周公，已乱周公之法。
《郑伯侵陈》	祸起于轻忽，一言而丧邦。
《盟会聘享失礼》	春秋公侯大夫缺乏“慎独”工夫。
《颍考叔争车》	颍考叔虽以孝闻名，不能推其理，死于私勇。
《息侯伐郑》	处小国之道。
《詹父以王师伐虢》	分不独立，理不虚行。

《博议》这本书，几乎篇篇都具有理学家的口吻，所以理势十足，令人想到，文气的根源应该是涵养理学的工夫，用理学家的眼光来看《左传》，在宋人的著作中，恐怕没有一本比《东莱博议》更特出了。

《盟会聘享失礼》一篇可以算是典型的代表，他举出《左传》隐公七年，陈王父到郑国参加盟会，“歃如忘”。桓公九年曹太子朝鲁，“奏乐而叹”。僖公十一年，天王使赐晋侯命，“受玉惰”。昭公二十五年，宋公与叔孙昭子坐，“语相泣也”。像这类事件：歃血为盟竟忘了涂血，身为大使听奏乐却叹气，在接受天子所受的圭玉时，却有些怠慢的意思，在聘问宴饮的席上却哭了起来。诸如此类“失态”的事件，在《左传》中约有二十几处可见，吕祖谦用这四件事为代表，归结到春秋时公卿大夫，平时不曾做慎独主敬工夫，等到盟会聘问享宴时，虽然想要勉强振作，到底还是掩饰不了。所以他说，人的生活虽有公私两面，也就是显明和幽暗两面，其实是一体的，私生活不整饬的人，随时随地会露出纰漏，到时候也就贻笑大方了。像这样细心归纳史事，加以批评，也是前儒所罕见的。

他论卜筮，他认为天下事没有不能看到征兆的，柱下的础石预先在天将下雨时就润湿了，蛰虫预先在寒冷时就藏伏不出了。蚂蚁在大雨积水之前就搬移开了，鸢鸟在风将发作时就回旋高飞了，这是阴阳二气交相感应的结果，动物尚有“本能”预感事物的变迁，何况是人呢？分析这种预感的可能性，原来天地是通成一种气的，这一气流通，没有阻隔，圣人一心具备万物，吉凶哀乐，就好像身上的疾痛疴痒，稍一触动，他便觉得；所以仰观天文，俯察地理，以及人事的一切怪异现象的发生，都是我心的发现；因此卜龟兆象并没有什么吉凶，易卦占筮的变化并没有什么意义，只不过我心里觉得吉利，便说兆象是吉；只是我心里觉得事物有所变动，就说是易爻卦象的变动。圣人能统观万物，见微知著，吉凶在心，本来不需卜筮的，妖妄本是心理的反射，蓍龟也只是内心的投影，后人不能自求内心，反而求助于外在的、烦琐的卜筮，就是诞妄了。这是多么科学的看法。《左氏传》中，正充满十几件卜筮的迷信，吕祖谦能够一针见血，道出卜筮的真相，也可见其格物致知的彻底工夫。

《东莱博议》中精辟的议论，俯拾即是，有待读者细细去品尝，不过也有一些奇癖的论调，和一般人大不相同，这多半是为了使文章“出奇制胜”，不得不标新立异罢了。例如：《楚子问鼎》一篇，在一般人看来，总认为是楚庄王无礼，王孙满辩口高明，才能折服强楚的贪婪；吕祖谦却认为王孙满这番话只是偶然奏效，楚庄王的佩服而退，也是一种侥幸；而成周的人，却因此误认为强大的楚国，气焰凶横，尚且惧怕王孙满的文辞告诫，不敢向前进逼，将来若有人侵扰王畿，只要烦劳一位善辩能说的人，就尽够应付了。这种侥幸心理一存在，便不重实力，只在表面的辞语上求新奇，所以到了战国诸侯互相并吞时，王孙满贻留下来的这种虚张声势的计策，便有颜率用“八十一万人才能扛鼎到齐”的话，来阻止齐人，左面设法欺诈，右面设法哄诱，自己以为得逞，一旦秦兵向东压境，辩论游说都挡不住了，善说的口舌，却也噤不做声，无计可施，只有向敌人磕头，甘为俘虏，这个始作俑的祸首，就是王孙满啊！这番话显然是针对南宋朝廷的文弱来说的。

·《大事记》

吕祖谦晚年作编年的《大事记》，今存有十二卷，附《通释》三卷、《解题》十二卷。

这本书实有师法《春秋经》的遗意，不过用心不在褒贬，而在制度及史料的考订。他所采用的是古策书遗法，《春秋经》终于获麟，所以他就从周敬王三十九年开始，采用《左传》、《史记》、《汉书》、邵康节《皇极经世》、司马光《稽古录》、《资治通鉴目录举要》。原想编到五代为止，成为一部以大事为纲领的通史。因此在作《大事记》之前，他先完成《大事记》一千四百四十年的岁目，以干支纪年，干支之下并列诸王年代。但在《大事记》本文，则采取《史记·年表》，“首年标岁名，其后唯以六甲纪之”。可惜他作序时是淳熙七年的正月，次年便与世长辞，所以只编到汉武帝征和三年。虽是未完成的巨构，仍可以代表吕氏史学的规模。

《大事记》以年统四时，以四时统月份，无月可纪时，即以事系于年下。简直就是《春秋经》的延续，不过《春秋》经文简略，吕氏《大事记》在求详备，又在每条大事下注明根据：《鲁史》、《左传》、《史记》的《年表》、《世家》、《列传》、《稽古录》、《通鉴外记》、《皇极经世》、《水经注》……等修撰，有时一条并列几个来源，可见他考求文献的态度是相当严谨的。

《通释》三卷，为全书的纲领，多引《诗经》、《论语》、《孟子》、《史记》中的要义格言。《解题》十二卷，择《大事记》中重要事件，加以解释。主要根据太史公的《史记》，并载班固《汉书》的异同，或考事实、或叙地理沿革、或发己意、或引时论、或辨《资治通鉴》的得失。尤其偏重典章制度的考订，以及风俗变迁的记载，都充分表现吕祖谦史识的卓越。

与《大事记》相近的，还有《历代制度详说》、《十七史详节》、《东汉精华》等关于史学的著述。后两种卷帙浩繁，《十七史详节》多达二百七十三卷，可惜未刻板。现在所能看到的，是《历代制度详说》，分制度及详说两部分，制度甚为简要，但详说则多推求古代建制的原委及演变，颇为精到，马端临作《文献通考》，也常引用它。

通观吕祖谦一生的著述，史学最具规模，就义理说，充分表现理学家的历史观；就考据说，他能因应时代，考订古今制度的来龙去脉，对史料的处理亦极尽客观，在南宋理学家之中，确具有他特殊的风范。

4. 经学的贡献

吕东莱虽然生在被称为“经学变古”的宋代，他的经学却是守古的。讲《诗》尊崇大小序，对《易》考订古本，讲《尚书》也多依古说。至于《左传》，吕氏把它当史学；因此，受当时理学风气影响较多。由于宋学的创始是胡瑗，与他同时的孙复及门人存觉，对于《春秋经》的解释，都采用断案的态度，影响宋人对《春秋经》的见解，吕氏可以说承袭这个新的传统。同时对经书的看法，宋人一方面轻视汉唐以来的训诂，一方面怀疑经文的可靠性，前者以王安石颁三经新义（《诗》、《书》、《周礼》）于学官为代表，破坏了唐代《五经正义》承袭汉以来注疏的传统。后者以欧阳修开风气之先，他著《易童子问》，怀疑孔子作十翼，作《毛诗本义》，动摇毛传郑笺的权威；接着是苏轼兄弟的诋毁《周礼》，指摘《尚书》，怀疑《诗序》。到了南宋，吴棫和朱子对伪《古文尚书》的怀疑，郑樵的攻击《书说》，在在反映了宋人的“疑古”风气，但是吕祖谦却丝毫没有受到这一风气的影响，而默默从事汉唐以来训诂的整理。虽然成就并不甚大，但对于当时的学风，尤其金华学派的影响，却是不可忽视的。

下面我们举几件值得重视的事情，说明他的经学的重点。

（一）考订《周易》古本：现在所传的《周易》，大抵有两种传本，一种是王弼、韩康伯注的本子，一种是朱熹的本子。前者把《彖传》、《象传》及乾、坤二卦的《文言传》并在卦爻辞里，是郑玄以后的“今本”，卷数是上下经相承共九卷。加上附录一卷共十卷。后者是朱子根据吕祖谦所考订的“古本”，经传分开，经有上、下卷，十翼共分十卷，总共十二卷，这是汉代古文《费氏易》的原来面貌。吕祖谦根据什么考订出来的呢？据《汉书·艺文志》记载

《易经》十二篇，颜师古的注解说“上下经及十翼，故十二篇”，同时，杜预《春秋左氏传集解后序》，也有汲郡旧冢所得《周易》上下篇的记载，《系辞上传》也说“二篇之策”，所谓“二篇”应该是经文分上下卷的明证，这是前汉费氏所传的古本，到了东汉马融、郑玄所传的费氏学，才合并经传，王弼又采用这个本子注释，古文就不见了，唐代的《五经正义》因袭不改，宋人晁说之曾加考订，厘为八卷，还不是古本的原貌，吕祖谦的考订受朱子的赞许，并采用为他的注本，才算定谳。

除了考订古本外，又有《周易音训》一书，采用陆德明《经典释文》的音义，按古本重加编次。由门人王莘叟写成，吕氏古订《周易》古本的次序，就记载在《音训》各篇的标题下。朱子注经都有音训，只有《周易本义》不注音读，就是因为吕氏的《音训》成书在前的缘故。另外有《周易系辞经义》一书，采辑二程以下各家说法，汇为一书，年谱及本传都未提及，当为门人搜集编纂的。

（二）《吕氏家塾读诗记》：这是吕祖谦最完整的一部著作，最能表现他博览文献的治学态度和工夫。他采辑了自毛苌、郑玄以下到朱子，共四十三家《诗经》的说法，先比较各家的说解，分辨名物的解释，把最合理的采录下来，并保存原作者的姓氏，定于一说，如果不能肯定的，并存其说，自己再加小注加以申说。凡是可取的说法，多年保存了。每一首诗，编次的顺序是先列训诂，再陈述诗义，经子史传引《诗》或与《诗说》有关的文句也加以采用，那么多的文献，在他的剪截贯穿之下，晓畅通达，如同他一家的解说。由于他遵守“温柔敦厚”为诗教的传统，在去取之间，多半力求合乎这个标准，可以说是宋代诗经学传统派的代表，后来严粲作《诗缉》，也采用他的方法，但在申说诗义时，常用别人的话作为自己的话，把原来作者的名字删去，显然不如吕氏做学问的严谨。

（三）《东莱书说》：宋儒研究《尚书》，可以大别为二派，一派是以史证经，另一派是以理说书。理学派以蔡沈的《书集传》最有名。史学派由苏轼《东坡书传》开端，林少颖的《尚书全解》集其大成，东莱为林少颖的弟子，他的尚书学承师说是无疑问的，我们看他的《书说》，原来只有十三卷，是从《周书》的最后一篇《秦誓》往上辑到《洛诰》。其余部分是弟子时澜据东莱平日讲述《书经》而增修。林少颖的《拙斋书集解》五十八卷，朱子认为《洛诰》以后不是林氏所解，必为门人续补成的，那么东莱辑《书说》从《洛诰》到《秦誓》，正好是补足师说，如果把《尚书全解》和《增修东莱书说》两部完整的《尚书》著作合并来读，必定可以得知以史学说《尚书》一派的脉络了。

东莱说史以礼乐典章为重心，因此在《书说》中，仍不离他自己定的读史纲领，读《尚书》主要观其时移世变与礼制的推移。譬如《文侯之命》，他认为这篇是周室东迁之初的作品，往上推为成康、文武之治世，往下变为春秋、战国之乱世，正是消长升降的交会，最能看到风气的推移跟治道的开塞。再如《费誓》，由《书序》及《史记·鲁世家》可知是伯禽伐淮夷时的誓师辞，吕东莱所注意的是它和《甘誓》的比较，认为“禹的家学见于《甘誓》”，“周公的家学见于《费誓》”，夏启继位时有扈作乱，伯禽封鲁时徐夷生变，在骤然的变乱之际，他们的誓师辞却曲折详尽，好像他们都是军事专家，不像后代那些长于深宫之中的太子，在变乱之间就束手无措，东莱用这种眼光来看《尚书》，真是别具一番苦心啊。

再看《顾命》、《康王之诰》二篇，今文家合为一篇，马融、郑玄、王肃本分为二篇，伪古文孔传本也分开，分法并不一致，蔡沈的《书集传》采用伪古文本，在《顾命》篇首下引用吕祖谦的说法，认为成王即位之初，经过三监的叛变，王室渐衰微，所以在临终时的遗言，特别详尽，有慎终正始的意味，《顾命》的用义是“正其终”，《康王之诰》是“正其始”。吕氏仍旧分为二篇，到了王柏的

《书疑》，就依照吕氏的暗示，把它合为一篇，认为一正其始，一正其终，确是吕东莱领会文气的心得，今文家自欧阳、大小夏侯本就合成一篇是对的，古文家割裂文字，目的只在凑篇数，吕氏虽然没有合并的想法，读《尚书》却有贯串的本领。

以史说《书》，最大的特色是援举史事来比较，吕东莱在《顾命》篇，就举汉武帝拔举霍光的事作比，霍光本是宿卫军人，武帝临死之前才拔举他，并托付幼帝；世人都认为武帝真能知人，殊不知所谓大臣，不是可以寄安危存亡的大责任的，就不能当其位。如周朝召公、毕公，内总众职，外统诸侯，君在就专心辅政，君殁就辅佐幼孤。汉武帝临死前朝廷难道没有可以托付的大臣？尚且要另外拔擢一人来托付遗孤，就未免不成体统了。

如果把东莱的《书说》和《左传说》、《左传续说》合并来读，我们可以看到东莱的政治哲学，有两个基本观念：一是寓政于教，国不可无老成人，东莱的说《书》便是一种老成人的口吻。另一观念是礼制体统，因时变革，但不可失去礼制背后的精神，理学家之中讲《尚书》能够如此圆融贯串，疏通致远，恐怕没有第二位了。

5. 教育家的典范

宋代的教育制度，以学校和书院为主，民间教育团体为辅。由于印刷术的发达，私人有能力蓄书，因此书院特别兴盛，理学家促进了宋代的教育，教育又推广了理学，所以宋代的理学家都是教育家，其中最杰出的，要推北宋的胡瑗、吕大钧，南宋的朱熹和吕祖谦。从他们留传至今的学规和乡约，可以看到他们的教育思想和内容，其中朱熹的《白鹿洞学规》最为详密。和他同时的吕东莱，也是毕生贡献于教育，后人却很少提及。

· 学规

东莱讲学从孝宗乾道三年（一一六七年）三十一岁那年开始，因为守母丧，住在金华县的明招山，教了一些学生，第二年学生渐多，就在曹家巷正式授业，订了一个《乾道四年九月规约》，条文包含教育宗旨、讲习资格、生活规条三方面，简列如下。

（一）教育宗旨：凡参加这个团体的都应以孝悌忠信为本。

（二）讲习资格：

凡是不顺父母，不友兄弟，不睦宗族，对朋友不诚信，言行相反，文饰过失的，禁止入学。

入学以后，如有偶犯过失，经同学规劝无效，改用责备仍然无效，就当众警戒他的过失，始终不改，即开除学籍。

（三）生活规条：

（1）仪态方面——会讲（上课）时端正肃静，群居时，和气庄重。

（2）从前受教过的师长，每年要拜访。在路上相遇，仍要以师长的礼节来事奉。

（3）不可品评长上，毁谤别人，对郡邑的政事和人物，要多称扬好处，少揭人短处。

（4）不得干求，送礼或请托有地位的人。

（5）同学间不得自立标准，品评别人高低，谈吐不得亵慢、阿谀、狂妄、杂沓。

（6）不可狎昵亲近不同道的人。

（7）不可亲近鄙陋的事，如赌博、斗殴、饮酒、作弊，或阅不良书刊等。

这个学规的宗旨和《白鹿洞学规》首先揭出的“五教”（父子有亲、君臣有义、夫妇有别、朋友有信、长幼有序）的精神是相合的。都是以“人伦”为重心。朱子的《白鹿洞学规》订于淳熙六年（一一七九年），比这个规约晚十一年。乾道五年（一一六九年）吕祖谦制定另一个规约，在宗旨和规条上有了改变。

（一）教育宗旨：以讲求经旨，明理躬行为本。

（二）讲习规定：

(1) 肄业期间，每天要在练习簿上作笔记，多寡随意，若有事辍课，也要记载在上面，一年不可以超过一百天，若缺一百天以上没有作业，同学应共同摈斥他。

(2) 要有一本专册记载平日的疑难问题，以备同学聚会时，作为商榷讨论的材料，并且要彼此在疑难册上签字为凭。

(3) 凡是怠惰苟且，只是应付课程而没有头绪，或品行不端，被乡人所不齿的，同学应摈斥他。

(4) 迁移居所，要写信向同学报告。

这个规约的宗旨，较接近学校教育。讲求经旨是课业上的，明理躬行是品行上的，两者并重。至于讲习的规定，好像是一种励学公约的性质，这或许是宋代的民间教育团体的大致情形。第二项“疑难册”的设计，真是这位伟大的教育家匠心独运的地方。

乾道六年（一一七〇年）五月，他又在丽泽会见诸生，又制定了“规矩七事”，也就是犯了下列七件事：

(1) 不和父母同居；

(2) 亲人死了不能埋葬；

(3) 丧期内婚娶；

(4) 宗族争讼财产；

(5) 侵扰公私权益；

(6) 在考场喧噪；

(7) 游手好闲；

一律开除学籍，并通知各州在籍的学员。

从上述三个规约看来，吕氏不但是一个教育家，也是教育制度的设计家，他不但注意在学学生的品学两方面，并且扩大到彼此之间的联系，以丽泽讲堂（后代设立书院）为中心，这种教育团体，对于乡党间的同心协力，贡献真是不可估计。关于各州在籍的人，彼此联系的办法，另有《乾道五年十月关诸州在籍人》一项规约，较为繁琐，就不介绍了。还有一件值得注意的事，吕氏特别注意丧事，《乾道九年直日须知》规定在籍同学如有父母、祖父母及兄弟、己身死亡，同志应吊慰丧事，这种慎终追远的人伦教育，最后的目标是普及全国，教化百代，我们看自南宋以来，金华一地文风鼎盛，人才辈出，吕氏倡学的功劳不可埋没。

·家范

除了学规外，吕氏特重家范，以祭礼为主。他的别集中有《家范》，除宗法条目之外，又有昏礼、葬礼、祭礼等仪式。他的礼学不是文献的考定，而是发挥在实用的功能上。他在淳熙八年（一一八一年）临死前所定的宗法条目，包括祭祀、忌日、省坟、婚嫁、生子、租赋、家塾、合族、宾客、请吊、送终、会计、规矩，作为宗族共守的规范，古人“齐家”的思想，是以宗族为对象，吕氏的传家宝，现在看来，仍然十分可贵。我们不妨举几条做参考：

（1）清晨长幼先到家庙烧香（十岁以下免），然后向尊长请安。（日祭）

（2）每逢初一、十五日早晨，不分长幼，都到家庙瞻拜，设酒三杯，茶三盏，时果三品。（朔望）

（3）春分、夏至、秋分、冬至四时定期祭祀，期日前五天须修补屋宇，检视祭料、祭具。前一天打扫祭祀场所，洗濯陈设器皿。祭品包含馔果六品，醢、酱、蔬六品，面、米、鱼、肉、羹、饭共六品，祭品的丰富或俭约，看当年家用多少，岁收好坏为标准。

（时祭）

（4）对内的收支不留存底，对外的收支一律留存据。岁终收支簿及案底，编排年月号，分别存入柜架。（会计）

（5）子弟不敬奉家庙，未成年而行为怠慢（如祭祀时醉酒，高声喧笑或久等不到），已成年而颓废祖业（如不孝不忠不廉，有坏家风），都用“榎楚”（藤条）鞭笞做为惩戒。（规矩）

我国数千年来的“家族教育”制度，严厉的情形，可以从吕氏家规中得知大概。

此外，吕祖谦对于幼童启蒙教育，也很重视。他的教育方针是让儿童多认识古圣先贤的言行，而不灌输空泛抽象的道理，因此他特别搜集史传上的一些古人行仪的小故事或小格言，编成《少仪外传》（初名《辨志》），做为幼年读物，目的在增广儿童见闻，启发思虑，使他从古人行仪中建立行为的规范和认识做人的道理，可以收到陶冶熏染的效果。至于学生对科举的课业，吕氏也主张适可而止，只要有足够的文理可以和同辈相角逐，不必计较得失，还是要把重点放在读经读史上面，所以他给刘子澄的信中说：来聚学的人多达三百人，应考的“时文”，十天才练习一次，免得荒废而已。经史是必修的常课，诗文是辅修的余课。可见他的教学原则是与他所订的规约相吻合的。

6. 文章宗匠

吕祖谦是南宋理学家之中，比较留意辞章的一位，他和同时的朱熹、陈亮、叶适等都是文章的能手，大抵理学家的文章，载道意味太浓，没有唐宋八大家衔华佩实、声情并茂的风格，而比较朴质。吕东莱有文集十五卷，别集十六卷（家范、尺牍之类），外集五卷（程文之类），年谱遗事为附录三卷，拾遗一卷共计四十卷。这些文集以及前面提过经、史方面的专著，现在都收在《金华丛书》和《续金华丛书》中。他的文集多偏于书启奏议及论学，纯文学的创作篇什很少。他毕竟以理学为重，因此所编的《宋文鉴》，仿照《昭明文选》的体例，编辑了北宋名家的诗文，分六十一门，一百五十卷，除了前三十卷的诗赋骚体外，其他一百二十卷都是应用文体，诏敕制诰疏表之类最多，经义、策问、行状、墓志等也占了相当篇幅，由于内容过于驳杂，实在没有《昭明文选》的精粹。但对于保存文献毕竟有些贡献。

吕氏的文学才华，表现在流传久远的《东莱博议》一书，这本书在科举时代，成为家喻户晓的议论文范本。议论取自《左传》事实，章法严密，因此脍炙人口。就春秋大义来说，难免有主观臆断的地方，但就文章的技巧来说，却是有义有法，起承开阖，宾主虚实，归纳演绎，开启后代作文的许多窍门。我们不妨分析一下《隐公问羽数》一篇。

这篇是根据《左传》鲁隐公五年的记载，为庆祝仲子祠庙落成，将要使用万舞，鲁隐公问众仲万舞所需的羽数。本来是一件极不显眼的事情，吕氏却作出一篇大文章来。起头他说：

凡是对人发问，不是有所不知，就是有所不安，若是心中明白了，行事也就坦然，何必要问呢？

这是用题目上的“问”字来破题，又推测隐公发问的动机是“不安”，却用“不知”来陪衬。为什么说隐公心里有所不安呢？吕氏写道：

隐公生在鲁国，长在鲁国，又做了鲁君，每年春夏秋冬的祭期，他看到的舞乐，不知有多少次了，舞动时那些收缩舒展的姿态和连接变换的队形，也不知算过几回了，到了仲子祠庙落成了，方才问起舞者手持的雉尾毛要多少数目，难道真正不知道吗？这一定是他心里有很大的不安吧！

其实不知也好，不安也好，都可以说出一篇大道理，吕氏既假定是“不安”，就得说出不安的道理，原来他是要讨论鲁国用天子之礼乐的合理性。他说，成王为了感念周公辅佐之功，于是封周公的儿子伯禽在鲁，特别赐给他天子的礼数，也就是祭祀宗庙时，用八佾舞（六十四人），比诸侯的六佾舞（三十六人）要高一等，伯禽接受了，鲁国的子孙也承袭了这个礼数，并且运用到群公的庙祭，没有人怀疑过，贤明的鲁隐公，居然会觉察到百年来的错处而不安。因此他这一问，恢复了六羽这种合乎诸侯身份的礼数，也表现了君臣之间的贤明。

事实真相是否如此？还是文章的“无中生有”法呢？一般人作文至此，已经穷尽题旨了，吕氏却迂回地编造一段众仲回答隐公的话，满足文章虚拟的要求，他写道：

众仲可以这样对隐公说：“周公制礼作乐以安定天下，天子用六十四名乐舞生，诸侯用三十六名，是周公亲定而且颁布天下，留传后代的。周公的身份只是诸侯，却让他的子孙用天子的礼乐来祭祀他，岂不是反而破坏了他所定的制度，违背了他的原意，要是周公死而有知，一定不愿享受鲁国的祭祀了。你做君王的，何不就此纠正过去的越礼，回复诸侯的礼制呢？你可以告于周公之庙，并向天子的庙请命，使得天下人再看到周公所制定的礼乐，鲁国就有两个周公了。现在只是仲子一庙改用六佾，其他不改，就是对仲子用正礼，却不拿正礼来待周公，岂不是厚此薄彼吗？”

这些话，在义理上讲不一定妥当，就文章来说，就是虚实相生，千折百回了。其实隐公既没有贤明到第二位周公的程度，众仲也没有讲出上面一番大道理，只是吕祖谦自己设想由于隐公和众仲失去了一次匡正天下的机会，所以才加速鲁国的衰微，以致连季氏一个卿大夫也僭用天子的八佾舞，孔子才有“是可忍也，孰不可忍也”的叹息。

除了《东莱博议》之外，他又编了一本《古文关键》，来分析古文的“文法”，选文以唐宋八家为主。今传的刻本只有六十二篇，卷首目录，除古文八家以外，尚有李廌、秦观、张耒、晁补之四人列名，可惜书内却不见作品，也许是未定本。“总论看文章的方法”，他立了四个标准，一是看大概主张，二是看文势规模，三是看纲目关键，四是看警策句法。笼统包含了题旨、章法、句法、文气等方面。对于八家文章的特色，他用两个字来概括，并说明出处，如：

韩愈文——简古（一本于经，亦学《孟子》）。

柳宗元文——关键（出于《国语》）。

欧阳修文——平淡（祖述韩子）。

苏东坡文——波澜（出于《战国策》、《史记》，亦得关键法）。

曾巩文——专学欧，比欧文露筋骨。

苏辙文——太拘执。

王安石文——纯洁。

老苏文并未置评。对模仿各家古文，也有扼要说明，如“学韩简古，不可不学他法度，徒简古而乏法度，则朴而不文”，“学王（安石）不成，遂无气焰”等。从现在眼光看来，他的分析还是很粗疏的，例如在品评好的文句时，他用了许多空洞的术语，如：“笔健而不粗”、“意深而不晦”、“语新而不狂”、“曲折斡旋”、“反复操纵”等。在章法布局方面，他也用“上下”、“离合”、“远近”、“彼我”等对待辞来描述。这些术语就好像现在的作文眉批一样，在七百年前，对一篇古文除了加圈点、做记号，又在旁边注了密密的评语，已经是前无古人了。

论作文方法，吕祖谦分有形的“纲目”和无形的“血脉”两个要领，“纲目”指章法的变化，用文字的长短、齐整表现出缓急、显晦。“血脉”指文意的贯串呼应，后人所谓的义法，实脱胎于此。宋代类似这种集录古今的作品，加以评析的，在吕祖谦之后，有真德秀的《文章正宗》，谢枋得的《文章轨范》，楼昉的《古文标注》(《宋元学案》作《崇古文诀》)，都是在吕氏《古文关键》传习以后，元、明以后批注古书风气大盛，遍及群经子史，吕东莱可算是这一派的远祖了。

三、吕祖谦与当代学者

南宋的学术界，是一个奔竞的时代，前期以朱子、张栻、薛士龙、吕祖谦、陆象山兄弟为重心，后期除朱陆之外，永康陈亮、永嘉叶适取代了吕学的地位，成为浙学的重镇。他们之间的学术立场尽管不同，却彼此都有往来，造成这种学术讨论风气的，吕祖谦扮演了重要角色。

吕氏求学的宗旨是“多识前言往行以畜德”，所以对学问没有偏颇，兼容并包，绝不自我标榜或排斥异说，所以交游特别广阔，尤其在朱、陆及陈亮之间，他常常是沟通的桥梁。我们不妨拿年龄作个比较，吕祖谦比朱子小七岁，比张栻小四岁，比陆九龄小三岁，大陆九渊二岁，大陈傅良四岁，大陈亮六岁，很巧的，他在这些人里，排行也在中间。

吕氏和当时学者交游最密切的是朱子，其次是张南轩（栻），再次为陈同甫（亮）、陈君举（傅良）、薛士龙（季宣）、陆子寿（九龄）、陆象山（九渊）。分别简介于下。

1. 朱子

朱子与吕东莱都曾受学于胡宪，朱子在绍兴十三年就学于胡宪；吕东莱到绍兴三十年才见到胡宪和汪锡圣，郡年吕氏二十四岁，朱子已三十一岁，他们没有同学过，但朱子二十四岁以后的老师李侗，曾应福建安抚使汪应辰（锡圣）的邀请而死在福建，朱子曾前往哭祭；而吕祖谦二十一岁以前随父亲在福州，又从三山林少颖受教，朱子答吕祖谦的第一封信，开头就说“三山之别阔焉”，大概他们早年在福建就认识了，乾道五年（一一六九年）以后，他们的书信中经常提到汪尚书，就是汪锡圣（应辰），也常提到任福建建宁府知府的韩文，就是吕祖谦的岳丈韩元吉，他们的书信常常由韩元吉差人送递的。

从朱吕来往频繁的书信中，可以看出他们勤恳虚心的论学态度，除了进德修业，生活起居的关怀问候之外，时常是著作的交换订正，及学者之间的动态，书籍雕版的报导。他们对道体的意见并没有不同，在涵养及治学方法上不免有些分歧，由于吕氏偏重“涵养”，因此对于朱子的来信，感到“激扬振厉，颇乏广大温润气象”，就针对他喜欢较胜负这一点，提出针砭。朱子的回信，大不以为然，认为真理固然只有一个，没有敌对，却不得掺杂一点异端邪说，才能见到精明纯粹的“绝对真理”。朱子偏重知识论，喜欢分析，因此在信中，对时人喜欢统括，厌恶解析，大加斥责，认为当时学者略知“道的本体”“浑然为一”，却不知浑然之中，仍有精粗、本末、宾主、内外的区别，时人说理只怕不圆通的态度，是自欺欺人。这些话和朱子晚年对吕东莱学术的批评相印证，显然朱子也对吕氏痛下针砭。

吕东莱追求一种浑厚中和的气质，对于朱子这样严苛的批评，有几分自觉，因此益加谦逊，例如信中常自己批评自己的病痛，有“徒恃资质，工夫悠悠”的话，但对于“较胜负”这件事，始终不以为然，例如他在信中质问朱子“注中东坡字改为苏轼”，如果出于全书体例，还说得过去，若是由于辩论有所激怒，变本加厉的作法，对于治心便有害了，须得省察。朱子立刻答复是因为校勘凡例而改正，并没有激怒的意思。并且举孟子论杨朱墨翟，是不得已之辩为例证，因为杨墨的邪说不熄，孔子的大道便被淹没而不彰，何况《易经》对君子、小人的辨别，也是一种较量胜负，而他批评苏轼的用心，和孟子卫道之心是一样的。

吕东莱就提出他的涵养论，认为作学问首先要在“矫柔气质”上做工夫，照他看来，朱子那样“英伟明峻”的资质，最需要学颜子的谦退静默，把“擒纵低昂”的辩论转为“持养敛藏”的工夫，孟子虽斥杨墨，却对唐勒、景差等文人的浮辞丽语，不曾辩过一句话，足见文人与道是判然不同的，苏东坡对于道，也不过是唐、景之徒，并非杨墨，似乎不必去计较。

朱子反驳东莱的看法，认为东坡上谈性命，下谈政理，与屈原、宋玉、唐勒、景差的辞赋不离悲愁、放旷两端，不可相提并论，换句话说，东坡的文章，谈性命政理，足以坏人才败风俗。唐勒、景差的文辞，作于荆楚之间，孟子未必看得到，如果当年流传四方，家喻户晓，孟子也必定不放过的。朱子进一步提出“文”与“道”的关系，他反问：文学和道学是同或异？如果“道”可以超然独立，不仰仗他物，那么文章自然可以肆意妄为，不至于害道，正因为“道”和“文章”不可分离，因此只要文辞不合于道，就是害道的文学了。

这似乎是一场道学家对文人作品载道与否的争执，吕祖谦针对的是朱子的涵养，朱子针对的是道学家的“立场”，换句话说，在真理不可不辩时，一味涵养便成了懦弱。虽然如此针锋相对的争辩，他们始终没有闹过意气，因为他们争执的并不是道体本身，而只是态度问题。吕氏的谦恭，对于朱子治学必有影响，朱、陆之间学术的争辩，到了晚年归于调和，朱子多少改变了早年的气质。朱子在给吕氏的信中，也能检点自己，他说：

> 伯恭（吕祖谦字）天资温厚，所以议论事理，和平宽大，委婉而曲折；我的本质过于暴悍，所以议论事理，多半奋发直前，私下衡量，两者都不是中庸之道；我的气盛常常自伤伤物，吕伯恭也不可过于偏向相反的一方面。

从这次辩论以后，他们便成为莫逆之交，我们可以综合他们的书信，举出较有代表性的几件事来说明。：

（1）乾道八、九年（一一七二——一七三年）之间，朱子曾把儿子送到吕氏学堂，接受吕氏教导，寄住在吕氏弟子潘景宪家里。

（2）陆子寿、刘子澄常常拜访朱子、吕东莱，沟通彼此的见解，吕氏也亲自到武夷访问朱子个把月，朱子送吕祖谦到信州鹅湖（江西铅山县）时，会江浙诸友和陆氏兄弟，才引发一次学术讨论会，吕氏站在中间，功不可没。

（3）吕氏曾替朱子刊行的《近思录》《校本伊川先生易传》作题跋。《吕氏家塾读诗记》也收入朱子早年的见解。淳熙六年（一一七九年），吕氏给朱子作了一篇《白鹿洞书院记》。

（4）朱子作《仁说》、《中庸集解》、《太极图解》、《三礼篇次》

等，都与吕祖谦有过讨论。

（5）朱子屡次辞免官职，对于进退去留的权衡，一再请教吕祖谦，并且一度透过吕氏的关系，要韩尚书向朝廷转达他的真意。

（6）吕氏殁后，朱子曾作《吕氏家塾读诗记后序》、《读吕氏诗桑中篇》、《跋吕伯恭日记》、《题吕伯恭所抹荆公目录》、《跋吕伯恭书说》，又有《祭吕伯恭著作文》、《吕伯恭书像赞》。吕氏死后次年（淳熙九年），朱子任职浙东，正月前往哭祭东莱墓，可见他们的生死交情。

（7）《朱子语录》有许多对东莱的批评，颇能道出东莱的毛病，如学太杂，不能精约，又认为吕氏对史学十分仔细，经学却不太理会。又批评吕氏所编的《宋文鉴》太广泛，所收的奏议多半优柔和缓，《少仪外传》多琐碎的地方等等，朱子这样苛细的批评，只是就事论事。大概是由于浙学的势力日渐茁壮，既要对抗浙东的陈亮、叶适等，就把浙学打成一伙了。

2. 张南轩

张栻，字钦夫，广汉人（四川广汉县），号南轩先生。是丞相张浚的儿子，自幼聪颖，曾经受教于胡宏（五峰），极受他赏识，认为圣门有人了。曾任严州知府，颇有治绩，吕祖谦在乾道五年（一一六九年）任严州（今浙江建德市）州学教授，张栻为太守，两人相识；同年，吕祖谦兼国史院编修官，奉召入临安，张栻也奉召为讲官，两人住在同一条巷子，经常在一起切磋，志气相投。吕东莱在给朱子的信中，也经常提及“张丈”。他们在严州时，曾经讨论胡五峰的“知言”，找出十几处可疑的地方，足见他们对道学的高度狂热。

吕氏称赞南轩的“浃洽”，也就是义理的融贯，南轩也称赞东莱的“体察”功夫。朱、张、吕三人的学问去向可说大同小异，吕氏的用功全在实学上，对于朱、张对道体方面的深契，或许差一筹，所以南轩也常对吕氏有所忠告；例如看到吕东莱的学生太多了，便认为要注意学生的动机，加果只在科举上面，便先怀“求利”的心，怎能引导他们求义理呢？南轩又指出吕氏平日似乎缺乏果断，常有牵滞姑息的毛病，像这样直言的诤友，实在是南宋理学家的典型。

南轩也参加了对“苏学”的讨论，立场是偏向朱子，但似乎比朱子更了解吕祖谦的动机，他给朱子的信，就回护吕氏，说他一向对苏氏父子并不赞成，也没有站在苏氏一边，只是熟习元祐年间第一等长厚的议论，不肯排斥东坡罢了，现在东莱也已知道自己的弊病了。

东莱最大的弊病，其实就是留心文辞，因为编辑《文海》，把精神给拖垮了，南轩颇为怜悯，还派人送药给吕氏，在给朱子的信中说，“编《文海》，何补于治道？何补于后学？徒使精力困于翻阅，亦可怜耳。”

吕氏在这两位好友的规劝中，对于科举用的时文，也尽量在避免，晚年发愤在《诗》、《书》上面，契道日深，可惜天不假年，南轩去世的次年，吕氏也弃世了。朱子最大的遗憾，应该是吕东莱的学问并未到达巅峰状态。

3. 陈同甫与永嘉诸子

陈亮，字同甫，南宋婺州（浙江）永康人。为人才气超迈，喜兵略，下笔数千言，一挥而就。十八、九岁作《酌古论》，二十六岁作《中兴五论》，主张废除和议，在太学中和永嘉（温州）的陈君举（字傅良）并称二陈。

与陈亮同时的永嘉（温州）诸子，年纪最大的是薛士龙（季宣），次为陈君举，最晚的是叶适（水心），虽然处在朱、张、吕的理学风气之中，却倡导事功，反对空谈性理，陈亮的皇帝王霸之学，考论古今的沿革，与注重古今制度的吕东莱，在态度上是一致的，陈同甫在科举上的不得意，却能从吕祖谦那里得到安慰。叶适在为陈同甫的《龙川集》作序时，提到陈同甫隔些时日，就到金华去拜访吕祖谦，常常畅谈到三更半夜，吕氏尤其赞赏陈氏的兵略，并为他的不得世用而惋惜。陈同甫在淳熙五年上书孝宗，引起朝廷轩然大波，吕氏力劝他收敛意气，同甫也颇能接受吕氏的劝告，东莱给朱子的信里，就曾提到陈同甫近一、二年里颇知从前的不是，有意为学，其心甚虚，并有意推荐给朱子。同甫对吕氏的仰慕也日深，甚至说："三、四年来，伯恭规模宏阔，不再是从前可比，钦夫（张栻）、元晦（朱子）已经居下风了。"又说："四海相知，唯伯恭一人。"可见他们之间交情的深挚。陈同甫作《三国纪年序及赞》，吕氏曾仔细加以批评，并对三国人物提出自己的看法。

东莱死后，自淳熙九年（一一八二年）到绍熙四年（一一九三年），陈同甫和朱子书信往来，辩论王霸之学，显得格格不入。东莱的弟弟吕子约也偏向陈氏，后来朱子对吕祖谦常有不满的批评，多半是由于浙学的发展，是与朱学对抗的缘故，《朱子语类》中曾有怪罪吕氏的话，说吕祖谦对陈同甫不肯多加讽谕，反而被他的纵横之才所玩弄，又怪吕氏的门人也有和陈氏一鼻子出气；两家打成一片，实在可怪。其实，东莱、同甫两人在事功方面的深契，是朱子所无法理解的，后来叶适的诗里，就有"东莱、龙川（陈亮）师道起"的句子，把吕、陈两家并举，是时人所共认的。

吕氏和薛士龙（季宣）的交往情形，经常出现于他给陈同甫的信中，大约在乾道七年（一一七一年）间，吕东莱给陈同甫的信中说："薛士龙愿见甚久，又不知不参商否？"大概陈、薛的认识，也是吕祖谦的关系，薛氏晚年曾到金华，停留半月之久，吕氏和他畅谈经制之学，“语连日夜”，薛氏去世，吕东莱不胜惋惜，向朱子报其死讯时，称誉他“为人坦平坚决，所学确实有用”。《吕东莱文集》中，有一篇《薛常州墓志》，长达三千五百字左右，是文集中最长的一篇墓志。

陈傅良（字君举）是薛氏的大弟子，少年有文名，仰慕郑景望（字伯熊）、薛士龙两位大儒，时常请益，并以弟子之礼事奉，从薛氏游学最久。他和吕氏在太学才相见，同时亦认识张栻，《宋史》本传说：吕祖谦曾向他说明宋朝文献相承的头绪，张栻则教他“主敬集义”，加上洛学的传授，由郑景望启永嘉经制之学，薛士龙、陈傅良、叶适相继发扬光大，陈氏也是一个关键人物。《东莱集》中大约有十封信，与陈君举论修养，口气刚劲，不像一向的敦厚柔缓。永嘉诸子中，陈氏的学问最接近吕氏的兼容并蓄，他虽力求折衷性理与事功，在吕东莱看来，他仍偏重事功，因此曾在信中说：“喜事则方寸不凝定，故择义不精，卫生不谨。”换句话说，东莱已从陈君举的学问中，看出永嘉功利思想的害处，义理粗疏，又为害心术。而在朱子眼光看来，两人一样“博杂”，一样的“谋利计功”，未免过甚其辞。

集南宋永嘉学术大成的是叶适，在年龄上，他是吕东莱的晚辈，他们之间亦偶有书信往返。东莱与同甫信中，则经常询及叶正则消息，并关心他的职位说；“正则且得有啖饭处”。《叶适集》中有一首《月谷》诗，头两句说“昔从东莱吕太史，秋夜共住明招山”，明招山在金华武义县界，是吕东莱丁忧庐墓的地方。东莱给叶正则的一封信，就曾提示为学要领：“静多于动，践履多于发用，涵养多于讲说，读经多于读史”。叶氏《祭吕太史文》对吕东莱倡学东南，推崇备至，并称扬吕氏“不以记为博，不以文为富，器不止于一能，学不期于偏就”，可说十分中肯。

4. 陆氏兄弟

吕东莱与陆象山弟兄的相知很早，吕氏曾在礼部任省试考官，慧眼识英雄，一眼鉴定出江西小陆（陆九渊）的文笔。乾道九年（一一七三年），陆九龄（字子寿）和刘靖之（子澄）曾到婺州（金华）亲访吕祖谦，留给吕氏极深刻的印象，吕氏写信向朱子推介陆九龄，说他"笃实孝友""兄弟皆有立"，很有"问道四方"之意。给陈同甫的信上也说"陆子寿务实工夫可敬"。淳熙元年（一一七四年），陆子静（象山）也自京城（临安）来拜访吕祖谦。

淳熙二年春末，陆氏兄弟应东莱的邀请，会朱子于鹅湖，第一天陆氏兄弟各诵一诗。次日朱子与吕氏提出几十个义理，陆象山都加以抵斥。子静（象山）认为吕氏不免被朱子捆住手脚。这件事，吕氏在给邢邦用的信中说："近已常为子静详言，讲贯通绎，为百代为学通法，学者缘此支离泛滥，自是人病，非是法病，见此而欲尽废之，正是因噎废食。"可见陆氏根本反对朱子"即物穷理"的态度，吕氏是个博学的人，在知识论方面，和朱子比较接近，难怪要受批评。吕氏事后给朱子的信也批评说："大抵子静病在看人而不看理，只如吾文所学十分，当无可议，所议者只是工夫未到耳。"他仍以为朱子的理是站得住的，陆氏不能信服，是朱子工夫未到，他一方面又赞扬陆氏兄弟，在当时读书人中，已不易得。以后朱子和吕氏通信，便经常提到陆氏兄弟的态度，陆氏弟子曹立之、万人杰等也到朱子那儿去拜访，朱子写信给吕氏说，陆子静教人读书讲论，可见已自觉从前的不是，只是不肯说破，依旧遮前掩后，实在不好。到吕氏死的那年，朱、陆之间的歧见虽没有调和，陆九渊却亲访朱子于白鹿洞书院。朱、陆、吕之间，陆子寿和吕祖谦是中和的人物，朱、吕对陆子寿也较有好感，所以鹅湖之会一开始，朱子就有“子寿早已上子静船”之叹，后来还接受陆九渊的请求，为陆子寿作墓志铭。朱子答吕氏的信，仍提到“子静旧日规模终在”，对陆氏的看法也有不同，他说：“子静之病，恐未必是看人而不看理，自是渠合下有些禅底意思。”朱陆的辩论没有结果，而子寿、东莱一死，他们之间更无缓冲的余地，浙东的功利之学又日渐壮大，与朱子针锋相对；吕氏一心想调和学术异同，也随着他死后而烟消云散，这是学术演变的大势所趋吧。

四、丽泽学术及其影响

全祖望分宋代乾道、淳熙以后的学派为三，即朱学、吕学和陆学，并认为吕学兼取朱、陆的长处，又有中原文献的润色，似乎把吕学推崇得很高。黄东发也说吕、朱、张三家鼎立为世师，而吕祖谦“忠厚之至，有功于斯道”。清人王崇炳在《吕成公文集序》中，认为朱子像“百炼精金，光辉闪烁”，吕氏像“良玉温润而栗然”，三家都能道出吕东莱学术的特点，也就是在修养上的宽宏，可说自立典型，全祖望说他平心易气，不与人争，具有“宰相之量”。综观吕氏一生用心之所在，我们认为最大的成就，是留给后人一种“教育家的典范”。

吕祖谦对当代学术的贡献，经史方面的成就，固然影响一时一地的学风，而他在学术交流方面，开诚布公，调和异同，所扮演的角色，却没有第二个人能取代。而在金华一地，他所创的学术，也绵延了四百年之久。

1. 家学传承

吕祖谦晚年讲学于金华城外的丽泽书院（当时尚称“丽泽读书堂”），弟吕祖俭、堂弟吕祖泰，都能继其家学，《宋史》把他们列在《忠义传》里，更显出吕氏家学的本色。论学术成就，吕祖俭（字子约）规模宏大，一如东莱，与朱、陆常常往来论学，又和当时明州（今宁波市鄞州区）的学者杨简、沈焕、袁燮、舒璘四先生互相讲论，他一度把父兄的文献学带到甬上讲授，所以朱子曾把“杨、袁、沈、吕”四人并提。尽管吕子约、潘景宪（吕祖谦同榜，年龄稍长，游学吕门，女儿嫁与朱子的儿子）与朱子问学甚勤，吕氏后学毕竟还受永嘉诸子的影响，自然不合朱子的胃口，这是朱子后来对吕祖谦批评愈来愈严苛的原因，如说吕祖谦自史学入手，看粗了眼，后来看道理不精细。其实这本来是学问路径的不同，吕氏的《左传说》、《大事记》、《历代制度详说》，都有他独到的精密之处，朱子站在玄学的立场，自然把吕氏看矮了半个头，吕祖俭大约也和陈亮日渐接近，朱子后来也批评祖俭，说他立不住脚跟，由此可见吕氏的学术有逐渐和他家混合的趋势。

吕祖俭官至大府丞，韩侂胄正当权，因论右丞相赵汝愚遭罢黜一事，吕氏被贬到韶州。他的堂弟祖泰，性情疏达，崇尚节义，遍游江淮，交接当时名士，论世事更无所忌讳，祖俭死后，祖泰上书朝廷，斥责韩侂胄禁道学，逐赵相（汝愚）的罪行当诛，因此遭廷杖之刑下狱，到了韩侂胄判死后，朝廷昭雪他的冤屈，并授予官职，但因家道衰微，无法安葬母丧，又身患重病，不久也逝世了，吕氏几代的家学，至此已日渐衰落了。

2. 丽泽诸儒

吕氏一生教化的学子，不计其数，其中最有名的，有六十三人，《宋元学案》把他们合成《丽泽诸儒学案》，借以表现吕学的延续，门人之中，最著名的有金华的叶邽、王瀚，鄞县的楼昉（迂斋），东阳的乔梦符，以及潘氏、戚氏、汪氏、时氏等弟兄。王瀚的儿子王柏，叶邽的弟子徐侨，后来都接受了朱子之学；吕氏死后，学生们也有向朱子问学的，因此，金华一地的学术，原以吕学为重心，慢慢成为朱学的重镇，最主要的一支由朱子弟子黄干传何基，何基传王柏，下传金履祥，以至明代大儒许谦、徐侨一支，则传王世杰、石一鳌、黄溍等人，下开明儒宋濂、王袆等人的学术。这二派虽然以朱学为重，实际上也承受了吕学的影响。楼昉门人王㧑，传子王应麟，应麟幼年亦曾受学于吕氏门人王介的儿子王野，王埜又曾受教于真德秀，可见他兼承朱、吕之学。王应麟著有《玉海》、《困学纪闻》，就其综合文献的方法看来，实在是师法吕祖谦，因此全祖望说他“独得吕学的大宗”。明代王袆作《大事记续编》，依仿吕祖谦的《大事记》，吕氏书中止在汉武帝征和三年，他由四年开始增补，这是吕学到明代还受重视的明证。东莱讲学的丽泽书院，清初曾经重修为“丽正书院”。今天我们讲浙学，提到金华学风，没有人不从吕祖谦讲起的。

附录

吕东莱著述一览表

（以《金华丛书》所收为主，书上作＊者收在《续金华丛书》。《四库提要》所不收者，皆不纳入。）

《东莱吕氏古易》一卷

《周易音训》二卷

《增修东莱书说》三十五卷（门人时澜增修）

《吕氏家塾读诗记》三十二卷

《左氏传说》二十卷

＊《春秋左氏传续说》十二卷

《东莱先生左氏博议》二十五卷

《大事记》十二卷

《少仪外传》二卷

＊《历代制度详说》十五卷

《诗律武库》三十卷（《四库提要》以为依托）

《卧游录》一卷（《四库提要》以为明人依托）

《吕东莱先生文集》二十卷

＊《东莱吕太史文集》十五卷、《别集》十六卷、《外集》五卷、《附录》三卷、《补遗》一卷、《古文关键》二卷

《宋文鉴》一百卷（编）（世界书局印行）

参考书目

《宋元学案》，黄宗羲辑、全祖望续修，王梓材校补，世界书局。

《宋元学案补遗》，王梓材、冯云濠撰、张寿镛校补，世界书局。

《吕东莱文集》，吕祖谦著，艺文印书馆《百部丛书》之九五，《金华丛书》。

《吕太史别集》、《外集》、《附录》、《补遗》，吕祖谦著，艺文印书馆，《续金华丛书》。

《春秋左氏传说》，吕祖谦著，《金华丛书》。

《春秋左氏传续说》，吕祖谦著，《续金华丛书》。

《吕氏家塾读诗记》，吕祖谦著，《金华丛书》。

《增修东莱书说》，吕祖谦著，《金华丛书》。

《大事记》，吕祖谦著，《金华丛书》。

《广注语译》、《东莱博议》，吕祖谦撰，宋晶如、章荣注译，台南北一出版社。

《丽泽论说集录》，吕乔年编，《续金华丛书》。

《朱熹全集》，朱熹著，光复书局影印明初刊本。

《朱子语类》，朱熹著，正中书局。

《朱子年谱》，王懋竑著，世界书局。

《南轩集》，张栻著，广学社印书馆。

《龙川集》，陈亮著，中华书局《四部备要》本。

《近思录集解》，宋熹编，张伯行集解，世界书局。

《宋学概要》，夏君虞著，华世出版社。

《宋明理学概述》，钱穆著，中华文化出版社。

《宋史》的《道学传》、《儒林传》《二十五史》，艺文印书馆。

《宋明清理学体系论史》，黄公伟著，幼狮文化事业公司。

《鹅湖讲学会编》，郑之侨撰，广文书局。

《金华县志》，《中国方志丛书》之七六，成文书局。

《吕祖谦的史学》，胡昌智撰，《书目季刊》十卷二期，学生书局。

陆九渊

陈郁夫　著

目　录

一、生平及著作

陆九渊，字子静，号象山，生于南宋绍兴九年二月（公元一一三九年），卒于绍熙三年十二月（一一九二年），享年五十四岁。他小朱子九岁，又比朱子早死八年。哲人早萎，实在是人类的最大损失。

陆氏在五代末年避乱到江西抚州金溪青田港（江西省金溪县），世代耕读。象山父名贺，字道乡，禀性特殊，端重不夸，曾斟酌先儒冠、婚、丧、祭诸礼，在家中实行，不用佛道礼仪，在当时社会，甚是难得。贺生六子，象山居末，成就也最大。

象山长兄九思，字子强，曾参加乡试，受封从政郎，著有《家问》，勉励子弟不要以不得科第为忧，要以不识礼义为忧。象山后来教人，以堂堂做个人最要紧，很明显有受九思影响的地方。次兄九叙，字子仪，善经营，掌管先世遗留下来的药铺子，供给一家大小的衣食日用，对一家功劳相当大。三兄九皋，字子昭，学者称他“庸斋先生”，晚年仕乡官，文行皆有可观。四兄九韶，字子美，曾与朱子辩论过太极图，著有《梭山日记》，其中《居家》、《正本》两篇，黄东发认为可以推广以治国。他未曾应试，在家与兄弟讲论古学，学者称他“梭山先生”。五兄九龄，字子寿，学者称“复斋先生”，象山兄弟中，除象山外，他成就最大。当时朝廷正摈斥程颐之学，他独推崇程氏，文辞有韩愈之风，道学则得子思、孟子之旨，未中进士之前，早已名重一时。当时有盗匪将略郡境，郡府委任他捍卫乡里，门人认为闾里小事不足以麻烦他，但他以为男子生而以弧矢射四方，文武二事，本不可分，对于可为地方做点事的时候，不可缩手，于是受命不辞。他大象山七岁，对象山影响大过其他兄长。象山在这种贤父兄陶冶中成长，日后在人格与学术的成就，自可免去许多困难。

象山的家是个九世同居的大家庭。到象山这一代，全家千余人，除了二百年的老屋一栋外，只有菜圃不及十亩，生活艰难可知，而要治理这么一个大家庭，也真不容易。象山说："我们家全族共食，子弟轮流当差，掌管府库三年。我任了这事以后，学问因而大进。"这种实际生活的磨练，使象山与那些专在书本上做学问的人大不相同。

历史上常见技能方面的天才，至于学术方面的天才却不多见，象山可算极少见中的一个。四岁的时候，他便端重如成人，遇事不懂，一定发问。一天，忽问他的父亲："天地的尽头在哪里？"他父亲笑笑不回答，他竟为此深思到废寝忘食。他小时候便不愿去厨房，常常洒扫庭院，指甲留得长长的，鞋子虽穿旧了，但没有破败处，有时在树林下安坐整天。大家都说他端庄雍容，不同平常儿童。他岳父便看中这点，把女儿许配给他。

九岁时，象山便能作文，十三岁读古书至"宇宙"二字，大悟道："原来无穷，人与天地万物，皆在无穷之中。"这真是石破天惊的一悟，象山的生命有着落处了。他突破了生理的小我，与宇宙合而为大我，于是他开始承当，"宇宙内事，乃己分内事；己分内事，乃宇宙内事。"一个仅十三岁的小孩，何等伟大！这时他悟到真常心的超时空，真常心的统摄时空又与时空无二，于是写道："宇宙便是吾心，吾心即是宇宙。东海有圣人出焉，此心同也，此理同也；西海有圣人出焉，此心同也，此理同也；南海、北海有圣人出焉，此心同，此理同也。千百世之上，至千百世之下，有圣人出焉，此心此理，亦莫不同也。”这便是他学术的根源，以后他启示学者，也多提到宇宙二字。他知道学问趣向之后，身体也逐渐健康起来。

十六岁时，读三国、六朝史，又听长者讲靖康年间的事，于是剪下指甲，学弓箭马术，以怀安优游为耻。二十四岁，考中乡试，在给主考官信中有“某少慕古，长欲穷源，不与世俗背驰而非，必将与圣贤同归而止；忘己意之弗及，引重任以自强，谓先哲同是人，而往训岂欺我”之语，可见他的卓拔处与使命感。二十九岁娶妻吴氏，吴氏能诗书，主中馈，调度有方，是个贤内助。

三十四岁象山中进士，主考官吕祖谦读考卷，立即辨认必出江西陆子静手，这年为乾道八年。回家途中，经富阳（今浙江富阳市），杨慈湖从学。七月回家，开始讲学，辟旧屋“槐堂”为讲堂，此一时期的主要学生，《宋元学案》列为《槐堂诸儒学案》。他教学生大致先令人求放心，并不在言语文字间切切讲求。有意要作文的，便叫他收拾精神，涵养德性，根本既正，不患不能作文。学生傅梦泉向来只知道有科举，看书不过是为应付科举罢了，后来颇知反省，恰好陈正已从“槐堂”归来，便问：“陆先生怎么教人？”正已说：“头尾一月，先生谆谆所诲，只是辨志。又说古人入学一年便知辨志，今人有终身不知辨志的，真可悲。”梦泉闻言当时未能领略，但却老记在心里。有一天读《孟子·公孙丑》，忽然心与相应，胸口豁然苏醒，自叹道：“平生多少志念精力，却一切都放在功利上。”这时才知辨志。虽然如此，但却不知下手处。等到亲见象山，才得个入头处，那入头处便是义利之辨。

三十六岁象山调任隆兴府靖安县主簿（江西安义县西），这年为淳熙元年五月二十六日过浙江访吕祖谦。次年吕祖谦约象山及其兄复斋会朱子于信州（在江西省铅山县境）鹅湖寺，这是哲学史上一段盛事，容后再详叙。

象山三十九岁继母丧，去职。四十一岁服丧毕，授崇安县主簿。四十二岁，九月兄复斋卒。四十三岁，春二月，访朱子于南康军（在江西省，辖星子、都昌、建昌、安义四县），朱子请象山在白鹿洞书院向学生讲学，象山讲《君子喻于义》一章，在场的听众有感动到流涕的。朱子请象山写下讲辞，并刻石纪念。朱子跋讲义后说："切中学者隐微深痼之病，……于此反身深察，可以不迷入德之方。"

淳熙九年，象山四十四岁，调仕为国子正，讲《春秋》。四十五岁改仕敕局删定官。在敕局三年，曾在上殿轮对时上五奏表。距第二轮对差五日，当道怕他直言，调他主管台州崇道观，于是回故乡。

淳熙十四年，象山四十九岁，开始在贵溪（在江西省弋阳县西）象山讲学。象山本名应天山，原为道教洞天之一，风景极美，象山学生聚居于此。他从容讲道，歌咏愉愉，有在象山终老的意思。每早，精舍鸣鼓，他乘山轿到精舍，与学生一起作揖后升上讲座，那时他容色纯净，精神焕发。

首先他叫学生收敛精神，涵养德性，虚心听讲。他讲学时非但讲经，每每启发人的本心，偶尔举经中语为证，听者无不感动兴起。最初见面的学生，有的想问问题，有的想辩论，有的则以学问自负，有的则高傲得很，听了他的话后，多自己屈服，不敢再发问。有的学生想说而没办法说出来，象山便代他说，说得与学生自己想说的话一模一样，象山便顺势开导他。有的学生片言半辞可取，象山也奖励他。所以学生都感激奋励。

平日，他或看书，或弹琴。天气好的时候，便漫步去观瀑布。有时高诵经训，歌《楚辞》及古诗文，雍容自得。虽在大热天，衣冠一定整齐，看上去像神仙一样。学生到方丈请教，他和气可掬，随来人性情学养开发，有的则教以涵养，有的则教以读书方法，从不曾说闲话。每次讲得痛快，便看傅季鲁说："岂不快哉！"

他大概每年二月登山，九月末回家，中间也往来不定。在山上五年，来见的人超过数千人。有人问他的学问从何入手，他说：“不过是切己反省，改过迁善。”又说：“我的学问与其他地方不同，只是在我全无杜撰。”又说：“我和别人谈，多从血脉上感动他，所以人很容易听进去。”这年四月，与朱子辩太极图。

淳熙十六年，象山五十一岁，光宗即位，诏象山知荆门军（今湖北省当阳市北）。绍兴二年，象山五十三岁，七月到荆门上任，九月三日到任。

在荆门，他确实替地方做了不少事情。在人事方面，他待僚属如朋友，教百姓如子弟，即使贱隶走卒，也教谕他们义理，因而上下之情通达，官吏的贪廉、民俗的良窳，以至于地方忠良材武、猾吏强暴，他都清清楚楚。在事功方面，他觉得荆门形势重要，便着手修城，人们预计要二十万，他才用了五千，外加上其他一切设备，总共才花去三万。当地民俗把服劳役当作苦事，象山借修城这件工程，把人民的观念改变过来。他罢去各种繁捐苛税，并且降低税率，逃税风气因而大减，税收反而增加。他本人又能耐烦，认真整理簿书，他认为主官不亲理簿书，为吏目因缘为奸的主要原因，要澄清吏治，一定要从赋税与簿书的整顿着手。此外又办理地方自卫武力，肃清盗贼，兴办学校，真是做到“政治并流，士民化服”（朱子书），当时宰相周必大以为“荆门之政，可以验躬行之效”。可惜天不假年，绍兴三年十二月十四日去世，年五十四。

象山平常就有吐血的毛病，死前对他姊姊说：“五兄有为天下做些事的志向，可惜竟不得施展才能就死了。”他姊姊听了很难过，知道象山也在为自己悲哀。

象山不像朱子一样拼命著书，所以留传下来，只有一部《象山先生全集》。《全集》分三十六卷，第一卷至第十八卷，搜集象山生前与人的书信，第十八卷为奏表，第十九卷为记，如《木斋记》；

第二十卷为序赠，第二十一卷至第二十四卷为杂著，第二十五卷为诗，第二十六卷为祭文，第二十七卷为行状，第二十八卷为志铭，第二十九卷至三十一卷为程文，第三十二卷为拾遗，第三十三卷为象山的谥议、覆谥和行状，第三十四卷及三十五卷为语录，第三十六卷为年谱。商务印书馆国学基本丛书有印。

二、学术思想

全祖望认为王震泽“颇启象山之萌芽”，又说 :“象山之学，本无所承，东发（黄东发）以为遥出上蔡（谢良佐），予以为兼出于信伯（王苹）。”笔者却觉得王震泽与谢上蔡并没有与象山相似的地方，大概全祖望比较右袒朱子，凡是近禅的，便说成与象山有关。

象山的学术，若就广义的思想渊源来说，则可算与朱子同出伊洛，只是朱子承受小程的规模，又融合了张载、周敦颐等人，而象山则心印大程，其高明处也像大程。若从狭义的师传来说，则陆氏兄弟自为师友，并没有什么传授。但象山自己分明说 :“因读《孟子》而自得之。”（《语录》）这话最能与象山学术精神吻合，《孟子》一书确也是象山最得力处。

象山的学术虽大都得力于《孟子》，但时代环境对他有很大的影响。早在少年，他便有“宇宙事乃分内事”的自觉，其后闻靖康事剪去指甲，在敕局轮对时尽忠言，留心军事人才，以及在荆门办防务，都可以看得出他对现实政治的关心。但他最注意的还是民风士气的问题，他的学术可以说一大部分针对当时的弊病而发。

南宋的社会，在象山看来，有两个最大的毛病，一个是科举制度败坏人心，一个是士大夫的浮议。象山觉得一个人假如溺于科举的话，则所有圣贤之书便成了他猎取功名的工具，这个人所说的话是假话，行为是虚伪，整个人只是欲望的化身。这种人一旦做了官，便抛下书本，把自己身家放在第一位，而把国家社会放在脑后，整个国家社会便坏在这一批人手中。象山也不是要人不参加科举，他只是教人在动机上做个转换，从前应考是为一己的声色货利，现在应考则为天下国家的兴亡。如此谎言便成了真话，虚伪便成了实情。他与吴仲时的信上说："大抵天下事须是无场屋之累，无富贵之念，而实是平居要研核天下治乱，古今得失的人，方说得来有筋力。五哥心志精神尽好，但不要被场屋富贵之念羁绊，直将天下事如吾家事相似，就实论量。"便是这意思。他常把"这是时文之见"一语挂在嘴上，因此学生说他"陆先生辟时文"，他也颔首承认。

宋代礼优士大夫，谏院又别出相门，因此士人声势大张，议论最盛，而意见也最多，虽大贤也在所不免，像欧阳修的《疑古》，王安石的《新经》，苏东坡的《横议》，都是一时代风气的产物。到了南宋，王安石的新学已黜，程学方盛，但高谈性命之风变本加厉，浮论虚说，充盈士大夫间，这种毛病象山和朱子都看得清楚，并希望矫治，所以朱子称"南渡以来，八字着脚，理会着实工夫的人，唯某与陆子静二人而已。"象山与孙季和信中称："学不至道，而日以规规小智，穿凿附会，如蛆蠹，如蟊贼，以自抱适，由君子观之，正可怜悼。"已转痛恨为哀矜了。

流于议论，便只说假话，说空话，说大话，于人格、社会毫无益处，这种风气不改变，整个国家或个人便只是一个空架。象山要人重人品，少议论，学贵为己，非用以谈说，先把人格树立起来，如此才能拯救社会国家。

象山在《鹅湖和复斋诗》说："易简工夫终久大。"的确简直易截是他学说的特色。象山认为整个天地宇宙间充满了道或理，天地之所以为天地，便是顺此理而无私，万物不能有一样出此理之外。理发露在人为心，故理即心，本心既复，与理不隔，故心即理。良心善性为人类所固有，非由外铄，故此心为义理之心。人与天地并立而为三极，故不可自私而与天地隔绝。假如能顺此理，人便与天地相似，心便有主宰，外物不能移，邪说不能惑。

因为理为人心所固有，所以学问之道便只是在让固有的理发露出来，这便是求放心。象山常常这样告诉学生："你们的耳目自己聪明，事父母自能孝，事兄自能弟，本无欠缺，不必他求，自立而已。"自立便是让自己这颗义理心作主宰，只要保住此心，存养此心，则此理自然明白，当恻隐则恻隐，当羞恶则羞恶，当辞让则辞让，是非在前，自能辨别；当宽裕温柔时自宽裕温柔，当发强刚毅时便发强刚毅，如泉出涌，无有断绝。圣人之所以异于常人，只是在本心完全发露出来，与宇宙万物不隔。

一般人失去本心，与理暌隔，象山认为有二种原因，一为普通百姓，其心陷溺于利欲，本心才不得明白。这是五官的欲望反过来控制心的毛病，只要"先立其大（心）"，让其小（五官）不能夺便好了。象山曾以"先立其大"为自己唯一伎俩自诩。二为聪明人，其心往往陷溺于意见。意见包括很广，佛老固是意见，即使由社会习俗慢慢养成的一些成规，象山也当他意见。金溪（象山故里）有个姓苏的知县，象山说他资质很好，可是只能与他说个大纲，大紧要处却说不得，因为三、四十年父兄师友之教及许多事的履历，使他胸中自有主张，掇他不动。象山自称很怕这种意见深的人，这毛病难医。

不论是利欲是意见，对于本心来说，都是后起的尘垢，因此只要把它扫除干净，本心便显露出来。象山治这病便用一个"减"字诀，他说："人心有病，须是剥落，剥落一番，即一番清明；后随起来，又剥落，又清明，须是剥落得净尽方是。"（《语录》）这是"为道日损"的工夫，把利欲和意见剥落到最后，本心回复了，但不曾增加一些子。

利欲与意见剥落后所呈现的心，是颗义理之心，这不同于佛家"本来无一物"单单虚灵不昧的心。象山《与傅克明书》上说："必有大疑大惧，深思痛省，抉去世俗之习，如弃秽恶，如避寇仇，则此心之灵，自有其仁，自有其智，自有其勇。"这义理心是儒家与佛家最大不同所在。同时，由于本心与宇宙无隔，所以本心便是道、是理、是本体。这本体无时空，本来如此，圆满自足。人在本心显露后，与大源头相接上了，才能自作主宰，有大自在、大自由，才不会只在声色货利下讨生活，一辈子做细人小人。

本心光借剥落的工夫而恢复尚不够，心要涵养，由萌蘖之生而至枝叶扶疏，由原泉混混而至放乎四海，其间是同一颗心，非有二物。象山曾借九卦顺序说这道理，他说："复卦是本心复处，为何放在第三卦呢？……因为人生在这世界上，先要有身体俯仰于天地之间来履行人道天道，所以履卦居第一；但履行人道天道又有得失之分，得失则系于谦与不谦，谦则精神内敛，不谦则精神外散。唯有能分辨我们一身所以在天地之间及举措动作之由，收敛精神在内，这样本心才能回复。……本心既复，谨始克终，曾不少废，以得其常，而至于坚固（第四卦为常，其下依次为恒、损、益、困）。私欲日以消磨为损，天理日以澄莹为益，虽涉危蹈险所遭多困而心卓然不动，然后于道有得。……"可见这种日著日盛、日广日大的工夫，与前面所言剥落的工夫一样重要，两者合而言之，便是"取日虞渊，洗光咸池"之喻了。复则心与理俱复，新则心与理俱新，两者相需相成。

如何剥落利欲和意见，象山提出"辨志"的办法。我们一切行为，都要先在动机上头做一番审查的工夫，凡为己的便是私，便是利，为人的便是公，便是义，所以“辨志”实际上便是“义利之辨”，义利之辨，也就是君子小人之分。譬如参加科举，如果只不过打算借此求得一己的富贵利达，便是为利，便是小人；如果着着实实想替国家社会服务，便是为义，便是君子。

动机在念虑一转之间而已，念虑正，顷刻之间可以不正；念虑不正，顷刻间知其不正，即可为正。所以象山最常引《书经》的两句话：“惟圣罔念作狂，惟狂克念作圣。”又因为他特重动机，所以便不主张从形迹上去求人，而要从内心根源掏出，使人无所遁形，象山在教导学生时最能表现出此种知人之明。

由于注重在动机的分辨，所以认为假如心地不先打扫干净，读书不过是借寇兵赍盗粮而已，书读越多，人品越坏。象山倒不是要人不读书，当时已有人这样误解他，譬如朱子便说这样教人只会助人懒散，其实象山是要人在心上先辨个公私义利，然后再去读书。詹阜民初见象山，听了公私义利之辨及不可陷于文义之后，便抛开一切书不读，后来又怀疑这样做不对，便问象山，象山答：“我何曾不准人读书？”象山与陈正己信中主张，学者应博识前言往行，详论古今兴亡得失，并以“束书不观，游谈无根”为学者大病，可知象山对读书的态度。

这样把义利公私之辨放在第一，而把读书放在第二，读书便成为一种印证的工夫，所谓“六经皆我注脚”。同时也不把读书看成学者唯一的工作。《语录》载，一天复斋问象山道：“吾弟现在何处做工夫？”象山答道：“在人情事势物理上做工夫。”他在荆门任内，整顿簿书，修葺庐舍，辟道路，开田莱，建城郭，整军备，办学校，一样一样都落实地做去，这便是“及物”的工夫，与后世高谈心性的理学家完全不同。象山常说：“道外无事，事外无道。”他先对宇宙万物有种承担，而又落实到实际的人物上去。我与人物的关涉便是事，象山学问的重心在事而不在书，这点是我们所不可不知。

象山学术以开发本心为主，所以有“心学”的名号。王阳明曾序象山的文集，以为圣人之学，就是心学。象山以简直易截的方法，要学者求之于吾心，很能上接《孟子》“学问之道无他，在求放心；仁义礼智四端，我所固有”的根源，所以象山的学术是孟子的学术，我们在象山的每一句话里头，几乎都可以在《孟子》找到根源。

凡是能把握大体的人，做人便有落脚处，英昂奋发，是个大丈夫无疑。象山常说：“我虽一字不认，也还是一个堂堂的人。”“大人不做，却要去为小儿态，可惜！”在这样一个伟大人格观照下，便很容易得到“民为贵，社稷次之，君为轻”的结论，而把它当作“大义正理”，所以他有“大位非人君可得而私”的话，假使后世能继续发扬这种学说，可能民主政体早就建立也不一定，因为民主的基础在于独立人格的个人！

三、象山与朱子

象山与朱子并世而起，但学术主张始终不同，八百年来一直争论不休。为明白象山学术，则他与朱子异同处不能不讲明，为讲明朱陆异同之处，则应略述二人交往经过。

朱陆相见，最先在淳熙二年（一一七五年）信州鹅湖寺。这时朱子四十六岁，象山三十七岁。鹅湖之会为吕东莱发起的，东莱有感于两家学术不同，打算邀两人商议，看看能不能会归于一，结果两方各坚壁垒，虽互有影响，但终不合。

鹅湖会后五年，朱子在南康军，象山往访，朱子邀象山到白鹿洞书院，象山讲《君子喻以义，小人喻以利》一章，两人颇相推服。两人闹得不大愉快实起因于曹立之墓表，而曹立之墓表朱子并没有拿来贬抑象山之意，只是象山学生甚觉不平，而朱子学生从中兴风作浪，遂启两家争端，实在不幸。

后来象山在敕局，有《上殿轮对五札》，朱子给象山信中有“恐是葱岭带来”之句，象山更不高兴。此后象山讲学应天山，又重提梭山与朱子争辩《西铭》太极图公案，遂使两人间开始直接冲突，终不可弥补。象山卒于荆门任所，朱子率门人往寺中设位哭祭。此后朱子攻击象山便十分激烈。象山死，朱子理当写篇祭文而竟未写，可见两人不能相合到什么程度。

弥缝两家学说代有其人，明程篁墩《著道》一编，以为两人始异而终同。王阳明又有朱子晚年定论，专取朱子论学书信三十余通证朱子晚年悔过，已同于象山，当时即已引起罗整庵的贻书辨难，其后陈建著《学蔀通辨》，专评陆学为禅，近人唐君毅先生等也都有专文讨论朱陆异同。现则简单叙说两家相同及相异处。

（一）相同

（1）两人同样献身儒门，发明儒术，同样推尊孔子。

（2）两人皆由正心诚意而齐家治国，上以事君，下以化民。两人同样关心国事，并且都有经世之才。

（二）相异

（1）关于心性方面。

象山主张“心即理”，认为生命与天理不相隔，理气不分，所以“万物森然于方寸间，满心而发，充塞宇宙，无非此理”。因此象山认为《乐记》天理人欲之分极有病。象山只谈心，很少谈性，他觉得情、性、心、才四样并没有什么不同，只是圣人急于救人，偶然用语不同罢了。朱子则承张载、二程之说，把心分成人心与道心二种，道心基于理，人心基于气；道心自然纯是天理，人心得其正为天理，不得其正为人欲。朱子又将性分成本然之性与气质之性，本然之性圣人与凡人同，人与物亦同，气质之性则圣人气清，凡人气浊，人得气之正，物得气之偏。气质之性即肉体，是载运本然之性之器。

朱陆两家许多不必要的争论，都因为彼此对心性的看法不同而起。象山的心一方面是宇宙的本体，一方面又是主宰的义理心，所以他认为只要开发此主宰的义理心，便是与天地同流。朱子的心则偏于虚灵不爽，不专其道德主宰，因此朱子并不认为心即理，他认为心若有理，也是由外面收集来的。所以象山教人只要“复本心”就一切具足，朱子便要人“即物穷理”，希望透过即物穷理的工夫，能豁然贯通而得全体大用。对读书的看法不同也是基于这原因，象山认为理在内，所以可以不读书，读书不过把自己内心的理与先圣印证一下罢了。朱子认为理在外，所以一定要一本一本地读，少读一本一句，便少一理。象山说朱子“支离”是基于这道理，说朱子“无基筑室”也是这道理。朱子说象山禅，说象山有首无尾，也是基于这道理。

朱子所以不要人只守此心，是考虑到气质之禀不能无杂，他觉得光守此心，往往堕于物欲之私而不自知。象山不是不注意到气质不同，而是觉得物欲之私正赖此心的振拔来克服，所以他说：“此道之明，如太阳当空，群阴毕伏。”朱子时时顾虑到气质，便不能不觉得辛苦，便不能放心地让此心做主宰去，象山复本心，正如纲领一提，一切振作起来，所以多悦乐，而象山的学生居官为人都持守可观。

朱子有一段答项平甫的话倒很持平，他说：“大抵子思以来，教人的方法尊德性、道问学为用力要点。现在子静所说为尊德性，而我平日所闻道问学上却多些，所以他的学生多持守可观，但道理全不仔细。而我自觉义理上不乱说，但在紧要事上多不得力。现在当反省用力，去短集长，才不致堕入二边。”朱子虽说得不错，但仍需将德性之学与知识之学分个清楚，才不致引起混淆。象山所复的本心是义理之心，复义理之心则该怎么做人自然清清楚楚，所谓耳目自明，事父自能孝，事君自能忠，这是人之所以为人的良知良能。至于知识之知则非从外来不可，比如物理、化学各方面的知识，非学不可，绝无一复本心便全贯通的道理。做人当然是一个人最要紧的事，假如不复本心，把道德上的道理当知识来学，则难免支离虚伪，象山之所以责备朱子在此；相反的，假如光复本心，以为这样可以万理具足，则难免空疏自用，朱子之所以不满象山在此。现在我们既能明辨这个分野，朱陆之争也可熄了，我们要知道，象山不是要人不读书，朱子也不是不重尊德性，只是双方各强调一边，又在心的义界上没分清楚，才闹出这么一个千古公案。

(2) 关于太极图方面。

这问题远不如心性方面重要。大致说来，两人往复七次的辨说，可归纳为下列数点：

在象山方面：

①古之圣贤不言无极。

②太极的极为理为中。

③无极之说基于老子。

④《太极图说》不类通书。

在朱子方面：

①前圣没有说到的地方，后圣可补充。

②太极为至极。

③无极之语与老庄用法不同。

④《太极图说》不类通书是因为叙述的不同。

看来朱子辞稍穷些，其实两人的议论都不得要领，只在文字上绕缠，没多大意义。

四、结论

象山最得意的几个学生如傅子渊、邓文范、傅季鲁等皆早卒，倒是杨慈湖、袁絜斋、舒广平、沈定川传授反盛，此四人便是所谓甬上四先生。

象山的学术复得本心之后“及物”的工夫非常重要，否则人光有德行之知，没有本领没有方法也不济事，在象山本身有这种觉悟，不致有什么毛病，到学生手上，则光提本心两字，以为把柄一有，一切皆抓住了，所以往往流于禅而不自觉，甚至于转投佛门。

在这个人欲横流的时代，象山的学术有极大的价值。现在知识爆发，人们一天到晚求知识，反忘了人所当为的本分，像核子弹等发明，反成了整个人类文明的威胁，所以象山复本心的教训，倒是对症之药。以我国来说，要建立一个健全的民主政体，首赖于国民人人有独立的人格。人人有公德心与责任感，象山义利之辨，也恰好切中我们的时弊。我常觉得要实施民主政治，在固有学术中可下接民主精神的，除象山一系之外，再无其他，所以现在正是大力鼓吹象山思想的时候。

参考书目

《象山先生合集》，陆九渊，商务印书馆。
《朱子与二陆交游始末》、《朱子象山学术异同》，钱穆，自印，收在《朱子新学案》第三册。
《象山学述》，徐复观，学生书局，收在《中国思想史论集》中。
《象山心学之比较研究》，陈德仁，学生书局。
《陆王哲学辨微》，胡哲敷，水牛出版社。
唐君毅：《朱陆异同探源》，《新亚学报》第八卷第一期。

图书在版编目（CIP）数据

中国历代思想家. 宋明. 1 / 中华文化总会, 王寿南主编 ; 王德毅等著. —北京 : 九州出版社, 2011.3
ISBN 978-7-5108-0802-9

Ⅰ. ①中… Ⅱ. ①中… ②王… ③王… Ⅲ. ①思想家－评传－中国－宋代②思想家－评传－中国－明代 Ⅳ. ①B2

中国版本图书馆CIP数据核字(2010)第252295号

中国历代思想家. 宋明. 1

作　　者	中华文化总会　王寿南 主编　王德毅等 著
出版发行	九州出版社
出 版 人	徐尚定
地　　址	北京市西城区阜外大街甲 35 号 (100037)
发行电话	(010)68992190/2/3/5/6
网　　址	www.jiuzhoupress.com
电子信箱	jiuzhou@jiuzhoupress.com
印　　刷	涿州市星河印刷有限公司
开　　本	880 毫米 ×1230 毫米　32 开
印　　张	14.75
字　　数	353 千字
版　　次	2011 年 5 月第 1 版
印　　次	2011 年 5 月第 1 次印刷
书　　号	ISBN 978-7-5108-0802-9
定　　价	30.00 元